Eberhard Sturm

Das neue PL/I

Eberhard Sturm

Das neue PL/I

… für PC, Workstation und Mainframe

7., aktualisierte und erweiterte Auflage

Mit 80 Abbildungen

PRAXIS

**VIEWEG+
TEUBNER**

Bibliografische Information der Deutschen Nationalbibliothek
Die Deutsche Nationalbibliothek verzeichnet diese Publikation in der
Deutschen Nationalbibliografie; detaillierte bibliografische Daten sind im Internet über
<http://dnb.d-nb.de> abrufbar.

Das in diesem Werk enthaltene Programm-Material ist mit keiner Verpflichtung oder Garantie irgendeiner Art verbunden. Der Autor übernimmt infolgedessen keine Verantwortung und wird keine daraus
folgende oder sonstige Haftung übernehmen, die auf irgendeine Art aus der Benutzung dieses
Programm-Materials oder Teilen davon entsteht.

Höchste inhaltliche und technische Qualität unserer Produkte ist unser Ziel. Bei der Produktion und
Auslieferung unserer Bücher wollen wir die Umwelt schonen: Dieses Buch ist auf säurefreiem und
chlorfrei gebleichtem Papier gedruckt. Die Einschweißfolie besteht aus Polyäthylen und damit aus
organischen Grundstoffen, die weder bei der Herstellung noch bei der Verbrennung Schadstoffe frei-
setzen.

1. Auflage 1990
2. Auflage 1992
3. Auflage 1997
4. Auflage 1999
Diese Auflagen sind unter dem Titel „PL/I für Workstations" erschienen.
5. Auflage 2002
6. Auflage 2007
7., aktualisierte und erweiterte Auflage August 2008

Alle Rechte vorbehalten
© Vieweg+Teubner | GWV Fachverlage GmbH, Wiesbaden 2008

Lektorat: Sybille Thelen | Andrea Broßler

Vieweg+Teubner ist Teil der Fachverlagsgruppe Springer Science+Business Media.
www.viewegteubner.de

Umschlaggestaltung: KünkelLopka Medienentwicklung, Heidelberg
Gedruckt auf säurefreiem und chlorfrei gebleichtem Papier.

ISBN 978-3-8348-0520-1

Vorwort

Der neue Workstation-Compiler der Fa. IBM, der zunächst nur für das Betriebssystem OS/2 lieferbar war, hat inzwischen seinen Weg gemacht über Windows und AIX (der Unix-Version von IBM) auf den sogenannten Mainframe, das Betriebssystem z/OS, dort auch in der Version Unix System Services.

Um dem Anspruch dieses Buches gerecht zu werden, eine Grundlage für die Zertifizierung als „IBM Certified PL/I Programmer/Developer" zu sein, wurde in der 7. Auflage vor allem der Abschnitt über Gleitkomma-Arithmetik in weiten Teilen neu geschrieben. Auf IBM-Rechnern ist jetzt nämlich auch dezimale Gleitkomma-Hardware verfügbar – einfach benutzbar über das wohlbekannte DECIMAL-FLOAT-Attribut von PL/I.

Die Fa. IBM hat im Jahre 2006 Anstrengungen unternommen, einen Fragenkatalog aufzustellen, der es ermöglicht, sich zertifizieren zu lassen: als *IBM PL/I Certified Programmer* und als *IBM PL/I Certified Developer*. Da der Autor die Ehre hatte, an der Zusammenstellung der Prüfungsfragen mitzuarbeiten, kann man sich denken, dass der gesamte Text noch einmal in diesem Lichte überarbeitet wurde.

Vom PL/I Certified Programmer wird nur erwartet, dass er zwei bis drei Jahre Erfahrung mit IBM-PL/I hat. Der PL/I Certified Developer sollte fünf bis sechs Jahre Erfahrung mit der Programmiersprache besitzen. Wer dieses Buch durchgearbeitet und verstanden hat, sollte mit den Zertifizierungsfragen, soweit sie PL/I betreffen, keine Schwierigkeiten haben.

Das vorliegende Buch soll weiterhin eine moderne Einführung in die „Programming Language" Nummer 1 bieten. Beabsichtigt ist sowohl, Anfängern ein Selbststudium zu ermöglichen, als auch, Profis mit neuen Ideen zu versorgen, letzteres auf Grund der umfassenden Darstellung der Sprache. Sollte einem erfahrenen PL/I-Programmierer ein Beispiel unverständlich vorkommen, so hoffe ich, dass es daran liegt, dass etwas Neues in die Sprache aufgenommen wurde.

Erwarten Sie also keine theoretische Erörterung über Algorithmen oder Struktogramme, sondern eine praktische Einführung, die es Ihnen ermöglichen soll, konkrete Probleme mit Hilfe von PL/I auf übersichtliche Weise zu lösen! Ich werde – im Gegensatz zu einem „Reference Manual" – immer erwähnen, welche Verwendung von Sprachmitteln „gut" und welche „böse" ist.

Eine Besonderheit ist noch zu erwähnen: Diese Auflage habe ich auch ins Englische übersetzt. Dem Internet ist zu verdanken, dass ich für jedes Kapitel einen Korrekturleser fand, dessen Muttersprache Englisch und der ein guter Kenner von PL/I ist. Die Anmerkungen dieser Helfer führten dazu, dass ich auch die deutsche Version dieses Buches an vielen Stellen verbessern konnte. So möchte ich schon in der deutschen Auflage für ihre Mühen besonders danken: Richard Barrow, Francis Byrne, Peter Elderon, Peter Flass, John Gilmore, Tom Linden, Ray Mullins und Robin Vowels.

Alle Beispiele und das im vorletzten Kapitel erwähnte PARSE-Makro (ähnlich der REXX-Anweisung) finden Sie im WWW unter:

```
http://www.uni-muenster.de/ZIV/Mitarbeiter/EberhardSturm.html
```

Münster, im Juni 2008   E. S.

Inhalt

Einleitung

Unter der „Philosophie" einer Programmiersprache versteht man die Ideen und Intentionen, die zu ihrer Entstehung geführt haben und Grundlage ihrer Definition sind.

Die Hauptidee von PL/I ist die Universalität: Die Sprache stellt für nahezu alle Gebiete heutiger Programmiertechniken Sprachmittel zur Verfügung, wahrt dabei aber weitgehend die Orthogonalität, d. h. die verschiedenen Konzepte stören sich nicht gegenseitig, sondern ergänzen sich sinnvoll. Irgendwelche Ausnahmen beruhen eher auf Zeitmangel der Compiler-Bauer wegen einer im Prinzip riesigen Programmiersprache als auf Designfehlern.

An „Highlights" sind aufzuzählen:

Modularität: Programmteile sind getrennt übersetzbar.

Maschinenunabhängigkeit: Programme können so geschrieben werden, dass sie unabhängig davon, welcher Rechner benutzt wird, gleiche Ergebnisse liefern – soweit möglich.

Maschinennähe: Wenn man irgendwelche Hardware-Gegebenheiten ausnutzen will, kann man sogar einzelne Bits manipulieren.

Übersichtlichkeit: Die Konzepte der sogenannten strukturierten Programmierung können (nicht: müssen) in PL/I verwirklicht werden.

Datentypenvielfalt: PL/I bietet von sich aus schon eine Vielzahl von Datentypen. Darüber hinaus besteht die Möglichkeit, eigene Datentypen zu definieren.

Standardannahmen: Trotz des Umfangs der Sprache sorgt ein Konzept von Standardannahmen für eine Reduzierung des Schreibaufwands. Außerdem garantiert dieses Konzept, dass der Anfänger nicht durch Elemente der Sprache gestört wird, die er gar nicht kennt!

Speicherdynamik: Die Zuordnung von Speicherplatz kann entsprechend den Erfordernissen des Problems flexibel gehandhabt werden. Hierzu stehen unterschiedliche Speicherklassen zur Verfügung.

Ein- und Ausgabe: Im Vergleich zu anderen Programmiersprachen gibt es in PL/I sehr ausgefeilte Methoden, Daten zu übertragen. Diese reichen vom einfachen Einlesen eines Zeichenstroms bis hin zu einem datenbankähnlichen Zugriff. Sogar komplexe Datenstrukturen wie z. B. binäre Bäume können effizient auf Magnetplatte gespeichert werden.

Fehlerbehandlung: In PL/I gibt es für jeden Fehler eine Nummer, für die wichtigsten auch Namen. Das Programm kann flexibel darauf reagieren und sogar mit der Verarbeitung fortfahren.

Erweiterbarkeit: Will man für besondere Probleme eigene Anweisungen definieren, so ist auch das in PL/I möglich. Der sogenannte Präprozessor ist in der Lage, diese neuen Sprachelemente in normale PL/I-Anweisungen umzuwandeln.

Parallelverarbeitung: Hierunter versteht man die Möglichkeit, Prozesse parallel (auf mehreren Prozessoren) bzw. quasi-parallel (auf einem Prozessor) ablaufen
   zu lassen – natürlich koordiniert.

Verbindung mit anderen Sprachen: Man kann dank vielfältiger Möglichkeiten zur Parameterübergabe und dank ausgefeilter Datentypen z. B. PL/I- und Java-
   Komponenten gemeinsam benutzen.

Spracheigene komplexe Unterprogramme: Zur Sprache gehören auch Funktionen und
   Routinen, die z. B. sortieren oder XML-Code interpretieren.

Von all diesen Dingen braucht der Anfänger nur einen Satz zu behalten: Was er nicht kennt,
stört ihn nicht! Um nun sowohl Anfängern als auch Profis gerecht zu werden, hat das vorliegende Buch sehr viele Fußnoten. Diese kann der Anfänger völlig ignorieren, dem Fortge-
schrittenen geben sie oft ein wenig Hintergrundwissen, manchmal durch den Vergleich mit
anderen Programmiersprachen.

Eine Schwierigkeit beim Schreiben dieses Buches resultiert daraus, dass man sich darüber
streiten kann, was zur Sprache PL/I dazugehört und was nicht. PL/I wurde auf Betreiben der
Firma IBM entworfen, diese Firma hat den ersten Compiler geschrieben, und auch heutzu-
tage unterstützen IBM-Compiler den größten Sprachumfang. Erst einige Zeit später wurde
PL/I in einer ISO-Norm standardisiert, die auch als DIN-Norm übernommen wurde.[1] Leider
ist diese Norm für Implementierer gedacht und für Programmierer völlig unverständlich.
Dem Anhang der DIN-Norm kann man aber viele gute Übersetzungen der englischen
Begriffe entnehmen, die ich in diesem Buch mit wenigen Ausnahmen auch verwende.

Da das IBM-PL/I sozusagen als Industrie-Norm gilt, wird auch im vorliegenden Buch von
einem IBM-Compiler ausgegangen, und zwar von *PL/I for Windows 6.0*, *PL/I for AIX Version 2* bzw. *Enterprise PL/I for z/OS Version 3 Release 7* (auf dem Mainframe). Besonders
interessant ist die Tatsache, dass dieser Compiler selbst in PL/I geschrieben wurde, man es
also auf allen Plattformen wirklich mit demselben Compiler zu tun hat.

Nun stellt dieser Compiler zwei Regelsätze zur Verfügung: `rules (ibm)` und `rules
(ans)`. Erstere halten die Regeln hoch, die schon 1966 galten, letztere sind praxisgerechter
und ermöglichen effizienteren Code. In diesem Buch werden beide Regelsätze vorgestellt.
Bei neuen PL/I-Programmen sollte man die ANSI-Regeln einstellen, bei den sogenannten
Legacy-Programmen natürlich die IBM-Regeln. (Engl. *legacy* heißt Vermächtnis und meint
Programme, die schon seit Jahrzehnten laufen.) Im Prinzip kann man für jede Übersetzungseinheit (Paket, Prozedur) einen anderen Standard vorsehen.

---

1   ISO 6160 (1979); etwas neueren Datums ist: American National Standard PL/I General Purpose Subset
    (ANSI X3.74-1987).

1. Elementares PL/I

Das Konzept dieses Buches folgt dem Konzept von PL/I, für alle Dinge Standardannahmen vorzusehen, wenn der Programmierer selbst keine Angaben macht. Aus didaktischen Gründen wird also nicht Anweisung für Anweisung in allen Details vorgestellt, sondern es wird zunächst nur so viel erklärt, wie nötig ist. Im ersten Kapitel werden gleichsam die Schubladen zur Verfügung gestellt, in die man beim weiteren Lesen des Buches alles hineinpacken kann. Erst später kommt dann an geeigneter Stelle eine vollständige Beschreibung.

1.1 Die Programmierumgebung

Da PCs schon in Schulen und privaten Haushalten vorhanden sind, braucht heutzutage nicht mehr besonders erklärt zu werden, was ein Programm ist. Das Wort ist selbst Hausfrauen und -männern als wesentliches Element von Waschmaschinen geläufig.

1.1.1 Oberste Instanz – das Betriebssystem

Egal, was für einen Rechner man benutzt: Bildschirm und Tastatur sind die Nahtstelle (engl. *interface*) zwischen Mensch und Rechner. Alles, was man eintippt, erscheint auf dem Bildschirm. Und zwar an der Stelle, wo der sogenannte Cursor steht (sprich: Körser; zu deutsch, aber viel zu lang: Positionsanzeiger oder Schreibmarke). Nach der Eingabe eines Zeichens rückt der Cursor eine Stelle weiter. Drückt man die Eingabetaste, so nimmt der Rechner die Eingabe zur Kenntnis, führt die gewünschten Rechnungen aus und schickt entsprechende Meldungen wiederum auf den Bildschirm. Leider lässt sich die Maus nicht so einfach programmiertechnisch erfassen, wird in diesem Buch also kaum Erwähnung finden.

Grundlage jeder Rechnernutzung ist das sogenannte Betriebssystem. Dies ist ein Programm, das durch Knopfdruck oder schon durch bloßes Einschalten des Rechners gestartet wird und die Kommunikation Mensch/Maschine abwickelt. In diesem Buch werden die Betriebssysteme OS/2, Windows, AIX und z/OS (auch z/OS UNIX) erwähnt, wo es sinnvoll erscheint. Der Benutzer nimmt die Dienste des Betriebssystems in Anspruch, indem er entsprechende Kommandos eingibt oder – bei einer modernen Benutzungsoberfläche wie Windows – irgendwelche Bildchen mit der Maus ergreift und irgendwo anders abwirft (engl. *drag and drop*).

Weiterhin benötigt man die Dienste eines sogenannten Editors. Dies ist ein meist mit dem Betriebssystem mitgeliefertes Programm, das es einem ermöglicht, eigene Programme am Bildschirm zu schreiben, zu korrigieren und auf Festplatte zur Aufbewahrung abzulegen. An dieser Stelle soll aber nicht weiter auf die Bedienung des Editors eingegangen werden. Für jeden Editor gibt es entsprechende Handbücher oder Online-Hilfen.

1.1.2 Wie läuft's – Programm und Compiler

Ein PL/I-Programm besteht nun aus einer Sammlung meist englischer Wörter, die in ihrer Anordnung gewissen Regeln unterliegen, und könnte beispielsweise so aussehen:

```
B1: /* Mein erstes PL/I-Programm */
procedure options (main);

put (17 + 4);

end;
```

Dieses sechs Zeilen lange Programm zeigt schon, worauf es ankommt. Sie haben richtig gelesen: sechs Zeilen! Die beiden Leerzeilen sind dem Rechner zwar egal, dienen aber der Übersichtlichkeit. Das Problem beim Programmieren ist nämlich nicht nur, dass der Computer „versteht", was der Mensch will, sondern dass auch der Mensch nach einer Woche noch versteht, was er eigentlich gewollt hat! Leerzeilen sind die einfachste Methode, verschiedene Abschnitte eines Programms auch optisch voneinander abzusetzen.

Eine weitere Möglichkeit, die Verständlichkeit von Programmen für den Menschen zu erhöhen, ist die Verwendung von Kommentaren. Diese werden in PL/I in die Zeichenfolgen /* und */ eingeschlossen und können überall dort stehen, wo auch ein Leerzeichen (engl. *blank*) stehen darf. Kommentare sind für die Ausführung des Programms ansonsten genauso überflüssig wie Leerzeilen.

Die für den Rechner wesentlichen Bestandteile eines Programms sind die sogenannten Anweisungen (engl. *statements*), die in PL/I mit einem Semikolon enden und zwischen Spalte 2 und 72 jeder Zeile zu stehen haben − wenn man nicht mit der Compiler-Option margins andere Wünsche äußert, maximal sind 200 Spalten erlaubt.[2] Alles weiter rechts Stehende gilt als Kommentar; man sollte unbedingt die Compiler-Option rules (nolaxmargins) angeben, damit man hier gewarnt wird. Das erste Wort einer Anweisung gibt dieser meist ihren Namen: procedure-Anweisung, put-Anweisung und end-Anweisung finden wir in unserem ersten Beispiel. B1 ist der Name des Programms, den man mit gewissen Einschränkungen, die wir noch kennenlernen werden, frei wählen kann. Wie man jetzt schon ahnen, bald auch verstehen kann, löst das erste Beispielprogramm (darauf soll der Name B1 hindeuten) die Aufgabe, die Summe der Zahlen 17 und 4 auf dem Bildschirm auszugeben.

Sollte jemand einwenden, dass er sogar nach einem Jahr noch wisse, was obiges Programm berechnet, so sei ihm entgegengehalten, dass ernsthafte Programme durchaus über 10 000 Zeilen Programmtext enthalten. Wer dann noch meint, man könne einfach PL/I-Anweisung unter PL/I-Anweisung schreiben, ohne Hilfsmittel wie Kommentare, Leerzeilen oder Einrückungen zu verwenden, überschätzt die Möglichkeiten des Menschen, komplexe Strukturen zu überblicken, ganz gewaltig. Außerdem ist es sinnvoll, Programme nicht nur im stillen Kämmerlein zu schreiben, sondern sie auch hinterher mit Freunden oder Kollegen zu diskutieren. Spätestens, wenn man das Programm eines anderen ändern oder weiterentwickeln soll, freut man sich über jeden Kommentar, der einen in die Erleuchtungen des Vorgängers einweiht.

Was geschieht nun, wenn man mit Hilfe des Editors ein Programm geschrieben und auf Festplatte abgespeichert hat? Da kein Computer von sich aus PL/I interpretieren kann, muss man die Hilfe eines Compilers (sprich: Kompailer) in Anspruch nehmen, eines Programms, das die Anweisungen von PL/I in den jeweiligen Maschinen-Code umwandelt. Das ist das Wesentliche einer höheren Programmiersprache: Programme laufen auf jedem Rechner, für den es einen Compiler gibt, unabhängig von der internen Struktur der Maschine − sofern die Programmiersprache genau definiert ist und man keine Sprachelemente verwendet, die ausdrücklich zur Manipulation maschinennaher Dinge vorgesehen sind.

Der Aufruf des Compilers erfolgt in Dialog-Betriebssystemen wie AIX mit einem Kommando und in einem Stapel-Betriebssystem wie z/OS mit einer Anweisung der Job-Steuersprache. Beides soll hier nicht weiter besprochen werden, da aller Erfahrung nach jede Institution eigene Kommandos und „Jobs" anbietet. Kommandos kann man natürlich auch bei

---

2 Außer bei z/OS Batch, dort gilt 80 wie bei Lochkarten.

PC-Betriebssystemen eingeben: Mehr Spaß macht es aber, das PL/I-Programmsymbol mit der Maus zu ergreifen und über dem Compilersymbol abzuwerfen – wozu hat man denn eine grafische Oberfläche?!

Üblicherweise legt ein Compiler das Maschinenprogramm wiederum auf Festplatte ab. Der nächste Schritt ist endlich die ersehnte Ausführung des Programms, die Ergebnisse erscheinen auf dem Bildschirm oder können ausgedruckt werden. Meist geht dies aber nicht so schnell. Der Normalfall ist nicht, dass Ihr Programm sofort „läuft", sondern der, dass der Compiler etliches an Ihrem Werk auszusetzen hat! In der Diagnose liest man dann meistens etwas von einem ERROR. Aber lassen Sie sich durch so etwas nicht entmutigen: „Errare humanum est", wussten schon die alten Römer. Mit der Zeit wird die Anzahl der Fehler, die man macht, meistens geringer!

Selbst wenn der Compiler nichts mehr auszusetzen hat, heißt dies nicht, dass Ihr Programm nun das Problem löst, das Sie hatten. Der Rechner führt nur das aus, was Sie ihm auftragen; wenn Sie ihm einen falschen Lösungsweg vorschreiben, kommt nur in den seltensten Fällen das richtige Ergebnis heraus. Für die logischen Fehler in Ihrem Programm sind nur Sie verantwortlich!

Außerdem heißt Programmieren, unter Kenntnis der Möglichkeiten des Computers einen Lösungsweg zu formulieren. Es nützt nichts, ein wunderschönes Programm zu schreiben, das aus dem Wetter von heute das Wetter von morgen vorhersagt, an dieser Aufgabe aber drei Jahre rechnet! Allerdings sollte man nicht grundsätzlich das Schreiben solcher Programme verächtlich machen: Die Rechner werden auch weiterhin schneller werden!

1.2 Datenattribute

Zur Erläuterung dessen, was Daten sind, möchte ich etwas weiter ausholen und zunächst die Komponenten eines Computers vorstellen.

1.2.1 An zentraler Stelle – der Hauptspeicher

Konzeptionell besteht ein Rechner aus drei Bestandteilen:

1. Prozessor,

2. Arbeitsspeicher und

3. Peripherie.

Die beiden ersten Komponenten werden auf PCs meist auf einer Platine zusammengefasst. Der Prozessor steuert den gesamten Programmablauf, führt z. B. Additionen aus, ist aber auch in der Lage, Buchstaben zu vergleichen. Außerdem überwacht er den Datenfluss zwischen dem Arbeitsspeicher, auch Hauptspeicher (engl. *main storage*) oder RAM (engl. *random access memory*, d. h. frei zugreifbarer Speicher) genannt, und den peripheren Geräten, wie z. B. Magnetband- und Magnetplatteneinheiten oder auch Bildschirm und Maus.

Man stelle sich z. B. vor, die Stadtwerke druckten ihre Stromrechnungen. Das könnte folgendermaßen vonstatten gehen: Auf einer Festplatte seien der Name und der Verbrauch jedes Kunden gespeichert. Das Stromrechnungsdruckprogramm habe weiterhin „Kenntnis" von der Tarifstruktur, diese sei z. B. auf einer anderen Festplatte zugreifbar. Auf ein Kommando hin würde das Programm gestartet. Es liest zuerst die Tariftabellen in den Hauptspeicher. Dann liest es Adresse und Verbrauch des ersten Kunden – ebenfalls in den Hauptspeicher – und berechnet den Preis, den der Kunde zu zahlen hat. Dieser Preis muss natürlich ebenfalls im Hauptspeicher verwahrt werden, denn er soll ja schließlich auf die Rechnung gedruckt werden. Das Ende der langen Kette der Verarbeitung ist ein weiteres peripheres Gerät, der Drucker. Selbstverständlich ist der Ablauf eines echten Stadtwerkestrom-rechnungsdruckprogramms sehr viel komplizierter, wie man an der Rechnung, die man dann zugeschickt bekommt, sehen kann.

Was wir an diesem Beispiel gelernt haben, ist die Bedeutung des Hauptspeichers. Im Gegensatz zu externen Speichermedien ist der Hauptspeicher aus Halbleiterelementen auf-gebaut und demzufolge zwar teurer als ein gleich großer Magnetplattenspeicher, hat aber eine um Größenordnungen kleinere Zugriffszeit. In Programmiersprachen kann man nun für die Plätze des Hauptspeichers Namen vergeben, Compiler und Betriebssystem sorgen dann dafür, dass beim Ablauf des Programms der Speicher auch für diese Zwecke reserviert wird – der Programmierer braucht gar nicht zu wissen, wo.

Zusammen mit dem Namen teilt der Programmierer in seinem Programm dem Compiler auch mit, welche Eigenschaften der Speicherplatz haben soll: Diese nennt man in PL/I Attri-bute. So kann man normalerweise auf einem Speicherplatz, der für Zahlen vorgesehen ist, keine Buchstaben speichern und umgekehrt.

1.2.2 Ganze Arbeit – Festkommazahlen

PL/I kennt als universelle Programmiersprache sehr viele Arten von Daten, beschrieben durch ihre Attribute. Man unterscheidet allgemein Berechnungsdaten und Programmsteue-rungsdaten. Letztere werden wir erst später kennenlernen, wenden wir uns zunächst den Berechnungsdaten zu: Sie helfen uns, Berechnungen durchzuführen. In unserem ersten Pro-gramm berechnen wir aus den Zahlen 17 und 4 etwas, nämlich die Summe. Als Attribute kommen offensichtlich in Frage: ganze Zahlen mit zwei bzw. einer Dezimalstelle.

Im folgenden Beispiel sollen die Maße eines Würfels berechnet werden. Wir vereinbaren für drei Speicherplätze Name und Attribut: Kante, Oberfläche und Volumen. Ob wir diese Namen groß oder klein oder gemischt schreiben, ist einem PL/I-Compiler egal. Kante, Oberfläche und Volumen nennt man Variablen, im Gegensatz zu 17 und 4, welches Konstanten sind. Variablen können im Programmverlauf einen anderen Wert bekommen, Konstanten natürlich nicht! Programmbegriffe gebe ich im laufenden Text in Schreibmaschinenschrift wieder, PL/I-Schlüsselwörter (engl. *keywords*) zusätzlich unter-strichen. Betrachten wir also das Beispiel:

```
B2: /* Würfel (FIXED-Attribut) */
procedure options (main);

declare
   Kante       fixed,
   Oberfläche fixed,
   Volumen     fixed;

Kante = 3 /* cm */;
Volumen = Kante * Kante * Kante;
Oberfläche = Kante * Kante * 6;
put (Kante, Volumen, Oberfläche);

end B2;
```

Bekannt sind uns u. a. schon die procedure- und die end-Anweisung: Jedes PL/I-Programm wird rein äußerlich in procedure und end eingeschlossen,[3] der Name der Prozedur darf in der end-Anweisung aufgeführt sein. Weiter sollen uns diese beiden Anweisungen zur Zeit nicht kümmern.

Die declare-Anweisung (Abk. dcl) dient dazu, den Variablen Kante, Oberfläche und Volumen Speicherplatz und Attribut zuzuordnen. In unserem Falle das Attribut fixed. fixed bedeutet an sich, dass mit einer festen Anzahl von Stellen gerechnet werden soll; wenn man nichts weiter sagt, nimmt der Compiler an, dass man mit ganzen Zahlen etwa zwischen plus und minus 2 Milliarden rechnen möchte (am Anfang wollen wir uns auf die Compiler-Option rules (ans) beschränken). Welche Maßeinheit diese Zahlen haben sollen, ist im Programm nicht festgelegt, am besten schreibt man einen entsprechenden Kommentar (/* cm */). Zur besseren Lesbarkeit kann man in einer Konstanten Unterstriche benutzen, z. B. 99_999 schreiben.

Am übersichtlichsten ist die declare-Anweisung, wenn man in jeder Zeile eine Variable aufführt, gefolgt von ihren Attributen und einem Komma. Am Schluss steht natürlich – wie bei jeder PL/I-Anweisung – ein Semikolon. Ich empfehle weiterhin, die Variablen von vornherein alphabetisch zu sortieren, damit man bei Unklarheiten im Programm schnell die Attribute nachschlagen kann. Damit man den Editor bitten kann, diese Sortierung vorzunehmen, empfiehlt sich die Schreibweise mit mehreren declare-Anweisungen, zum Platzsparen in der abgekürzten Form:

```
dcl Kante       fixed;
dcl Oberfläche  fixed;
dcl Volumen     fixed;
```

Bleibt noch eine Anweisung zu erklären, die als einzige kein besonderes, kennzeichnendes Wort am Anfang besitzt: die sogenannte Zuweisung (engl. *assignment*). Die Zuweisung ist die zentrale Anweisung der meisten höheren Programmiersprachen. Links vom Gleichheitszeichen[4] steht eine Variable, rechts davon entweder eine Variable, eine Konstante oder ein sogenannter Ausdruck (engl. *expression*), in dem beispielsweise mehrere Variablen und Konstanten mit irgendwelchen Operatoren (z. B. + oder –) verknüpft werden. Es wird zunächst der Wert rechts vom Gleichheitszeichen berechnet und dann der Variablen links davon zugewiesen. Dies bedeutet folglich für die (nicht in Beispiel B2 vorkommende) Anweisung

```
K = K + 1;
```

dass K um 1 erhöht wird – von Gleichheit kann offensichtlich keine Rede sein.

Der Operator * steht für die Multiplikation. Unsere drei Zuweisungen bedeuten also der Reihe nach:

1. Die Variable Kante erhält den Wert 3,

2. die Variable Volumen bekommt den Wert, den man erhält, wenn man Kante dreimal mit sich selbst malnimmt, und

3. die Variable Oberfläche erhält den Wert Kante mal Kante mal 6.

---

3 Die Worte options (main) sollen andeuten, bei welcher Prozedur mit der Ausführung begonnen werden soll, was erst bei Vorhandensein mehrerer Prozeduren einsichtig wird.

4 Die in Pascal verwendete Kombination : = ist in PL/I nur etwas kürzer.

Da man auch zu gern das Ergebnis der Berechnung erfahren möchte, empfiehlt sich die Verwendung der put-Anweisung. Sie bedeutet, wenn man nichts weiter unternimmt, die Ausgabe einer oder mehrerer Variablen (in der Liste der Anweisung dann durch Komma getrennt) auf dem Bildschirm. Die Werte erscheinen in einer lesbaren Form mit Leerstellen zwischen den Zahlen.

Es braucht nicht besonders hervorgehoben zu werden, dass der Rechner die Anweisungen in der Reihenfolge der Zeilen abarbeitet. Eine Ausnahme bildet die declare-Anweisung: Es ist egal, wo zwischen procedure und end sie steht. Bei Eintritt in die Prozedur wird der Speicherplatz bereitgestellt, der deklariert wurde, also sozusagen mit Abarbeitung der procedure-Anweisung. Die declare-Anweisung ist nur eine Mitteilung an den Compiler, keine vom Rechner ausführbare Anweisung! Ich empfehle aber trotzdem, alle Deklarationen eines Programms an einer Stelle zu sammeln, am besten hinter der procedure-Anweisung!

Jetzt können Sie theoretisch schon eine Aufgabe lösen, und zwar:

A1: Zählen Sie mit Hilfe von PL/I die Zahlen von 1 bis 100 zusammen. (Vielleicht denken Sie dabei an den jungen Gauß!)

Nun noch zu den Namenskonventionen. Beim IBM-PL/I-Compiler dürfen Namen maximal 100 Zeichen lang sein, verwendet werden können Buchstaben, Ziffern sowie die Sonderzeichen $, @, # und _. Am Anfang darf keine Ziffer stehen (das würde zur Verwechslung mit Konstanten führen). Auch den Unterstrich am Anfang sollte man vermeiden, da solche Namen in manchen Betriebssystemen reserviert sind. Beispiele für gültige Namen sind:

```
X
V8
F_
Gültiges_zeichen
```

Doch halt – wie ist es mit Umlauten und dem Eszett? Sie brauchen nur die folgende Anweisung jeweils als erste Zeile Ihres Programms vorzusehen, dann „weiß" der PL/I-Compiler (zumindest der von IBM) alles über deutsche Buchstaben:

```
*process names ('äöüß', 'ÄÖÜ$');
```

Innerhalb der Klammern schreibt man als Erstes eine Folge von Kleinbuchstaben, dann in derselben Reihenfolge die entsprechenden Großbuchstaben. (Das Dollarzeichen als „großes Eszett" ist natürlich nur ein Scherz!) Beachten Sie bitte, dass das Sternchen der *process-Anweisung ausnahmsweise in Spalte 1 stehen muss (also nicht zwischen den Spalten 2 und 72)! Dies ist nämlich eine Anweisung, die zur Trennung von Programmen dient, sich also deutlich von einer Programmanweisung unterscheiden muss.

Die Syntax von PL/I ist im Übrigen so definiert, dass die Schlüsselwörter (wie z. B. end) keine reservierten Wörter sind. Sie können also durchaus als Variablennamen verwendet werden, was zwar nicht in jedem Fall übersichtlich aussieht, sich aber bei der Vielzahl von Schlüsselwörtern einer universellen Programmiersprache nicht vermeiden lässt. Ein Grundsatz von PL/I war ja, dass man nicht durch Dinge gestört wird, die man nicht kennt. Außerdem könnte man sonst keine Schlüsselwörter zu einer Sprache hinzufügen, es könnten ja Tausende von Programmen ungültig werden, die dieses Schlüsselwort als Variablennamen verwenden.[5]

---

5   Man denke nur an den Doppelpunkt bei Java, als man eine foreach-Schleife hinzufügen wollte!

Im Allgemeinen ist es gleich, ob man Groß- oder Kleinbuchstaben verwendet. Am brauchbarsten erscheint mir die Hervorhebung der Variablennamen durch große Anfangsbuchstaben, wie es in den Beispielprogrammen zu sehen ist. Dies entspricht der im Deutschen gepflegten Übung, Substantive groß zu schreiben. Ein Vorteil dieser Methode ist weiterhin, dass man beispielsweise eine Variable namens `Zahl` mit Hilfe des Editors umtaufen kann, ohne Gefahr zu laufen, eine Variable wie `Rübezahl` gleichzeitig zu ändern! Auch in Vorlesungen steht kein Wort nur in Großbuchstaben an der Tafel, das Schriftbild der Programme in diesem Buch sollte also Studenten vertraut erscheinen.

Man mache sich die „Taufe" seiner Variablen nicht zu leicht. Was man hier an Zeit aufwendet, spart man hinterher mehrfach bei der Fehlersuche! Die Variablen mit `A`, `B`, `C` zu bezeichnen, zeugt nicht nur von mangelnder Fantasie, sondern erschwert auch den Durchblick ungemein! Andererseits verwirrt nichts so sehr, als wenn eine Variable einen Namen hat, der nichts mit ihrer Bestimmung zu tun hat, z. B. wenn in einer Variablen namens `Wort` ganze Sätze gespeichert sind! Um dem menschlichen Gedächtnis entgegenzukommen, gilt die Faustregel: Je häufiger ein Name in einem Programm vorkommt, desto kürzer sollte er sein; je seltener, um so ausführlicher! Schreibfaulheit ist völlig fehl am Platze:

Tippen muss man ein Programm nur einmal, lesen und verstehen aller Erfahrung nach mehrmals.

Ein weiterer Punkt ist: Nimmt man nun deutsche oder englische Variablennamen? Englische harmonieren vielleicht besser mit den englischen Schlüsselwörtern. Andererseits sieht man bei deutschen Variablennamen sofort, was der Sprache PL/I entnommen ist und was man sich selbst ausgedacht hat. Aber auch hier sollte man pragmatisch vorgehen. Wenn das Problem (z. B. in einer Veröffentlichung) in englischer Sprache formuliert ist, sollte man auch im Programm bei diesen Begriffen bleiben. Unsinnig ist es, mit seinem Programm dokumentieren zu wollen, dass man Anglistik studiert hat, der Nachfolger in der Betreuung des Programms hat es bestimmt nicht!

Warum wurden in Beispiel B2 überhaupt Variablen gebraucht? Nun – in diesem Fall vereinfachen sie das Verfahren, wenn man einen anderen Würfel berechnen möchte: Nur an einer Stelle des Programms ändert man die Kantenlänge, die Formeln bleiben gleich.

Außer den in den Beispielen genannten Operatoren + und * gibt es noch das Minuszeichen (-), das wie üblich die Subtraktion bezeichnet, und den Schrägstrich (/), der für die Division zuständig ist. Bei der Division gilt (bei der Compiler-Option `rules (ans)`) die Regel, dass das Ergebnis wieder eine ganze Zahl ist. Eventuell auftretende Nachkommastellen werden einfach abgeschnitten. Dies ist in Übereinstimmung mit den meisten anderen Programmiersprachen. Was bei `rules (ibm)` passiert, werde ich erst in Abschnitt 2.6.3 besprechen.

1.2.3 In die Brüche – Gleitkommazahlen

Etwas störend ist die bisherige Einschränkung, mit ganzen Zahlen rechnen zu müssen (wegen des `fixed`-Attributs). Will man Oberfläche und Volumen einer Kugel berechnen, so braucht man einen Datentyp, der auch Brüche speichern kann. Betrachten wir das folgende Beispiel:

```
B3: /* Kugel (FLOAT-Attribut) */
procedure options (main);

dcl Oberfläche float;
dcl Pi          float value (3.14159e0);
dcl Radius      float;
dcl Volumen     float;

Radius = 6_378e0 /* km */;
Volumen = 4e0 / 3e0 * Pi * Radius ** 3;
Oberfläche = 4e0 * Pi * Radius ** 2;
put (Radius, Volumen, Oberfläche);

end B3;
```

Wir sehen in diesem Beispiel ein neues Attribut: float. float heißt so viel wie Gleit-komma. Die Zahlen werden intern in zwei Teilen gespeichert: Mantisse und Exponent. Die Mantisse ist einfach die Folge der Ziffern, der Exponent gibt an, wo das Komma gesetzt werden soll. Auffallend ist, dass auch die Konstanten ein anderes Aussehen haben. 6_378e0 heißt 6378 mal 10 hoch null. Diese Zahl könnte auch geschrieben werden als 6.378e3; statt des Kommas schreibt man in PL/I einen Dezimalpunkt! fixed- und float-Konstanten unterscheiden sich nur durch den Buchstaben[6] E, der übrigens schon von Taschenrechnern bekannt sein dürfte (ob groß oder klein geschrieben, ist egal). Die Endung e0 ist, da 10^0 gleich 1 ist, gleichsam ohne Wirkung auf den Platz des Dezimalpunkts. Selbiger gilt als rechts von der Zahl stehend, wenn er fehlt. Auch bei float-Zahlen kann man die Lesbarkeit mit Hilfe von Unterstrichen erhöhen, wenn man will.

Variablen des Typs float haben eine voreingestellte Mantissenlänge von ungefähr 6 Dezi-malstellen, Genaueres erst in Abschnitt 2.6.2. Der Exponent wird automatisch nach jedem Rechenvorgang so angepasst, dass das Komma intern immer an derselben Stelle gedacht werden kann (je nach Maschine ist unterschiedlich, an welcher). Der Exponent liegt z. B. bei IBM-Großrechnern in einem Bereich von –79 bis +75, genauer:

    7.23700e+75

ist die größte und

    5.39760e-79

die kleinste positive Gleitkommazahl, im Negativen entsprechend.

PCs und Unix-Rechner verwenden im Allgemeinen das sogenannte IEEE-Format (gespro-chen Ai-trippel-i) – neuerdings ist dieses auch bei Großrechnern verfügbar. Bei sechs Dezi-malstellen ist die kleinste positive Zahl

    1.17549e-38

und die größte

    3.40282e+38

Allerdings kann auch mit größeren Exponenten gerechnet werden. Es ist natürlich klar, dass auch von der Zahl π nur die ersten sechs Stellen gespeichert werden können, wenn man

---

6   Programmierer mit Erfahrung in Fortran oder C neigen dazu, auch in PL/I-Programmen den Punkt als
    Unterscheidungsmerkmal zu verwenden. Dies ist als ein schwerer Programmierfehler zu werten, der zu völlig
    unerwarteten Ergebnissen führen kann.

eine normale `float`-Variable verwendet. Kein Computer hat Platz für unendlich viele Stellen!

Merken kann man sich an dieser Stelle schon:

Die Regeln für `fixed`- und `float`-Operationen sind naturgemäß völlig unterschiedlich. Lässt man die `e0`-Endung weg, so kommt meistens ein anderes Ergebnis heraus.

Als weiterer Operator sehen wir die Zeichenkombination `**` für die Exponentiation. Auch rechts von den beiden Sternchen ist eine `float`-Variable zugelassen. Die Abarbeitung arithmetischer Formeln geschieht in PL/I wie in der Mathematik üblich, d. h. Exponentiation „geht vor" „Punktrechnung" und diese vor „Strichrechnung", normalerweise von links nach rechts. Bei mehreren Exponentiationen werden erst die rechten ausgeführt, ebenso werden die Vorzeichen behandelt. Will man eine andere Folge der Abarbeitung, so kann man klammern. Zur Verdeutlichung der Regeln noch zwei Beispiele:

```
2+-2**3**2
```

ist also

```
2+(-(2**(3**2)));
```

das Ergebnis ist mithin `-510`.

In der Formel

```
(1e0 / 3e0) + (Pi * -(Radius ** (3 ** 2)))
```

kann man ebenfalls alle Klammern weglassen. Es ist aber ein guter Brauch, lieber ein Paar Klammern mehr zu schreiben, wenn die Exponentiation auftritt. (Es ist auch guter Brauch, Operatoren in Leerzeichen einzuschließen!)

Die Zahl π ist in PL/I nicht direkt verfügbar. Will man sich etwas Schreibaufwand ersparen, so empfiehlt sich wie im Beispiel die Verwendung einer benannten Konstanten (natürlich mit dem Namen `Pi`). Erscheint das Schlüsselwort `value` in der Deklaration, so ist es nicht möglich, diesen Speicherplatz zu ändern. Der Name darf dann also z. B. nicht in einer Zuweisung links vom Gleichheitszeichen stehen! Der Wert der Konstanten steht, wie man sieht, in Klammern hinter `value`. Übrigens, wenn man bei den Zahlen von Beispiel B3 in Kilometern denkt, kommen ungefähr die Maße der Erde heraus! Jetzt können Sie sich schon an die zweite Aufgabe heranwagen:

A2: Berechnen Sie das Volumen V eines Dodekaeders, wenn die Kante a gleich 3 cm ist. Die entsprechende Formel lautet:

$$V = \frac{a^3}{4}\left(15 + 7\sqrt{5}\right)$$

(Wie schreibt man noch mal Wurzelziehen als Exponentiation?) Wenn Sie etwas Anschauungshilfe benötigen: Schauen Sie mit dem linken Auge auf das linke und mit dem rechten Auge auf das rechte Dodekaeder, dann sehen Sie das mittlere (sic!) Dodekaeder räumlich:

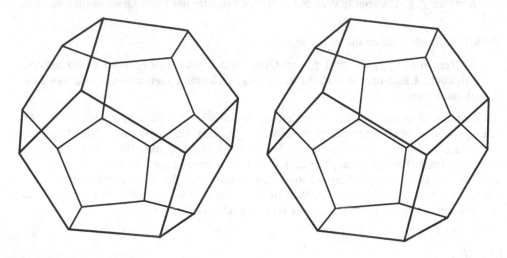

Abbildung 1. Dodekaeder

1.2.4 Eine Sprache mit Charakter – Zeichenfolgen

Wie ich eingangs erwähnte, kann man in PL/I auch mit Buchstaben hantieren, und zwar
besonders einfach. Dies ermöglicht das Attribut character, wie das folgende Beispiel
zeigt:

```
B4: /* Zeichenverkettung (CHARACTER-Attribut) */
procedure options (main);

dcl Buchstabe char; /* d. h. char (1) */
dcl Wort       char (4);

Buchstabe = 'T';
Wort = 'O' || Buchstabe || Buchstabe || 'O';
put ('M' || Wort);

end B4;
```

Meistens verwendet man char als Abkürzung von character, die Sprache PL/I kennt
noch weitere Abkürzungen. Auch hier empfehle ich die gleiche Regel wie bei der Namens-
vergabe für Variablen: Schlüsselwörter, die nicht häufig vorkommen, schreibe man ruhig
aus. Die Angabe in Klammern hinter char bezeichnet die Länge der Zeichenfolge (engl.
character string), also die Anzahl der Zeichen, die auf ihr gespeichert werden können.[7]
Lässt man die Angabe weg, so ergänzt der PL/I-Compiler zu char (1). Dies ist im Übrigen
ein allgemeiner Grundsatz von PL/I: Für alles, was vom Programmierer weggelassen wird,
gibt es eine Standardannahme – ein Grundsatz, der bei einer universellen Programmiersprache unvermeidlich ist. Die Standardannahme ist meist so gewählt, dass ein Anfänger sich
nicht wundert, also nach dem Prinzip des geringsten Erstaunens.

---

7   Ein Hinweis für C- oder Pascal-Programmierer: Zeichenfolgen sind in PL/I keine Arrays, sondern Skalare.
    Dies ist ein wesentlicher Punkt, warum *string-handling* in PL/I so einfach ist! Auch der sogenannte
    Bufferoverflow, der immer wieder in bekannten C-Programmen entdeckt wird, ist also in PL/I unmöglich!

In Beispiel B4 haben wir `Buchstabe` als eine Variable deklariert, die Platz für ein Zeichen hat, und `Wort` als eine für vier Zeichen. Unter Zeichen versteht man nicht nur Buchstaben, sondern auch Ziffern und Sonderzeichen. In der ersten Zuweisung sehen wir dann die Darstellung einer char-Konstanten: eingeschlossen in einfache Apostrophe. Die Apostrophe werden nicht mitgespeichert, sondern dienen nur zur Kennzeichnung einer Zeichenkonstanten im Programmtext. Wer jetzt ein Problem wittert und wissen möchte, wie man einen Apostroph[8] als char-Konstante schreibt, ganz einfach, man nimmt Doppelapostrophe: `"'"`! Dumm wird es nur, wenn sowohl einfache als auch doppelte Apostrophe innerhalb der Zeichenfolge vorkommen. Dann gibt es die Alternative, den entsprechenden Apostroph zu verdoppeln, z. B. für Fußballanhänger: M'gladbach kann man in PL/I schreiben: `'M''glad-bach'`. Gespeichert wird nur ein Apostroph. Einfacher wäre allerdings wieder: `"M'glad-bach"`!

Die beiden senkrechten Striche in den nächsten Anweisungen bilden zusammen den Verkettungs-Operator, d. h. nach der Zuweisung von `'T'` auf die Variable `Buchstabe` werden die Zeichen `'O'`, `'T'`, `'T'` und `'O'` zu `'OTTO'` verkettet und auf die Variable `Wort` zugewiesen. Ausgedruckt wird dann `'MOTTO'`. Wie man ja schon von arithmetischen Ausdrücken (17 + 4) weiß, können auch char-Ausdrücke nicht nur in Zuweisungs-Anweisungen vorkommen, sondern überall da, wo aus zwingenden sachlichen Gründen keine Konstante vorgeschrieben ist, z. B. in der put-Anweisung. Zu dieser Regel gibt es keine Ausnahme! Also noch einmal zum Merken:

In PL/I dürfen überall, wo Werte angegeben werden können, sowohl Konstanten, Variablen als auch Ausdrücke verwendet werden, es sei denn, es ergäbe keinen Sinn!

In Beispiel B4 ist die Länge von `Wort` exakt so groß deklariert, wie sie benötigt wird. Meistens weiß man aber nicht vorher, welche Länge man deklarieren soll, z. B. weil nacheinander Wörter unterschiedlicher Länge gespeichert werden sollen. Bei dieser Aufgabenstellung kann man in PL/I das zusätzliche Attribut varying (auf deutsch „variierend", mit der Abkürzung var) verwenden. Betrachten wir das folgende Beispiel:

```
B5: /* Textaufbereitung durch Zuweisung (CHAR VAR) */
procedure options (main);

dcl Delikatessen char (*) value ('DELIKATESSEN');
dcl Satz          char (100) var;
dcl Wort7         char (7);
dcl Wort8         char (8);

Wort7 = Delikatessen;      /* Abschneiden */
Wort8 = Wort7;             /* Auffüllen mit Leerzeichen */
Satz  = Wort8 || 'ESSEN';  /* Festlegen der Länge */
put (Satz);

end B5;
```

Man verzeihe mir die einfallslosen Variablennamen, aber das Programm ist auch nicht sehr anspruchsvoll. Es zeigt allerdings exemplarisch die unterschiedlichen Eigenschaften von Zeichenfolgen fester und variierender Länge. Bei einer benannten Konstanten darf man als Länge ein Sternchen angeben, der Compiler zählt dann selbst. `Satz` soll Platz haben für maximal 100 Zeichen, die aktuelle Länge bemisst sich aus der Länge der Zeichenfolge, die

---

8 Hier nun ein Hinweis für Duden-Besitzer: Prüfen Sie es ruhig nach, Apostroph ist männlich!

zuletzt zugewiesen wurde. (Wenn man es betonen möchte, darf man übrigens das Attribut
<u>nonvarying</u> angeben, wenn es sich um eine Zeichenfolge fester Länge handeln soll.)

Verfolgen wir das Programm. Da 'DELIKATESSEN' mehr als 7 Zeichen lang ist, werden in
der ersten Zuweisung die überzähligen rechts gestrichen, übrig bleibt 'DELIKAT'. Weist
man diese 7 Zeichen auf Wort8 zu, so wird rechts ein Leerzeichen angefügt, man erhält
'DELIKAT~'. Das Leerzeichen ist ein Zeichen wie jedes andere, im fortlaufenden Text sei
es als Tilde (~) dargestellt!

Was man auch auf Wort7 oder Wort8 zuweist – es können auch Variablen oder Ausdrücke
sein –, bei Zeichenfolgen fester Länge wird gegebenenfalls rechts abgeschnitten oder rechts
mit Leerzeichen aufgefüllt. Bei Zeichenfolgen variierender Länge wird ebenfalls rechts
abgeschnitten, aber nie aufgefüllt, wie man an der dritten Zuweisung sieht: Satz enthält
nach der Zuweisung die Wörter 'DELIKAT~ESSEN', wie die Ausgabe der <u>put</u>-Anweisung
zeigt.

Wer jetzt der Meinung ist, die Tatsache, dass Zeichen ohne Fehlermeldung verlorengehen,
sei doch eher ärgerlich, der sei darauf hingewiesen, dass erstens schon der Compiler meldet,
wenn diese Gefahr besteht („string will be truncated") und dass man zweitens in PL/I die
Möglichkeit hat, zur Ausführungszeit auf das tatsächliche Auftreten des Abschneidens zu
reagieren, wenn man es als Fehler werten will (siehe Abschnitt 3.3.3).

Jetzt können Sie wieder eine Aufgabe lösen:

A3: Benutzen Sie als einzige Konstante den Wert 'cdefgahc' *und geben Sie nacheinander
alle Anfänge der C-Dur-Tonleiter aus, also* 'c', 'cd', 'cde', *usw.*

Wenn Sie auch mit osteuropäischen oder asiatischen Schriftzeichen arbeiten wollen, müssen
Sie noch bis Abschnitt 7.2 warten.

1.2.5 Kleiner geht's nicht – Bits

Außer Zeichenfolgen gibt es in PL/I an nichtarithmetischen Berechnungsdaten auch noch
Bitfolgen, von denen wir aber zunächst nur die Bitfolgen der Länge 1 kennenlernen wollen,
da sie in PL/I eine besondere Rolle spielen. Zunächst wieder ein Beispiel:

```
B6: /* Größenvergleiche (BIT-Attribut) */
procedure options (main);

dcl X           fixed;
dcl X_gleich_Y  bit;
dcl X_größer_Y  bit;
dcl X_kleiner_Y bit;
dcl Y           fixed;

X = 4;
Y = 5;
X_größer_Y  = X > Y;
X_gleich_Y  = X = Y; /* klarer: (X = Y) */
X_kleiner_Y = X < Y;
put (X_größer_Y, X_gleich_Y, X_kleiner_Y);

end B6;
```

Die drei `bit`-Variablen `X_größer_Y`, `X_gleich_Y` und `X_kleiner_Y` können zwei Werte annehmen – als PL/I-Konstante geschrieben: `'0'b` und `'1'b`.[9] `bit`-Konstanten sehen also aus wie `char`-Konstanten, gefolgt vom Buchstaben `B` (oder `b`), man spricht sie aus als Null-Bit und Eins-Bit. Auf eine `bit`-Variable kann man z. B. für später speichern, ob eine Aussage zur Zeit der Zuweisung wahr oder falsch war. Das Ergebnis eines Vergleichs ist `'1'b`, wenn die Aussage wahr ist, und `'0'b`, wenn sie falsch ist.

In Beispiel B6 sieht man in den Zuweisungen rechts vom Zuweisungszeichen die `bit`-Ausdrücke `X > Y`, `X = Y` und `X < Y`. Der `bit`-Ausdruck `X > Y` ist für die im Beispiel angegebenen Werte falsch, das Ergebnis ist also `'0'b`. Die Anweisung mit den zwei Gleichheitszeichen ist nur auf den ersten Blick verwirrend, das erste von links bedeutet immer Zuweisung[10], die weiteren dienen dem Vergleich. Wen das stört, der kann selbstverständlich die rechte Seite der Zuweisung in Klammern setzen, der Wert des Ausdrucks ändert sich dadurch nicht. Da `Y` im Beispiel tatsächlich größer als `X` ist, erhält die Variable `X_gleich_Y` auch den Wert `'0'b`, die Variable `X_kleiner_Y` dagegen den Wert `'1'b`.

Genauso wie `+` und `–` arithmetische Operatoren sind und die beiden senkrechten Striche `||` zur Verkettung von Zeichenfolgen geeignet sind, gibt es eine Reihe von Operatoren, die ein `bit`-Ergebnis liefern:

```
<    kleiner
<=   kleiner oder gleich (gesprochen: kleiner-gleich)
=    gleich
>    größer
>=   größer oder gleich (gesprochen: größer-gleich)
^=   ungleich
^<   nicht kleiner (entspricht  >=)
^>   nicht größer (entspricht  <=)
```

Abbildung 2. Vergleichsoperatoren

Außer diesen sogenannten Vergleichsoperatoren, die zwei (fast) beliebige Werte verknüpfen, liefern drei sogenannte logische (oder auch Bit-)Operatoren aus `bit`-Operanden ein `bit`-Ergebnis. Der Nicht-Operator wandelt `'1'b` in `'0'b` um und umgekehrt: z. B. ist `^(A > B)` dasselbe wie `(A <= B)`; zwei mit `&` (gesprochen: und) verknüpfte `bit`-Werte ergeben genau dann `'1'b`, wenn beide Operanden `'1'b` sind, sonst `'0'b`; zwei mit `|` (gesprochen oder) verknüpfte `bit`-Werte ergeben `'1'b`, wenn einer oder beide Operanden `'1'b` sind, sonst `'0'b`. Den Operator `^` kann man auch als Verknüpfungsoperator benutzen, er bedeutet dann ein exklusives Oder (Entweder-Oder): `X ^ Y` ist nur dann gleich `'1'b`, wenn entweder `X` wahr ist oder `Y`; sollten beide wahr sein, so ist das Ergebnis (im Unterschied zum normalen Oder) gleich `'0'b`.

Auf diese Weise kann man komplexe `bit`-Ausdrücke bilden, z. B:

```
(A > B) | ((C ^= D) & (E <= F))
```

---

9   Die `bit`-Konstanten '0'b und '1'b entsprechen also in FORTRAN den LOGICAL-Konstanten .TRUE. und .FALSE., in Pascal den BOOLEAN-Konstanten TRUE und FALSE und in Java true und false.
10   Die Zuweisung ist in PL/I kein Operator, sondern eine Anweisung, was sehr zur Sicherheit beiträgt.

Auch hier kann man Klammern verwenden, um die Priorität der Operatoren zu verändern oder deutlich zu machen. Im eben gezeigten Ausdruck könnte man alle Klammern weglassen, wie im nächsten Abschnitt erklärt wird.

Jetzt können Sie die folgende Aufgabe lösen:

A4: Beweisen Sie die aus der mathematischen Logik bekannte Vermutung, dass (A oder B) dasselbe ist wie (nicht (nicht A und nicht B)), indem Sie alle Möglichkeiten ausprobieren!

Damit man auf keiner Rechnerplattform Schwierigkeiten mit dem Zeichenvorrat bekommt, gibt es die Compiler-Optionen or und not, man kann auch sagen, dass ¦ das Oder- und ¬ das Nichtzeichen sein soll:

```
*process or ('|¦') not ('^¬');
```

Weil es sonst nirgendwo im Buch hinpasst: Man kann auch weitere Leerzeichen und Anführungszeichen definieren, etwa das Tabulatorzeichen bzw. die Tilde:

```
*process blank ('05'x) quote ('"~');
```

1.2.6 Jeder mit jedem – Operatoren

Die folgende Tabelle zeigt, welche Operationen zuerst ausgeführt werden (also höhere Priorität haben):

(höchste Priorität)

```
    **  sowie die Vorzeichen-Operatoren + - ^
    * /
    + -
    ||
    <   ^<  <=  =  ^=  >=  >  ^>
    &
    |  ^
```

(niedrigste Priorität)

Abbildung 3. Priorität der Operatoren

Treten in einem Ausdruck Operanden derselben Tabellenreihe auf, so wird bei den Operatoren der ersten Reihe von rechts nach links ausgewertet, bei allen anderen Reihen von links nach rechts. Allgemein können alle Arten von Operatoren in einem Ausdruck verwendet werden.

Ein besonders unübersichtliches Beispiel ist

```
A * 3 - 4 > 10 | Wort || 'X' <= 'M' & X_größer_Y
```

Es könnte – vernünftig geklammert – so aussehen:

```
(A * 3 - 4 > 10) | (Wort || 'X' <= 'M') & X_größer_Y
```

Wer sich nicht merken kann, dass zuletzt Und und zu allerletzt Oder ausgeführt wird, müsste noch mehr Klammern setzen. Was an diesem Ausdruck auffällt, ist zum einen die Tatsache, dass nicht nur Zahlenwerte (A sei ein solcher), sondern auch char-Ausdrücke verglichen werden können. Zum anderen können auch bit-Variablen in einen Vergleich einbezogen werden, ihnen ist ja vorher (hoffentlich) schon ein Wahrheitswert zugewiesen worden. Falls nicht, kommt es auf das Laufzeitsystem des Compilers an, ob das Programm mit einer Fehlermeldung abbricht oder ob es mit dem Wert, der zufällig gespeichert ist, weiterrechnet. Das Laufzeitsystem (engl. *run time environment*) besteht aus Programmen, die mit dem Compiler mitgeliefert werden und bei der Programmausführung beispielsweise melden, in welcher Anweisung durch Null geteilt wurde.

Der Vergleich von Zeichenfolgen läuft folgendermaßen ab:

Haben die `char`-Werte unterschiedliche Länge, so wird zunächst der kürzere von beiden rechts mit Leerzeichen aufgefüllt, bis er gleich lang ist. Dann wird von links nach rechts Zeichen für Zeichen verglichen, bis entweder Ungleichheit auftritt oder nach Vergleich aller Zeichen Gleichheit festgestellt wird. Für den Fall der Ungleichheit gilt eine interne Sortierreihenfolge, die z. B. bei den Buchstaben der alphabetischen Reihenfolge entspricht. `'A'` ist also „kleiner" als `'B'`. In PL/I ausgedrückt: (`'A'` < `'B'`) ergibt den Wert `'1'b`. Alles weitere muss man einer Tabelle für den jeweils verwendeten Rechner entnehmen. IBM-Großrechner verwenden z. B. den sogenannten EBCDIC-Zeichensatz, PCs und Unix-Rechner den international genormten ASCII-Zeichensatz[11].

Im EBCDIC-Zeichensatz gilt (im Wesentlichen):

Leerzeichen < Kleinbuchstaben < Großbuchstaben < Ziffern,

was man sich – zumindest, was die Buchstaben angeht – gut merken kann, bei ASCII umgekehrt, abgesehen von der Stellung des Leerzeichens:

Leerzeichen < Ziffern < Großbuchstaben < Kleinbuchstaben,

wobei die Sonderzeichen verstreut sind. Die Schreibweise mit mehreren Kleiner-Zeichen ist zwar in der Mathematik üblich, in PL/I müsste man aber für den Ausdruck

```
A < B < C
```

schreiben:

```
(A < B) & (B < C)
```

An dieser Stelle sollte man sich spätestens klarmachen, dass `'1'` eine `char`-, 1 dagegen eine `fixed`- und 1e0 eine `float`-Konstante ist, nicht zu vergessen `'1'b` als `bit`-Konstante. Besonderheiten sind noch zu unterscheiden: Das Leerzeichen schreibt sich `'~'` (die Tilde dient wiederum nur der Verdeutlichung!), wohingegen `''` (zwei einzelne Apostrophe direkt hintereinander) die leere Zeichenfolge, der sogenannte Null-String ist. Dieser kann, wie wir später sehen werden, tatsächlich sinnvoll verwendet werden.

Beeindruckend – oder auch verwirrend – ist die Tatsache, dass in PL/I alle Datentypen mit allen Operatoren verknüpft werden können, sofern dieser Verknüpfung nur irgendwie ein Sinn zuzuordnen ist. Gegebenenfalls wird zwischen den Daten automatisch umgewandelt (konvertiert). Konvertierung (engl. *conversion*) ist ebenfalls erforderlich, wenn die Variable auf der linken Seite einer Zuweisung andere Attribute hat als der Ausdruck auf der rechten Seite. Die Konvertierung von `fixed` nach `float` ist einfach, ganze Zahlen lassen sich auch in Gleitkommaversion darstellen. Umgekehrt werden eventuelle Nachkommastellen abgeschnitten. Eine `char`-Variable kann man nur dann auf eine `fixed`- oder `float`-Variable zuweisen, wenn sie eine Zahl enthält. Zum Beispiel ist `'~1234~'` ohne Weiteres in eine

---

11   EBCDIC heißt Extended Binary Coded Decimal Interchange Code, ASCII American Standard Code for Information Interchange.

Zahl umzuwandeln, `'Boeing~747'` dagegen nicht! Ein Leerzeichen wird allerdings auch toleriert, es wird in 0 umgewandelt.

Konvertierung ist wegen des Fehlens von Restriktionen überhaupt ein unerschöpfliches Kapitel der PL/I-Sprache! Es liegt in der Verantwortung des Programmierers, hier Disziplin zu üben, z. B. möglichst nur gleiche Datentypen miteinander zu verknüpfen (abgesehen von Vergleichen). Wer weiß denn schon, was der Ausdruck

```
(' 10 ' > 1e0) * ^0 + '1'b
```

bedeutet?[12] Mehr hiervon in Abschnitt 2.6!

Jetzt können Sie sich wieder an einer Aufgabe versuchen:

A5: Was meinen Sie (ohne den Computer zu bemühen), ist das Ergebnis des folgenden Ausdrucks?

```
'0'b | 'X' < 'Y' & 7e-1 < 7e-2 | 3 + 4 < 2
```

1.3 Schleifen

Denken wir an das Stromrechnungsdruckprogramm zurück. Für jeden Kunden muss im Prinzip der gleiche Rechenvorgang ausgeführt werden: Lesen des Verbrauchs (von einer Festplatte), Berechnen der zu leistenden Zahlung und Ausdrucken der Rechnung. Es erscheint kaum möglich, so viele <u>put</u>-Anweisungen in das Programm zu packen, wie die Stadtwerke Kunden haben. In unserer bisherigen Sammlung von Anweisungen fehlt uns etwas zum Programmieren von Schleifen, also die Möglichkeit, eine Folge von Anweisungen immer wieder ausführen zu können. PL/I stellt hierfür ein einziges, allerdings sehr mächtiges Sprachmittel zur Verfügung: die <u>do</u>-Schleife. In diesem Kapitel werden wir aber nur die drei einfachsten Formen kennenlernen.

1.3.1 Erst fragen – die WHILE-Schleife

An dieser Stelle des Buches können wir Aufgabe 1 auf die „Ochsentour" lösen:

```
B7: /* Lösung von Aufgabe 1 (WHILE-Schleife) */
procedure options (main);

dcl Summe fixed;
dcl Zahl  fixed;

Summe = 0;
Zahl = 1;
do while (Zahl <= 100);
   Summe = Summe + Zahl;
   Zahl = Zahl + 1;
   end;
put ('Die Summe der Zahlen von 1 bis 100 ist:', Summe);

end B7;
```

Wir sehen die neue <u>do</u>-Anweisung mit dem Schlüsselwort <u>while</u> und eine zweite <u>end</u>-Anweisung. Allgemein wird der Programmteil, der wiederholt werden soll, in <u>do</u> und <u>end</u> eingeschlossen, ähnlich wie das gesamte Programm in <u>procedure</u>- und <u>end</u>-Anweisung.

---

12 Es kommt übrigens 16 heraus!

Wieder steht am Ende jeder Anweisung ein Semikolon.[13] Die Bedingung, die für einen Durchlauf der Schleife erfüllt sein muss, steht in Klammern hinter dem Schlüsselwort `while` (zu deutsch: solange). Im Prinzip handelt es sich um einen Bit-Ausdruck: Solange er `'1'b` ist, wird die Schleife abgearbeitet, bei `'0'b` geht es hinter dem zugehörigen `end` weiter. Man erinnere sich: In PL/I werden Wahrheitswerte durch das `bit`-Attribut ausgedrückt. Die Schleife

```
do while ('1'b);
    put ('Wann soll das bloß enden?');
    end;
```

würde tatsächlich nie enden – eine sogenannte Endlosschleife!

Man merke sich, dass die `while`-Schleife gar nicht erst betreten wird, wenn der Bit-Ausdruck von vornherein gleich `'0'b` ist! Manche sprechen deshalb bei der `while`-Schleife auch von einer „abweisenden" Schleife.

Doch nun zurück zu unserem Beispiel! Die Variable `Zahl` wird im Laufe des Programms immer wieder um 1 erhöht. In der Variablen `Summe` werden die Werte von `Zahl` aufsummiert. Aufpassen bei der Programmierung von Schleifen muss man am Anfang und am Ende, das heißt in unserem Falle: Ist die erste Zahl die richtige und ist die letzte Zahl die richtige?! Nun – die Variable `Summe` hat als ersten Wert 1, da ihr außerhalb der Schleife 0 zugewiesen wurde und der erste Wert von `Zahl` 1 ist.

Das Ende macht man sich am besten klar, indem man vom vorletzten Fall ausgeht. Nehmen wir an, `Zahl` habe den Wert 100 innerhalb der Schleife zugewiesen bekommen. Der Vergleich mit 100 ergibt dann `'1'b`, da (`Zahl <= 100`) wahr ist, d. h. die Schleife wird wieder durchlaufen, die Zahl 100 also auf `Summe` addiert. Danach wird `Zahl` auf 101 erhöht, der `bit`-Ausdruck hinter `while` ergibt `'0'b`, nun es geht hinter `end` weiter.

Die Überprüfung der Grenzfälle einer Schleife sollte man immer vornehmen, man vertut sich zu leicht gerade an dieser Stelle!

Schon bei der Verwendung des Operators < statt <= hätte man nur die Zahlen bis 99 aufsummiert. Ebenso falsch wäre der Operator ^= gewesen.

Wer jetzt noch wissen will, warum das die „Ochsentour" ist und was nun der junge Gauß angestellt hat: Soweit mir bekannt, besuchte dieser eine „Zwergschule" (mit allen Klassen in einem Raum). Als nun der Lehrer die Klasse des jungen Karl Friedrich für längere Zeit beschäftigen wollte, gab er ihr die Aufgabe, die Zahlen von 1 bis 100 zusammenzuzählen. Unglücklicherweise kam der Junge auf die Idee, dass man diese Zahlen in Pärchen sortieren kann: 1 + 99 ergibt 100, 2 + 98 ebenfalls, usw. bis 49 + 51, macht also 49 mal 100. Fehlen noch 50 und 100 an der Gesamtsumme.

1.3.2 Erst schießen – die UNTIL-Schleife

Will man eine Schleife auf jeden Fall für einen Durchlauf betreten, so gibt uns PL/I auch diese Möglichkeit. Bei der `until`-Schleife steht das Schlüsselwort `until` zwar am Anfang (zum besseren Überblick), die Bedingung wird aber erst bei der zugehörigen `end`-Anweisung überprüft.

Das folgende Programm erfüllt dieselbe Funktion wie Beispiel B7:

---

13 Irgendwelche, von manchen als spitzfindig apostrophierte Unterscheidungen wie in Pascal braucht man sich in PL/I also nicht einzuprägen! Auch `end` ist eine ganz normale Anweisung.

```
B8: /* Lösung von Aufgabe 1 (UNTIL-Schleife) */
procedure options (main);

dcl Summe fixed;
dcl Zahl  fixed;

Summe = 0;
Zahl = 1;
do until (Zahl > 100);
   Summe = Summe + Zahl;
   Zahl = Zahl + 1;
   end;
put ('Die Summe der Zahlen von 1 bis 100 ist:', Summe);

end B8;
```

Bei until handelt es sich also um eine Abbruch-Bedingung, wie das englische Wort (zu deutsch: bis) andeutet. Beim Durchlaufen der end-Anweisung wird also abgebrochen, wenn der Ausdruck hinter until wahr ist. Manche sprechen bei until von einer „annehmenden" Schleife. Der Bit-Ausdruck ist im Grunde gegenüber der while-Schleife verneint. Eine Überprüfung der Grenzfälle ergibt auch hier als ersten Summanden 1 und als letzten 100. Zahl hat ebenfalls hinter der Schleife den Wert 101.

Man gewöhne sich von vornherein an, das Innere der do-Schleife einzurücken. In diesem Buch wird immer um drei Spalten eingerückt, und zwar einschließlich der end-Anweisung. Letzteres könnte man zwar auch anders handhaben, aber erstens ist auch der Compiler der Meinung, die end-Anweisung gehöre zum Innern der Schleife[14] und zweitens halte ich es für sinnvoll, wenn ich die erste Anweisung nach der Schleife suche, nicht auf die end-Anweisung zu stoßen. Mir kommt bei solchen Programmen immer nur der Gedanke: „end ist die nächste Anweisung? Ach ja, natürlich! Und was ist nun wirklich die nächste?"

Die end-Anweisung ist für den Compiler da, der Mensch erkennt die Programmstruktur viel besser auf Grund der Einrückungen!

1.3.3 Aufwärts und abwärts – die Zählschleife

Betrachten wir noch einmal Beispiel B7, das Zusammenzählen der Zahlen von 1 bis 100 mittels einer while-Schleife. Die Schleife besteht im Wesentlichen aus der Zuweisung eines Anfangswertes an die Variable Zahl, der Abfrage, ob ihr Wert noch kleiner oder gleich dem Endwert ist und der Erhöhung der Variablen (abgesehen davon, dass in der Schleife auch noch etwas Sinnvolles passiert).

Genau so ist die folgende, kürzere Form der do-Schleife definiert, die man Schleife mit Laufvariable oder auch Zählschleife nennt:

```
B9: /* Lösung von Aufgabe 1 (Zähl-Schleife) */
procedure options (main);

dcl Summe fixed;
dcl Zahl  fixed;
```

---

14 Dies kann man beim IBM-Compiler daran erkennen, dass in der Programmliste in der Spalte NEST die end-Anweisung die gleiche Schachtelungstiefe wie die anderen Anweisungen im Inneren der do-Schleife hat.

```
Summe = 0;
do Zahl = 1 to 100;
   Summe = Summe + Zahl;
   end;
put ('Summe der Zahlen von 1 bis 100 ist:', Summe);

end B9;
```

Man könnte auch andersherum zählen (natürlich mit demselben Ergebnis):

```
do Zahl = 100 to 1 by -1;
   Summe = Summe + Zahl;
   end;
```

In PL/I ist dieser Typ do-Schleife genau so definiert, wie es Beispiel B7 zeigt:

1. Es wird der Anfangswert zugewiesen (Zahl = 1 bzw. Zahl = 100),

2. es wird geprüft, ob der Grenzwert noch nicht über- (to 100) bzw. unterschritten (to 1) ist,

3. es wird der Inhalt der Schleife abgearbeitet,

4. es wird erhöht bzw. erniedrigt (by -1) und

5. es wird bei Punkt 2 fortgefahren.

Eine Folgerung dieser Definition ist:

Nach dem Verlassen der Zählschleife ist die Laufvariable immer einmal zuviel erhöht bzw. erniedrigt worden, so ist es definiert!

Hier erkennt man auch einen Unterschied zwischen Beispiel B9 und der Version mit „by -1". Die Summe ist zwar gleich, aber die Laufvariable Zahl ist nach dem Verlassen der Schleife einmal 101 und das andere Mal 0!

Wie wir sehen, handelt es sich auch hier um eine „abweisende" Schleife. Der Vorteil dieser Form der do-Schleife liegt nicht nur in der Schreib-Ersparnis gegenüber einer while-Schleife, sondern auch in der größeren Übersichtlichkeit: Es gibt nur eine Zeile, die alles Nötige zur Schleifen-Definition enthält.

An dieser Stelle möchte ich auf die vollständige Beschreibung der do-Anweisung verzichten. Nur soviel sei schon erwähnt: Als Laufvariable sind nicht nur Variablen mit dem Attribut fixed zugelassen. Außerdem dürfen Anfangswert, Inkrement und Grenzwert auch beliebige Ausdrücke sein; diese werden nur einmal, nämlich vor Beginn des ersten Schleifendurchgangs, ausgewertet.

Aufgaben möchte ich hier nicht stellen, viele sinnvolle Anwendungen von Schleifen ergeben sich im nächsten Abschnitt.

1.4 Ein- und Ausgabe

Wer die Beispiele aus Abschnitt 1.2 zur Berechnung von Würfel und Kugel mehrfach mit jeweils anderen Ausgangswerten laufen lassen möchte, ist gezwungen, nach jeder Änderung das Programm neu übersetzen zu lassen. Dies kann man natürlich einfacher haben!

1.4.1 Hier gibt's was zu holen – die GET-Anweisung

Schauen wir uns das folgende Beispiel an:

```
B10: /* Ein- und Ausgabe (GET, PUT) */
procedure options (main);

dcl A fixed;
dcl B fixed;

put ('Bitte geben Sie 2 Zahlen ein:');
get (A, B);
put ('Ihre Summe ist:', A + B);

end B10;
```

Nach der Aufforderung, zwei Zahlen einzugeben, wird eine get-Anweisung ausgeführt, die man als das Gegenteil der put-Anweisung auffassen kann. Im Normalfall erscheint auf dem Bildschirm ein Doppelpunkt, was andeuten soll, dass man selbst an der Reihe ist. In welcher Form man jetzt zwei Zahlen eintippt, ist bei PL/I völlig egal. Es werden zwar ganze fixed-Zahlen erwartet, aber wenn man float-Zahlen oder etwa char-Konstanten wie z. B. '1234' eingibt, konvertiert PL/I diese Werte nach fixed und weist sie den Variablen A und B zu.

Eine get-Anweisung hat also in dieser Beziehung eine ähnliche Funktion wie eine Zuweisung. Es ist auch egal, ob man die Zahlen bei der Eingabe durch ein oder mehrere Leerzeichen oder durch ein Komma oder beides trennt: Die über die Tastatur eingegebenen Zeichen werden als zwei Zahlen interpretiert und der Reihe nach auf die Variablen der get-Liste zugewiesen.

Wenn Sie dann die Ausgabe betrachten, werden Sie feststellen, dass der Text und die Summe von A und B nicht direkt hintereinander stehen. Das liegt daran, dass put die Werte wie in einer Liste an bestimmten Positionen ausgibt – als wenn Tabulatoren gesetzt wären. Dass Text auch an beliebigen Stellen des Bildschirms – oder wenn man einen Drucker benutzt, des Papiers – platziert werden kann, werden wir in Abschnitt 2.1 kennenlernen.

An diesem Beispiel sollte man auch lernen, immer dann, wenn der Benutzer etwas eingeben soll, ihm vorher genau zu sagen, was. Nichts ist frustrierender, als zu wissen, der Computer will etwas von einem, aber was?! Dann nützt es auch nichts, drei Kreuze, z. B. XXX, einzugeben, das obige Programm würde darauf mit einer Fehlermeldung („CONVERSION ERROR") und dem Abbruch des Programms reagieren, denn XXX lässt sich beim besten Willen nicht in eine Zahl konvertieren. (Wer unbedingt römische Zahlen einlesen will, der muss bis Beispiel B42 warten; in PL/I ist nichts unmöglich!)

Jetzt können folgende Aufgaben gelöst werden:

A6: Schreiben Sie ein Programm, das in zwei Variablen A und B je einen Wert einliest und diese Werte dann ausgibt. Danach sollen die Werte der Variablen miteinander vertauscht werden (A soll den bisherigen Wert von B bekommen und B den bisherigen Wert von A). Als letztes sind die Werte von A und B erneut auszugeben!

A7: Lesen Sie 5 Zahlen ein und geben Sie deren Mittelwert aus! Achten sie dabei auf einen benutzerfreundlichen Dialog!

Breite Verwendung findet die get-Anweisung in Schleifen. Das folgende Beispielprogramm führt einen „hartnäckigen" Dialog mit dem Menschen, der vor dem Bildschirm sitzt:

```
B11: /* Einfache Einleseschleife (GET) */
procedure options (main);

dcl Zahl fixed;

do until (Zahl >= 1000);
    put ('Bitte geben Sie eine Zahl unter 1000 ein!');
    get (Zahl);
    end;
put (Zahl, 'ist aber nicht kleiner als 1000!');

end B11;
```

Die until-Schleife wird auf jeden Fall erst einmal betreten. Wichtig ist, dass die Schleifenbedingung direkt hinter der get-Anweisung überprüft wird. Sofort, wenn eine größere Zahl als 1000 eingeben wird, endet die Schleife – und das Programm nach einer „vorwurfsvollen" Meldung ebenfalls. Man beachte auch in diesem Fall die Dialogführung, der Benutzer weiß immer, was er tun soll, und erfährt sofort, was er „falsch" gemacht hat, sollte er aus Langeweile doch eine zu große Zahl eingegeben haben. Übrigens bricht auch dieses Programm mit einer PL/I-Fehlermeldung ab („CONVERSION ERROR"), wenn man etwas anderes als eine Zahl eingegeben hat.

In der folgenden Aufgabe können Sie Ein- und Ausgabe in Schleifen auf Zeichenfolgen verallgemeinern:

A8: Zählen Sie alle eingegebenen char-Konstanten (in Apostrophe eingeschlossen), bis Sie auf die Konstante 'Z' stoßen (diese mitgezählt)!

1.4.2 Nichts mehr da – die ON-Anweisung

Unbefriedigend an der letzten Aufgabe ist die Methode, zu erkennen, wenn der Benutzer keine Eingabe mehr zu machen wünscht. Man wird sich denken können, dass in einer universellen Programmiersprache wie PL/I ein elegantes Sprachmittel existiert, mit dem dieser Wunsch artikuliert werden kann. Da mit Hilfe der get-Anweisung genauso gut die Daten einer Datei (engl. *file*) gelesen werden können (z. B. von einer Festplatte), wird der Name endfile verständlich, der in PL/I für diese Ausnahmebedingung vorgesehen ist. Auf jede Art von Bedingung (engl. *condition*) kann man in PL/I mit Hilfe der on-Anweisung (auch Vorsorgeanweisung genannt) reagieren. Durch die Ausführung der on-Anweisung teilt man dem Rechner mit, was man unternehmen möchte, wenn die genannte Situation eintritt.

Die Anweisung

```
on endfile K = 1;
```

bedeutet zum Beispiel, dass ab jetzt immer dann, wenn endfile auftritt, die Variable K den Wert 1 erhalten soll. Wir wollen vorerst die Verbundanweisung[15] (engl. *compound statement*) on so verstehen, dass sie aus zwei Teilen besteht: Erstens dem Schlüsselwort on gefolgt von einem Schlüsselwort, das die Ausnahmebedingung angibt, und zweitens einer PL/I-Anweisung, die als Maßnahme sinnvoll ist – also etwa keine procedure- oder

---

15 Pascal-Programmierer sollten die Verbundanweisung in Pascal nicht mit der in PL/I verwechseln.

<u>declare</u>-Anweisung. Zunächst benötigen wir von den Ausnahmebedingungen nur die eine mit dem Namen <u>endfile</u>.

Wie man diese Fähigkeiten von PL/I nutzen kann, zeigt das folgende Beispiel:

```
B12: /* Einlese-Schleife mit WHILE */
procedure options (main);

dcl Noch_was_da bit;
dcl Summe        fixed;
dcl Zahl         fixed;

Noch_was_da = '1'b;
on endfile Noch_was_da = '0'b;
Summe = 0;
put ('Bitte geben Sie eine Zahl ein:');
get (Zahl);
do while (Noch_was_da);
    Summe = Summe + Zahl;
    put ('Bitte geben Sie eine weitere Zahl ein:');
    get (Zahl);
    end;
put (Summe);

end B12;
```

Zunächst zur Aufgabe des Programms. Es soll die Summe aller Zahlen gebildet werden, die der Benutzer eingibt. Bei einer Datei ist klar, wann sie zu Ende ist, aber wie signalisiert man am Bildschirm, dass man keine Zahl mehr eingeben möchte? Dies hängt vom Zusammenspiel zwischen Compiler und Betriebssystem ab, im Allgemeinen gibt man statt einer weiteren Zahl die beiden Zeichen /* ein – direkt hintereinander und am Anfang der Zeile. Das Programm stolpert dann nicht etwa über diese Zeichen, es tritt nur die Bedingung <u>endfile</u> ein.

Das obige Programm ist relativ kompliziert – zumindest für einen Anfänger, deshalb möchte ich die wesentlichen Anweisungen der Reihe nach durchgehen. An der <u>bit</u>-Variablen <u>Noch_was_da</u> kann das Programm jederzeit erkennen, ob das Dateiende erreicht wurde oder nicht. Zu diesem Zweck muss zunächst '1'b zugewiesen werden – ist das Dateiende erreicht, so wird automatisch (auf Grund der <u>on</u>-Anweisung!) '0'b zugewiesen. In PL/I können <u>on</u>-Anweisungen überall im Programm auftauchen, immer gilt die Maßnahme der zuletzt ausgeführten <u>on</u>-Anweisung[16]. Man sollte sich klarmachen, dass der zweite Teil der <u>on</u>-Anweisung tatsächlich während der Abarbeitung der <u>get</u>-Anweisung ausgeführt wird – sozusagen außer der Reihe!

Als Nächstes erkennen wir eine <u>do</u>-Schleife, diesmal mit dem Schlüsselwort <u>while</u>. Im Gegensatz zur <u>until</u>-Schleife wird das Innere der Schleife nur dann abgearbeitet, wenn der <u>bit</u>-Ausdruck '1'b ist. Diese Abfrage findet also schon vor dem Betreten der Schleife statt, und dann nach jedem Durchlauf wieder. (Wir erinnern uns, bei der <u>until</u>-Schleife würde das Schleifeninnere zuerst einmal abgearbeitet und danach die <u>until</u>-Bedingung geprüft.) Demzufolge sind auch zwei <u>get</u>-Anweisungen vorhanden: eine vor der Schleife und eine am Ende derselben. Die eigentliche Aktion findet in der Einleseschleife immer vor der <u>get</u>-Anweisung statt, in diesem Fall ist es die Zuweisung, die für die Aufsummierung sorgt:

---

16 Dies ist allgemeiner als z. B. die try/catch-Kombination von Java.

```
Summe = Summe + Zahl;
```

Zum Inhalt der Variablen `Summe` wird die gerade eingelesene Zahl addiert und das Ergebnis wieder auf die Variable `Summe` zugewiesen. Damit das auch beim ersten Mal klappt, muss man wiederum `Summe` zunächst 0 zuweisen. Als Letztes sorgt dann die `put`-Anweisung für die Ausgabe des berechneten Wertes.

An diesem Beispiel kann man sehen, dass Programmierfehler sich oft in Grenzsituationen einschleichen. Es ist zwar ungewohnt, in einer Schleife zunächst etwas zu verarbeiten und dann erst die nächste Zahl einzulesen. Tut man es aber umgekehrt und lässt auch die `get`-Anweisung vor der Schleife weg, so ergibt sich das folgende Bild:

```
do while (Noch_was_da); /* Falsches Beispiel */
   get (Zahl);
   Summe = Summe + Zahl;
```

Was passiert nun im Grenzfall `endfile`? Nun – vereinbart sei wiederum, der Variablen `Noch_was_da` den Wert `'0'b` zuzuweisen. Dies geschieht also dann, wenn bei der `get`-Anweisung keine Zahl mehr eingelesen werden kann. Und danach – wird nicht etwa die Einleseschleife sofort beendet, sondern vorher noch einmal die Summationsanweisung ausgeführt. Da kein neuer Wert für `Zahl` zur Verfügung stand, wird natürlich der alte benutzt. Die Summe ist also um den zuletzt eingelesenen Wert zu groß!

Es hilft nichts, man muss unbedingt direkt nach der `get`-Anweisung nachprüfen, ob nichts mehr da war und ggf. sofort die Schleife verlassen.

Übrigens reagiert das Programm B12 auch in einer anderen Grenzsituation korrekt. Wird keine Zahl eingegeben, sondern sofort `endfile` signalisiert, so wird tatsächlich 0 ausgegeben.

Jetzt kann folgende Aufgabe gelöst werden:

A9: Lesen Sie beliebig oft jeweils zwei Farben ein (`char`-Konstante mit Apostrophen) und drucken Sie die Mischfarbe aus (gemeint ist die Verkettung beider Zeichenfolgen)! Das Programm soll enden, wenn Sie am Bildschirm `endfile` signalisieren (durch Eingabe von `/*`).

1.5 Fallunterscheidungen

Unser Stromrechnungsdruckprogramm ist jetzt zwar in der Lage, alle Kunden zu berücksichtigen, uns fehlt aber z. B. die Möglichkeit, für die verschiedenen Tarife unterschiedliche Preise zu berechnen. Für derartige Fallunterscheidungen gibt es in PL/I zwei Anweisungen, die `if`- und die `select`-Anweisung.

1.5.1 Entweder, oder – die IF-Anweisung

An einem Beispiel wird sofort klar, wozu eine `if`-Anweisung da ist: Die Anweisung

```
if A < 0 then A = -A;
```

bewirkt, dass, wenn A negativ ist, das Vorzeichen in ein Plus verwandelt wird. Allgemein wird die hinter dem Schlüsselwort `then` stehende Anweisung dann und nur dann ausgeführt, wenn der `bit`-Ausdruck hinter dem Schlüsselwort `if` wahr, also gleich `'1'b` ist. Ist er dagegen falsch (`'0'b`), so wird sofort die nächste Anweisung ausgeführt.

Sollen mehrere Anweisungen ausgeführt werden, so schließt man diese einfach in do und end ein, wobei die do-Anweisung zwar durchaus eine until- oder while-Angabe besitzen, aber auch einfach so stehen darf:

```
if A ^= 0 then do;
    X = 0;
    Y = 1;
    end;
```

Eine do-Anweisung ohne Wiederholungsangabe bewirkt natürlich auch keine Wiederholung, sie dient einfach der Zusammenfassung mehrerer Anweisungen. Will man für zwei Fälle unterschiedliche Anweisungen ausführen, so kann man das Schlüsselwort else verwenden:

```
if A = 0
    then
        put ('A ist Null');
    else
        put ('A ist ungleich Null');
```

Es wird also entweder die Anweisung hinter then ausgeführt oder – wenn der Bit-Ausdruck falsch ist – die hinter else[17]. Um auch hier eine Version mit mehreren Anweisungen im then- oder else-Fall vorzustellen:

```
if A < 0
    then do;
        A = -A;
        put ('A war negativ');
        end;
    else
        put ('A ist Null oder positiv');
```

Ob mit oder ohne Wiederholungsangabe, die Folge der Anweisungen von do bis end bezeichnet man als do-Gruppe. Die if-Anweisung ist eine Verbund-Anweisung wie auch on, d. h. eine Anweisung, die eine andere Anweisung enthält; allerdings können bei ihr zwei Stellen vorkommen, wo eine Anweisung stehen kann, nämlich hinter then und hinter else:

```
if  Bit-Ausdruck
    then
        Anweisungseinheit
    [else
        Anweisungseinheit]
```

Abbildung 4. Syntax IF-Anweisung

Unter Anweisungseinheit wollen wir eine einzelne Anweisung oder eine Gruppe von Anweisungen verstehen. Wir kennen schon eine do-Gruppe, möglich sind auch eine select-Gruppe (siehe Abschnitt 1.5.2) oder ein begin-Block (siehe Abschnitt 3.1.1). Die eckigen Klammern sollen nur andeuten, was wegfallen darf, sie werden natürlich im Programm nicht geschrieben. Selbstverständlich kann man auch alles in eine Zeile schreiben. Die obige Schreibweise in mehreren Zeilen hat aber z. B. dann Vorteile, wenn man sich sei-

---

17 Ein Hinweis für Pascal-Programmierer: Vor else steht immer ein Semikolon, da in PL/I jede Anweisung mit einem solchen abgeschlossen wird.

nes Problemverständnisses noch nicht so sicher ist und vielleicht noch etliche Änderungen
der Programmlogik erfolgen werden: Man braucht dann nur Zeilen einzufügen oder zu
löschen, Hin- und Hergeschiebe zwecks korrekten Einrückens ist dann nicht nötig. Grundsätzlich dient das Einrücken natürlich der Sichtbarmachung der Programmstruktur:

**Nur bei einem übersichtlichen Programm kann man sicher sein, dass es korrekt
ist.**

Dass die Anweisung hinter then bzw. else auch wieder eine if-Anweisung sein kann,
zeigt das folgende Beispiel:

```
B13: /* Alphabetisch sortierte Ausgabe (IF-Anweisung) */
procedure options (main);

dcl X char (20) var;
dcl Y char (20) var;

put ('Bitte geben Sie 2 Wörter (in Apostrophen) ein!');
get (X, Y);
if X < Y
    then
        put (X, 'kommt vor', Y);
    else
        if X > Y
            then
                put (Y, 'kommt vor', X);
            else
                put ('beide sind gleich');

end B13;
```

Vorsicht ist beim Schachteln von if-Anweisungen geboten, wenn man bei einem else-
Fall nichts unternehmen möchte. Dies muss man dann auch hinschreiben. Hierfür gibt es die
kürzeste aller Anweisungen, die Leeranweisung (engl. *null statement*). Sie besteht nur aus
dem Semikolon. Falls Sie sie nicht finden, suchen Sie bitte hinter dem Wörtchen else:

```
if A > B
    then
        if C > D
            then
                F = 8;
            else;
    else
        F = 7;
```

Auf die Syntax-Darstellung möchte ich auf keinen Fall verzichten:

```
;
```

Abbildung 5. Syntax Leeranweisung

Korrektes Einrücken reicht nicht aus, wir erinnern uns, Einrücken hilft nur dem Menschen.
Für den Computer müssen wir bei einem solchen else-Fall noch eine Leer-Anweisung aufführen, da ein else immer zu *dem* vorherigen then gerechnet wird, das in der Schachtelung noch ohne else dasteht. (Wenn der äußere else-Fall nicht vorkommt, braucht man
selbstverständlich auch die innere else-Anweisung nicht zu schreiben!)

Ein bisher undefinierter Fall ist seit der neuesten Compilerversion aus Optimierungsgründen festgelegt worden. In der `if`-Anweisung

```
if A > 0 | substr(S, 1, 10_000) = T then
   put ('muss nicht lange dauern!');
```

lässt sich der linke Operand des Oder-Ausdrucks schnell auswerten, der rechte könnte länger dauern. Die neue Regel lautet:

> **Wenn bei einem `if`-Ausdruck schon frühzeitig festgestellt werden kann, ob der `then`- oder der `else`-Fall auszuführen ist, dann wird auf die weitere Auswertung verzichtet (Kurzschlussauswertung).**

Dies ist bei einem Oder-Ausdruck der Fall, wenn der erste Operand als '1'b erkannt wurde (der `then`-Ausdruck wird ausgeführt), und bei einem Und-Ausdruck, wenn der erste Operand als '0'b erkannt wurde (der `else`-Ausdruck wird ausgeführt).

Jetzt kann folgende Aufgabe gelöst werden:

A10: Lesen Sie beliebig viele Zahlen ein. Summieren Sie jeweils alle positiven und alle negativen Zahlen auf! Geben Sie diese Summen sowie die kleinste und die größte Zahl aus!

1.5.2 Von Fall zu Fall – die SELECT-Gruppe

In Beispiel B13 werden drei Fälle unterschieden. Bei noch mehr Fällen wird bald das Prinzip, mehr Übersichtlichkeit durch Einrücken zu schaffen, ad absurdum geführt. Hierfür gibt es in PL/I die `select`-Anweisung – genauer gesagt, die Konstruktion der `select`-Gruppe. Analog zur `do`-Gruppe ist dies eine Folge von Anweisungen beginnend mit einer `select`- und endend mit einer `end`-Anweisung. Im Innern einer `select`-Gruppe dürfen nur `when`-Anweisungen und höchstens – und dann am Ende – eine `otherwise`-Anweisung (Abkürzung `other`) stehen. Diese sind Verbundanweisungen wie auch `on` und `if`. Schematisch könnte eine `select`-Gruppe z. B. so beschrieben werden:

```
select (Ausdruck);
   when (Ausdruck) Anweisung;
   when (Ausdruck) Anweisung;
   when (Ausdruck) Anweisung;
   otherwise Anweisung;
   end;
```

„Ausdruck" ist hierbei irgendein in PL/I gültiger Ausdruck, sei er vom Attribut `fixed`, `float`, `char` oder `bit`, gebildet mit den entsprechenden Operatoren. (Natürlich sind hier auch alle Datentypen zugelassen, die wir erst später kennenlernen werden.) Als Anweisung sind wiederum alle PL/I-Anweisungen erlaubt – abgesehen von solchen, die offensichtlich keinen Sinn machen, wie z. B. `procedure` oder `declare`. Möchte man mehrere Anweisungen ausführen, so schließe man sie in `do` und `end` ein (oder `begin` und `end`). Nimmt man als zweiten Teil einer `when`-Anweisung wieder eine `select`-Gruppe oder eine `if`-Anweisung, so kann man natürlich auch hier Schwierigkeiten mit dem Einrücken bekommen, wenn man zu tief schachtelt.

Nun zur Funktion einer `select`-Gruppe. Der Ausdruck hinter `select` wird ausgewertet und dann der Reihe nach mit allen `when`-Ausdrücken verglichen. Wird irgendwann Gleichheit festgestellt, so wird die dahinter stehende Anweisung oder Anweisungsfolge ausgeführt und dann hinter der `select`-Gruppe fortgefahren. Es muss tatsächlich ein Fall zutreffen –

und wenn es der otherwise-Fall ist –, sonst wird dies als Fehler gewertet! Demzufolge wird auch nur die zu diesem Fall gehörige Anweisung(sfolge) ausgeführt und keine weitere![18] Will man in einem Fall nichts tun, sondern gleich hinter der select-Gruppe weitermachen, so hilft hier die schon von der if-Anweisung her bekannte Leeranweisung (;).

Man sollte ruhig auf eine otherwise-Anweisung verzichten, wenn dieser Fall gar nicht auftreten kann. Hat man sich nämlich geirrt, und er tritt doch auf, so sorgt PL/I für eine ordentliche Fehlermeldung und bricht das Programm ab. Hätte man dagegen im otherwise-Fall eine Leeranweisung vorgesehen (;), so wäre der Fehler nicht oder womöglich erst später in einem ganz anderen Programmteil aufgefallen und schwerer zu identifizieren gewesen. otherwise mit eigener Fehlerreaktion ist natürlich die beste Möglichkeit. (Wenn man an den Softwarefehler der europäischen Rakete Ariane 5 im Jahre 1996 denkt, sieht man allerdings einen Fall, wo es besser ist, irgendwie weiterzumachen und nicht abzubrechen!)

Ein Beispiel zur select-Gruppe sei das folgende Programm, das dazu dient, eine Mini-Datenbank abzufragen. Allgemein sind in Datenbanken Informationen gespeichert, die man abfragen kann.

```
B14: /* Datenbank-Abfrage (SELECT-Anweisung) */
procedure options (main);

dcl (Anzahl, Stockwerk, Z0, Z1, Z2) fixed;
dcl Stockwerk_gültig            bit;

/* Laden der Datenbank: */
Z0 = 4; /* Zimmer */
Z1 = 5;
Z2 = 2;

/* Abfrage der Datenbank: */
put ('Welches Stockwerk?');
get (Stockwerk);

/* Ermittlung der Zimmerzahl: */
Stockwerk_gültig = '1'b;
select (Stockwerk);
    when (0)
        Anzahl = Z0;
    when (1)
        Anzahl = Z1;
    when (2)
        Anzahl = Z2;
    other
        Stockwerk_gültig = '0'b;
    end;
```

---

18 Ein Hinweis für C-Programmierer: Dies ist ein wesentlicher Unterschied zur switch-Anweisung in C, wo man ohne break-Anweisung in den nächsten Fall gerät.

```
/* Antwort: */
if Stockwerk_gültig
    then
        put ('Stockwerk', Stockwerk, 'hat', Anzahl,'Zimmer!');
    else
        if Stockwerk > 0
            then
                put ('So hoch ist das Haus nicht!');
            else
                put ('Das Haus hat keinen Keller!');

    end B14;
```

Die declare-Anweisung ist etwas kürzer als bisher geraten. Man kann nämlich in PL/I ausklammern: Aus

```
dcl A bit, B bit;
```

wird, wenn man bit nach rechts ausklammert,

```
dcl (A, B) bit;
```

Man sollte sich allerdings überlegen, ob diese Möglichkeit etwas bringt! Meistens kann man dann nicht mehr alle Namen in alphabetischer Reihenfolge aufführen, was sehr hilfreich ist, wenn man schnell die Attribute einer Variablen finden will. Das Argument mit dem geringeren Schreibaufwand zählt auch nicht, da man mit Hilfe des Editors Zeilen schnell duplizieren kann. Der einzige Vorteil des Ausklammerns ist, dass alle aufgeführten Variablen garantiert dieselben Attribute haben, was sonst auf Grund von Tippfehlern vielleicht nicht der Fall sein könnte. Vergisst man die Klammern, schreibt also

```
dcl A, B bit;
```

dann beklagt sich der Compiler, dass die Variable A kein Datenattribut besitze.

Noch ein Wort zum Äußeren dieses Programms. Es zerfällt offensichtlich in die Teile Laden der Datenbank, Abfrage, Suche der Antwort und Ausgabe der Antwort. Dies sollte auch möglichst auf den ersten Blick zu erkennen sein. Man sollte sich von vornherein angewöhnen, einen Programmabschnitt mit einem Kommentar zu beginnen und die Abschnitte durch Leerzeilen zu trennen. Man kann dann allein durch Lesen der „Überschriften" sofort den gewünschten Abschnitt finden – ohne sich in die einzelnen PL/I-Anweisungen vertiefen zu müssen.

Die Programmlogik von Beispiel B14 ist auf diese Weise wohl leicht zu überblicken. Unsere großartige Datenbank enthält die Zimmerzahl jedes Stockwerks eines Hauses. Die select-Gruppe ermittelt diese Anzahl, vorausgesetzt, man gibt ein Stockwerk an, das auch vorhanden ist. Anderenfalls gibt das Programm eine entsprechende Meldung aus. Besonders die bit-Variable Stockwerk_gültig verhilft uns zu einem kurzen und verständlichen Programm. Man hätte sonst für jeden when-Fall eine eigene put-Anweisung vorsehen müssen, was einer Vermischung von Suche und Ausgabe der Antwort gleichkäme. Dies sollte man sich fürs Leben merken:

> **bit-Variablen machen ein Programm verständlich – sofern sie einen prägnanten Namen haben, sonst bricht das Chaos aus!**

Wie man mehrere Fälle, für die die gleiche Maßnahme vorgesehen ist, zusammenfassen kann, zeigt das folgende Beispiel:

```
B15: /* Erkennen von Zeichen (SELECT-Anweisung) */
procedure options (main);

dcl Z char;

put ('Bitte geben Sie eine CHAR-Konstante ein!');
get (Z);
select (Z);
   when ('A', 'E', 'I', 'O', 'U',
         'a', 'e', 'i', 'o', 'u')
      put ('Das war ein Vokal!');
   other
      put ('Das war kein Vokal!');
   end;

end B15;
```

Man schreibt also alle Ausdrücke durch Komma getrennt in eine <u>when</u>-Anweisung. Diese <u>select</u>-Gruppe mit Hilfe von <u>if</u>-Anweisungen zu programmieren, würde wirklich länglich werden!

Eine Sonderstellung nimmt der Datentyp <u>bit</u> bei der <u>select</u>-Gruppe ein. Man kann nämlich den Ausdruck hinter <u>select</u> weglassen. Bei unserem Wissensstand kann man sagen, dass dann <u>select</u> ('1'b) angenommen wird. Dass dies genau *der* Fall ist, der einen bei Verwendung von <u>if</u>-Anweisungen an den Rand des Bildschirms und der Verzweiflung treibt, zeigt das folgende Beispiel:

```
B16: /* Sortierte Ausgabe zweier Zahlen (SELECT) */
procedure options (main);

dcl X fixed;
dcl Y fixed;

put ('Bitte geben Sie 2 Zahlen ein!');
get (X, Y);
select;
   when (X < Y) put (X, 'ist kleiner als', Y);
   when (X > Y) put (Y, 'ist kleiner als', X);
   otherwise    put ('beide sind gleich');
   end;

end B16;
```

Man kann so alle Abfragen, die man sonst mit <u>if</u> ... <u>then</u> ... <u>else if</u> ... <u>then</u> ... <u>else</u> <u>if</u> ... usw. formulieren müsste, in übersichtlicher Weise untereinander schreiben. Wem eine gewisse Übereinstimmung mit Beispiel B13 aufgefallen ist, der liegt völlig richtig. Ob man nun Zahlen oder Zeichen vergleicht, die Programmlogik ist dieselbe, nur die Deklarationen sind naturgemäß unterschiedlich.

Für Ästheten gibt es die Compileroption rules(noelseif), die einen zwingt, <u>select</u> statt <u>else</u> <u>if</u> zu verwenden.

Noch einmal zusammenfassend die Definition einer <u>select</u>-Gruppe:

```
select [(Ausdruck)];
   when (Ausdruck[, Ausdruck,] ...)
       Anweisungseinheit
   ...
  [other[wise]
       Anweisungseinheit]
   end;
```

Abbildung 6. Syntax SELECT-Gruppe

Die drei Punkte (...) sind so zu verstehen, dass beliebig viele Ausdrücke bzw. when-Anweisungen folgen können. Unter Anweisungseinheit wollen wir auch hier eine Anweisung oder eine Gruppe von Anweisungen verstehen. Wir kennen schon do- und select-Gruppe, möglich ist auch ein begin-Block (siehe Abschnitt 3.1.1).

Jetzt kommt die letzte Aufgabe dieses Kapitels:

A11: Nach der Eingabe von beliebig vielen char-Konstanten soll die Häufigkeit von 'der', 'die' *und* 'das' *ausgegeben werden.*

2. Erweiterung der Grundlagen

Im ersten Kapitel haben wir die Grundlage gelegt für alle Dinge, die da noch kommen werden. Die Programmiersprache PL/I ist mit dem sogenannten Default-Konzept[19] wie geschaffen für eine didaktisch nicht überladene Einführung der Sprachmittel: Für alles, was man nicht selbst angibt, sieht die Sprache eine Standardannahme vor, die dem häufigsten Sprachgebrauch entspricht. In diesem Kapitel werde ich nun verraten, was ich bisher alles verschwiegen habe.

2.1 Ein- und Ausgabe eines Zeichenstroms

Verschwiegen habe ich zunächst, dass PL/I bei get und put ein Schlüsselwort ergänzt. Und zwar sehen diese Anweisungen an sich so aus:

```
get list (A, B, C);
put list (A, B, C);
```

Diese Art Ein- und Ausgabe nennt man auch list-gesteuert (engl. *list-directed*). Unsere Möglichkeiten sind auf diesem Gebiet bisher so beschränkt, dass ich unser Wissen über PL/I hier als Erstes ausbauen möchte. Zur Unterscheidung von anderen Formen der get- und put-Anweisung, die wir noch kennenlernen werden, möchte ich von jetzt an das Schlüsselwort list immer aufführen; es steht jeweils vor der Datenliste, die auszugeben oder einzulesen ist.

Allgemein spricht man in der englischsprachigen PL/I-Norm bei get und put von *stream-I/O*. I/O ist im EDV-Jargon die Abkürzung von *Input/Output*, es handelt sich also um Ein- und Ausgabe eines Datenstroms aus einzelnen Zeichen, kurz: um zeichenweise Ein- und Ausgabe. Mit Zeichen sind tatsächlich Buchstaben, Ziffern und Satzzeichen gemeint, wie wir sie vom char-Attribut her kennen. Dass es um einen Strom geht, war bei der Einführung von put nicht ohne Weiteres zu erkennen, da PL/I aus Gründen der Übersichtlichkeit die Werte immer an festen Tabulator-Positionen ausgibt.

2.1.1 Damit ist nicht zu rechnen – das FILE-Attribut

Als Nächstes möchte ich das Schlüsselwort file einführen. Wenn man bisher

```
get list (A, B, C);
```

schrieb (oder list weglief), ergänzte PL/I dies sogar zu

```
get file (Sysin) list (A, B, C);
```

Der Compiler gibt auch eine entsprechende Warnung aus. Genauso geschah es mit

```
put list (A, B, C);
```

PL/I nahm an

```
put file (Sysprint) list (A, B, C);
```

Weglassen kann man list nur, wenn die Datenliste unmittelbar auf put oder get folgt. Die Angabe file heißt auf deutsch Datei. Gemeint ist eine abstrakte Einrichtung zur Datenspeicherung oder Datenanzeige. Sysin ist der Name der Standard-Eingabe-Datei,

---

19 *default*, engl. für: das Fehlen (einer Angabe).

Sysprint der Name der Standard-Ausgabe-Datei. Wohlgemerkt, es handelt sich nicht um den Namen eines real existierenden Datenbestandes auf der Festplatte, sondern um den Namen einer abstrakten Datei. Erst durch Maßnahmen des Betriebssystems wird dieser Datei dann ein Datenbestand zugeordnet, der – z. B. im Falle der Eingabe – mit get gelesen werden kann. Meistens spricht man allerdings im Deutschen auch dann von einer Datei, wenn es sich um einen konkreten Datenbestand handelt.

Sysin und Sysprint sind übrigens Dateikonstanten, ein Datentyp, der nicht zu den Berechnungsdaten gehört wie z. B. fixed oder char, sondern zu den Programmsteuerungsdaten. Wir können tatsächlich Dateikonstanten deklarieren:

```
dcl (Sysin, Sysprint) file constant;
```

wobei man das Schlüsselwort constant weglassen kann (und auch meistens weglässt). Implizit hat Sysprint noch das weitere Attribut print, was bedeutet, dass im Prinzip eine Datei erzeugt werden soll, die letztendlich auf einem Drucker landet. Hierauf sind auch die Tabulatorsprünge bei put list zurückzuführen. Bei einer Datei ohne print-Attribut würde PL/I die einzelnen Werte nur durch ein Leerzeichen trennen, diese Datei ließe sich genauso wieder einlesen, wie sie ausgegeben wurde. Dies bedeutet auch, dass char-Konstanten in Apostrophe eingeschlossen und innere Apostrophe verdoppelt würden. Bei print-Dateien geschieht dies nicht.

Das print-Attribut erlaubt weiterhin dem Programmierer, dem Datenstrom eine Struktur aus Zeilen und sogar Seiten aufzuprägen. Hierzu dienen die weiteren Schlüsselwörter page, line und skip, die in beliebiger Reihenfolge in der put-Anweisung angegeben werden können. (Bei get ist nur skip erlaubt, davon später mehr.) Will man z. B. in einer Druckerdatei auf der nächsten Seite in Zeile 10 etwas drucken, so könnte man schreiben

```
put page line (10) list ('Hi!');
```

oder auch

```
put line (10) list ('Hi!') page;
```

Die Reihenfolge der Schlüsselwörter hat keinen Einfluss auf die Reihenfolge der Ausführung! Die PL/I-Syntax erlaubt eine beliebige Reihenfolge. In jedem Fall wird erst auf die nächste Seite positioniert, dann auf Zeile 10, und dort werden die Daten ausgegeben. skip heißt Sprung zum nächsten Zeilenanfang, so bedeutet z. B.

```
put skip list (A);
put skip (3) list (B);
```

dass der Wert der Variablen A am Anfang der nächsten Zeile ausgegeben werden soll, dann folgt ein dreifacher Sprung an den jeweils nächsten Zeilenanfang, dann wird B ausgegeben. Es wurden also bei skip (3) nur zwei Zeilen freigelassen!

In der get-Anweisung sind natürlich die Schlüsselwörter page und line nicht erlaubt, skip hingegen doch. Dies ist sinnvoll, wenn man eine Datei lesen möchte, die eine Zeilenstruktur besitzt. Diese Zeilenstruktur wird bei zeichenweiser Ein- und Ausgabe an sich ignoriert, allein skip und das print-Attribut ermöglichen deren Berücksichtigung. Ansonsten schreibt ein put dort auf der Zeile weiter, wo das letzte put aufgehört hat, und liest ein get dort weiter, bis wohin das letzte get gekommen ist. Auch bei einer Datei ohne print-Attribut ist die put-Anweisung mit der skip-Angabe möglich. Es wird einfach eine neue Zeile angefangen, bzw. mehrere leere erzeugt.

Noch einmal in der Zusammenfassung:

> **skip** **ist wegen der Zeilenstruktur sinnvoll sowohl bei** get **als auch bei** put;
> page **und** line **sind nur bei** print**-Dateien erlaubt,** print**-Dateien können**
> **nur mit** put **erzeugt, sollten aber nicht mit** get **gelesen werden.**

Eine besondere Möglichkeit besteht noch bei der get-Anweisung. Die Werte in der Datei
(bzw. der Bildschirm-Eingabe) müssen durch Leerzeichen oder ein Komma oder durch beides getrennt werden. Wenn man statt eines Kommas deren zwei eingibt, nimmt PL/I an,
dass der Wert der Variablen, in die gerade eingelesen wird, unverändert bleiben soll – zwischen den Kommas steht nämlich kein Wert!

Nach all den Ausflügen in print-Attribut und Zeilenstruktur von Dateien ist es nun so,
dass sowohl Sysin als auch Sysprint implizit dem Bildschirm zugeordnet sind, vor
dem man sitzt. Dies ist zum Programmtest und für einen kleineren Dialog mit dem Programm auch ganz sinnvoll, aber erstens hat der Bildschirm andere Eigenschaften als ein
Drucker und zweitens ist die Zusammenfassung *zweier* Datenströme auf *einem* Bildschirm
nur unvollkommen möglich.

Man muss also bei der Benutzung der zeichenweisen Ein- und Ausgabe auf dem Bildschirm
Einschränkungen in Kauf nehmen. Bei skip, page und line erscheinen auf dem Bildschirm immer nur maximal drei Leerzeilen. Lassen Sie sich davon nicht irritieren. Wenn Sie
eine Datei, die für einen Drucker bestimmt ist, vorher auf einem kleinen Bildschirm ausgeben, kann von WYSIWYG[20] keine Rede sein!

2.1.2 Selbstbestimmung – EDIT-gesteuerte Ein-/Ausgabe

Jetzt haben wir zwar schon das Wissen, Daten auf beliebigen *Zeilen* einer Seite auszugeben,
allein, es fehlt noch die Möglichkeit, eine bestimmte *Spalte* anzusprechen. Dies gelingt in
PL/I mit Hilfe einer weiteren Form der put-Anweisung, nämlich der mit dem Schlüsselwort
edit statt list. Die äußere Form ist

```
put edit (Werteliste) (Formatliste);
```

wobei allerdings auch wieder die Schlüsselwörter page, line und skip angegeben werden
können. Als Werte der Werteliste kommen wie bei put list Konstanten, Variablen und
Ausdrücke in Frage. Die Formatliste gibt nun an, wo auf dem Papier (bzw. Bildschirm) die
Werte in welcher Form erscheinen sollen.

Eine Formatliste enthält durch Komma getrennte Formatangaben. Man unterscheidet Steuerformate und Datenformate. Mit Steuerformaten kann man bestimmte Stellen der Seite
ansteuern, z. B. in der dritten Zeile die vierte Spalte:

```
put edit ('3. Zeile, 4. Spalte') (line(3),column(4),a);
```

Diese put-Anweisung bewirkt, dass die Konstante der edit-Liste ausgegeben wird. Das a-
Format bedeutet die Ausgabe alphabetischer Zeichen. Dies ist aber nur mnemotechnisch
gemeint, natürlich können auch Ziffern und andere Zeichen ausgegeben werden. PL/I arbeitet nun die Formatliste ab, die man als eine Art Mini-Programm auffassen kann. Steuerformate geben an, *wo* ein Wert auf dem Papier (bzw. Bildschirm) erscheint, Datenformate,
wie der Wert erscheinen soll.

---

20 WYSIWYG ist ein Schlagwort aus dem Bereich Textverarbeitung und bedeutet „What You See Is What You
Get" („Was man auf dem Bildschirm sieht, erhält man auch auf dem Papier!").

Das line- und das column-Format bewirken eine Positionierung auf eine bestimmte Zeile und Spalte entsprechend der Angabe in Klammern. Das line-*Format* wirkt dann, wenn es bei der Abarbeitung der Formatliste an der Reihe ist, die line-*Angabe* der put-Anweisung hingegen, bevor die Abarbeitung beginnt. In der Anweisung

```
put edit (A, B) (a, line(20), a) line (10);
```

erscheint der Wert der Variablen A in Zeile 10, der Wert der Variablen B in Zeile 20.

> **In PL/I wird die Formatliste gemäß der Werteliste abgearbeitet, d. h. für jeden Wert wird das nächste Datenformat gesucht und alle dazwischenliegenden Steuerformate ausgewertet.**[21]

Steuerformate am Ende der Formatliste werden also nicht berücksichtigt, wenn keine Werte mehr auszugeben sind. Die Regeln für den Fall, dass Werte- und Formatliste in ihrer Länge nicht zusammenpassen, sind denkbar einfach: Ist die Formatliste länger, so werden weitere Formate nicht mehr bearbeitet, ist sie zu kurz, so wird in der Formatliste wieder von vorne begonnen. Hier noch einmal zusammenfassend alle Steuerformate:

page	Sprung zur nächsten Seite
line(n)	Sprung nach Zeile n (nie rückwärts, stattdessen ggf. Start einer neuen Seite, dann also gleichbedeutend mit Zeile 1)
skip(n)	n-facher Sprung zur nächsten Zeile
column(n)	Sprung nach Spalte n (nie rückwärts, stattdessen ggf. Übergang auf die nächste Zeile, Abkürzung col)
x(n)	Überspringen von n Spalten

Abbildung 7. Steuerformate

Sind gerade keine Steuerformate vorhanden, so werden die Daten Zeichen für Zeichen in einem langen Strom ohne Rücksicht auf Zeilengrenzen ausgegeben, auch put edit gehört ja zu *stream-I/O*.

Analog zu put edit gibt es auch bei der get-Anweisung das edit-Schlüsselwort:

```
get edit (Wort1, Wort2) (a(6));
```

Im Allgemeinen gehört zu einem Datenformat eine Längenangabe (in Klammern hinter dem Formatbuchstaben). Sie bedeutet bei der Eingabe, wie viele Zeichen des Eingabestroms interpretiert, und bei der Ausgabe, wie viele Zeichen erzeugt werden sollen. Gibt man einen character-Wert aus, so darf man allerdings die Länge weglassen, PL/I nimmt dann an, dass die Zeichenfolge in ihrer gesamten Länge ausgegeben werden soll (bei varying nur die aktuelle Länge):

a [(Feldweite)]

Abbildung 8. Syntax A-Format

---

21   Zur Warnung: Das ist umgekehrt wie in FORTRAN oder C, dort wird das Format so lange abgearbeitet, bis für ein Datenformat kein Wert mehr da ist. PL/I ist einfach sicherer!

Bei der Eingabe hingegen muss immer eine Länge angegeben werden. Unterlässt man dies, so nimmt PL/I an (bei Ausgabe einer Warnung), man meine „bis ans Zeilenende". Weitere Regeln sind, wie man sie erwartet: Ist bei der Ausgabe die Längenangabe im Format kleiner als die Länge der Zeichenfolge, so wird rechts abgeschnitten, ist sie größer, so wird rechts mit Leerzeichen aufgefüllt, bei der Eingabe umgekehrt. Bei Verwendung des Formats a(1) würde in obigem Beispiel von der Zeichenfolge '3. Zeile, 4. Spalte' also nur die Zahl 3 ausgegeben.

Eine Frage könnte auch hier auftauchen: Werden bei put edit im Vergleich zu put list die Apostrophe einer char-Konstanten mit ausgegeben oder nicht? Ein Apostroph ist jetzt natürlich ein Zeichen wie jedes andere, die Antwort lautet also: Nein! Auch eine Verdopplung innerer Apostrophe findet nicht statt. Beim Einlesen mit Hilfe von get edit sind Apostrophe ebenfalls ganz normale Zeichen.

Die Formatangaben sind übrigens nichts anderes als Konvertierungsvorschriften. Es verwundert also nicht, dass man das a-Format z. B. auch für Zahlen verwenden kann. Es gelten dann die gleichen Regeln wie bei der Zuweisung von z. B. fixed nach character. Die Anweisung

```
put edit (7) (a(10));
```

wandelt also die Zahl 7 in eine Zeichenfolge um (siehe Abschnitt 2.6.5), laut Handbuch ergibt das '~~~7', ausgegeben wird dann wegen der Längenangabe 10 die Folge '~~~7~~~~~~'. Das ist zwar nicht in jedem Fall sinnvoll, es zeigt aber die Einheitlichkeit des PL/I-Regelwerks.

Das folgende Beispiel soll eingegebene Wörter gesperrt (also mit Leerzeichen zwischen den Buchstaben) wieder ausgeben:

```
B17: /* Gesperrt drucken (GET/PUT EDIT) */
procedure options (main);

dcl C        char;
dcl Dateiende bit;
dcl Spalte    fixed;

Dateiende = '0'b;
on endfile (Sysin) Dateiende = '1'b;
Spalte = 1;
put file (Sysprint) list ('Bitte geben Sie '
    || 'fortlaufend Text ein!');
get file (Sysin) edit (C) (a(1));
do while (^Dateiende);
    put file (Sysprint) edit (C, ' ') (a);
    Spalte = Spalte + 2;
    if Spalte > 60 & C = ' ' then do;
       put skip file (Sysprint);
       Spalte = 1;
       end;
    get file (Sysin) edit (C) (a(1));
    end;

end B17;
```

Dieses Programm zeigt ein sehr unterschiedliches Verhalten, je nachdem, ob es auf den Bildschirm oder in eine Datei schreibt, was wir erst in Kapitel 5 kennenlernen werden.

Machen wir uns noch einmal klar, get und put sind an sich für verschiedene Zeichenströmе gedacht, nicht für gleichzeitige Ein- und Ausgabe auf einem Bildschirm.

Stellt man sich die Ausgabe auf einen Drucker vor, so ist das Verständnis am einfachsten: Man gibt irgendwelche Wörter ein, drückt die Eingabetaste, das Programm liest aus der eingegebenen Folge Zeichen für Zeichen und gibt dann auch Zeichen für Zeichen, durch Leerzeichen getrennt, wieder aus. Dann wartet das Programm auf die nächste Eingabe, bis man /* eingibt (Endfile-Anzeige). Geht dagegen die Ausgabe auch wieder auf den Bildschirm, so wird für ein put nach einem get eine neue Zeile angefangen, und der Dialog wird ziemlich chaotisch.

Auffällig an Beispiel B17 ist nicht nur das Erscheinen von file (Sysin) und file (Sysprint) in der get- bzw. put-Anweisung, sondern auch von (Sysin) in der on-Anweisung. Damit sollten jetzt endlich alle Fehlermeldungen des Compilers (*Sysin assumed*, etc.) entfallen sein, die manchen bisher noch gestört haben mögen. Es ist klar, dass man an sich auch bei on endfile angeben muss, um welche Datei es sich handelt. Aber PL/I nimmt auch hier an, Sysin sei gemeint, wenn man die Datei weglässt.

Eine weitere Besonderheit ist inhaltlicher Natur. Das Programm bewerkstelligt auch noch eine Art Zeilenumbruch: Nach Spalte 60 wird nicht mehr begonnen, ein neues Wort zu drucken, sondern erst eine neue Zeile angefangen. Bemerkenswert ist in diesem Zusammenhang auch die Anweisung put skip. Auch wenn list- oder edit-Liste fehlen, ist eine put- oder get-Anweisung unter Verwendung der üblichen Schlüsselwörter erlaubt, und sei es

```
put page line (K * I + 1);
```

Die beiden Methoden list- und edit-gesteuert sind nämlich kompatibel: Es ist immer definiert, bis wohin im Zeichenstrom eine Ein- oder Ausgabe gelangt ist; folglich kann man beliebig zwischen list und edit wechseln. Dass man zwischen die Klammern hinter line, skip, column und a auch Variablen und Ausdrücke schreiben kann, haben Sie doch sicher schon angenommen?! Die überall wieder anzutreffende PL/I-Syntax mit Schlüsselwort und Klammerangabe dahinter dient genau diesem Zweck.

Merken sollte man sich aus Anlass von Beispiel B17 eine alte PL/I-Weisheit:

Viele scheinbar komplexe Probleme der Textverarbeitung lassen sich mit Hilfe des a(1)-Formats übersichtlicher lösen, als wenn man größere Einheiten bearbeitete!

2.1.3 Eine Sprache für sich – Datenformate

Zeichenfolgen lassen sich sehr einfach mit Hilfe des a-Formats ausgeben und einlesen. Natürlich gibt es auch Formate, durch die sich Entsprechendes mit Bitfolgen und Zahlen bewerkstelligen lässt.

Das b-Format dient der Ein- und Ausgabe von Bitfolgen. Auch hier ist es wie bei der Zuweisung von Bitfolgen auf character-Variablen und umgekehrt. Die Regel lautet bei der Eingabe: Irgendwo innerhalb des Feldes der angegebenen Weite muss eine Gruppe von Nullen und Einsen stehen, die dann der Bitvariablen zugewiesen werden. Bei der Ausgabe wird die Bitvariable Bit für Bit in die Zeichen '1' oder '0' umgewandelt und das Ganze dann linksbündig in das angegebene Feld eingesetzt. Mehr über Bitfolgen in Abschnitt 2.7. Die Syntax des b-Formats ist sehr einfach:

---

b [(Feldweite)]

Abbildung 9. Syntax B-Format

In alphabetischer Reihenfolge käme jetzt an sich das c-Format. Dies gibt es tatsächlich, es dient der Ein- und Ausgabe komplexer Zahlen (engl. *complex*). Da wir diese Zahlenart noch nicht behandelt haben, möchte ich das zugehörige Format auch erst in Abschnitt 2.6.6 besprechen.

Größere Bedeutung als das b-Format haben das e- und das f-Format. (Das d-Format gibt es nicht.[22]) Sie dienen der Ein- und Ausgabe von Gleitkommazahlen (mit Exponentenangabe) und Festkommazahlen. Das folgende Beispiel soll den Gebrauch dieser Formate verdeutlichen:

```
B18: /* Ausgabe mit dem e- und f-Format */
procedure options (main);

dcl E float;
dcl F fixed;

put list ('Bitte geben Sie 2 Zahlen ein:');
get edit (E, F) (f(10,0), e(10,3));
/* es möge für E -1.5 und für F 10.e1 eingegeben werden */
put edit (E, F) (e(14,5), f(6,2));

end B18;
```

Im obigen Beispiel geht es mit Absicht etwas durcheinander zu mit float und fixed und e- und f-Format. Bei der Eingabe ist es nämlich fast egal, ob man das e- oder das f-Format verwendet im Zusammenhang mit fixed- und float-Variablen. Unterschiede bestehen im Eingabestrom: Beim f-Format ist ein Exponent verboten, dafür aber ein leeres Feld erlaubt (bedeutet dann 0, wie bei einer Zuweisung).

e(10,3) bei der Eingabe heißt, in einem Feld der Länge 10 muss eine Zahl stehen; enthält sie keinen Dezimalpunkt, so wird angenommen, er stünde 3 Stellen links vom rechten Ende der Zahl (bzw. der Mantisse, falls ein Exponent angegeben ist). Will man diesen Effekt der Eingabe-Beschleunigung nicht ausnutzen (man braucht immerhin keinen Punkt einzugeben), so sollte man besser ein Format wie e(10,0) wählen. Ist ein Punkt angegeben (wie in B18 vorgeschlagen), so ist die zweite Zahl des e-Formats ohne Bedeutung. Ebenso verhält es sich mit den beiden Angaben des f-Formats.

Bei der Ausgabe werden nun die Zahlen so ausgegeben, wie man sich das auf Grund der Formate denkt: E erscheint als -1.50000E+0000 und F als 100.00; die Formate wurden so gewählt, dass die Zahlen gerade in das angegebene Feld hineinpassen. Ist das Feld zu groß, so wird im Gegensatz zum a- und b-Format rechtsbündig ausgegeben (das ist bei Zahlen nun einmal sinnvoller). Aufpassen muss man aber:

Ist das Feld zu klein, so wird der sogenannte size-Fehler gemeldet, sofern er ausdrücklich zugelassen worden ist (siehe Abschnitt 3.3.3), sonst gehen einfach die führenden Stellen verloren!

---

22 Für FORTRAN-Kenner: Zur Kennzeichnung des Exponenten dient in PL/I – wie erwähnt – der Buchstabe E bzw. e. Mit dem e-Format können float-Zahlen beliebiger Genauigkeit ausgegeben werden.

Sind mehr Nachkommastellen vorhanden, als durch das Format verwendet werden sollen, so wird gemäß den üblichen Dezimalregeln gerundet, also ab 5 aufwärts.

Sowohl beim e̲- als auch beim f̲-Format kann man noch eine dritte Angabe hinschreiben, wie im folgenden Beispiel geschehen:

```
dcl A float, B fixed;
A = -0.5;
B = 1;
put edit (A, B) (e(14,5,6), f(2,0,1));
```

Allgemein sieht das e̲-Format nämlich so aus:

```
e (Feldweite, Nachkommastellenzahl [, Gesamtstellenzahl ])
```

Abbildung 10. Syntax E-Format

Lässt man die dritte Angabe weg, so nimmt PL/I an, die Gesamtstellenzahl sei um 1 größer als die Nachkommastellenzahl. Auf diese Weise erscheint vor dem Dezimalpunkt immer eine Ziffer ungleich Null, sofern die Zahl überhaupt ungleich Null ist. Im angegebenen Format e̲(14,5,6) könnte man also die 6 genauso gut weglassen, es würde dann -5.00000E-0001 ausgegeben. Das f̲-Format ist so definiert:

```
f (Feldweite [, Nachkommastellenzahl [, Skalierungsfaktor ]])
```

Abbildung 11. Syntax F-Format

Der Skalierungsfaktor gibt bei der Eingabe an, um wie viel das Komma nach rechts verschoben werden soll (bei negativem nach links), nachdem die Zahl eingelesen wurde. Bei der Ausgabe wird die Zahl entsprechend behandelt, bevor sie in eine Zeichenfolge konvertiert wird. Mathematisch ist dies als Multiplikation mit einer Zehnerpotenz zu interpretieren, deren Exponent der Skalierungsfaktor ist. Die Zahl 1 würde also bei unserem Beispielformat f̲(2,0,1) als 10 ausgegeben. In diesem Fall (zweite Angabe 0) wird übrigens der Dezimalpunkt nicht mit ausgegeben.

Kommt eine Formatangabe mehrfach hintereinander vor, so kann man mit einem Wiederholungsfaktor vereinfachen. Dieser steht in Klammern vor dem Formatbuchstaben:

```
put edit ('Anfang', A, B, C, D, 'Ende')
         (a, (4)f(10,0), a);
```

Die Klammern kann man weglassen, wenn es sich um eine Konstante handelt. Man muss dann allerdings Faktor und Formatangabe durch ein Leerzeichen trennen.

Auch mehrere Formate kann man in Gruppen klammern und mit einem Wiederholungsfaktor versehen:

```
put edit ('Anfang', A, I, B, J, C, K, D, L, 'Ende')
         (a, 4(skip, e(12,6), f(8,0)), a);
```

Sollte jemand nicht alles sofort verstanden haben, so ist das nicht unverständlich. Er möge sich, wenn er einmal doch Bedarf haben sollte, Zahlen auszugeben, nur daran erinnern, dass er in PL/I alle Möglichkeiten hat, das auch zu tun. Er kann dann ja immer noch nachlesen, wie es funktioniert.

Vielleicht versuchen Sie sich trotzdem an den folgenden Aufgaben:

A12: Nach Eingabe eines Datums in der Form tt.mm.jjjj (z. B. 11.30.2000) soll Ihr Programm entscheiden, ob es zwischen dem 24.12.2006 und dem 31.12.2006 (einschließlich) liegt.

A13: Drucken Sie ein „Schachbrett", dessen schwarze Felder aus Sternchen bestehen (10 waagerecht, 6 senkrecht).

Eine neuere Erfindung ist das l-Format (von engl. *line*, zu deutsch: Zeile). Es kann statt des a-Formats benutzt werden, wenn man den Rest der Zeile meint:

```
get edit (Zahl, Rest) (f(3), l);
```

würde die nächsten drei Spalten als Zahl interpretieren (und auf Zahl zuweisen) und den Rest der Zeile dann auf die Variable Rest zuweisen. Eine Längenangabe fehlt natürlich:

```
l
```

Abbildung 12. Syntax L-Format

Eine gewisse Ähnlichkeit mit dem l-Format hat das neue v-Format, welches nur bei der Eingabe zulässig ist:

```
v
```

Abbildung 13. Syntax V-Format

Es bewirkt, dass der Rest der Zeile zwar auf die aktuelle Variable der Datenliste zugewiesen wird, der interne Zeiger auf die aktuelle Position innerhalb der Zeile aber unverändert bleibt. Das nächste get würde also dieselben Zeichen noch einmal lesen. Der Buchstabe v soll andeuten, dass die Zeichen nur angeschaut werden sollen (engl. to view). Ein Beispiel, das etwas vorführt, das sonst nicht so einfach möglich wäre, ist am Ende von Abschnitt 2.5.4 zu finden.

Wem nun noch die Normalformen einer fixed- oder float-Konstanten nicht zusagen, dem kann in PL/I auch geholfen werden. Es gibt nämlich noch das p-Format, das es einem ermöglicht, sich „sein eigenes Bild" (engl. picture) einer Zahl zu machen. An dieser Stelle soll aber nur eins der vielen möglichen p-Formate erwähnt werden, eine vollständige Beschreibung der picture-Angaben folgt in den Abschnitten 2.5.6 und 2.6.4. Die folgende Anweisung ist ein Beispiel für das Musterzeichen 9 im p-Format:

```
put edit (7) (p'999');
```

Hinter dem Buchstaben p erscheint in Apostrophen eine Folge von Symbolen, die beschreiben, wie jedes Zeichen im Strom aussehen soll. Das Musterzeichen 9 bedeutet, dass in jedem Fall eine Ziffer zu erscheinen hat, führende Nullen werden also nicht durch ein Leerzeichen ersetzt, man erhält 007.

Ein p-Format bei der Eingabe bewirkt übrigens, dass jedes betroffene Zeichen im Eingabestrom daraufhin untersucht wird, ob es die angegebene Eigenschaft hat. Anderenfalls tritt der Fehler conversion auf, was, wenn man nichts unternommen hat (siehe Abschnitt 3.3), zum Abbruch des Programms führt. Noch einmal die äußere Form:

---

p'Musterzeichenfolge'

Abbildung 14. Syntax P-Format

Nebenbei können wir noch einen Datentyp zur Programmsteuerung kennenlernen: format. Eine format-Konstante deklariert man traditionell mit Hilfe einer format-Anweisung:

Formatkonstante: format (Formatliste);

Abbildung 15. Syntax FORMAT-Anweisung

Was kann man nun mit einer solchen Formatkonstanten anfangen? Man kann sie beispielsweise auf eine format-Variable zuweisen:

```
dcl F format variable;
E_format: format (e(12,6));
F = E_format;
```

Die Attribute variable und constant darf man benutzen, wenn man diese Eigenschaft verdeutlichen will (manchmal auch: muss). Bis jetzt haben wir das Problem nur verschoben: Und was kann man mit einer Formatvariablen anfangen? Allgemein kann man format-Konstanten und -Variablen im sogenannten r-Format angeben (wie *remote*, zu deutsch: fern):

```
Eingabe: format (col(1), f(10,2), a(20), f(3));
get edit (Preis, Anzahl) (r(Eingabe));
```

Sinnvoll anzuwenden immer dann, wenn ein und dieselbe Formatliste bei mehreren get- oder put-Anweisungen Verwendung findet: In der üblichen Einleseschleife hat ja dieselbe get-Anweisung vor und im Innern am Ende der Schleife zu stehen. Im Übrigen kann eine format-Anweisung – wie auch eine declare-Anweisung – irgendwo stehen, sie ist keine ausführbare Anweisung und nur für den Compiler gedacht. In der folgenden Syntax-Darstellung kann außer einer Konstanten oder einer Variablen auch ein Funktionsaufruf stehen, der einen format-Wert zurückgibt (was wir aber erst im nächsten Kapitel kennenlernen werden):

---

r (Formatwert)

Abbildung 16. Syntax R-Format

Das r-Format kann selbstverständlich auch gemeinsam mit anderen Formaten in einer Formatliste stehen. Ein größeres Beispiel ist in Abschnitt 2.4.1 zu finden.

Damit auch jeder Leser diesen Teil des Buches in positiver Erinnerung behält, soll am Ende dieses Abschnitts noch einmal eine beschwichtigende Zusammenfassung erfolgen:

> **Zeichenweise Ein- und Ausgabe ist nichts weiter als die Umwandlung von Berechnungsdaten in einen Strom von Zeichen und umgekehrt.**

Wie dieser Strom aussehen soll, entscheidet entweder PL/I (bei put list) oder der Programmierer (mit Hilfe der Formate bei put edit). Bei der Eingabe teilt entweder PL/I den Datenstrom ein (bei get list) oder der Programmierer (mit Hilfe der Formate bei get `edit`). Zusätzlich besteht die Möglichkeit, die Zeilenstruktur einer Datei zu berücksichtigen sowie bei `print`-Dateien auch die Seitenstruktur.

Ausnahmsweise soll hier ein Vergleich mit anderen Programmiersprachen im normalen Text, nicht in einer Fußnote, gezogen werden. Das variable Format in Fortran und die Formatangaben in C sind Zeichenfolgen, die zur Ausführungszeit interpretiert werden. Nur in PL/I hat schon der Compiler die Möglichkeit, Fehler in Formaten zu finden. Außerdem sind in PL/I Daten und Formatangaben sauber getrennt, die Mischung beider in C ist eher als abenteuerlich zu bezeichnen.

2.2 Die allgemeine Schleife

In Abschnitt 1.3 haben wir bereits drei Formen der `do`-Schleife kennengelernt. Diese drei Formen lassen sich in PL/I auch in einer einzigen `do`-Anweisung verwenden. Außerdem kann man die Abfrage, ob abgebrochen werden soll, nicht nur vor oder hinter einem Schleifendurchgang, sondern auch inmitten eines Schleifendurchgangs vornehmen, wie wir jetzt kennenlernen werden.

2.2.1 Endlos – LOOP und Zubehör

Die `leave`-Anweisung gibt uns eine weitere Möglichkeit an die Hand, eine `do`-Schleife zu steuern, nämlich mit Hilfe der `if`-Anweisung. Wollen wir den gleichen Zweck erreichen wie in Beispiel B12, so können wir auch programmieren:

```
B19: /* DO-loop mit LEAVE */
procedure options (main);

dcl endfile          builtin;
dcl (Summe, Zahl) fixed;

on endfile (Sysin);
Summe = 0;
do loop;
    put skip list ('Bitte geben Sie eine Zahl ein:');
    get list (Zahl);
    if endfile(Sysin) then leave;
    Summe += Zahl;
    end;
put (Summe);

end B19;
```

In diesem Beispiel sehen wir mehrere Neuerungen, als erste: Das Schlüsselwort `loop` ist plastischer als die Angabe `while` (`'1'b`). Die Überprüfung der Abbruchbedingung erfolgt hier nicht am Anfang oder am Ende der `do`-Schleife, sondern irgendwo in der Mitte, nämlich dort, wo die `leave`-Anweisung steht. Auch in diesem Beispiel wird die `do`-Schleife verlassen, wenn nichts mehr einzulesen ist.

Allerdings haben wir uns eine Variable geschenkt: die `bit`-Variable, die anzeigen sollte, ob das Dateiende erreicht ist. Stattdessen finden wir in der `if`-Anweisung die spracheigene Funktion `endfile`. „Spracheigen" ist meine Übersetzung des Attributs `builtin`, das wir in der <u>declare</u>-Anweisung sehen.[23] <u>builtin</u>-Funktionen gehören zu PL/I wie z. B. die <u>if</u>-Anweisung. Die Funktion <u>endfile</u> gibt '1'b zurück, wenn beim Lesen das Ende der angegebenen Datei schon erreicht wurde, und '0'b sonst. Hätte man die <u>on</u>-Anweisung weggelassen, so wäre man aber gar nicht bis hierher gekommen. Die <u>endfile</u>-Bedingung wird nämlich in jedem Fall ausgelöst – ohne <u>on</u> würde aber nach einer Fehlermeldung das Programm abgebrochen. Wenn wir also die spracheigene Funktion <u>endfile</u> benutzen wollen, müssen wir vorher gesagt haben, dass wir im Falle von „Dateiende" nichts unternehmen wollen, folglich <u>on</u> kombiniert mit der Leeranweisung. Dann geht es hinter <u>get</u> weiter und wir können erfragen, ob etwas gelesen wurde.

Kein Druckfehler ist die Zeile mit +=. Es handelt sich vielmehr um eine besondere Form der Zuweisung, gemeint ist:

```
Summe = Summe + Zahl;
```

Ganz allgemein kann man irgendeinen der Operatoren nehmen und eine sogenannte Verbundzuweisung (engl. *compound assignment*) „komponieren", etwa als Verkettung:

```
Satz ||= Wort;
```

was dasselbe bedeutet wie:

```
Satz = Satz || Wort;
```

Dies hat auch den Vorteil, dass man den Namen der Variablen nur einmal zu schreiben braucht, also eine Gelegenheit weniger hat sich zu vertippen.[24]

Noch ein paar Worte zu <u>loop</u>: Man sollte bedenken, dass der Überblick stark leidet, wenn man auf die Idee kommt, in einer Schleife an mehreren Stellen die Möglichkeit zum Verlassen derselben vorzusehen.

Der Grundsatz „Pro Schleife nur eine <u>leave</u>-Anweisung!" sollte nicht ohne Grund verletzt werden! Auch sollte man von einer doppelten Schleifensteuerung (z. B. durch eine Laufangabe in der <u>do</u>-Anweisung und durch eine <u>leave</u>-Anweisung) absehen:

Es ist ein guter Brauch, bei Bedarf immer <u>do loop</u> und genau eine <u>leave</u>-Anweisung zu kombinieren. Dann bleibt die Übersicht gewahrt.

Bevor die vollständige Syntax der <u>leave</u>-Anweisung vorgestellt werden kann, muss noch erwähnt werden, wie man es anstellen muss, aus mehreren geschachtelten Schleifen die gewünschte zu verlassen. Hierzu dient eine sogenannte Marke (engl. *label*), die man vor die <u>do</u>-Anweisung schreibt, gefolgt von einem Doppelpunkt:

```
Schleife:
do loop;
   ...
   if A > B then do;
      A = B;
      leave Schleife;
      end;
   ...
   end Schleife;
```

---

23 In der DIN-Norm ist von Standardfunktion die Rede. Man liest auch von „eingefügter" Funktion, was mir aber genauso seltsam erscheint wie „eingebaute" Funktion../.

24 Für den erfahrenen Programmierer: Die in der normalen Zuweisung zweimal vorhandene Variable wird so außerdem nur einmal ausgewertet, etwa wenn ein Funktionsaufruf als Index vorkommt.

Hier sieht man, wie man schon bei einer do-Gruppe ohne Wiederholungsangabe gezwungen sein kann, sich einen Namen für eine Marke auszudenken.

Ohne Markenangabe verlässt man immer die jeweils nächstäußere do-Gruppe, selbst wenn diese keine Wiederholungsangabe aufweist.

Ähnlich wie Formate sind auch Marken ein eigener Datentyp zur Programmsteuerung. Näheres zum label-Attribut aber erst in Kapitel 3.3. Jetzt wird die Syntax verständlich:

```
leave [Markenkonstante];
```

Abbildung 17. Syntax LEAVE-Anweisung (ITERATE-Anweisung analog)

Eine Marke darf auch in der end-Anweisung wiederholt werden:

```
end [Markenkonstante];
```

Abbildung 18. Syntax END-Anweisung

Aus historischen Gründen erlaubt der Compiler auch die Zuweisung von format-Konstanten auf label-Variablen. Nicht so empfehlenswert wie die leave- ist die iterate-Anweisung. Mit ihr kann man mitten in einer Schleife verlangen, dass mit dem nächsten Schleifendurchgang weitergemacht werden soll. Dies ist natürlich nicht auf eine loop-Schleife beschränkt, bei Zählschleifen beispielsweise wird mit dem nächsten Wert fortgefahren. Die Syntax ist analog zu leave.

Wie wäre es mit einer kleinen Anwendung für die loop-Schleife:

A14: Gegeben seien die eine Variable Tag. Berechnen Sie, der wievielte Wochentag des Monats er ist, also z. B. der dritte Freitag des Monats (wenn es sich um einen Freitag handeln sollte; welcher Wochentag es ist, sei irrelevant).

2.2.2 Die ganze Wahrheit – DO allgemein

Der geneigte Leser wird jetzt sicher neugierig sein, wie sich die Syntax der do-Anweisung gestaltet. Kurz, aber nicht allzu formal, gibt es vier Möglichkeiten:

```
Typ 1:
  do;
Typ 2:
  do [while (Bit-Ausdruck)][until (Bit-Ausdruck)];
Typ 3:
  do Laufvariable = Laufangabe [, Laufangabe] ...;
Typ 4:
  do loop;
```
Abbildung 19. Syntax DO-Anweisung

wobei Laufangabe definiert ist als:

Ausdruck [to Ausdruck] [by Ausdruck]
    [while (Bit-Ausdruck)] [until (Bit-Ausdruck)]
oder
   Ausdruck upthru Ausdruck
    [while (Bit-Ausdruck)] [until (Bit-Ausdruck)]
oder
   Ausdruck downthru Ausdruck
    [while (Bit-Ausdruck)] [until (Bit-Ausdruck)]
oder
   Ausdruck [repeat Ausdruck]
    [while (Bit-Ausdruck)] [until (Bit-Ausdruck)]

Abbildung 20. Syntax DO-Laufangabe

Wie ist das zu verstehen? Eckige Klammern bedeuten wieder, dass man den Inhalt weglassen kann. Typ 1 dient einfach der Zusammenfassung von Anweisungen ohne Wiederholung. Typ 2 ist die Verallgemeinerung der uns bisher bekannten while- und until-Schleifen. Die Reihenfolge von while und until ist natürlich egal. Typ 4 haben wir im vorigen Abschnitt kennengelernt.

Typ 3 ist etwas komplizierter. while und until können auch hier wieder vertauscht werden. Ebenso ist es mit to und by. Die Angaben upthru und downthru wirken so ähnlich wie to mit by 1 bzw. by -1. repeat ist die dritte Möglichkeit, die Laufvariable zu verändern und bedeutet, dass der Ausdruck dahinter nach jedem Schleifendurchlauf ausgewertet und der Laufvariablen zugewiesen wird – und zwar ggf. *nach* der Prüfung eines until-Ausdrucks. Dies sollte man auswendig wissen:

Die to-, by-, upthru- und downthru-Ausdrücke werden vor Ausführung der Schleife ein einziges Mal ausgewertet (eine Änderung innerhalb der Schleife ist zwar wirksam, wird aber nicht zur Schleifensteuerung benutzt), während der repeat-Ausdruck wie auch die while- und until-Ausdrücke bei jedem Durchgang ausgewertet werden.

Dabei ist nicht festgelegt, in welcher Reihenfolge die Ausdrücke ausgewertet werden. Übrigens streicht der IBM-Compiler an, wenn man als Anfangswert einen Funktionsaufruf verwendet, weil dies wegen möglicher Nebeneffekte zu unerwarteten Ergebnissen führen kann – etwa wenn man innerhalb der Funktion die Obergrenzenvariable der Schleife ändert.

Nun ein paar Beispiele. Auf keinen Fall verwende man:

```
do K = 1;
```

Da keine Wiederholung spezifiziert wurde, wird die do-Gruppe mit K = 1 nur einmal durchlaufen! (Man hätte genauso gut hinter do ein Semikolon schreiben können, diese Version der do-Anweisung sollte verboten werden!)

Es gibt zwei wesentliche Unterschiede zwischen upthru bzw. downthru auf der einen und to mit by 1 bzw. by -1 auf der anderen Seite. Bei upthru und downthru wird

1. die Schleife auf jeden Fall mindestens einmal durchlaufen,

2. hat die Laufvariable nie einen Wert außerhalb des Bereichs von Anfangs- und Endwert.

Beispiele für <u>upthru</u> und <u>downthru</u> werden wir in späteren Abschnitten kennenlernen. Hier schon einmal eins mit <u>repeat</u>:

```
do K = 1 repeat K*2 until (K = 1024);
```

In einer entsprechenden <u>do</u>-Schleife würde K alle 2er-Potenzen einschließlich 1024 durchlaufen. Ein in seiner Komplexität schon fast unübersichtliches Beispiel:

```
do K = 10 by -2 to -10 while (X ^= 0) until (Y < Z);
```

Und jetzt die absolute Spitze:

```
do K = 10 by -2 to -10 while (X ^= 0) until (Y < Z),
   -10 by 2 to 10 while (X ^= 0) until (Y < Z),
   L to M by 2*N,
   1 repeat Y
   until (Was_ist) while (Auch_das_noch);
```

Zuerst werden K alle Werte der ersten Laufangabe zugewiesen. Ist diese abgearbeitet, die Werte der zweiten, usw. Erst wenn die letzte Laufangabe abgearbeitet ist, wird die Schleife verlassen.

Die Möglichkeit, mehrere Laufangaben durch Komma getrennt angeben zu können, kann allerdings auch sehr übersichtlich sein – wenn man nur alle <u>to</u>-, <u>by</u>-, <u>upthru</u>-, <u>downthru</u>-, <u>repeat</u>-, <u>while</u>- und <u>until</u>-Angaben weglässt:

```
do Buchstabe = 'A', 'E', 'I', 'O', 'U';
```

```
do Letter = 'A', 'E', 'I', 'O', 'U';
```

Die Schleife wird fünfmal durchlaufen, wobei der (<u>character</u>-)Variablen Buchstabe nacheinander jeder Vokal zugewiesen wird. Dieses Beispiel zeigt uns auch, dass Laufvariablen jeglichen Attributs verwendet werden können. In diesem Zusammenhang ist wichtig:

Ein Problem bilden Zählschleifen mit <u>float</u>-Laufvariablen.

Man durchdenke z. B. die Anweisung

```
do F = 1 to 1.1 by 0.0000001;
```

Hiermit ist es uns gelungen, eine Endlosschleife wider Willen zu programmieren. Das Inkrement ist nämlich so klein, dass es bei der Addition zur Laufvariablen nicht ins Gewicht fällt, da die Mantisse nur 6 Stellen lang ist, 1.0000001 aber 8 Stellen hat. Außerdem trifft man in vielen Fällen nicht exakt den Grenzwert, nämlich wenn das Inkrement als <u>float</u>-Zahl nur näherungsweise dargestellt werden kann. Die Schleife

```
do F = 1 by .1 while (F ^= 2);
```

stellt ebenfalls eine Endlosschleife dar. Der Wert .1 kann intern nur als .0999999 gespeichert werden. Besser wäre die Anweisung

```
do F = 1 by .1 to 2;
```

da so nicht auf Gleichheit, sondern auf Überschreiten der 2 abgefragt wird.

Nicht genug, natürlich kann eine Laufvariable in PL/I auch ein im nächsten Abschnitt besprochenes Matrix-Element oder eine der später besprochenen Pseudovariablen <u>substr</u>, <u>real</u>, <u>imag</u> oder <u>unspec</u> sein. Bei Zählschleifen mit <u>to</u> oder <u>by</u> sind aber nur solche Variablen zugelassen, mit denen man (und wenn unter Konvertierung) rechnen kann. Im

Gegensatz zu manch anderer Programmiersprache ist die Laufvariable einer <u>do</u>-Schleife in PL/I eine ganz normale Variable, sie darf sogar innerhalb der Schleife einen neuen Wert bekommen, beim nächsten Durchlauf wird dann von diesem neuen Wert ausgegangen. Allerdings möchte ich von dieser Art Programmierung abraten, falls es das Problem nicht gerade erfordert, da man immer vermutet, in der <u>do</u>-Anweisung selbst alles über die Abarbeitung der Schleife zu erfahren.

Ich glaube, ich habe deutlich gemacht, dass die <u>do</u>-Schleife durchaus ein zweischneidiges Schwert ist. Zum einen hat man alle Möglichkeiten der Schleifensteuerung, zum anderen kann man alles beliebig unübersichtlich machen. Ich empfehle, sich am Problem zu orientieren und auf Tricks zu verzichten.

2.3 Matrizen

Was einem an Sprachmöglichkeiten noch fehlt, merkt man am ehesten, wenn man ein neues Problem partout nicht lösen kann. Stellen Sie sich z. B. vor, Sie sollten 1000 Zahlen einlesen und in umgekehrter Reihenfolge wieder ausgeben. Mit unseren bisherigen Mitteln bedeutete das Arbeit:

1. sich 1000 Variablennamen ausdenken,

2. 1000 <u>get</u>-Anweisungen und

3. 1000 <u>put</u>-Anweisungen tippen.

Da dies für niemanden zumutbar ist, führen wir lieber ein neues Sprachmittel ein, die sogenannte Matrix[25] (engl. *array*). Eine Matrix ist in PL/I eine Zusammenfassung von mehreren gleichartigen Daten unter einem Namen.

2.3.1 Tausend oder eine Variable – Arbeiten mit Matrizen

Schauen wir uns das folgende Beispiel an:

```
B20: /* 1000 Zahlen in umgekehrter Folge (Matrizen) */
procedure options (main);

dcl A dimension (1000) float;
dcl K fixed;

/* Einlesen: */
do K = 1 to 1000;
   get list (A(K));
   end;

/* Ausdrucken: */
do K = 1000 to 1 by -1;
   put list (A(K));
   end;

end B20;
```

In der <u>declare</u>-Anweisung sehen wir, wie man unter dem Namen A tausend Elemente einer Matrix beschreibt. Das Dimensionsattribut kann mit <u>dim</u> abgekürzt werden. (Auch dieses

---

25 Manchmal ist auch von Feld, Reihung, Tabelle oder Bereich die Rede. Eine PL/I-Matrix braucht nicht
    zweidimensional zu sein. ./.

Schlüsselwort kann man weglassen, wenn das Dimensionsattribut direkt hinter dem Namen folgt.) Ein einzelnes Element einer Matrix wird dann so angesprochen, dass man hinter dem Namen in Klammern den sogenannten Index (engl. *subscript*) schreibt. A(1) ist das erste Element unserer Matrix, A(1000) das letzte[26]. Natürlich ist es möglich, A(K) oder sogar A(I*3-1) zu verwenden, PL/I rechnet dann aus, welches Element der Matrix gemeint ist.

In manch anderen Programmiersprachen werden Arrayindizes innerhalb von eckigen Klammern angegeben. Die PL/I-Schreibweise mit runden Klammern hat den Vorteil, dass Indizierung einer Matrix und Aufruf einer Funktion (wir kennen bisher nur die spracheigene Funktion <u>endfile</u>) gleich aussehen. Wenn man länger darüber nachdenkt, kann man zu dem Schluss kommen, das beide in Wirklichkeit auch dasselbe sind: Man kann in einem PL/I-Programm leicht die Designänderung vornehmen, statt Matrizen Funktionsaufrufe zu verwenden. Beispiel B44 wird dies demonstrieren.

Beispiel B20 ist, glaube ich, einfach genug, so dass ich nicht jede einzelne Anweisung erklären muss. Es geht übrigens von der Annahme aus, dass wirklich 1000 Zahlen eingelesen werden (und nicht etwa weniger!). Man bemühe sich also nicht, dieses Beispiel unverändert am Rechner zu testen.

Der bei der Verwendung von Matrizen typische Fehler liegt auf der Hand: Was passiert, wenn man in unserem Beispiel etwa dem Element A(5000) einen Wert zuzuweisen versuchte? Offensichtlich ist für dieses Element ja kein Speicherplatz vorgesehen worden! Nun, in den meisten derartigen Fällen wird dieser Fehler (zunächst) nicht auffallen. PL/I berechnet einfach die Adresse im Hauptspeicher, wo das Element sich befinden müsste, wenn es regulär deklariert worden wäre, und weist diesem Speicherplatz den gewünschten Wert zu.

Oft ist dies aber der Speicherplatz einer ganz anderen Variablen, deren Wert man also auf diese Weise ganz unauffällig geändert hat. Man kann sich denken, dass bei dieser Art Fehler irgendein Folgefehler auftreten kann, der nichts mit dem eigentlichen Fehler zu tun hat. Man prüfe deshalb immer genau, ob eine Bereichsüberschreitung vorliegen kann. In der Testphase bietet PL/I mit der Bedingung <u>subscriptrange</u> (siehe Abschnitt 3.3.3) auch die Möglichkeit, diese Art Fehler aufzudecken.

Wenn es sinnvoll ist, kann man in PL/I übrigens durchaus eine Variable oder einen Ausdruck im Dimensionsattribut spezifizieren. Sinnvoll heißt, dass der Wert der Variablen oder des Ausdrucks zur Zeit der Speicherplatzzuordnung PL/I bekannt sein muss. Sinnlos wäre z. B. Folgendes:

```
dcl A dim (N) float; /* falsches Beispiel! */
get list (N);
```

da immer erst der Speicherplatz zugeordnet und dann das Programm gestartet wird. Allerdings gibt es in PL/I andere Sprachmittel, die ähnliche Konstruktionen wie in diesem falschen Beispiel ermöglichen (siehe Abschnitt 3.1.1).

Allein der Schreibersparnis dient die Möglichkeit, direkt in der Datenliste der <u>get</u>- oder <u>put</u>-Anweisung eine <u>do</u>-Spezifikation zu benutzen. Wir könnten die beiden Schleifen von Beispiel B20 noch kürzer schreiben:

```
get list ((A(K) do K = 1 to 1000));
put list ((A(K) do K = 1000 to 1 by -1));
```

---

26 Noch eine Stichelei gegen C und seine Erben: Es soll Programmiersprachen geben, wo das erste Element den Index 0 bekommt. In PL/I gibt es da eine Fehlerquelle weniger!

Inhaltlich sind die put- und die get-Anweisung mit do-Spezifikation äquivalent zu den beiden Schleifen aus Beispiel B20. Na, es wird doch wohl noch kürzer gehen?! Zumindest die get-Anweisung lässt sich tatsächlich noch weiter vereinfachen:

```
get list (A);
```

In PL/I ist es nämlich möglich, den Namen der gesamten Matrix ohne Index-Angabe zu benutzen, wenn es sinnvoll ist. Die obige get-Anweisung ist so definiert, dass nacheinander – mit 1 beginnend – in alle Elemente der Matrix ein Wert gelesen wird, eine Laufvariable erübrigt sich. Die put-Anweisung unseres Beispiels lässt sich nicht weiter vereinfachen, es sollte ja gerade in umgekehrter Reihenfolge wieder ausgegeben werden.

Eine do-Spezifikation kann nur in der Datenliste einer get- oder put-Anweisung vorkommen. Syntaktisch wesentlich ist der weitere Satz Klammern um die do-Spezifikation herum. Im Innern der Klammern steht zunächst eine Liste von Werten, gefolgt von etwas, das aussieht wie eine do-Anweisung. Es sind auch alle (sinnvollen) Optionen derselben zugelassen. Denkbar ist z. B.:

```
put edit ((1, 2, 3 do I = 1 to 10)) (3 f(2), skip);
```

Diese Anweisung gibt auf 10 Zeilen jeweils die Zahlen 1, 2 und 3 aus, die Laufvariable braucht ja nicht unbedingt benutzt zu werden.

An dieser Stelle möchte ich auch ein Beispiel für die Verwendung mehrfacher edit-Listen in get- oder put-Anweisungen geben. Möchte man z. B. die ersten K Werte einer Matrix im e- und die weiteren im f-Format ausgeben, so könnte man dies so erreichen:

```
put edit ((A(I) do I = 1 to K),
          (A(I) do I = K+1 to 1000))
  ((K) e(12,5), (1000-K) f(10,0));
```

Hier kann man sich Wiederholungsfaktoren sparen, wenn man formuliert:

```
put edit ((A(I) do I = 1 to K))        (e(12,5))
          ((A(I) do I = K+1 to 1000)) (f(10,0));
```

Es ist auch übersichtlicher, wenn bei komplexeren put- oder get-Anweisungen sofort hinter den Daten jeweils das dazugehörige Format steht. Dies ist übrigens bei get nicht äquivalent zu der Methode, mehrere get-Anweisungen zu schreiben, wenn man bedenkt, dass bei endfile ja das betreffende get abgebrochen wird, eine do-Spezifikation also auch, eine do-Schleife aber nicht!

Weil es gerne verwechselt wird:

In der Datenliste wird eine Wiederholung mit do ausgedrückt, in der Formatliste mit Wiederholungsfaktoren!

Interessanter ist die Möglichkeit, Indizes nicht nur von 1 bis zum Maximalwert laufen zu lassen, sondern mit beliebigen Werten zwischen –2147483648 und +2147483647. Was das für „magische" Zahlen sind, werden wir in Abschnitt 2.6 erfahren. Man könnte etwa Folgendes deklarieren:

```
dcl Kürbisernte dim (2000:2005) fixed;
```

Es werden tatsächlich nur sechs Speicherplätze reserviert, Kürbisernte(2002) wäre etwa die Anzahl der Kürbisse, die im Jahre 2002 geerntet wurden. Dies ist sehr viel übersichtlicher, als wenn man im Programm immer selber ausrechnete, dass 2002 das dritte Element der Matrix ist.

Jetzt können folgende Aufgaben gelöst werden:

A15: Schreiben Sie ein Programm, das bei Eingabe eines Datums in der Form ttmmjjjj – also z. B. 30102000 – dieses in der üblichen Form 30. Oktober 2000 ausgibt!

A16: Nach Eingabe einer beliebigen Anzahl Wörter (char-Konstanten) soll Ihr Programm für jedes Wort ausgeben, wie oft es vorkommt. Gehen Sie davon aus, dass nicht mehr als 100 verschiedene Wörter verwendet wurden, anderenfalls soll das Programm mit einer Fehlermeldung abbrechen.

2.3.2 Im Konvoi – Matrixoperationen

Wenn man eine ganze Matrix einlesen will, dann kann man einfach den Namen ohne Index angeben, wie wir im letzten Abschnitt erfahren haben. In PL/I geht dieses Prinzip noch weiter. Auch in Zuweisungen kann man Matrixnamen verwenden, wenn man die entsprechenden Operationen auf alle Elemente einer Matrix anwenden möchte. Unter Zugrundelegung der Deklarationen

```
dcl A dim (6) fixed;
dcl B dim (6) fixed;
```

sind z. B. folgende Programmzeilen gültig:

```
get list (A, B);
put list (A + B);
A = A + B;
B = B + 1;
A = A / A(1);
```

Nach dem Einlesen der beiden Matrizen wird die Summe der beiden ausgegeben, d. h. es wird die Summe der beiden ersten Elemente ausgegeben, dann die der beiden zweiten, usw. Genauso erfolgt die Zuweisung der Summe von A und B auf A. Dies ist per definitionem gleichbedeutend mit

```
A(1) = A(1) + B(1);
A(2) = A(2) + B(2);
A(3) = A(3) + B(3);
A(4) = A(4) + B(4);
A(5) = A(5) + B(5);
A(6) = A(6) + B(6);
```

Selbst die Addition einer Matrix und eines Skalars (d. i. eine einzelne Variable) ist möglich. Immer ist die Matrixzuweisung so definiert, dass sie elementweise zu geschehen hat, wobei die betroffenen Matrizen immer den gleichen Index angehängt bekommen und die Skalare direkt benutzt werden. Diese Definition hat auch einen Nachteil, der sich an der Anweisung mit der Division zeigt, wenn man sie ausschreibt:

```
A(1) = A(1) / A(1);
A(2) = A(2) / A(1);
A(3) = A(3) / A(1);
A(4) = A(4) / A(1);
A(5) = A(5) / A(1);
A(6) = A(6) / A(1);
```

Das Dumme ist, dass die erste vom Compiler erzeugte Anweisung A(1) auf 1 setzt, so dass alle weiteren Anweisungen ohne Bedeutung sind! Man sollte Zuweisungen dieser Art grundsätzlich nicht verwenden, da hier vielleicht mal eine sinnvollere Regelung in die Programmiersprache PL/I eingeführt werden könnte.

Trotz dieses kleinen Schönheitsfehlers ist die Möglichkeit, ganze Matrizen in Formeln verwenden zu können, sehr attraktiv und kann auf Grund der ersparten Schleifenkonstruktionen zur Übersichtlichkeit und Beschleunigung beitragen. Im Gegensatz zur Mathematik gilt allerdings:

In PL/I lassen sich nur Matrizen miteinander multiplizieren, die identisch dimensioniert sind!

2.3.3 Nicht nur für Mathematiker – mehrere Dimensionen

Mathematiker werden jetzt sicher fragen: „Kann man denn nicht auch mehrdimensionale Matrizen verwenden?" Auch ihnen kann geholfen werden, aber für solche Matrizen haben durchaus auch Benutzer Verwendung, die z. B. nur Textverarbeitung betreiben möchten. Zunächst aber das Parade-Beispiel, die aus der Mathematik bekannte sogenannte Matrix-Multiplikation (nicht zu verwechseln mit der Multiplikation von gleich dimensionierten Matrizen in PL/I):

```
                      B(1,1)  B(1,2)  B(1,3)  B(1,4)  B(1,5)
                      B(2,1)  B(2,2)  B(2,3)  B(2,4)  B(2,5)
                      B(3,1)  B(3,2)  B(3,3)  B(3,4)  B(3,5)

A(1,1)  A(1,2)  A(1,3)    C(1,1)  C(1,2)  C(1,3)  C(1,4)  C(1,5)
A(2,1)  A(2,2)  A(2,3)    C(2,1)  C(2,2)  C(2,3)  C(2,4)  C(2,5)
```

Abbildung 21. Matrix-Multiplikation

```
B21: /* Matrix-Multiplikation (2-dim. Matrix) */
procedure options (main);

dcl A    dim (2,3) float;
dcl B    dim (3,5) float;
dcl C    dim (2,5) float;
dcl I    fixed;
dcl K    fixed;
dcl sum builtin;

put list ('Bitte geben Sie eine 2x3- und eine '
       || '3x5-Matrix (zeilenweise) ein:');
get list (A, B);

do I = 1 to 2;
    do K = 1 to 5;
        C(I,K) = sum(A(I,*) * B(*,K));
        end;
    end;

put list ('Das Ergebnis ist eine 2x5-Matrix:');
put list (C);

end B21;
```

Dieses Programm hat es in sich! Zunächst zu den Deklarationen. Besteht das Dimensionsattribut aus zwei durch Komma getrennten Zahlen, so spricht man von einer zweidimensionalen Matrix. (Eine eindimensionale Matrix wird manchmal auch als Vektor bezeichnet.) Eine zweidimensionale Matrix kann man sich vorstellen als ein Gebilde aus Werten, die in Zeilen und Spalten angeordnet sind. In Abb. 21 sind die drei an der Matrix-Multiplikation beteiligten Matrizen in einer solchen Form dargestellt. Nimmt man ein Element der Matrix A, z. B. das Element A(2,1), so befindet es sich in der 2. Zeile, 1. Spalte. Die erste Zahl ist also der Zeilenindex, die zweite der Spaltenindex. Erwähnt man den Namen einer zweidimensionalen Matrix in einer get- oder put-Anweisung, so ist dies dasselbe, als wenn man alle Elemente Zeile für Zeile in die Klammerangabe geschrieben hätte. Davon mehr im nächsten Unterabschnitt.

Die Abbildung soll verdeutlichen, was eine Matrix-Multiplikation ist: Für jede Zeile von A und jede Spalte von B werden die Werte mit gleichem Zeilen- bzw. Spalten-Index miteinander multipliziert und dann aufsummiert. Diese Summe wird in der Matrix C dann dem Element zugewiesen, das als Zeilenindex den Index der betreffenden Zeile aus A und als Spaltenindex den der betreffenden Spalte aus B hat. In Abb. 21 ist dies gerade das Element im Schnittpunkt der Zeile von A und der Spalte von B. Es lassen sich also in der Mathematik nur Matrizen A und B miteinander multiplizieren, wenn A genauso viele Spalten hat wie B Zeilen. Nicht-Mathematiker sollten sich trösten, es dauert ein bisschen, bis man die Matrix-Multiplikation verstanden hat. (Es ist aber nicht schlimm, wenn Sie es nicht verstehen, denn in diesem Buch brauchen Sie es nie wieder!)

Unser Beispielprogramm bringt weitere Neuerungen. Schon rein äußerlich sehen wir, dass zwei do-Schleifen geschachtelt sind. Jeder Durchlauf der äußeren Schleife bringt einmal alle Durchläufe der inneren Schleife. Diese Konstruktion lässt sich nicht nur bei Matrizen sinnvoll anwenden! Die innerste Anweisung ist etwas ganz Besonderes, ein *highlight* von PL/I sozusagen. Dem Element C(I,K) wird etwas zugewiesen, und zwar die Summe des Produkts der I-ten Zeile von A mit der K-ten Spalte von B.

Wie wir in der declare-Anweisung sehen, hat sum das Attribut builtin, d. h. sum ist eine spracheigene Funktion. Die sum-Funktion erhält als Argument eine Matrix und liefert als Funktionswert die Summe aller Elemente. Als Argument der sum-Funktion (in Klammern) sehen wir den Ausdruck

```
A(I,*) * B(*,K)
```

Gibt man als Index einen Stern an, so interpretiert PL/I dies als die Gesamtheit aller möglichen Indizes. A(I,*) ist also nicht eine zweidimensionale Matrix, sondern ein Vektor, und zwar die I-te Zeile, genauso ist B(*,K) die K-te Spalte. (Eine solche Untermatrix heißt auf englisch *cross section.*) Wie wir wissen, kann man in PL/I gleich große Matrizen miteinander malnehmen, es entsteht eine gleich große Matrix, deren Elemente die Produkte der Elemente mit gleichem Index sind, so dass wir ein gültiges Argument für die sum-Funktion vor uns haben. In anderen Programmiersprachen hätten wir einen weiteren Index in einer dritten geschachtelten Schleife laufen lassen müssen, in PL/I können wir bei Matrizen gleich in Zeilen und Spalten denken und programmieren.

Selten gebraucht, aber dennoch möglich sind noch höherdimensionale Matrizen, die man sich vielleicht räumlich vorstellen kann. Es sind bis zu 15 Dimensionen erlaubt.

Zur Ermittlung der Matrixgröße gibt es entsprechende spracheigene Funktionen. lbound und hbound (engl. *low boundary* bzw. *high boundary*) haben zwei Parameter, der erste bezeichnet die Matrix, der zweite die Dimension, die man abfragen möchte. Bei eindimensionalen Matrizen ist das zweite Argument also immer 1 (und kann dann auch weggelassen werden), bei höherdimensionalen die gewünschte Dimension, von links durchnummeriert. Eine Schleife über alle Indizes sollte man also immer folgendermaßen laufen lassen:

```
do I = lbound(A,1) to hbound(A,1);
   do K = lbound(B,2) to hbound(B,2);
      C(I,K) = sum(A(I,*) * B(*,K));
      end;
   end;
```

Bei der folgenden Aufgabe können Sie zeigen, dass Sie mit Matrizen umgehen können:

A17: Lesen Sie eine quadratische Matrix von Zahlen ein, vertauschen Sie ohne Verwendung einer zweiten Matrix Zeilen und Spalten und geben Sie die Matrix wieder aus. „Quadratisch" heißt eine Matrix, wenn sie genauso viel Zeilen wie Spalten besitzt.

2.3.4 Die Letzten laufen am schnellsten – das INITIAL-Attribut

Bleibt noch zu klären, in welcher Reihenfolge eigentlich mehrdimensionale Matrizen eingelesen und ausgegeben werden, wenn man nur den Namen der Matrix hinschreibt. Hier gilt, dass die Ein-/Ausgabe-Reihenfolge die Reihenfolge der internen Speicherung ist. Der Hauptspeicher ist ja nur eine lineare Folge von Speicherplätzen, eine zweidimensionale Matrix wird in PL/I zeilenweise hintereinander gespeichert, d. h. der rechte Index läuft am schnellsten.[27] In Beispiel B21 würde die Matrix C in der Reihenfolge ausgegeben:

```
C(1,1) C(1,2) C(1,3) C(1,4) C(1,5) C(2,1) C(2,2) ...
```

Bei der Deklaration

```
dcl Z dim (3,2,2) float;
```

laufen auch die weiter rechts stehenden Indizes schneller als die weiter links stehenden:

```
Z(1,1,1) Z(1,1,2) Z(1,2,1) Z(1,2,2) Z(2,1,1) ...
```

Wichtig ist die Speicherreihenfolge auch für das sogenannte initial-Attribut, das bei Variablen zusätzlich angegeben werden kann, wenn man ihnen schon bei der Deklaration einen Anfangswert mitgeben will:

```
dcl Noch_was_da bit initial ('1'b);
```

Die äußere Form ist identisch mit der des schon erwähnten value-Attributs. Etwas komplizierter ist das initial-Attribut bei der Initialisierung von Matrizen. Will man einer Matrix mit zehn Elementen der Reihe nach die Zahlen 1 bis 10 zuweisen, so schreibt man alle Zahlen (durch Komma getrennt) in die Klammern hinter dem Wort initial (oder abgekürzt init):

```
dcl A dim (10) fixed init (1,2,3,4,5,6,7,8,9,10);
```

Möchte man allen Elementen die Zahl 5 zuweisen, so kann man einen Wiederholungsfaktor angeben (ähnlich wie beim Format als Wert in Klammern):

```
dcl A dim (10) fixed init ((10)5);
```

---

27 Dies ist anders als in FORTRAN, dort ist eine Matrix spaltenweise gespeichert.

Bei mehrdimensionalen Matrizen muss man wissen, dass die Initialisierungsreihenfolge gleich der Speicherreihenfolge ist:

```
dcl Z dim (2,2,3) fixed init ((2)(1,1,1,2,2,2));
```

Die rechten Indizes laufen am schnellsten, also hat z. B. das Element Z(2,1,3) den Anfangswert 1 erhalten!

Wie man sieht, kann man beliebige Klammerungen bilden. Es dürfen aber nie mehr Werte angegeben werden, als Speicherplätze vorhanden sind. Gibt man weniger an, so ist dies kein Fehler, die restlichen Variablen erhalten eben keinen Anfangswert. Ein guter Compiler warnt einen in diesem Fall, da man dies aus Versehen getan haben könnte. Eine Besonderheit ist noch die Initialisierung von Zeichen- und Bitfolgen, da es eine Kurzschreibweise für Zeichenfolgen gibt, die aus einer Verkettung von gleichen Unterfolgen bestehen. Und zwar könnte man die Konstante 'ABCABC' auch schreiben: (2)'ABC'. Im <u>initial</u>-Attribut führt dies zu Problemen, die Anweisung

```
dcl C dim (10) char (20) var init ((10)' ');
```

initialisiert nur das erste Element von C, und zwar mit einer Zeichenfolge, die aus 10 Leerzeichen besteht. Will man alle zehn Elemente mit je einem Leerzeichen versehen, so gibt es die beiden folgenden Möglichkeiten, die nicht mit der Wiederholungsangabe bei einer Konstanten kollidieren:

```
dcl A dim (10) char (20) var init ((10)(1)' ');
dcl B dim (10) char (20) var init ((10)(' '));
```

In gleicher Weise muss man auch <u>bit</u>-Matrizen initialisieren, da Bitkonstanten analog zu Zeichenkonstanten gebildet werden, also z. B.:

```
dcl X (10) bit init ((10)('0'b));
```

(10)'0'b ist nämlich eine Bitfolge, die aus 10 Null-Bits besteht (in Analogie zur Zeichenfolge).

Meint man alle (restlichen) Elemente, so darf es auch ein Sternchen sein:

```
dcl M dim (178) float init ((10)1, (*)0);
```

Eine Besonderheit ist noch die Initialisierung mit einem Ausdruck. Hier ist aus syntaktischen Gründen eine weitere Klammerung notwendig, sofern dieser Ausdruck nicht nur aus dem Aufruf einer (auch spracheigenen) Funktion besteht:

```
dcl K fixed init ((17+4));
```

Überall wo in PL/I Konstanten stehen können, darf auch ein sogenannter „beschränkter Ausdruck" stehen (engl. *restricted expression*). Dessen Definition ist im Grunde sehr einfach: Weiß der Compiler schon genug, um einen Ausdruck auswerten zu können, so gilt der Ausdruck als beschränkt.

Das <u>noinitial</u>-Attribut klingt bei unserem jetzigen Wissensstand etwas lächerlich und wird deshalb erst im nächsten Abschnitt besprochen.

2.4 Strukturen

Wir haben im letzten Abschnitt gesehen, dass Matrizen – Zusammenfassungen von Daten gleichen Typs – vollkommen neue Möglichkeiten der Programmierung eröffnen. In PL/I kann man auch Daten unterschiedlichen Typs unter einem neuen Namen zusammenfassen, und zwar in hierarchischer Ordnung. Diese Zusammenfassungen nennt man dann Strukturen[28].

2.4.1 Hierarchien beachten – Arbeiten mit Strukturen

Im folgenden Beispiel werden wir zwei solche Strukturen kennenlernen, eine, die alle Angaben einer Bestellung, und eine, die alle Angaben einer Rechnung zusammenfasst. Da die Eingabedaten in ganz bestimmten Spalten stehen müssen, sollte die Eingabe in Form eines Datenbestandes erfolgen, den man zunächst mit Hilfe des Editors erstellt hat.

Je nach Betriebssystem müssen wir vor der Ausführung des Programms unterschiedliche Kommandos eingeben, um die PL/I-Datei `Sysin` vom Bildschirm auf diesen Datenbestand umzuschalten:

OS/2, Windows: `set dd:sysin=c:\eingabe.datei`

AIX, z/OS UNIX: `export DD_SYSIN=eingabe.datei`

z/OS (TSO):   `alloc file(sysin) dataset (eingabe.datei) shr`

z/OS (JCL):   `//SYSIN DD DSN=EINGABE.DATEI,DISP=SHR`

Hier also das Beispiel:

```
B22: /* Erstellen einer Rechnung für eine Bestellung */
procedure options (main);              /* (Struktur) */

dcl 1 Bestellung    structure,
        2 Stückpreis fixed dec (6,2),
        2 Warenname  char (20),
        2 Anzahl     fixed;
dcl 1 Rechnung      struct,
        2 Anzahl     fixed,
        2 Warenname  char (20),
        2 Stückpreis fixed dec (6,2),
        2 Preis      fixed dec (8,2);
dcl Summe           fixed dec (8,2) init (0);
Eingabe: format (col(1), f(10,2), a(20), f(3));

get edit (Bestellung) (r(Eingabe));
on endfile (Sysin);
do until (endfile(Sysin));
   Rechnung = Bestellung, by name;
   Preis = Rechnung.Stückpreis * Rechnung.Anzahl;
   put edit (Rechnung) (col(5), f(3), x(5), a(20),
                        x(5), f(10,2), x(5), f(10,2));
   Summe += Preis;
   get edit (Bestellung) (r(Eingabe));
   end;
put skip edit ('----------', Summe)
              (col(53), a, col(53), f(10,2));

end B22;
```

---

28 In Pascal nennt man dies Records. Ähnlichkeiten mit der Programmiersprache COBOL sind nicht zu übersehen.

Betrachten wir zunächst wieder die Deklarationen. Die beiden Strukturen `Bestellung` und `Rechnung` fassen `character`- und `fixed`-Variablen zusammen. Das Schlüsselwort `structure` (Abk. `struct`) wird meistens weggelassen. Charakteristisch an einer Struktur-Deklaration ist das Auftreten von Stufennummern. Der Name auf der hierarchisch höchsten Stufe muss immer hinter einer `1` stehen. Außerdem darf er natürlich keine Datenattribute besitzen, er fasst ja andere Daten zusammen, die eine größere Stufennummer haben. Erst ein Name, dem kein anderer mit höherer Stufennummer folgt, repräsentiert tatsächlich eine Variable mit Datenattributen. Man könnte noch mehr Hierarchiestufen definieren, wenn man z. B. den Warennamen der Bestellung noch weiter unterteilte:

```
dcl 1 Bestellung,
      2 Stückpreis fixed dec (6,2),
      2 Warenname,
        3 Firma     char (20) var,
        3 Produkt   char (20) var,
      2 Anzahl      fixed;
```

Wie man sieht, ist auch `Warenname` jetzt keine normale Variable mit Attributen, sondern eine Unterstruktur, die dann erst skalare Variablen enthält. Skalar heißt allgemein in PL/I eine Variable, wenn sie keine Matrix und keine Struktur ist. Matrizen und Strukturen nennt man auch Aggregate. Übrigens sind Stufennummern vor allen Dingen für den Compiler da, für den Menschen sollte man wieder so einrücken, dass die Hierarchie offenkundig ist.

Will man nun ein einzelnes Element ansprechen, so gibt es zwei Möglichkeiten: Entweder, nirgendwo im Programm ist eine andere Variable gleichen Namens deklariert, dann reicht der Name dieses Elements. Nimmt man hingegen in Beispiel B22 den Namen `Anzahl`: Hier gibt es sowohl in `Bestellung` als auch in `Rechnung` eine Variable dieses Namens. Also muss man näher kennzeichnen, welche von beiden Variablen man meint. Dies geschieht unter Vorsetzen von Namen höherer Hierarchiestufen in Verbindung mit einem Punkt, bis Eindeutigkeit erreicht ist. In unserem Fall müssten wir also entweder `Bestellung.Anzahl` oder `Rechnung.Anzahl` schreiben.

Aufmerksame Leser werden bei den Attributen `fixed dec (6,2)` und `fixed dec (8,2)` gestutzt haben. Bisher kannten wir ja nur das Attribut `fixed` ohne eine Angabe dahinter, wobei ich erwähnt hatte, dass man auf solche Variablen Werte zwischen minus und plus 2 Millarden speichern kann. Dies entspricht im ANSI-Standard der impliziten Annahme von PL/I, man meine `fixed binary (31)`. Es handelt sich also um Binärzahlen. Die Zahl innerhalb der Klammern gibt die Anzahl Binärstellen an, die die Variable speichern können soll.

Schreibt man nun aber statt `binary` (oder abgekürzt `bin`) das Schlüsselwort `decimal` (oder abgekürzt `dec`), so definiert man, dass man eine Dezimalzahl speichern möchte. Diesmal handelt es sich bei der Zahl in Klammern um Dezimalstellen, eine eventuell angegebene zweite Zahl gibt die Anzahl an Dezimalstellen hinter dem Komma (besser gesagt: Punkt) an.

`fixed dec(6,2)` heißt also: 6 Stellen insgesamt, davon 2 Stellen hinter dem Komma. Wie man vielleicht schon ahnt, eignet sich diese Art von Zahlen sehr gut zur Darstellung von Euro-Beträgen − mit Cents hinter dem Komma. Im IBM-Standard heißt `fixed` übrigens dasselbe wie `fixed decimal (5,0)`, nicht etwa `binary` wie beim ANSI-Standard. Auf weitere Erläuterungen wollen wir noch bis Abschnitt 2.6 warten.

Die nächste Besonderheit erwartet uns bei der get-Anweisung. Es erscheint nur der Struk-
turname, man kann sich denken, dass dann wohl alle Elemente eingelesen werden sollen.
Auch bei der Zuweisung von Strukturen sieht man Neues. Es gibt zwei Arten der Strukturzuweisung:

1. wenn die an der Zuweisung beteiligten Strukturen die gleiche Strukturierung besitzen,

2. anderenfalls.

Im ersten Fall heißt gleiche Strukturierung nicht unbedingt gleiche Namen, ja sogar nicht
unbedingt gleiche Datenattribute! Es muss nur garantiert sein, dass sich auf den korrespon-
dierenden Hierarchiestufen Daten befinden, die sich – und wenn unter Konvertierung – aufeinander zuweisen lassen. Eine Konvertierung ist etwa möglich zwischen char- und
fixed-Daten, aber nicht zwischen char- und file-Daten. Folgende Anweisungen werden
z. B. vom Compiler akzeptiert, obwohl die Stufennummern unterschiedlich sind:

```
dcl 1 A,
      2 B char init ('7'),
      2 C fixed init (7);
dcl 1 X,
      3 Y fixed,
      3 Z float;
    X = A;
```

Die andere Art funktioniert nur bei Strukturen, die eine gemeinsame Menge von gleichen
Namen besitzen, die sich – und wenn unter Konvertierung – aufeinander zuweisen lassen.
Diese Art ist gemeint, wenn sich hinter der eigentlichen Zuweisung der Zusatz by name,
durch Komma abgetrennt, befindet.

Nun zurück zu unserem Beispiel!

```
Rechnung = Bestellung, by name;
```

ist also nichts anderes als die Kurzform von

```
Rechnung.Anzahl     = Bestellung.Anzahl;
Rechnung.Warenname  = Bestellung.Warenname;
Rechnung.Stückpreis = Bestellung.Stückpreis;
```

Die Strukturzuweisung ist nicht nur kürzer, sondern auch übersichtlicher und unempfindli-
cher gegenüber Tippfehlern! Nachteilig ist, dass man nicht sofort sieht, was aufeinander
zugewiesen wird. Deshalb gibt es auch die Compiler-Option rules (nobyname), damit
der Compiler meldet, wenn ein Programm eine by-name-Zuweisung enthält.

Jetzt sollte das Programm verständlich sein: Es liest solange Bestellungen ein und druckt
Rechnungszeilen aus, bis endfile auftritt. Am Ende wird dann noch die Gesamtsumme
ausgedruckt. „Ausgedruckt" zeigt die wahre Bestimmung dieses Programms: An sich sollten
sowohl Eingabe als auch Ausgabe nicht am Bildschirm erfolgen. Als Beispiel kann es
gleichwohl auch am Bildschirm vorgeführt werden.

Aufpassen muss man nur beim Abzählen der Spalten, immerhin muss der Stückpreis innerhalb der ersten 10 Spalten, der Warenname innerhalb der nächsten 20 und die Anzahl in den
letzten 3 Spalten eingegeben werden! Ein solcher Zwang sollte bei der Eingabe am Bildschirm nicht bestehen, die Zeilen eines echten Festplatten-Datenbestandes hingegen können
durchaus so aufgebaut sein.

Vielleicht wundert sich jemand über die Reihenfolge von get- und on-Anweisung: In kurzen Programmen verzichtet man gern auf eine eigene Fehlermeldung, wenn überhaupt keine Daten vorhanden sind, PL/I gibt in diesem Fall ja selbst eine entsprechende Meldung aus und bricht das Programm ab.

Interessant sind noch die col-Formate der letzten put-Anweisung: Das zweite col-Format bewirkt implizit einen Sprung auf die nächste Zeile, da es eine Spalte spezifiziert, die vor der aktuellen liegt! In der folgenden Abbildung ist die Druck-Ausgabe zu sehen:

```
     4      Räder                       490.50            1962.00
     1      Motor                      3469.00            3469.00
     1      Karosserie                20100.00           20100.00
     1      Chassis                   18710.00           18710.00
                                                       ----------
                                                         44241.00
```

Abbildung 22. Druckausgabe des Programms B22

Analog zu Matrizen kann man auch auf eine Struktur einen Skalar zuweisen. Hat man etwa deklariert:

```
dcl 1 S,
      2 X fixed bin (31),
      2 Y float,
      2 Z char (100) var;
```

so kann man z. B. den Wert 0 zuweisen:

```
S = 0;
```

Diese 0 wird dann von fixed dec nach fixed bin (31), float und char umgewandelt und den Elementen der Struktur zugewiesen.

2.4.2 Warum auch nicht – die Strukturmatrix

Matrizen und Strukturen sind nun nicht die einzigen Aggregate, die möglich sind, es gibt auch noch Matrizen aus Strukturen: Strukturmatrizen. Stellen wir uns vor, wir wollten in einem Aggregat alle Wetterdaten eines Jahres zusammenfassen:

```
dcl 1 Wetter dim (12),
      2 Temperatur,
          3 Min             fixed,
          3 Max             fixed,
          3 Durchschnitt fixed,
      2 Wind like Temperatur,
      2 Niederschlag,
          3 (Total, Durchschnitt) fixed;
```

Wir haben eine Matrix von 12 Strukturen vor uns, für jeden Monat eine. Wenn wir jetzt noch deklarieren:

```
dcl Januar    fixed value (1);
dcl Februar   fixed value (2);
dcl März      fixed value (3);
dcl April     fixed value (4);
dcl Mai       fixed value (5);
dcl Juni      fixed value (6);
dcl Juli      fixed value (7);
dcl August    fixed value (8);
```

```
dcl September fixed value (9);
dcl Oktober   fixed value (10);
dcl November  fixed value (11);
dcl Dezember  fixed value (12);
```

so können wir einfach schreiben Wetter (August) und haben damit alle Daten des Monats August in einer Variablen zusammengefasst.

In unserer Wetter-Deklaration fällt weiterhin auf (neben dem Dimensionsattribut für die Hauptstruktur) das Attribut like. Es besagt, dass Wind dieselbe Strukturierung wie Temperatur haben soll, es sind damit also die Variablen Wind.Min, Wind.Max sowie Wind.-Durchschnitt deklariert, und zwar mit gleichen Attributen wie die gleichnamigen Elemente von Temperatur. Am Ende der Wetter-Deklaration soll nur gezeigt werden, dass man auch die Stufennummern ausklammern kann: wie die Attribute, nur nach links! Übersichtlicher wird es dadurch aber nicht unbedingt.

Durch das like-Attribut werden nur die Namen und die Attribute der Unterstrukturen übernommen, nicht dagegen die Attribute der hinter like angegebenen Struktur.

Beispielsweise wird in der Anweisung

```
dcl Juliwetter like Wetter;
```

nicht das Dimensionsattribut von Wetter übernommen!

Das noinitial-Attribut erlaubt noch eine weitere Unterscheidung. Hat man eine Struktur mit Anfangswerten deklariert:

```
dcl 1 A,
      2 X fixed init (7),
      2 Y char (20) var init ('ABC');
```

so kann man die Strukturierung auch ohne Anfangswerte übernehmen:

```
dcl 1 B like A noinit;
```

Abgesehen von Ausklammerungen sieht die Syntax der declare-Anweisung folgendermaßen aus:

---

declare [Stufennummer] Name [Attribute] [, ...];

Abbildung 23. Syntax DECLARE-Anweisung

2.4.3 Auch das noch – Mehrfachdeklarationen

Abschließend kann zu Strukturen gesagt werden, dass sie benutzt werden sollten, wenn dadurch ein Programm übersichtlicher wird. (In Abschnitt 5.2 werden wir noch eine weitere Anwendung kennenlernen, nämlich die sogenannte satzweise Ein- und Ausgabe). Einerseits kann man durch die verkürzende Schreibweise mit like die Wahrscheinlichkeit von Tippfehlern verringern, andererseits können durch Strukturen leicht neue Fehler ins Programm kommen, beispielsweise wenn man Skalare gleichen Namens wie Struktur-Elemente deklariert.

Folgende Deklaration ist nämlich in PL/I legal:

```
dcl Wort char (30) var;
dcl 1 Satz,
      2 Wort char (20) var,
      2 Rest char (100) var;
```

Es gibt dann sowohl ein Variable `Satz.Wort` als auch eine Variable `Wort`, die natürlich nichts miteinander zu tun haben.

Auch wenn man dies bewusst macht, etwa wenn beide Variablen tatsächlich genau den mit dem Namen deutlich gemachten Wert enthalten (vielleicht in einer anderen Stufe der Bearbeitung), beschwört man eine fehlerträchtige Situation herauf:

Der Compiler nimmt immer an, wenn keine weitere Kennzeichnung durch höhere Strukturnamen erfolgt, dass die skalare Variable gemeint ist und nicht die Strukturvariable!

Man selbst sieht aber womöglich gerade nur das Struktur-Element und meint, auf eine Kennzeichnung verzichten zu können. Solchen Fehlern, etwa in größeren Programmen, kann man auf die Spur kommen, wenn man sich vom Compiler auf besonderen Wunsch eine Variablenliste ausgeben lässt.[29] Doppelt vorkommende Namen fallen dann sofort auf.

Intelligenter ist es auf jeden Fall, auch eine an sich skalare Variable in eine Struktur einzubauen:

```
dcl 1 Satz_nachher,
      2 Wort char (30) var;
dcl 1 Satz_vorher,
      2 Wort char (20) var,
      2 Rest char (100) var;
```

Der Compiler zwingt einen dann zur Kennzeichnung der Variablen, man muss schon schreiben `Satz_nachher.Wort` oder `Satz_vorher.Wort`.

Auch die Compiler-Option `rules (nolaxqual)` hilft gegen Fehler, sie zwingt einen, Variablen innerhalb von Strukturen immer zu kennzeichnen (zu qualifizieren). Man kann dann sicher sein: Eine Variable ohne Kennzeichnung ist kein Strukturelement.

Sehr fehlerträchtig ist auch noch die Möglichkeit, Strukturen unterschiedlicher Stufe denselben Namen geben zu dürfen, womöglich noch innerhalb einer Struktur:

```
dcl 1 A,
      2 A,
        3 A float;
```

Der Compiler nimmt immer an, dass eine Variable vollständig gekennzeichnet ist, die Variable `A` ist also die Hauptstruktur, `A.A` die nächste und `A.A.A` die <u>float</u>-Variable. Wer so etwas macht, ist selbst schuld, wenn sein Programm nicht läuft!

Abbildung 24 zeigt jetzt endlich die allgemeine Definition der Zuweisung. Die senkrechten Striche dienen ähnlich den eckigen Klammern nur zur Aufzählung der verschiedenen Möglichkeiten, sie werden natürlich nicht geschrieben. Wie wir sehen, können links vom Gleichheitszeichen mehrere Zielvariablen auftreten. Diese müssen aber immer vom selben Aggregattyp sein, also entweder alle Skalar (auch Element-Variable genannt), alle Matrix, alle Struktur oder alle Strukturmatrix. Wenn auf der rechten Seite ein Ausdruck steht, der von seiner Aggregateigenschaft her weniger komplex ist als die Variablen auf der linken, so geht

---

29 Beim IBM-Compiler z. B. mit Hilfe der Optionen XREF oder ATTRIBUTES.

dies nur, wenn eine Zuweisung an alle Unteraggregate möglich ist. Man hat sich die Zuweisung dann so vorzustellen, als ob aus Matrixzuweisungen zunächst Zuweisungen der Matrixelemente und aus Strukturzuweisungen Zuweisungen der Strukturelemente erzeugt würden usw., bis man bei den einzelnen Skalaren angelangt ist. Man muss sich darüber im Klaren sein, dass eine Strukturmatrix im PL/I-Sinne auch nur eine ganz normale Matrix ist, die obige Unterscheidung ist nur bei der Definition der Zuweisung nötig. Eine Restriktion ist übrigens inzwischen aufgehoben worden: Wenn rechts vom Gleichheitszeichen ein Skalar steht, darf links durchaus eine Mischung aus Skalaren und Matrizen stehen.

Typ 1:
   Skalar[, Skalar]... = Skalarausdruck;

Typ 2:
   Matrix[, Matrix]... = Skalarausdruck | Matrixausdruck;

Typ 3:
   Struktur[, Struktur]... = Skalarausdruck | Strukturausdruck [,by name];

Typ 4:
   Strukturmatrix[, Strukturmatrix]... = Strukturmatrixausdruck[,by name]
   | Strukturausdruck[,by name] | Matrixausdruck | Skalarausdruck;

Abbildung 24. Syntax Zuweisung

Die by-name-Angabe darf nur erscheinen, wenn rechts vom Gleichheitszeichen ein Ausdruck steht, der mindestens eine Struktur oder Strukturmatrix enthält. In diesem Fall werden nur die Variablen aufeinander zugewiesen, die in allen Zielvariablen und auf der rechten Seite der Zuweisung vorkommen. Der Vorteil der Mehrfachzuweisung ist, dass der Ausdruck rechts vom Gleichheitszeichen nur einmal ausgewertet wird. Dieser Wert wird dann ggf. für jede Variable links vom Gleichheitszeichen entsprechend konvertiert.

Dieses Argument gilt auch bei der Verbundzuweisung, bei der eine Operation und die Zuweisung kombiniert sind. In Abbildung 25 sind alle Arten aufgeführt. Den Ausdruck rechts vom Zuweisungssymbol kann man sich in Klammern vorstellen:

A *= B + C;   ist also gleich   A = A*(B + C);

+=	Ausdruck auswerten, addieren und zuweisen
-=	Ausdruck auswerten, subtrahieren und zuweisen
*=	Ausdruck auswerten, multiplizieren und zuweisen
/=	Ausdruck auswerten, dividieren und zuweisen
|=	Ausdruck auswerten, odern und zuweisen
&=	Ausdruck auswerten, unden und zuweisen
||=	Ausdruck auswerten, verketten und zuweisen
**=	Ausdruck auswerten, exponenzieren und zuweisen
^=	Ausdruck auswerten, exklusiv odern und zuweisen

Abbildung 25. Möglichkeiten der Verbundzuweisung

2.5 Manipulation von Zeichenfolgen

Wir haben bereits bei der Besprechung der Datenattribute einige Möglichkeiten kennengelernt, wie man in PL/I Texte bearbeiten kann. Die beiden Attribute char und char var sind auch in diesem Abschnitt die Grundlage aller Programme. Zusätzlich zum Verkettungs-operator || werden wir etliche spracheigene Funktionen kennenlernen, die zusammen ein mächtiges Werkzeug bilden, das in anderen Programmiersprachen kaum seinesgleichen findet. Wir wollen jetzt an Hand von Beispielen eine spracheigene Funktion für Zeichenfolgen nach der anderen einführen. Zunächst soll aber noch verraten werden, dass man auf char-Variablen nicht nur Buchstaben, Ziffern und Satzzeichen speichern kann, sondern – allgemein gesprochen – Bytes. Ein Byte (sprich Bait) besteht aus 8 Bits. Alle Zeichen sind in 8 Bits codiert, es gibt aber durchaus Bit-Kombinationen, für die kein Zeichen vorgesehen ist. Gleichwohl sind in Zeichenfolgen alle Bit-Kombinationen erlaubt.[30]

2.5.1 Zwei reichen völlig – SUBSTR und LENGTH

Mit den bisherigen Mitteln wird es kaum gelingen, ein Wort umzukehren, z. B. aus 'NEGER' 'REGEN' zu machen. Wir benötigen dazu ein Werkzeug, das es ermöglicht, einzelne Zeichen oder Zeichenfolgen aus einer längeren Zeichenfolge zu entnehmen. Genau dies schafft die spracheigene Funktion substr, die im Normalfall drei Argumente hat: die Basis-Zeichenfolge, den Anfang der Unterfolge und die Länge der Unterfolge:

```
put list (substr('ABCDEFGHIJKLMNOPQRSTUVWXYZ', K, 1));
```

würde den K-ten Buchstaben des Alphabets ausgeben (das erste Zeichen an Position 1),

```
put list (substr('REGEN', 3, 3));
```

die Unterfolge 'GEN'. Letzterer Aufruf von substr käme auch ohne das dritte Argument aus: substr('REGEN',3) ist nämlich die Unterfolge bis zum Ende der Basis-Zeichenfolge. Selbstverständlich sind als Argumente Konstanten, Variablen und auch Ausdrücke erlaubt.

Was kann man nun tun, wenn man nur, sagen wir, den fünften Buchstaben einer Variablen ändern möchte, die z. B. den Wert 'REGEN' habe. Auch hier ist substr von Nutzen, allerdings nicht als spracheigene Funktion. Wir suchen ja eine Möglichkeit, auch links vom Gleichheitszeichen einer Zuweisung einzelne Zeichen einer Zeichenfolge ansprechen zu können. In diesem Fall spricht man von der Pseudovariablen substr:

```
dcl S char (5) init ('REGEN');
substr(S, 1, 1) = 'L';
```

Auf diese Art wird nur dem 5. Zeichen der Variablen S ein 'L' zugewiesen, alle anderen Zeichen sind nicht betroffen.

Ein weiteres Problem taucht auf, wenn man mit Hilfe von substr alle Zeichen einer Variablen bearbeiten möchte, die das varying-Attribut besitzt: Man weiß gar nicht, wie viel Zeichen gerade gespeichert sind! Hierzu gibt es – nichts einfacher als das – die spracheigene Funktion length. Mit einer Zeichenfolge als einzigem Argument (var oder nicht) liefert es die aktuelle Länge – bei Zeichenfolgen fester Länge eben genau diese. Jetzt haben wir alles beisammen, um ein Wort umkehren zu können, wie das folgende Beispiel zeigt:

---

30 Ein Hinweis für C-Programmierer: Die Länge einer Zeichenfolge ist also unabhängig vom Inhalt!

```
B23: /* Umkehren eines Wortes (SUBSTR, LENGTH) */
procedure options (main);

dcl I       fixed;
dcl (length, substr) builtin;
dcl Trow    char (20) var;
dcl Wort    char (20) var;
put list ('Bitte geben Sie eine CHAR-Konstante ein:');
'Enter a CHAR constant, please:'
get list (Wort);
Trow = Wort; /* damit ist die Länge von Trow gesetzt */
do I = 1 to length(Wort);
    substr(Trow, I, 1) = substr(Wort, length(Wort)-I+1, 1);
    end;
put list (Wort, Trow);

end B23;
```

Wie auch schon bei der spracheigenen Funktion sum deklarieren wir diesmal length und substr. Unterlässt man das, so kommt der PL/I-Compiler auch von selbst darauf, dass es sich um spracheigene Funktionen handelt, aber bei bestimmten anderen spracheigenen Funktionen (nämlich denen ohne Argumente) kann man Schwierigkeiten bekommen. Die Wahl des Namens Trow soll darauf hindeuten, dass Trow die Umkehrung von Wort aufnehmen soll. Unbedingt notwendig ist die Zuweisung Trow = Wort, denn:

Mit substr darf man bei var-Folgen nur auf die Zeichen zugreifen, die innerhalb des Bereichs der letzten Zuweisung liegen, sofern diese Zuweisung eine aktuelle Länge gesetzt hat. Eine Zuweisung mit Hilfe der substr-Pseudovariablen betrifft per definitionem nur einen Teil der Zeichenfolge, kann also nicht zum Setzen der aktuellen Gesamtlänge benutzt werden.

Um nun doch ein Wort umkehren zu können, muss die Zielvariable Trow erst einmal einen Inhalt mit der korrekten Länge bekommen. An sich ist in diesem Fall der Inhalt völlig egal, und da Wort die richtige Länge hat – die Umkehrung eines Wortes ist ja genauso lang wie das Wort selbst –, ist die obige Zuweisung die einfachste Methode, Trow zu einer Länge zu verhelfen.

Die eigentliche Umkehrung ist nun nur noch eine Frage der korrekten Angabe der substr-Argumente. Man sollte sich immer an Hand eines konkreten Beispiels klarmachen, dass man sich nicht um +1 oder −1 vertan hat. Dank der length-Funktion kann die do-Schleife über alle Zeichen laufen, die gemäß der aktuellen Länge in Wort gespeichert sind.

Ich hoffe, Sie sind mir nicht böse, dass ich Ihnen erst jetzt verrate, dass es die spracheigene Funktion reverse gibt: reverse('REGEN') liefert 'NEGER', natürlich nicht nur bei Konstanten.

Sonderfälle von substr sind die spracheigenen Funktionen left, right und center. Fast der Wahrheit entsprechen folgende Behauptungen: left(S,K) ist gleich substr(S,1,K), der Aufruf right(S,K) ist gleich substr(S,length(S)-K+1). center(S,K) meint die K mittleren Zeichen der Folge S. Wer jetzt noch sichergehen will, wenn S eine gerade Anzahl von Zeichen enthält, K aber ungerade ist (oder umgekehrt), darf statt center auch centerleft oder centerright benutzen. (center ist übrigens die Abkürzung von centerleft!) Der Unterschied zwischen substr auf der einen

und <u>left</u>, <u>right</u> und <u>center</u> auf der anderen Seite ist die Regel, was passiert, wenn K
größer als die Länge der Zeichenfolge ist. Bei <u>substr</u> ist dies ein Fehler, <u>left</u>, <u>right</u> und
<u>center</u> ergänzen mit Leerzeichen auf die gewünschte Länge.

Die Aufgabe, <u>center</u> mit Hilfe von <u>substr</u> zu definieren, verschieben wir auf Abschnitt
2.6.1. Folgende Aufgabe können Sie aber jetzt schon lösen:

*A18: Gegeben seien Verben im Infinitiv, die wie bellen oder hören schwach konjugiert
werden. Man schreibe ein Programm, das diese Verben einliest und die Konjugation im
Perfekt ausdruckt. Zum Beispiel:*

```
ich habe gehört
du hast gehört
er, sie, es hat gehört
wir haben gehört
ihr habt gehört
sie haben gehört
```

2.5.2 Wo und wie häufig – INDEX und TALLY

Alle weiteren spracheigenen Funktionen zur Zeichenverarbeitung dienen nur der Vereinfachung der Programmierung, an sich käme man mit <u>substr</u> und <u>length</u> aus. Beim
Suchen von Unterfolgen in Zeichenfolgen hilft einem sehr die <u>index</u>-Funktion, wie das folgende Beispiel zeigt:

```
B24: /* Ausdrucken der Wörter mit 'nie' (INDEX) */
procedure options (main);

dcl index builtin;
dcl Wort  char (80) var;

on endfile (Sysin);
get list (Wort);
do while (^endfile(Sysin));
    if index(Wort, 'nie') ^= 0 then put list (Wort);
    get list (Wort);
end;

end B24;
```

Unser Beispiel soll von allen (z. B. aus einer Datei) eingelesenen Wörtern diejenigen ausdrucken, die irgendwo die Zeichenfolge 'nie' enthalten. Da 'nie' klein geschrieben
ist, würde 'Niederung' nicht ausgedruckt, 'Knie' aber doch. Wer versucht, dieses Problem nur mit <u>substr</u> und <u>length</u> zu lösen, merkt, dass einem durch <u>index</u> doch jede
Menge Kleinarbeit abgenommen wird. Die spracheigene Funktion <u>index</u> gibt die Position
im ersten Argument zurück, an der – von links gesehen – zuerst das zweite Argument
gefunden wird. Kommt es überhaupt nicht vor, so ist das Resultat 0. Will man an einer
bestimmten Position anfangen zu suchen, so kann man diese als drittes Argument angeben.

Man kann nicht nur erfahren, wo eine Zeichenfolge vorkommt, sondern auch wie häufig.
Die spracheigene Funktion <u>tally</u> (engl. *to tally*: stückweise nachzählen) teilt dies mit:

```
S = 'Ob ein oder zwei Eier zum Frühstück, ist einerlei!';
put list (tally(S, 'ei'));
```

würde die Zahl 4 ausgeben. (Ei groß geschrieben gilt nicht.) Aufpassen muss man, wenn die Suchfolge aus gleichen Teilen besteht, bei

```
put (tally('xxx', 'xx'));
```

würde 2 ausgeben. Es wird also bei jeder Position der Zeichenfolge geschaut, ob dort die Suchfolge beginnt – nicht etwa erst hinter einer gefundenen!

Wenn Sie an zweidimensionale Matrizen denken, werden Sie die folgende Aufgabe leicht lösen können:

A19: Schreiben Sie ein Programm, welches einen fortlaufend eingegebenen Text einliest und für jeden vorkommenden Buchstaben zählt, wie oft ein anderer auf ihn folgt. Das Ergebnis soll für alle Pärchen in einer Tabelle ausgegeben werden, etwa so:

```
aa: 2-mal
ab: 3-mal
...
zi: 1-mal
```

2.5.3 Hokus Pokus – TRANSLATE

Wenn man Textverarbeitung betreiben will, bei der es nicht auf Groß- oder Kleinschreibung ankommt, wenn etwa in Beispiel B24 sowohl `'Niederung'` als auch `'GENIE'` erkannt werden sollen, so kann man mit Hilfe der spracheigenen Funktion `translate` sehr einfach alle Zeichen in Großbuchstaben umwandeln und dann erst bearbeiten:

```
Wort = translate(Wort,'ABCDEFGHIJKLMNOPQRSTUVWXYZÄÖÜ',
                      'abcdefghijklmnopqrstuvwxyzäöü');
```

Allgemein gibt `translate` eine Übersetzung des ersten Arguments zurück, wobei es jedes Zeichen, das im dritten Argument vorkommt, durch das im zweiten Argument an der gleichen Position stehende Zeichen ersetzt. In unserem Beispiel wird das p durch ein P ersetzt, weil es im zweiten und dritten Argument von `translate` an Position 16 steht. Welche Position es genau ist, ist ohne Belang, entscheidend ist nur, dass man das zweite und dritte Argument gleich sortiert! Auswendiglernen sollte man, dass im dritten Argument gesucht wird und im zweiten das Ersatzzeichen steht (also die Reihenfolge wie in einer Zuweisung). Alle Zeichen, die nicht im dritten Argument vorkommen, bleiben unverändert.

Folgendes bitte ich zu beachten:

> **Wer sich nur etwas um seinen Verbrauch an Rechenzeit sorgt, sollte auf keinen Fall *Variablen* für das zweite und dritte Argument von `translate` verwenden!**

Der Compiler generiert nämlich entweder eine einzige Maschinen-Instruktion (bei Konstanten) oder jede Menge (bei Variablen). Man hüte sich davor, aus Schönheitsgründen Variablen namens `ABC_groß` und `ABC_klein` einzuführen, um diese dann bei allen `translate`-Aufrufen hinschreiben zu können. Der Compiler kann nur annehmen, dass der Wert dieser Variablen sich im Laufe der Programmausführung ändert, und lässt dann bei jeder Benutzung erneut dieselbe (interne) Tabelle aufbauen. Bei Konstanten hingegen kann schon der Compiler die zur Abarbeitung dieser Funktion notwendige Tabelle erstellen.

Empfehlenswert sind hier natürlich die schon im vorigen Kapitel eingeführten benannten Konstanten:

```
dcl Alfabet_groß char (*) value ('ABCDEFGHIJKLMNOPQRSTUVWXYZÄÖÜ');
```

Um zu demonstrieren, dass die <u>translate</u>-Funktion auch für ganz andere Probleme verwendet werden kann, soll Beispiel B25 aufgeführt werden. Wir suchen alle vierbuchstabigen Wörter, die Vokale und Konsonanten an der gleichen Stelle haben wie das Wort 'BOOT':

```
B25:  /* Ausgabe aller 4-buchstabigen Wörter mit  */
      /* 1. und 4. Buchstaben Konsonant, 2. und 3. */
      /* Vokal (TRANSLATE)                         */
procedure options (main);

dcl Wort char (80) var;
on endfile (Sysin);
put list ('Bitte geben Sie eine CHAR-Konstante ein:');
get list (Wort);
do while (^endfile(Sysin));
   if length(Wort) = 4 then
      if translate(Wort, '-|||-|||-|||||-|||||-|||||',
                     'ABCDEFGHIJKLMNOPQRSTUVWXYZ')
         = '|--|' then
            put list (Wort || ' sieht aus wie BOOT!');
      put list
         ('Bitte geben Sie noch eine CHAR-Konstante ein:');
      get list (Wort);
   end;

end B25;
```

Wir übersetzen also einfach alle Vokale in Minuszeichen und alle Konsonanten in senkrechte Striche. (Wollten wir auch Kleinbuchstaben berücksichtigen, so hätten wir nur die beiden Zeichenfolgen entsprechend zu verlängern!) Dies brauchen wir natürlich nur bei vierbuchstabigen Wörtern zu tun, alle anderen fallen ja eh weg. Danach ist es ein Einfaches zu vergleichen, ob auf einen Konsonanten zwei Vokale und dann wieder ein Konsonant folgen. Ein solches Wort muss nach der Übersetzung das Aussehen ' |--| ' haben!

Eine leichte Aufgabe sollte jetzt sein:

A20: Ein beliebig langer Eingabetext soll in der Weise verschlüsselt werden, dass für jeden Buchstaben der im Alphabet hinter ihm stehende und für das Z das A eingesetzt werden soll. Alle anderen Zeichen sollen unverändert bleiben.

Eine Denksportaufgabe ist die folgende:

A21: Schreiben Sie ein Programm, das bei Wörtern mit bis zu 20 Buchstaben die Zeichenfolge umkehrt (ähnlich Beispiel B23). Verwenden Sie dazu die spracheigene Funktion <u>translate</u>!

Verzweifeln Sie nicht, wenn Ihnen dazu nichts einfällt, aber es geht tatsächlich!

Die oben erwähnte Tabelle können Sie auch selbst bauen. Wenn Sie sich z. B. erst während der Fahrt entscheiden wollen, ob Sie bei den nächsten hunderttausend Aufrufen den Punkt in ein Ausrufe- oder ein Fragezeichen umwandeln wollen, so empfehle ich folgende Methode:

```
dcl Tab char (256);
Tab = collate();
substr(Tab, rank('.')+1, 1) = '?';
S = translate(S, Tab);
```

Wenn nämlich die Tabelle 256 Zeichen lang ist (so viele mögliche Bytes gibt es), und das dritte Argument bei `translate` fehlt, so geht PL/I davon aus, dass das zweite Argument eine vollständige Übersetzungstabelle ist: Jedes Zeichen wird durch das Zeichen ersetzt, das an der Position steht, die der internen Codierung des zu ersetzenden Zeichens entspricht. Interessant in diesem Zusammenhang sind die beiden spracheigenen Funktionen `collate` und `rank`. `collate` liefert eine Zeichenfolge, in der alle möglichen Bytes aufsteigend sortiert enthalten sind, `rank` die interne Codierung eines Zeichens. Dies kann man auch, wenn man 1 hinzuzählt, als Position in der `collate`-Folge verwenden. Wenn Sie sich dann irgendwann entscheiden, doch das Ausrufezeichen zu nehmen, so kostet diese Änderung nur eine Zuweisung! Interessant ist in diesem Zusammenhang, dass man so unabhängig vom zu Grunde liegenden Zeichensatz ist: Das Programm ist korrekt für ASCII und EBCDIC!

Das Gegenteil von `rank` ist übrigens `charval`. Es gilt also z. B. `rank(charval(255))` = 255. `charval` liefert den `char`-Wert, wenn man die interne Codierung als Zahl kennt.

2.5.4 Vorwärts und rückwärts – VERIFY(R) und SEARCH(R)

Zunächst zur Definition der `verify`-Funktion. Sie hat als Argumente zwei Zeichenfolgen. Mit Hilfe der Anweisung

```
put list (verify('STROMRECHNUNGSDRUCKPROGRAMM',
                 'ABCDEFGHIJLKMNOPQRSTUVWXYZ'));
```

kann man verifizieren, dass das erste Argument nur aus Buchstaben besteht, also nur aus Zeichen, die auch im zweiten Argument vorkommen. In diesem Fall würde die Zahl 0 ausgegeben. `verify` leistet aber noch mehr: Kommt irgendein Zeichen aus der ersten Folge nicht in der zweiten vor, so gibt es die Position dieses Zeichens (in der ersten Folge) zurück. Die Anweisung

```
put list (verify('UNSERE STADTWERKE',
                 'ABCDEFGHIJLKMNOPQRSTUVWXYZ'));
```

würde die Zahl 7 ausgeben, da das Leerzeichen nicht im zweiten Argument vorkommt. Ein Vergleich mit `index`: `verify` sucht ein einzelnes Zeichen, das nicht in der Musterfolge vorkommt, während `index` eine ganze Zeichenfolge sucht. Beide spracheigenen Funktionen geben 0 zurück, wenn sie nichts gefunden haben.

Für unser nächstes Beispiel möchte ich eine weitere Ein- und Ausgabemöglichkeit vorstellen, die genau das abdeckt, was man für den Dialog zwischen Programm und Benutzer braucht, nämlich die `display`-Anweisung. An sich ist sie für den Dialog zwischen Programm und Maschinenbediener gedacht. Da beim PC der Operateur gleichzeitig der Benutzer ist, hat man so eine komfortable Art, Dialog zu betreiben. Die `display`-Anweisung sollte man im Betriebssystem z/OS nur dann benutzen, wenn man den Operateur kennt, da implizit die Compileroption `display(wto)` gilt (*write to operator*). Gibt man `display(std)` an, so werden `stdout` und `stdin` benutzt.

Soll dem Benutzer Ihres Programms etwas mitgeteilt werden, so sieht die Anweisung so aus:

```
display ('Sie unterhalten sich mit dem '
      || 'besten Programm der Welt!');
```

Soll auch hinterher eine Antwort des Benutzers (bzw. Operateurs) zur Kenntnis genommen werden, erweitert sich die Anweisung wie folgt:

```
display ('Glauben Sie das? (ja/nein/weiß nicht)') reply (Text);
```

Die display-Anweisung mit reply gibt die hinter dem Schlüsselwort display stehende Zeichenfolge aus und wartet dann, bis man die Antwort eingegeben hat. Die char-Variable hinter dem Schlüsselwort reply nimmt die Antwort des Operateurs bzw. Workstation-Benutzers auf. (Auf manchen Systemen kommen allerdings nur Großbuchstaben an.)

Nun endlich zum angekündigten Beispiel. Die Aufgabe von Beispiel B26 ist es, eingegebene Zahlen, die in der Variablen Antwort noch in char-Form vorliegen, daraufhin zu kontrollieren, ob sie nur aus Ziffern bestehen, und sie dann aufzusummieren:

```
B26: /* Eingabe-Kontrolle (VERIFY, SEARCH) */
procedure options (main);

dcl Antwort    char (72) var;
dcl Blankpos   fixed;
dcl Relativpos fixed;
dcl S          char (72) var;
dcl Summe      fixed;
dcl Zahlpos    fixed;

display ('Bitte Zahlen eingeben!') reply (Antwort);
Summe = 0;
Blankpos = 1;
do loop;
   Zahlpos = verify(Antwort, ' ', Blankpos);
   if Zahlpos = 0 then leave;
   Blankpos = search(Antwort, ' ', Zahlpos);
   if Blankpos = 0 then /* Simulation */
      Blankpos = length(Antwort)+1;
   S = substr(Antwort, Zahlpos, Blankpos-Zahlpos);
   Relativpos = verify(S, '1234567890');
   if Relativpos = 0
      then Summe += S;
      else display ('Ungültiges Zeichen "'
                  || substr(Antwort, Zahlpos+Relativpos-1, 1)
                  || '"!');
   end;
display ('Die Summe ist:' || Summe) reply (Antwort);

end B26;
```

Als Erstes fällt auf, dass die Funktion verify ein drittes Argument mitgegeben bekommt. Es gibt die Position innerhalb des ersten Arguments an, an der mit der Untersuchung begonnen werden soll. Das Nächste ist die Funktion search, sie ist das Gegenteil von verify und sucht im ersten Argument das erste Zeichen, das auch im zweiten Argument vorkommt. Das dritte Argument hat dieselbe Bedeutung wie bei verify.

Das Programm hangelt sich mit Hilfe von verify und search durch die mit display geholte Zeichenfolge Antwort. Mit verify wird dann festgestellt, ob das, was irgendwo in der Zeichenfolge gefunden wurde, nur aus Ziffern besteht. Das Programm reagiert auf eine falsche Eingabe mit einer informativen Fehlermeldung. Alle korrekten Zahlen werden nun summiert und dann ausgegeben.

Einer der häufigsten Fehler in Programmen zur Textverarbeitung ist, dass man sich bei Position und Länge von Zeichenfolgen vertut, oftmals nur um +1 oder –1! Auch in diesem Beispiel hätte man dazu häufig Gelegenheit.

Wie schon im Abschnitt über Datenattribute erwähnt, ist PL/I bereit, jeden Datentyp in jeden anderen umzuwandeln, wenn dies möglich ist. An zwei Stellen des Beispiels wurde dies ausgenutzt. Zur `fixed`-Variable Summe wurde die `char`-Variable S addiert, und bei der Ausgabe wurde die Zeichenkonstante mit der `fixed`-Variable Summe verkettet. Hier kann ja nichts passieren, wir hatten es extra überprüft. Negative Zahlen dürfen wir allerdings nicht eingeben.

Wie bei `translate` gilt:

> **Auch `verify` und `search` sind Funktionen, für die der Compiler, falls man eine Konstante als zweites Argument angibt, möglicherweise eine einzige Maschinen-Instruktion generieren kann.**

Eine Anwendung der `verify`-Funktion ist die folgende Aufgabe:

A22: Lesen Sie einen Text auf eine `char`-Variable geeigneter Länge. Danach geben Sie diesen Text so aus, dass alle Wörter untereinander stehen.

In diesem Zusammenhang sind noch drei spracheigene Funktionen zu erwähnen. Zum einen gibt es noch Versionen von `verify` und `search`, die in der Basiszeichenfolge von rechts suchen: `verifyr` und `searchr`. Zum anderen die Funktion `trim`. Will man bei einer Zeichenfolge alle Leerzeichen links und alle Punkte rechts abschneiden, so könnte man sagen:

```
Anfang = verify(Lang, ' ');
Ende = verifyr(Lang, '.');
Kurz = substr(Lang, Anfang, Ende-Anfang+1);
```

(wobei der Fall „nur Leerzeichen" nicht berücksichtigt wurde). Sehr viel einfacher wäre allerdings:

```
Kurz = trim(Lang, ' ', '.');
```

Lässt man das dritte oder die beiden letzten Argumente weg, so nimmt PL/I jeweils stattdessen ein Leerzeichen an, gibt also eine Zeichenfolge zurück, wo vordere bzw. hintere Leerzeichen entfernt wurden. Will man an einer Seite nichts entfernen, so muss man die leere Zeichenfolge angeben.

Hier nun das versprochene Beispiel für das `v`-Format:

```
dcl (Zeile, Zeichenfolge) char (1000) var;
get edit (Zeile) (v);
if left(Zeile, 1) = "'"
    then
        get list (Zeichenfolge);
    else do;
        get edit (Zeichenfolge) (l);
        Zeichenfolge = trim(Zeichenfolge);
    end;
```

Wir schauen nach, ob das erste Zeichen ein Apostroph ist und lesen dann weiter mit `get list`, anderenfalls mit `get edit`. Auf diese Weise kann man einem Nutzer die Möglichkeit geben, die Konstante (ggf. auf mehreren Zeilen) innerhalb von Apostrophen einzugeben oder irgendwo innerhalb einer Zeile ohne Apostrophe. Dieser Effekt wäre ohne das v-Format schwer zu erzielen.

2.5.5 Was ihr wollt – weitere Funktionen

Die restlichen spracheigenen Funktionen haben im Allgemeinen nicht die Bedeutung der bisher besprochenen. Eine Möglichkeit, die in der Sortierreihenfolge kleinsten und größten Zeichen bzw. Zeichenfolgen hinschreiben zu können, bieten die beiden spracheigenen Funktionen low und high. So entspricht low(1) einem Zeichen, in dem alle Bits auf Null gesetzt sind, high(10) wären zehn Zeichen, bei denen alle Bits auf 1 gesetzt sind. (Wir erinnern uns – jedes Zeichen ist in 8 Bits codiert.) low(1) ist per definitionen kleiner als ein Leerzeichen, high(1) größer als '9', egal, ob man ASCII oder EBCDIC benutzt.

Wer Zeichenfolgen erzeugen will, die aus der Wiederholung von kürzeren Folgen zusammengesetzt sind, kann die copy-Funktion zu Hilfe nehmen:

```
dcl S char (10) var init ('ABC');
put list (copy(S, 2));
```

gibt die Zeichenfolge 'ABCABC' aus.[31]

Die spracheigene Funktion string gibt es genau wie substr auch in einer Version als Pseudovariable. Sie fasst alle Elemente eines Aggregats mit || zu einer langen Zeichenfolge zusammen (ähnlich wie sum mit + bei einer Matrix). Das Beispiel

```
dcl A (5) char;
A = 'X';
put list (string(A));
```

würde, da durch die Zuweisung jedes Element von A den Wert 'X' erhalten hat, die Verkettung aller Elemente ausgeben, also 'XXXXX'. Umgekehrt kann man die string-Pseudovariable dazu benutzen, eine längere Zeichenfolge auf mehrere Elemente eines Aggregats zu verteilen, z. B. auf die Elemente einer Struktur:

```
dcl 1 S,
      2 X char (2),
      2 Y char (1);
string(S) = 'ABC';
```

In diesem Fall erhielte X den Wert 'AB' und Y den Wert 'C'.

Speziell wenn man die in deutschen Telefonbüchern gepflegte alphabetische Sortierung vornehmen möchte, hilft die neue Funktion replaceby2:

```
Name1_ = replaceby2(translate(Name1,
                      'ABCDEFGHIJKLMNOPQRSTUVWXYZÄÖÜ',
                      'abcdefghijklmnopqrstuvwxyzäöü')
               'AEOEUESS', 'ÄÖÜß')
Name2_ = replaceby2(translate(Name2,
                      'ABCDEFGHIJKLMNOPQRSTUVWXYZÄÖÜ',
                      'abcdefghijklmnopqrstuvwxyzäöü');
               'AEOEUESS', 'ÄÖÜß'));
if Name1_ > Name2_ then ...
```

---

31 Früher benutzte man zu diesem Zweck die Funktion repeat, mit der verunglückten Definition, dass man als Anzahl einen Wert angeben musste, der um 1 kleiner ist als bei copy.

Es empfiehlt sich, vor dem Vergleich die Namen in Großbuchstaben zu verwandeln. Dann müssen wir sicherstellen, dass die Umlaute in ihre Varianten mit e und das ß als ss gespeichert werden. Bei Namen weiß man ja nie, wie sie geschrieben werden. Das zweite Argument von replaceby2 muss also doppelt so lang sein wie das dritte. Auch Beispiel B17 (gesperrt drucken) ließe sich mit dieser spracheigenen Funktion stark vereinfachen.

Zum Abschluss soll noch die spracheigene Funktion char erwähnt werden. Sie dient der Umwandlung eines Wertes in eine Zeichenfolge. Ein eventuell vorhandenes zweites Argument legt die Länge der Resultatsfolge fest.

2.5.6 Sich selbst ein Bild machen – PICTURE-Zeichenfolgen

Es gibt in PL/I eine weitere Möglichkeit, Zeichenfolgen fester Länge zu deklarieren: mit dem picture-Attribut. Die Variablen A, B und C in der folgenden declare-Anweisung haben identisch dieselben Attribute:

```
dcl A char (20);
dcl B picture 'XXXXXXXXXXXXXXXXXXXX';
dcl C pic    '(20)X';
```

wobei C nur demonstrieren soll, wie man abkürzen kann. Nun wäre nicht viel gewonnen, wenn man nur eine neue, noch dazu längere, Schreibweise kennenlernte. An Musterzeichen hinter dem Wort picture sind außer X noch A und 9 erlaubt. Man kann auf diese Weise einer Zeichenfolge eine Struktur aufprägen, indem man nämlich beschreibt, welche Art Zeichen an jeder Position vorkommen dürfen. X heißt: ein beliebiges Zeichen, A heißt: ein alphabetisches Zeichen, womit Großbuchstaben (keine Umlaute), das Leerzeichen und die Zeichen #, @ und $ gemeint sind, und 9 heißt: eine Ziffer oder ein Leerzeichen. Entscheidend für picture-Zeichenfolgen ist das Vorkommen von X oder A. Eine picture-Angabe, die z. B. nur aus Neunen besteht, beschreibt per definitionem keine picture-Zeichenfolge, sondern eine picture-Zahl, die wir erst in Abschnitt 2.6.4 kennenlernen werden.

Im folgenden Beispiel garantiert PL/I schon beim Einlesen, dass alle Zeichenfolgen die gewünschte Struktur haben, nämlich zunächst zwei Ziffern (bzw. Leerzeichen), dann irgendein Zeichen und dann wieder zwei Ziffern (bzw. Leerzeichen):

```
dcl C pic '99X99';
get edit (C) (a(5));
```

Auf diese Weise könnte man z. B. Uhrzeiten einlesen, die die Form haben 17:53. Immer, wenn eine Zeichenfolge auf eine picture-Variable zugewiesen wird, überprüft PL/I, ob sie dem Bild entspricht, das durch das picture-Attribut vorgegeben ist. Falls nicht, tritt der Fehler conversion auf. Falls man keine Maßnahme für das Auftreten dieser Ausnahmebedingung vorsieht (siehe Abschnitt 3.3), wird das Programm zwangsweise beendet.

Mehr möchte ich zu picture-Zeichenfolgen nicht sagen. Sie sind aus der Programmiersprache COBOL in PL/I übernommen worden. Wie wir in Beispiel B25 gesehen haben, kann die Überprüfung einer Zeichenfolge bequem mit Hilfe der translate-Funktion vorgenommen werden, und zwar dann, wenn man es will, und nicht bei jeder Zuweisung!

2.5.7 Ohne Umweg – STRING statt FILE

Durch die zeichenweise Ein- und Ausgabe geschieht, wenn man es genau betrachtet, auch eine Art Textverarbeitung, nur dass die Daten zeichenweise in einer Datei verschwinden und man sie erst wieder einlesen muss, um sie weiterverarbeiten zu können. All diese Möglichkeiten, sei es, in einer Zeichenfolge eine Zahl zu suchen, oder mit Hilfe von Formaten Zahlen in Zeichen zu verwandeln und umgekehrt, stellt PL/I auch direkt zur Verfügung. Direkt heißt ohne Umweg über eine Datei, stattdessen über eine Zeichenfolge. Anstelle des Schlüsselwortes `file` gibt man das Schlüsselwort `string` an.

Zum Beispiel könnte man aus einer `char`-Variablen, die nach der Ausführung von `display` mit `reply` zwei Zahlen enthalten soll, mit Leichtigkeit diese entnehmen und auf zwei `fixed`-Variablen zuweisen:

```
display ('Bitte zwei Zahlen eingeben!') reply (Antwort);
get string (Antwort) list (Zahl1, Zahl2);
```

In gleicher Weise könnte man zwei Zahlen in bestimmter Weise in eine Zeichenfolge einfügen und diese dann mit `display` ausgeben:

```
put string (Antwort) edit (Zahl1, Zahl2) (f(3));
display (Antwort);
```

Die Variable `Antwort` sei eine `varying`-Zeichenfolge. Nach der Ausführung der `put-string`-Anweisung hat sie die aktuelle Länge 6, da auf Grund des Formates `f(3)` die Werte von `Zahl1` und `Zahl2` hintereinander auf `Antwort` gespeichert wurden. Man könnte genauso gut das Format `(f(3),f(3))` oder `((2)f(3))` oder `(2~f(3))` benutzen, `(f(3))` reicht aber völlig, da die Formatliste wiederholt wird, wenn noch mehr Variablen da sind, die Formatliste aber abgearbeitet ist.

Alle Möglichkeiten der zeichenweisen Ein- und Ausgabe gelten auch bei Verwendung des `string`-Schlüsselworts, außer den Angaben, die sich auf Seiten, Zeilen oder Spalten beziehen. Zum Beispiel ist das `column`-Format verboten, das `x`-Format aber erlaubt. Dies kann man verstehen, wenn man sich vor Augen hält, dass die Angabe hinter `column` durchaus kleiner als die momentane Position sein kann (dann wird ja zur nächsten Zeile gewechselt), die Angabe hinter `x` aber nicht negativ sein darf. Das `x`-Format bringt also bei der `string`-Option keine Probleme, das `column`-Format erforderte aber Sonderregeln. Die hat man sich erspart, indem man `column` einfach genauso wie `line` und `page` verboten hat. Mit dem `x`-Format kann man ja diesbezüglich erreichen, was man will. Dass man womöglich in der Zeichenfolge rückwärts schreiten kann, kann man von „stream-I/O" nicht erwarten! Und `get` und `put` mit der `string`-Option sind nichts anderes als „stream-I/O" – ohne den Umweg über eine Datei.

2.6 Arithmetik

Obwohl in diesem Abschnitt die PL/I-Arithmetik im Vordergrund steht, also das Rechnen mit Zahlen, möchte ich doch zunächst einen umfassenden Überblick über die PL/I-Datenattribute geben, von denen ich bisher jede Menge verschwiegen habe. Erwähnt hatte ich schon die Unterscheidung zwischen

Berechnungsdaten

und

Programmsteuerungsdaten,

die ihren Namen von daher haben, dass es einerseits Daten gibt, mit denen man Berechnungen anstellen kann, und andererseits Daten, die dazu dienen, den Ablauf des Programms zu steuern. Beispiele für Programmsteuerungsdaten kennen wir schon: `file`, `format` und `label`. Später werden noch andere hinzukommen.

Wir interessieren uns zunächst für die Berechnungsdaten. Man unterteilt diese wiederum in zwei Arten:

Folgen (engl. *string data*)

und

Zahlen (engl. *arithmetic data*).

Folgendaten sollen erst im nächsten Abschnitt genau definiert werden. Wenden wir uns hier den Zahlen zu.

2.6.1 Auf welcher Basis – das FIXED-Attribut

Bei der Besprechung der Strukturen habe ich schon angedeutet, dass es in PL/I Dezimal- und Binärzahlen gibt, ausgedrückt durch die Attribute `decimal` und `binary`. Viele Leser werden wahrscheinlich schon gehört haben, dass Computer intern nur mit den sogenannten Binär- oder Dualzahlen rechnen. Dies ist nicht ganz richtig. Wenn man in PL/I `fixed decimal` angibt, so rechnet der Computer tatsächlich intern mit Dezimalzahlen (welche allerdings binär codiert sind). Richtig ist allerdings, dass dezimales Rechnen sehr viel länger dauert als binäres, da die beiden möglichen Binärziffern 0 und 1 unmittelbar den beiden Zuständen „Strom führend" bzw. „nicht Strom führend" zuzuordnen sind, währenddessen die zehn Dezimalziffern etwas mühsamer der Elektronik beizubringen sind. Wer noch nie etwas von Binärzahlen gehört hat, der kann sich vielleicht an Hand der folgenden Tabelle klarmachen, dass die äußerst rechte Stelle die Einerstelle ist, die zweite von rechts die Zweier, dann die Vierer-, Achter-, Sechzehnerstelle usw.:

dezimal	1	2	3	4	5	6	7	8	9	10
binär	1	10	11	100	101	110	111	1000	1001	1010

Abbildung 26. Binär- und Dezimalzahlen

Bei IBM-Großrechnern werden arithmetische Operationen mit Dezimalzahlen tatsächlich mit dezimalen Hardware-Instruktionen ausgeführt. Auf PCs und Workstations wird hingegen dezimales Rechnen simuliert. In jedem Fall kommt eine Codierung zur Anwendung, wo zwei Dezimalziffern in ein Byte gepackt werden und das letzte Halbbyte das Vorzeichen enthält. Eine Zahl mit dem Attribut `fixed dec (4)` und dem Wert 4712 wird z. B. folgendermaßen codiert:

0	4	7	1	2	+

Abbildung 27. Sechs Halbbytes.

Jedes Feld möge ein Halbbyte darstellen, zusammen braucht man also 3 Byte für 4 Dezial-stellen und Vorzeichen. Das erste Halbbyte kann man nicht loswerden, Zahlen werden nur in Vielfachen von ganzen Byte gespeichert. Wenn man es nicht durch die Angabe des `size`-Präfixes verhindert (s. Abschnitt 3.3.2), wird die zusätzliche Ziffer sogar mitbenutzt, ohne dass man es bemerkt. Die Ziffern werden natürlich wie in Abb. 26 gezeigt dargestellt, das Vorzeichen Plus hat die interne Codierung `'1100'b` und das Vorzeichen Minus die Codierung `'1101'b`.

Wieso sollte man überhaupt mit Dezimalzahlen rechnen, wenn das doch nur länger dauert? Nun – dies wird deutlich, wenn wir uns erinnern, dass es ja auch Dezimalzahlen mit Nach-kommastellen gibt. In jedem Fall wird die Ziffernfolge wie oben gespeichert, PL/I denkt sich das Komma entsprechend der Deklaration. Würde man z. B. 1.2 mit 1.2 multiplizieren, so kommt beim Datentyp `fixed` `dec` (3,2) tatsächlich 1.44 heraus. Das gleiche etwa mit binären Gleitkommazahlen wäre nicht mehr exakt: 1.2 entspräche binär genähert

    1.2000000476837158203125

und das Ergebnis der Quadratur wäre dann

    1.4400000572204458984375.

Man kann sich also jetzt entscheiden, hat man ein Problem, bei dem es auf genaues Rechnen mit dezimalen Nachkommastellen ankommt, oder hat man ein Problem, bei dem es auf kür-zeste Rechenzeit ankommt? Auf jeden Fall sollten wir jetzt immer entweder `fixed` `bin` oder `fixed` `dec` schreiben, damit unser Programm nicht davon abhängig ist, ob wir `rules` `(ans)` oder `rules` `(ibm)` spezifiziert haben.

Mit der Verwendung von `fixed` `binary` handeln wir uns allerdings ein, dass Konvertie-rungen zu unserem Alltag gehören, mit all den Problemen, die in diesem Zusammenhang auftauchen können! Warum? In PL/I gibt es zu allen Berechnungsdatentypen die entspre-chenden Konstanten (abgesehen von `varying`-Folgen). Also auch zu `fixed` `bin`! Die Zahl 1 als `fixed`-`bin`-Konstante heißt 1b, die Zahl 13 heißt 1101b. Nun habe ich noch keinen Menschen gesehen, der tatsächlich Ungetüme wie 1001011101111b in seinem Pro-gramm verwendet hat. Alle Welt benutzt zwar – des schnelleren Rechnens wegen – `fixed`-`bin`-Variablen, aber jeder verwendet trotzdem dezimale Konstanten! Man muss sich aber im Klaren sein, dass dies eine Konvertierung voraussetzt, die PL/I natürlich leistet.

Auch die Stellenzahl sollten wir von jetzt ab immer angeben, sonst wird wieder standardab-hängig Unterschiedliches angenommen. Beim ANSI-Standard heißt `fixed` `dec` immer `fixed` `dec` (10,0) und `fixed` `bin` immer `fixed` `bin` (31), also 10 Dezimalstellen ohne Nachkommastellen bzw. 31 Binärstellen. Beim IBM-Standard hingegen gilt bei Weglassen des Genauigkeitsattributs `fixed` `dec` (5,0) bzw. `fixed` `bin` (15).

Wie kommt man ausgerechnet auf 15 oder 31 Stellen? Rechnet man noch ein Bit zur Spei-cherung des Vorzeichens hinzu, so wird also eine `fixed`-`bin`-(15)-Zahl in 16 Bits gespei-chert, was man auch als 2 Bytes bezeichnen könnte. (Heutige Computer fassen – wie schon erwähnt – immer 8 Bits zu einem Byte zusammen. Um dies noch weiterzuführen, 1024 Byte sind 1 KByte, manchmal auch – nicht ganz zutreffend – als ein Kilobyte bezeichnet.) Will man mit einer Binärzahl rechnen, die in 4 Byte gespeichert wird, so muss man deklarieren: `fixed` `bin` (31), denn viermal 8 sind 32, minus ein Bit fürs Vorzeichen, bleiben 31 Binär-stellen. Mit `fixed`-`bin`-(15)-Zahlen kann man also von −32768 bis +32767 rechnen, bei `fixed` `bin` (31) erweitert sich dies zum Bereich von plus/minus 2 Milliarden (genau

-2147483648 bis +2147483647, d. h. -2^{31} bzw. 2^{31}-1). Für kleine Zahlen kann man auch fixed bin (7) benutzen: Das eine Byte reicht von -128 bis +127. Zwischenergebnisse können allerdings außerhalb des jeweiligen Bereichs liegen.

Auf moderner Hardware kann man auch mit ganzen Binärzahlen rechnen, die in 8 Byte gespeichert sind, das Attribut heißt dann also fixed bin (63). Beim IBM-Compiler muss man solche Fähigkeiten explizit einschalten, mit der Option limits (fixedbin (63)). Vollständig wird sie in Abschnitt 2.6.3.4 beschrieben.

Man kann nun zwar auch andere Genauigkeitsattribute angeben, z. B. fixed bin (3) oder fixed bin (20), der IBM-Compiler verwendet speichertechnisch aber immer entweder fixed bin (7), fixed bin (15), fixed bin (31) oder fixed bin (63), weil die Hardware nur in diesen Größen rechnen kann. PL/I gaukelt hier Fähigkeiten vor, die heutige Rechner gar nicht besitzen. Immerhin warnt einen der Compiler, wenn man keine der „magischen" Zahlen angibt, wahrscheinlich hat man sich ja vertippt.

Auch für binäre ganze Zahlen möchte ich entsprechende Bildchen vorstellen (V sei das Vorzeichenbit):

V	Binärstellen
1	15

V	Binärstellen
1	31

V	Binärstellen
1	63

Abbildung 28. Binäre ganze Zahlen

Ein Attribut sollte ich an dieser Stelle noch erwähnen, das nur bei binary-Zahlen hinzugefügt werden kann: unsigned. Es zeigt an, dass alle Bits zur Zahl gehören. Kein Bit ist für das Vorzeichen reserviert. Die magischen Zahlen sind dann natürlich um 1 größer: 8, 16, 32 und 64, also z. B. fixed bin (16) unsigned. Der Zahlenbereich umfasst dann keine negativen, dafür aber doppelt so viele positive Zahlen. Wer will, kann natürlich auch bei üblichen Zahlen signed angeben.

> **Das Rechnen mit unsigned-Zahlen funktioniert nur im ANSI-Standard so, wie man sich das vorstellt: unsigned verknüpft mit unsigned ergibt unsigned. Im IBM-Standard ist das Ergebnis einer Verknüpfung immer signed!**

Für unsigned-Zahlen empfiehlt sich die Schleife mit upthru bzw. downthru:

```
dcl U fixed bin (32) unsigned;
do U = 10 downthru 0; ... end;
```

Hätten wir die Version mit to 0 by -1 gewählt, so wären wir ohne weitere Vorkehrungen in eine Endlosschleife geraten: U wäre auch bei 0 noch einmal erniedrigt worden, das Ergebnis -1 wäre als positive Zahl interpretiert worden, was bedeutet: als größtmögliche positive Zahl; dieser Wert wäre größer als 0 gewesen, also ginge die Schleife weiter! Ist die size-

Bedingung zugelassen, so wird dieser Fehler allerdings bemerkt. downthru hingegen unterschreitet nie den Endwert, genauso wie upthru ihn nie überschreitet.

Manch einer wird jetzt schon befürchten, dass man – analog zu fixed dec(6,2) – auch fixed bin (20,5) schreiben kann, also eine Variable deklarieren, die 20 Binärstellen hat, davon 5 Binärstellen hinter dem Binärpunkt. Dies ist tatsächlich möglich, allerdings nur bei rules (ibm)! Die (Dezimal-)Zahl 2.5 kann man sogar als Binärkonstante schreiben: 10.1b! Um jetzt jeden Schrecken zu nehmen: Keiner braucht in PL/I binäre Brüche oder binäre Konstanten zu verwenden. Es geht allerdings – wenn jemand ein Problem hat, das in binären Brüchen definiert ist! Aber wer hat das schon?

Also hier noch einmal zum Merken:

Man verwendet fixed-bin-Zahlen, wenn man mit ganzen Zahlen rechnen möchte. Binäre Nachkommastellen (gibt es nur im IBM-Standard) vermeide man ebenso wie binäre Konstanten! fixed-dec-Zahlen verwendet man, wenn man exakt mit dezimalen Nachkommastellen rechnen möchte!

Ein Beispiel soll arithmetische Operationen mit fixed-bin-Zahlen vorführen. Es sollen beliebig viele Zahlen (mit bis zu 9 Ziffern) eingelesen werden. Bei jeder Zahl soll so lange die Quersumme gebildet werden, bis diese einstellig ist.

```
B27: /* Endgültige Quersumme (fixed bin) */
procedure options (main);

dcl Letzte_Ziffer      fixed bin (7),
dcl (Quersumme, Zahl) fixed bin (31);

on endfile (Sysin);
put list ('Bitte geben Sie eine Zahl ein:');
get list (Zahl);

do while (^endfile(Sysin));
    put skip list (Zahl);
    Quersumme = Zahl;          /* falls einstellige Zahl */
    do while (Zahl > 9);
       Quersumme = 0;
       do while (Zahl > 0);
          Letzte_Ziffer = mod(Zahl, 10);
          Quersumme += Letzte_Ziffer;
          Zahl /= 10;
          end;
       Zahl = Quersumme;
       end;
    put list (' hat als endgültige Quersumme ', Quersumme);
    put list ('Bitte geben Sie noch eine Zahl ein:');
    get list (Zahl);

end B27;
```

Beispielsweise hat die Zahl 791 die endgültige Quersumme 8 (zunächst errechnet man 17 und hat dann noch einmal die Quersumme zu bilden).

Wir sehen drei geschachtelte Schleifen, eine zum Einlesen, eine, die dafür sorgt, dass erneut eine Quersumme gebildet wird, wenn sie noch nicht einstellig ist, und eine Schleife, die alle Ziffern der Zahl aufsummiert. Interessant ist die Methode, die Ziffern einer Zahl zu ermitteln. Als arithmetische spracheigene Funktion bietet sich hierzu die Modulo-Funktion an. Sie gibt den Rest zurück, wenn man das erste Argument durch das zweite teilt. mod(Zahl, 10) ist also gerade die letzte Ziffer. Teilt man dann die Zahl durch 10, so kommt man mit Hilfe von mod an die nächste – dann letzte – Ziffer. Hier sehen wir gleich zwei Arten der Verbundzuweisung: Zur bisherigen Quersumme wird die letzte Ziffer addiert, und die Zahl wird durch 10 geteilt.

Es gibt noch eine weitere Funktion zur Berechnung des Divisionsrests: rem. Der Unterschied liegt darin, dass mod immer einen positiven Rest (oder 0) liefert, rem hingegen bei negativem Dividenden auch einen negativen Wert.

In diesem Programm wurden ganze Zahlen mit dem Attribut fixed bin (31) verwendet, man kann auf ihnen Zahlen bis zu zwei Milliarden speichern. Auf maximal 15 Ziffern käme man bei fixed-dec-Zahlen – aber auf Kosten einer erheblich größeren Rechenzeit (falls man sehr viele Quersummen zu bilden hätte, aber wer hat das schon!)[32]. Wenn man dem IBM-Compiler sagt, dass limits (fixeddec (31)) gelten möge, kann man sogar mit 31 Dezimalstellen rechnen.

Weiter fällt auf, dass die beiden put-Anweisungen sehr weit voneinander entfernt sind. Dies ist möglich, da ja ein Zeichenstrom erzeugt wird, und notwendig, da die Variable Zahl zwischendurch immer wieder verkleinert und dann für eine Quersumme wiederverwendet wird. Man sollte sich klarmachen, dass dieses Wiederverwenden zwar Speicherplatz spart, aber das Programm auch unübersichtlicher macht.

Haben Sie auch eine end-Anweisung vermisst? In PL/I ist es erlaubt, mehrere geschachtelte Gruppen oder Blöcke mit einer gemeinsamen end-Anweisung abzuschließen (wenn auch auf Kosten einer Compiler-Warnung). Da das doch eher gefährlich ist, sollte man es mit der Compiler-Option rules (nomulticlosure) ausdrücklich verbieten.

Folgende Aufgabe handelt auch von ganzen Zahlen:

A23: Es sollen jeweils 2 Zeitpunkte in der Form hh:mm:ss *eingelesen werden (also z. B.* 13:09:57 *für 13 Uhr 9 Minuten und 57 Sekunden). Die erste Zeitangabe beginnt in Spalte 1, die zweite (spätere) in Spalte 10. Ihr Programm soll beliebig viele solcher Zeiten lesen und die zwischen den Zeitpunkten liegende Differenz in Sekunden ausdrucken. Sie sollen dabei davon ausgehen, dass die Zeitdifferenz kleiner als 24 Stunden ist und dass Mitternacht zwischen beiden Zeiten gelegen haben kann.*

Für die folgende Aufgabe sollten Sie die spracheigenen Funktionen ceil und floor kennen. floor (engl. für Fußboden) gibt die größte ganze Zahl zurück, die kleiner oder gleich dem Argument ist, ceil (engl. *ceiling* heißt Zimmerdecke) gibt die kleinste ganze Zahl zurück, die größer oder gleich dem Argument ist. Jetzt die Aufgabe:

A24: Simulieren Sie die spracheigenen Funktionen centerleft *und* centerright *(aus Abschnitt 2.5.1) nur mit einem* substr-*Ausdruck.*

Noch ein Hinweis zur Benutzung von Dezimalzahlen: Da decimal-fixed-Zahlen immer mit zwei Ziffern in einem Byte gespeichert werden, gibt es Bitkombinationen, die ungültig sind. Will man dies vor der Benutzung testen, so hilft einem die spracheigene Funktion valid. Sie liefert '1'b, wenn ihr Argument gültig ist und '0'b anderenfalls.

---

32 Mathematiker wird es in diesem Zusammenhang interessieren, dass es für die endgültige Quersumme auch
    eine einfache Formel gibt: End_Quersumme = mod(Zahl-1, 9) + 1;

2.6.2 Verschwindend gering – das FLOAT-Attribut

Um die Verallgemeinerungen noch auf die Spitze zu treiben, gibt es in PL/I nicht etwa nur `float`, sondern auch hier `float binary` und `float decimal`. Und wieder einmal hängt es von einer Compiler-Option ab, wie ergänzt wird. Bei `default(ans)` gilt `float bin (21)`, bei `default(ibm)` hingegen `float dec (6)`.

Eine Genauigkeitsangabe ist also auch hier möglich, allerdings nur die Anzahl Stellen, die die Mantisse, also die gespeicherte Ziffernfolge, mindestens haben soll. Nachkommastellen anzugeben ist bei `float` sinnlos. `float dec (6)` heißt, dass die Mantisse aus mindestens 6 Dezimalstellen soll, `float bin (21)`, dass sie aus mindestens 21 Binärstellen bestehen soll.

Wir erinnern uns, `float`-Konstanten enthalten ein e, z. B. `0.314159e1`. Zu allem Überfluss kann man natürlich auch `float`-`bin`-Konstanten hinschreiben: `1010e5b` hieße z. B. $10 \cdot 2^5$. Wohlgemerkt, die Mantisse besteht aus Binärziffern, der Exponent ist eine Dezimalzahl, die als Exponent zur Basis 2 verstanden wird. Aber auch hier gilt die Regel von `fixed`-`bin`-Konstanten: Jeder verwendet dezimale `float`-Konstanten außer dem, dessen Problem binär definiert ist (gibt's wieder selten).

Eine andere Art, dezimale Gleitkommakonstanten darzustellen, ist die folgende: Will man nicht angeben, mit wie vielen Stellen (mindestens) die Zahl gespeichert werden soll, sondern in wie viel Byte, so nimmt man nicht ein e für die Exponentenschreibweise. sondern ein s (von engl. *short*, d. h. kurz), ein d (wie doppelt) oder ein q (wie Quadrupel, das Vierfache): `1s0` belegt 4 Byte, `1d0` belegt 8 Byte und `1q0` einen Speicherplatz von 16 Byte.

Die Welt der Gleitkommazahlen soll hier für die IBM-Großrechner beschrieben werden, da man hier keine Kompromisse eingehen muss. Alle Datentypen sind hardwaremäßig vorhanden und brauchen nicht emuliert[33] zu werden.

2.6.2.1 Gleitkomma seit alters her

Was soll man nun bei Variablen verwenden, `float bin` oder `float dec`? Die Antwort war bisher sehr einfach: Man schreibe einfach `float` und benutze dezimale Konstanten.

Warum? IBM-Großrechner kannten bis vor wenigen Jahren weder `float decimal` noch `float binary`, sondern eine Art der Zahlenspeicherung, die IBM „hexadecimal float" genannt hat. Gespeichert werden dabei nämlich immer zwei Hexadezimalziffern in jeweils einem Byte. Hexadezimal[34] heißt zur Basis 16. Wen es interessiert, in diesem Zahlensystem kennt man außer den Ziffern 0 bis 9 noch die „Ziffern" A, B, C, D, E und F. Die Zahl 29 schreibt sich in diesem System also als 1D.

Die folgende Darstellung ist aus Platzgründen nicht maßstabsgerecht. Sie sehen nacheinander die 4-Byte-, die 8-Byte- und die 16-Byte-Zahl. Das erste Bit ist das Vorzeichen der Zahl, danach kommen immer 7 Bits für den Exponenten zur Basis 16, wobei natürlich positive und negative Werte in codierter Form gespeichert werden können. Lustigerweise werden bei der 16-Byte-Zahl 8 Bits verschenkt.

---

33 „emuliert" heißt, dass etwas in Hardware simuliert wird.
34 Wem diese griechisch-lateinische Mischung nicht gefällt, der kann ja hexadekadisch oder sedezimal sagen.

V	Exponent	Mantisse
1	7	24

V	Exponent	Mantisse
1	7	56

V	Exponent	Anfang Mantisse	Egal	Fortsetzung Mantisse
1	7	56	8	56

Abbildung 29. Hexadezimales Gleitkommaformat auf dem IBM-Großrechner

float decimal als auch float binary existierten allein wegen der allgemeinen Definition der Programmiersprache PL/I, in der es sowohl fixed als auch float jeweils in den beiden Varianten binary und decimal geben soll. Der folgende Merksatz galt bisher und gilt auch weiterhin, wenn man keine besonderen Wünsche bezüglich der Zahlendarstellung (binär/dezimal) hat:

Unbeeindruckt von der Sprachästhetik sollte man float dec(6) verwenden, wenn man (ungefähr) 6 Stellen, und das Attribut float dec (16), wenn man eine noch längere Mantisse benötigt.

Darüber hinaus lassen PCs maximal 18 Stellen zu, AIX-Rechner maximal 32 und IBM-Großrechner 33. Irgendwelche Zwischengrößen bringen im Allgemeinen nichts, der Compiler ordnet immer Speicherplatz in den Größen 4, 8 bzw. 16 Byte zu. Nur wenn man einen arithmetischen Ausdruck mit put ausgibt, bemüht sich PL/I um die exakte Stellenzahl.

Bleibt nur noch etwas über die Größe des Exponenten zu sagen: Bei einem IBM-Großrechner im hier besprochenen Hexadezimalformat ist es immer derselbe (dezimale) Bereich: von –79 bis +75.

Ein Beispiel für die Benutzung von float-Zahlen ist das folgende Programm zur Untersuchung der sogenannten harmonischen Reihe. Wir bilden die Summe der Brüche 1/1, 1/2, 1/3 usw., wobei wir feststellen wollen, ob die Reihe „konvergiert", d. h. irgendwann nicht mehr größer wird.

```
B28: /* Harmonische Reihe (FLOAT) */
procedure options (main);

dcl Alte_Summe  float init (0);
dcl I           float;
dcl Neue_Summe float;

do I = 1 by 1;
   Neue_Summe = Alte_Summe + 1 / I;
   if Neue_Summe = Alte_Summe then leave;
   Alte_Summe = Neue_Summe;
   end;
put list ('Die harmonische Reihe konvergiert!');

end B28;
```

Zur Überraschung aller mathematisch Gebildeten wird tatsächlich die put-Anweisung ausgeführt. Wieso hat der Computer gelogen? Die Erklärung ist ganz einfach: Bei float-Zahlen werden eben sechs Stellen gespeichert, die Summe wird immer größer, der hinzuzuaddierende Bruch dagegen immer kleiner. Irgendwann einmal muss der Bruch so klein werden, dass er bei der Addition nicht mehr ins Gewicht fällt, nämlich dann, wenn er allenfalls eine Änderung der siebten Stelle bewirken würde. Dies kann man untermauern, wenn man statt float z. B. float dec (16) schreibt, das Programm kommt bei einer Mantisse von 16 Dezimalstellen tatsächlich viel weiter. Diesen Effekt hatte ich übrigens schon bei der Vorstellung der do-Schleife mit float-Laufvariablen erwähnt (Abschnitt 2.2.2).

Das eben Gelernte möge man bei der folgenden Aufgabe beachten:

A25: Berechnen Sie für ein festes n die alternierende Summe:

$$1 - \frac{1}{2} + \frac{1}{3} - \frac{1}{4} \pm \quad \cdots \quad + \frac{1}{2n+1}$$

Denken Sie darüber nach, in welcher Reihenfolge man am günstigsten die Additionen durchführt, damit nicht ab einem gewissen n alle weiteren Zahlen unter den Tisch fallen.

2.6.2.2 Gleitkomma binär

Im Gegensatz zum Großrechner kennen PCs und Workstations intern bisher nur das IEEE-Format und dies ist ein Binärformat. In neuerer Zeit hat der Großrechner dazugelernt, sogar in PL/I kann man dieses Format jetzt benutzen. Und wie? Natürlich mit dem Datentyp float binary! Entweder gibt man als zusätzliches Attribut ieee an oder man setzt die Compileroption default(ieee). Voreingestellt sind das Attribut hexadec und die Option default(hexadec), dann gelten die Darstellungen des letzten Abschnitts.

Dummerweise (aus Sicht des Programmierers) ist damit auch festgelegt, wie intern gerechnet wird.[35] Man kann also durchaus das Attribut ieee angeben und damit veranlassen, dass die betreffende Zahl im IEEE-Format gespeichert wird, hat man aber nicht auch default(ieee) spezifiziert, dann wird die Zahl bei jeder Berechnung zunächst ins hexadec-Format umgewandelt, die Berechnung mit Hilfe der hexadezimalen Maschineninstruktionen ausgeführt und das Ergebnis ggf. wieder nach IEEE zurückgewandelt.

> **Man muss sich also für jede Übersetzungseinheit entscheiden, ob bei binären Gleitkommazahlen intern binär oder hexadezimal gerechnet werden soll – unabhängig von deren Speicherung.**

Betrachten wir das folgende Programm:

```
dcl Großrechnerzahl     float hexadec;
dcl Rest_der_welt_zahl float ieee;

read file (G) into (Großrechnerzahl);
Rest_der_welt_zahl = Großrechnerzahl + 1;
write file (R) from (Rest_der_welt_zahl);
```

Auf dem PC würde die Variable Großrechnerzahl zunächst ins IEEE-Format umgewandelt und die Addition natürlich mit den einzig vorhandenen IEEE-Instruktionen durchgeführt. Auf dem Großrechner kann man sich entscheiden: bei default(hexadec) würde

---

35 Dies liegt daran, dass pro Übersetzungseinheit entschieden wird, welche Hardwareregister verwendet werden sollen.

erst die Addition mit Hexadezimalinstruktionen ausgeführt, dann nach IEEE umgewandelt, bei default(ieee) erst nach IEEE umgewandelt, dann die Addition ausgeführt. Gespeichert würden die Zahlen in jedem Fall so wie deklariert.

Es empfiehlt sich, die Option default(ieee) anzugeben, wenn PL/I-Programme mit Java zusammenarbeiten sollen (siehe Abschnitt 7.4).

Hier nun auch die interne Darstellung binärer IEEE-Gleitkommazahlen auf dem IBM-Großrechner (wieder nicht maßstabsgerecht):

V	Exponent	Mantisse
1	8	23

V	Exponent	Mantisse
1	11	52

V	Exponent	Mantisse
1	15	112

Abbildung 30. Binäres Gleitkommaformat (IEEE) auf dem IBM-Großrechner

Wir sehen wieder die 4-, 8- und 16-Byte-Versionen. Es fällt auf, dass im Gegensatz zum Hexadezimalformat bei den längeren Zahlen auch größere Exponenten vorgesehen sind.

Die entsprechenden „magischen" Zahlen für die Deklaration als float binary lauten 21 (bei 4 Bytes) und 53 (bei 8 Bytes). Maximal sind es auf PCs 64, auf AIX-Rechnern 106 und auf Großrechnern 109 Binärstellen. Irgendwelche Zwischengrößen bringen im Allgemeinen nichts, der Compiler ordnet immer Speicherplatz in den Größen 4, 8 und 16 Byte zu. Wenn Sie die Compileroption short(ieee) angeben, dann dürfen Sie die bei 4-Byte-Zahlen möglichen 24 Binärstellen ausnutzen. Wenn Sie sich fragen, wie man in einer Mantisse von 23 Stellen 24 unterbringen kann – ganz einfach: Bei Zahlen ungleich 0 wird das erste 1er-Bit nicht gespeichert, sondern nur „gedacht".

Fehlt noch die Größe des Exponenten: Rechnet man die an sich binären Exponenten zur besseren Anschauung in dezimale um, so kommt man bei 4-Byte-Zahlen in den Bereich ±38, bei 8-Byte-Zahlen gilt ±308 und für 16-Byte-Zahlen ±4932.

Hier sieht man, dass man beim Übergang von hexadezimalen zu IEEE-Zahlen ein Problem bekommen kann. Seit alters her werden beim e-Format für den Exponenten zwei Stellen vorgesehen. Diese reichen nun auf einmal nicht mehr aus. Hat man möglicherweise Zehner-Exponenten, die größer als 99 sind, so muss man die Compileroption default(e(ieee)) angeben, dann wird der Exponent mit vier Stellen ausgegeben. Bei e(hexadec) würde im Falle eines zu großen Exponenten die size-Bedingung ausgelöst. Auf PC und AIX-Workstation gilt dies sowieso schon, da es auf diesen Plattformen nur das IEEE-Gleitkommaformat gibt.

2.6.2.3 Gleitkomma dezimal

Das größte PL/I-Ereignis des Jahres 2007 war zweifellos die Einführung der hardwareunterstützten dezimalen Gleitkomma-Arithmetik! Eingebaut in IBM-Großrechner wurde nämlich das ebenfalls von der Normungsorganisation IEEE definierte Decimal-Floating-Point-Format (DFP) – und dieses kann mit dem seit Jahrzehnten in PL/I schon vorhandenen Datentyp `float decimal` einfach angesprochen werden.

Wozu brauchen wir nun eigentlich dezimale Gleitkommazahlen? Nun – wir haben schon bei der Einführung dezimaler Festkommazahlen gesehen, dass Dezimalbrüche, also Zahlen mit Nachkommastellen, oft nicht exakt im Zweiersystem dargestellt werden können. Und warum kommen wir nicht mit dezimalen Festkommazahlen aus? Man könnte doch meinen, wenn man in Cents rechnete, reiche das völlig. Nehmen wir aber das Beispiel von Tageszinsen. Diese können z. B. 0,0171 % sein (entspricht ungefähr 6,4 % im Jahr). Da ist es dann einfach sinnvoll, mit 30 Stellen zu rechnen und die Hardware ein gleitendes Komma setzen zu lassen. Solche Zinssätze müssen exakt in die Rechnung eingehen, binäre Gleitkommazahlen kämen also auch nicht in Frage.

Damit wir wissen, wovon wir reden, hier erst einmal die interne Speicherung solcher Zahlen, wiederum als 4-Byte-, 8-Byte- und 16-Byte-Zahlen:

V	Kombifeld	Forts. Exponent	Fortsetzung Mantisse
1	5	6	20

V	Kombifeld	Forts. Exponent	Fortsetzung Mantisse
1	5	8	50

V	Kombifeld	Forts. Exponent	Fortsetzung Mantisse
1	5	12	110

Abbildung 31. Dezimales Gleitkommaformat (IEEE) auf IBM-Großrechnern

Fangen wir von hinten an. Die Ziffern der Mantisse sind natürlich Dezimalziffern (wie der Name des Formats schon andeutet). Hier hat man aber nicht das schon von `fixed decimal` bekannte Zahlenformat genommen, in dem zwei Ziffern in ein Byte gepackt werden, sondern ein neues Format („densely packed decimal"), wo drei Ziffern in zehn Bits passen. Eine solche Dezimalziffer heißt Deklet. Schauen wir uns das 4-Byte-Format an: 20 Bits sind also sechs Deklets. Nun lesen wir aber etwas von „Fortsetzung Mantisse": Eine weitere Ziffer wurde nämlich im Kombinationsfeld versteckt, welches tatsächlich mehreren Zwecken dient, wie wir sehen werden.

Wir sehen auch, dass `float decimal` (7) hier nur vier Bytes benötigt, wir habe also eine Ziffer mehr als bei den anderen Gleitkommaformaten. Auch die Maximalanzahl ist 34, nicht 33.

Das nächste Feld von rechts ist die Fortsetzung des Exponenten. Sie raten sicher schon, der Anfang des Exponenten ist wieder im Kombinationsfeld versteckt! Der Exponent ist zwar zur Basis 10, er selbst ist aber eine Binärzahl. Wie beim IEEE-Binärformat ist der Bereich des Exponenten bei den längeren Formaten auch hier größer (im Gegensatz zum Hexadezi-malformat). Es ist wohl ein glücklicher Zufall der Mathematik, dass ein wachsendes Feld für den Exponenten entsteht, wenn das Fortsetzungsfeld der Mantisse ein Vielfaches von 10 ist.

Der Exponentenbereich bei 4-Byte-Zahlen geht von -94 bis +97, bei 8-Byte-Zahlen von -382 bis +385 und bei 16-Byte-Zahlen von -6142 bis +6145. Dies ist in jedem Fall sehr viel mehr als bei binären Gleitkommazahlen, da hier ein Exponent zu Basis 10 codiert wird.

Kommen wir nun zum Kombinationsfeld. Hier alle Bits zu verstehen, ist eine kleine intel-lektuelle Herausforderung und soll dem interessierten Leser überlassen bleiben. Hier nur so viel: Im Kombinationsfeld sind nicht nur die erste Dezimalziffer codiert und der Anfang des Exponenten, sondern auch noch die „Sonderzahlen" plus und minus Unendlich sowie NaN (Abkürzung von engl. Not a Number: keine Zahl), was sich etwa dazu eignet, eine Variable als ohne Wert zu kennzeichnen:

```
dcl F float decimal init ('7E000000'x); /* NaN */
F += 1;
```

Es würde nicht gelingen, F um 1 zu erhöhen, stattdessen würde die Fehlerbedingung inva-lidop ausgelöst werden („ungültige Operation", siehe Abschnitt 3.3.2).

Nun ist ein eherner Grundsatz von Programmiersprachen, dass existierende Programme nach einer Neuübersetzung immer noch dieselben Ergebnisse liefern müssen. Man darf also nicht einfach von heute auf morgen von der hexadezimalen auf dezimale Gleitkommarech-nung umschalten. Für den IBM-Compiler gibt es also die Option float(dfp), die Folgen-des bewirkt:

- Als float decimal deklarierte Variablen werden in der neuen Form gespeichert,

- bei default(ieee) wird mit ihnen auch die neue dezimale Hardware angesprochen,

- bei default(hexadec) wird weiterhin die hexadezimale Hardware benutzt.

Implizit gilt also default(nodfp), dann ist alles wie bisher:

- Als float decimal deklarierte Variablen werden in binärer Gleitkommadarstellung gespeichert, wenn das Attribut ieee gilt (explizit oder gemäß default-Option),

- sie werden in hexadezimaler Gleitkommadarstellung gespeichert, wenn das Attribut hexadec gilt (explizit oder gemäß default-Option),

- in jedem Fall wird auch die entsprechende Hardware benutzt.

Für Sprachpuristen gibt es die folgende Empfehlung:

> **Wenn man die Compileroptionen default(ieee) und float(dfp) angibt, dann wird tatsächlich alles genauso gespeichert, wie man es deklariert hat, und auch die Hardware benutzt, die dazu passt.**

Nach den oben erwähnten Sonderzahlen kann man mit spracheigenen Funktionen fragen, ohne dass ggf. die Bedingung invalidop ausgelöst würde:

isfinite	ist es eine endliche Zahl?
isinf	ist es eine unendliche Zahl?
isnan	ist es eine ungültige Zahl?

isnormal   ist es eine normale Zahl? (Ist die Zahl mit führenden Nullen gespeichert, so gilt das als subnormal, man ist also am Rande des Zahlenbe-
reichs.)

iszero   ist die Zahl plus oder minus Null?

Zurückgeben wird '1'b, wenn die Antwort ja ist, und '0'b sonst.

Wer in seinem Programm genau die exakten Hardware-Gegebenheiten berücksichtigen will,
für den gibt es noch jede Menge Abfrage- und Manipulationsfunktionen, deren Besprechung hier zu weit führen würde (siehe Anhang B).

Ein vorüber gehendes Problem sollte man aber im Auge behalten. Zur Zeit der Drucklegung
dieses Buches waren noch nicht alle spracheigenen mathematischen Funktionen auch in
einer DFP-Version verfügbar. Das gleiche gilt auch für die Exponentiation. Da hier noch
immer nach binär oder hexadezimal umgewandelt würde, hat ist keine dezimale Exaktheit
garantiert.

2.6.3 Arithmetische Mittel – Rechenregeln und Fallstricke

Alle arithmetischen Operationen laufen in PL/I nach mathematisch sinnvollen Regeln ab.
Diese Regeln kann man in PL/I-Handbüchern in umfangreichen Tabellen nachschlagen.
Was auf den ersten Blick verwirrend erscheint, ist jedoch sehr systematisch definiert. Fürs
tägliche Leben möchte ich die Regeln hier in umgangssprachlicher Form wiedergeben.

Wohlgemerkt:

**Wenn im Folgenden von der Stellenzahl die Rede ist, so geht es nicht um die
Stellenzahl des tatsächlich gespeicherten Wertes, sondern um die deklarierte
bzw. (bei Konstanten) offensichtliche!**

2.6.3.1 Gemischte Operationen

Probleme können immer dann auftauchen, wenn man Zahlen mit unterschiedlichen Attributen verknüpft:

Bei unterschiedlichem Skalenattribut (gemeint ist Festkomma- bzw. Gleitkommadarstellung) erhält in beiden Standards float vor fixed den Vorzug, weil der Zahlenbereich um
Größenordnungen größer ist.

Im IBM-Standard wird bei Festkommazahlen unterschiedlicher Basis immer binary
gerechnet, weil der Computer dies schneller kann als decimal.

Im ANSI-Standard hingegen muss man unterscheiden: Sind nur ganze Zahlen beteiligt, so
„siegt" ggf. binary über decimal. Bei Nachkommastellen wird hingegen *immer* decimal
gerechnet, da der ANSI-Standard keine binären Nachkommastellen kennt.

Die „unterlegene" Variable muss dann zunächst in die andere Basis umgerechnet werden.
Hier taucht im Handbuch die ominöse Zahl 3.32 auf. Dieser Faktor dient dazu, die Binär-
stellenzahl aus der Dezimalstellenzahl zu berechnen und umgekehrt:

n Dezimalstellen entsprechen ceil(n*3.32) Binärstellen,

n Binärstellen entsprechen ceil(n/3.32) Dezimalstellen.

Hierbei kann aber im IBM-Standard die letzte Nachkommastelle falsch sein, z. B. wird aus 0.1 nicht 1/10, sondern 1/16. Die binäre Zahl ist nach der Umwandlung also immer kleiner oder gleich der ursprünglichen dezimalen! In den Formeln wird immer noch 1 zur Gesamtstellenzahl hinzugezählt. Damit das Wissen darüber nicht verloren geht, hier die Begründung[36]:

Ist die dezimale Genauigkeit (p,q) dann verlangt die Formel im Handbuch für die binäre Genauigkeit (für positive Zahlen p und q):

(1 + ceil(p*3.32), ceil(q*3.32))

Auch hinter dem Komma wird also die nächst größere ganze Zahl berechnet. Damit können wir im Prinzip eine weitere Stelle hinter dem Komma bekommen, die wir dann natürlich auch der Gesamtstellenzahl zuschlagen müssen. Ein Beispiel:

dec(2,1) → bin(1+6.64 , 3.32) → bin(1+7,4) → bin(8,4)

Nehmen wir die Zahl 9.5, diese benötigt tatsächlich 4 Stellen vor dem Komma, da 9 dezimal gleich 1001 binär ist. Ohne Nachkommastellen hätte man die 1 in der Formel durchaus weglassen können, 95 passt in 7 Binärstellen. Aber dann hätte man noch eine Regel mehr gehabt.

2.6.3.2 FLOAT-Operationen

Bei `float`-Addition, -Multiplikation und -Division hat das Ergebnis immer die Mantissenlänge der Zahl mit längerer Mantisse. Gleiches gilt für die Exponentiation bei Angabe eines `float`-Exponenten. Ein Fallstrick ist hier, dass bei X ** Y die Variable X nicht kleiner als Null sein darf (wegen der Berechnung über Logarithmen). Allgemein gibt es so viele mathematisch unterschiedliche Möglichkeiten, dass ich sie hier nicht aufzählen möchte:

Am besten schaut man bei jeder Exponentiation in der Tabelle des PL/I-Handbuchs nach!

Ein Problem ist mit Einführung der dezimalen Gleitkommaoperationen in Hardware (DFP) hinzugekommen. Da man natürlich die Vorteile der exakten Dezimalarithmetik nutzen möchte, muss man darauf achten, nicht auf Grund der PL/I-Regeln wieder in Binärarithmetik abzurutschen. Man überdenke z. B. die folgenden Zeilen:

```
dcl K fixed bin;
dcl A float dec;
A = K + A;
```

Nun wissen wir ja, dass bei gemischten Operationen `float` über `fixed` „siegt" und `binary` über `decimal`. Die Begründung war ein größerer Zahlenbereich von Gleitkomma und die größere Schnelligkeit von binären Operationen. Deshalb passiert bei dieser Addition der schlimmste aller Fälle: Beide Operanden werden umgewandelt, so dass die Operation letztlich in `float` `binary` ausgeführt wird, nur um sofort wieder nach `float` `decimal` umgewandelt zu werden. Wie kann man hier Abhilfe schaffen? Man kann einfach schreiben:

```
dcl K fixed bin;
dcl A float dec;
A = decimal(K) + A;
```

---

36 Diese Begründung verdanke ich Robin Vowels, der sie der PL/I-Mailingliste am 25. Juli 2007 zuschickte.

Dann wird K zunächst in eine `fixed`-`decimal`-Zahl umgewandet und dann in eine `float`-`decimal`-Zahl, so dass die Addition wirklich mit der gewünschten Exaktheit durchgeführt wird. Wer weiß, vielleicht wird es ja demnächst eine Funktion `floatdec` geben, die die Umwandlung in einem Schritt durchführt – die DFP-Hardware-Instruktion dafür gibt es nämlich.

2.6.3.3 FIXED-Operationen im ANSI-Standard

Der ANSI-Standard bevorzugt *einfache* Regeln für `fixed`-`binary`-Zahlen – es gibt ja nur ganze Binärzahlen –, während der IBM-Standard *einheitliche* Regeln für `fixed`-`decimal`- und `fixed`-`binary`-Zahlen vorsieht. Was kann ich hier empfehlen? Einheitlichkeit ist schön und gut, aber wenn man nie binäre Brüche braucht, dient es einfach der Übersichtlichkeit und damit der Korrektheit der Programme, wenn man einfache Regeln hat. Außerdem werden arithmetische Ausdrücke mit ganzen Zahlen im ANSI-Standard normalerweise schneller abgearbeitet.

Die Regeln für `fixed`-Operationen im ANSI-Standard lassen sich in einem Absatz beschreiben. Es gilt für Addition, Subtraktion, Multiplikation und Division, egal ob `decimal` oder `binary`: Verknüpft man zwei Zahlen, die per Deklaration ganzzahlig sind, so ist das Ergebnis auch ganzzahlig – mit einer Ausnahme, der reinen `fixed`-`decimal`-Division! Wenn nämlich beide Operanden der Division `fixed decimal` sind, gibt es Nachkommastellen wie beim IBM-Standard (Begründung siehe unten). Besitzt mindestens einer der Operanden Nachkommastellen, so wird dezimal gerechnet, mit so vielen Nachkommastellen wie nötig.

Die folgenden Regeln gelten für ganzzahlige Operanden mit Ausnahme der Division von `fixed`-`decimal`-Zahlen:

- die Summe oder Differenz hat die Stellenzahl des Operanden mit der größeren Stellenzahl plus 1 (es könnte ja ein Überlauf passieren),

- das Produkt hat als Stellenzahl die Summe der Stellen der Operanden plus 1 (Begründung siehe unten),

- der Quotient (`fixed binary`!) hat als Stellenzahl die Stellenzahl des Dividenden (der ersten Zahl).

Anzumerken ist noch, dass im ANSI-Standard an sich eine `fixed`-`binary`-Division gar nicht erlaubt ist. Dies wohl in Anlehnung an die Mathematik, wo es ja innerhalb der ganzen Zahlen auch keine Division gibt. Die obige Divisions-Regel gilt beim IBM-Compiler in der Einstellung `rules (ans)`.

Die Regeln für `fixed`-`decimal`-Zahlen mit Nachkommastellen sind im ANSI-Standard dieselben wie im IBM-Standard und können also im folgenden Abschnitt nachgelesen werden.

2.6.3.4 FIXED-Operationen im IBM-Standard

Beim IBM-Standard laufen Addition und Subtraktion von `fixed`-Zahlen so, dass das Ergebnis so viele Stellen hinter dem Komma hat wie der Operand mit den meisten Stellen hinter dem Komma. Die Anzahl der Stellen vor dem Komma ist wieder um 1 größer, als der Operand hat, der mehr Stellen vor dem Komma hat. Dies ist mathematisch sinnvoll, da ein Überlauf passieren kann, 97 + 3 ist ja 100.

Bei der `fixed`-Multiplikation versucht PL/I, möglichst keine Stellen zu verlieren: Die Anzahl der Stellen hinter dem Komma ist gleich der Summe der Stellen hinter dem Komma beider Operanden. Vor dem Komma erhält man die Summe der Stellen vor dem Komma beider Operanden plus 1. Dieses „plus 1" erscheint auf den ersten Blick rätselhaft: 9 * 9 ist 81 und kann nicht dreistellig sein! PL/I ist auch hier wieder allgemeiner, als man erwartet hat. Es gibt nämlich auch komplexe Zahlen in dieser Sprache! (Wenn man 9+9i mit 9-9i malnimmt, so kommt 162 heraus!) Wer es in PL/I ausprobieren möchte, muss noch bis zum nächsten Unterabschnitt warten. An der Regel mit „plus 1" kommt man jedoch auch bei ausschließlicher Verwendung von reellen Zahlen nicht herum. Glücklicherweise wird man in der Praxis selten mit dieser Regel konfrontiert!

Auch bei der Division von `fixed`-Zahlen versucht IBM-PL/I möglichst viele Stellen zu bewahren. Bei der Division zweier ganzer Zahlen kommt nämlich nicht unbedingt wieder eine ganze Zahl heraus: Das Ergebnis hat so viele Stellen, wie der Rechner nur speichern kann, wobei entsprechend den beiden Operanden mehr oder weniger Stellen nach dem Dezimalpunkt auftauchen! Maximal sind bei der üblichen Compiler-Einstellung 15 Dezimal- bzw. 31 Binärstellen möglich (mit der `limits`-Option auch 31 bzw. 63). Zum Beispiel ist 1/2 in PL/I 0.50000000000000, weil in diesem Fall nur eine Stelle vor dem Dezimalpunkt auftreten kann. Die Maximalzahl von Stellen ist 15, also bleiben 14 Stellen hinter dem Komma.

Diese Definition ist sinnvoll, weil damit die Ungenauigkeit, die eine Division mit sich bringt, am geringsten ausfällt!

Hier taucht ein Problem auf: Wenn man mit der Option `limits(fixedbin(63))` verlangt, dass mit 8 Byte langen Festkommazahlen gerechnet werden soll, ändert man auch die Stellenzahl des Ergebnisses jeder Division. Da dies normalerweise nicht beabsichtigt ist, gibt es eine zweite Angabe in der `limits`-Option: Wenn man spezifiziert `limits (fixedbin (31,63))`, werden arithmetische Operationen mit 4 Byte ausgeführt, es sei denn, als `fixed bin` (63) deklarierte Zahlen wären beteiligt.

Speichert man das Ergebnis von 1 / 2 wieder auf eine ganzzahlige Variable, z. B. mit dem Attribut `fixed dec` (5), so werden alle Stellen hinter dem Dezimalpunkt abgeschnitten, da ja nur fünfstellige ganze Zahlen auf `fixed`-`dec`-(5)-Variablen gespeichert werden können. Addieren wir aber vorher noch 10 hinzu, so passiert etwas für den Anfänger sehr Verblüffendes – die Anweisung

```
put list (1 / 2 + 10);
```

druckt nicht etwa das Ergebnis 10.50000000000000 aus, wie wir nach den obigen Regeln erwarten würden. Warum nicht? Nun – die Konzepte für Division und Addition stoßen sich im Raume! Das Ergebnis hätte laut Tabelle im PL/I-Handbuch insgesamt 17 Stellen, tatsächlich gebraucht würden 16, erlaubt sind nur 15! Somit „stirbt" das Programm an `fixed-overflow`, wie dieser Fehler in PL/I heißt, weil eine führende Ziffer ungleich 0 abgeschnitten würde. Neuere Compiler merken das allerdings schon zur Übersetzungszeit. Um den Fehler produzieren zu können, muss man z. B. statt der 10 eine `decimal`-`fixed`-Variable hinschreiben, die diesen Wert hat.

Ich möchte hier aber um Verständnis für all diese Regeln werben. Arithmetik ist nun einmal dazu da, mathematisch sinnvolle Ergebnisse zu liefern. Wen die Regeln über die Stellenzahl bei arithmetischen Operationen stören, der findet in PL/I entsprechende Sprachmittel, mit denen er genau festlegen kann, wie viele Stellen das Ergebnis vor und hinter dem Komma haben soll: spracheigene Funktionen.

2.6.3.5 Spracheigene Funktionen

Außer der schon erwähnten mod-Funktion gibt es z. B. die Funktionen bin, dec, fixed und float, die das Argument in eine Zahl mit den gewünschten Attributen umwandeln. Zum Beispiel ist der Ausdruck bin(1000, 31, 0) eine fixed-bin-(31,0)-Zahl mit dem Wert 1000, das fixed-Attribut wird von der Zahl 1000 übernommen. Will man nur die Genauigkeit ändern, so empfiehlt sich die spracheigene Funktion precision, abgekürzt prec, mit gleichen Parametern.

Die arithmetischen Operationen kann man in der Genauigkeit selbst definieren durch die spracheigenen Funktionen add, subtract, multiply und divide. So erlaubt einem z. B. die Schreibweise divide (A, B, 5, 0), die Zahl A durch die Zahl B so zu dividieren, dass eine Zahl mit der Genauigkeit (5,0) herauskommt. Was heißt aber hier Genauigkeit (p,q)? Beim alten Compiler galt die Regel, das dies Dezimalstellen sind, wenn Dezimalzahlen verknüpft werden und Binärstellen, wenn es sich um Binärzahlen handelt. Leider ist diese Einheitlichkeit beim neuen Compiler verloren gegangen. Implizit gilt die Compileroption prectype(ans) und das heißt

1. Sind beide Operanden dezimal, dann werden auch die Genauigkeitwerte dezimal angegeben und der entsprechende Dezimalwert kommt zurück.
2. Ist mindestens einer der Operanden binär, so kommt es darauf an, ob die Stellen hinter dem Komma als 0 angegeben sind oder nicht:
   a) Ist die Angabe 0, dann wird das dritte Argument binär verstanden und es kommt eine Binärzahl zurück.
   b) Ist die Angabe ungleich 0, dann werden die beiden Genauigkeitswerte zwar binär verstanden, werden aber per ceil(p/3.32) bzw. ceil(q/3.32) in die entsprechenden Dezimalstellen umgewandelt und es wird eine solcherart berechnete Dezimalzahl zurückgegeben.

Die anderen Möglichkeiten, prectype zu spezifizieren, sind auch nicht besser. Hier wünschte ich mir eine Compileroption prectype(ibm), die es leider nicht gibt. Hier noch ein Rezept:

Bei einer fixed-Division mit Nachkommastellen hege man sofort den Verdacht, dass etwas schiefgehen könnte. Es gibt dann drei Möglichkeiten:

1. **Man weise das Ergebnis der Division sofort auf eine Variable mit der gewünschten Genauigkeit zu,**

2. **man benutze die divide-Funktion, um das gewünschte Ergebnis zu erhalten, oder**

3. **man rechne mit Hilfe der Formeln im PL/I-Handbuch nach, dass das Ergebnis die gewünschte Genauigkeit hat.**

Als vierte Möglichkeit bliebe nur die Gewissheit, dass nach dem Gesetz von Murphy etwas schiefgehen wird, was schiefgehen kann!

Außer den schon erwähnten gibt es weitere spracheigene Funktionen, wie man Anhang B entnehmen kann. Man unterscheidet in diesem Zusammenhang arithmetische (z. B. mod), mathematische (z. B. sqrt, sin, cos, s. u.) und Funktionen zur Genauigkeitsmanipulation (z. B. divide).

Ist das Skalenattribut des Arguments bei mathematischen spracheigenen Funktionen nicht float, so wird zunächst nach float umgewandelt, der Funktionswert ist immer float. Auch hier gilt eine Rechenregel, die einen verblüffen kann. Und zwar sind Basis und Genauigkeit des Funktionswerts die entsprechenden Attribute des Arguments. Die Anweisung

```
put list (sqrt (2));
```

gibt die Zahl 1E+0000 aus! Aber auch hier gibt es ein Rezept, das für die Praxis völlig ausreichend ist:

Mathematische spracheigene Funktionen rufe man nur mit float-Variablen (mit Standardgenauigkeit oder besser) als Argument auf, dann erhält man auch genügend Stellen. (Nimmt man doch Konstanten, dann sollte diese mindestens 6 Dezimalstellen enthalten.)

Wer jetzt völlig überwältigt von der PL/I-Arithmetik ist, den kann ich trösten: PL/I ist eine universelle Programmiersprache, auch für mathematische Anwendungen. Für die Praxis gibt es die in diesem Abschnitt durch Fettdruck hervorgehobenen Rezepte. Ich hoffe z. B., dass jetzt keiner mehr einer fixed-Division über den Weg traut, dies ist nämlich die einzige Stelle der Sprache, wo PL/I eine grundsätzlich andere Philosophie vertritt als andere Programmiersprachen! Aber welche andere Sprache kennt schon fixed-Zahlen mit Stellen hinter dem Komma?[37] Für den, der auch im IBM-Standard bei der fixed-Division im Bereich der ganzen Zahlen bleiben möchte, gibt es eine Regel, die man sich leicht merken kann:

Teilt man im IBM-Standard eine fixed-bin-(31,0)-Zahl durch eine ganze Zahl (sei diese fixed binary oder fixed decimal), so ist das Ergebnis wieder eine fixed-bin-(31,0)-Zahl!

Hat man limits (fixedbin(63)) angegeben, so setze man statt 31 bitte 63 ein.

2.6.3.6 Das Default-Konzept

Erwähnen sollte man spätestens jetzt, dass es in PL/I nicht zwingend vorgeschrieben ist, alle Variablen zu deklarieren. Entscheidend ist dann beim IBM-Standard der Anfangsbuchstabe des Variablennamens: Fängt er mit einem der Buchstaben I, J, K, L, M oder N an, so gilt die Variable als fixed bin (15), anderenfalls als float (6).[38] Möchte man sich nach den ANSI-Regeln richten, so gebe man beim IBM-Compiler an: default(ans). Dann gilt bei fixed bin die Genauigkeit (31) und bei fixed decimal die Genauigkeit (10); sagt man gar nichts, so nimmt der Compiler an fixed binary, dann also auch (31).

Sollte es doch Anhänger solcher „default"-Regeln geben, so empfehle ich die default-Anweisung. Diese erlaubt es, völlig auf declare-Anweisungen zu verzichten und stattdessen beliebige Regeln für die Attributfestlegung gemäß Anfangsbuchstaben aufzustellen. Als Beispiel die eben erwähnte PL/I-Standardannahme bei default(ibm):

```
default range (A:H, O:Z) float dec (6),
        range (I:N) fixed bin (15);
```

---

37 Abgesehen von COBOL natürlich, das ja eine der Sprachen war, die in PL/I integriert wurden.
38 Diesen Blödsinn hat man der Tatsache zu verdanken, dass PL/I auch die Konzepte der Programmiersprache FORTRAN enthalten soll. Dort ist es ähnlich.

Mehr möchte ich über diese Anweisung nicht erzählen, da ich es für übersichtlicher halte, jede Variable zu deklarieren. Hat man nicht die Compiler-Option `rules`(`nolaxdcl`) angegeben, so „beklagt" sich der Compiler eh, wenn man eine Variable nicht deklariert hat.

2.6.4 Janusköpfig – PICTURE-Zahlen

Ähnlich wie bei `picture`-Zeichenfolgen kann man sich in PL/I auch „sein eigenes Bild" von Zahlen machen. Die Deklaration darf im Gegensatz zu jenen jedoch nicht die Musterzeichen X oder A enthalten. `picture`-Zahlen haben sowohl einen numerischen Wert als auch einen `character`-Wert. Je nach Verwendung gilt einer von beiden: z. B. bei einer Addition der numerische, bei einer Verkettung der Zeichenwert, bei einem Vergleich wiederum der numerische. Gespeichert wird immer der Zeichenwert. Man muss sich klarmachen:

> **`picture`-Zahlen werden als Zeichenfolgen gespeichert und werden für eine Berechnung erst intern nach `fixed` `decimal` umgewandelt!**

Wenden wir uns jedoch zunächst den Definitionen zu. Bei `picture`-Zahlen gibt es erheblich mehr Musterzeichen als bei `picture`-Zeichenfolgen. In Hersteller-Handbüchern werden sie meist in einer Weise vorgestellt, dass man den Eindruck hat, es handle sich um ein einziges Chaos. In diesem Buch hingegen soll auch hier der Versuch unternommen werden, durch eine dosierte Vorstellung in einer didaktisch begründeten Reihenfolge zu zeigen, dass alles gar nicht so schwierig ist.

Der einfachste Fall ist der, dass man sich eine Zahl ausdenkt, die nur aus einer festen Anzahl Ziffern besteht:

```
dcl A picture '999999';
A = 17;
put list (A); /* ergibt 000017 */
```

In unserem Beispiel besteht also A immer aus 6 Ziffern. Im Gegensatz zu `picture`-Zeichenfolgen steht das Musterzeichen 9 immer stellvertretend für eine Ziffer, ein Leerzeichen kann hier nicht erscheinen. Verwenden wir dann `list`-gesteuerte Ausgabe, erscheint folglich als Wert die Zeichenfolge 000017. Dies kennen wir auch schon vom p-Format bei `edit`-gesteuerter Ausgabe.

Will man nun führende Nullen doch unterdrücken, so erlaubt einem das Musterzeichen Z (von engl. *zero suppression*, deutsch Nullenunterdrückung), genau anzugeben, wie viel:

```
dcl B pic 'ZZZ999' init (17);
put edit (B) (a); /* ergibt ~~~017 */
```

Erstens kann man `picture` mit `pic` abkürzen, zweitens sehen wir, dass man `picture`-Zahlen bei `edit`-gesteuerter Ausgabe tunlichst mit dem a-Format ausgibt. Da `picture`-Zahlen auch einen `character`-Wert haben, liegt dies auf der Hand. (Natürlich könnte man auch das f-Format nehmen, dann bestimmte aber dieses das Erscheinungsbild der Zahl auf dem Ausgabemedium, der numerische Wert der `picture`-Zahl würde genommen und entsprechend dem f-Format in eine Zeichenfolge umgewandelt und in den Ausgabestrom von Zeichen eingefügt.) Das Musterzeichen Z schließlich darf nur am Anfang eines Musters erscheinen, da es nur dazu da ist, führende Nullen zu unterdrücken. Für B würde also nur ~~~017 ausgegeben, die ersten drei Nullen werden unterdrückt. Wiese man die Zahl 1000 auf B zu, würde auch ~~1000 ausgegeben, da die Ziffer 1 natürlich nicht unterdrückt wird.

Ein weiteres Zeichen zur Nullenunterdrückung ist das Sternchen:

```
dcl C pic '******9';
C = 17;
put list (C); /* ergibt *****17 */
```

Auf diese Weise kann man automatisch Schecks ausdrucken, nicht benötigte führende Stellen (nicht jeder ist ja Millionär) werden dann durch Sternchen ersetzt. In unserem Beispiel erschiene auf dem Scheck die Summe *****17. Auch das Sternchen darf nur am Anfang eines Musters stehen, rechte Nullen sollen natürlich nicht ersetzt werden.

Wer nun unbedingt eine Null durch ein Leerzeichen ersetzen will, ganz egal, wo diese Null steht, der möge das Musterzeichen Y verwenden. Ich weiß weder, wovon es die Abkürzung ist, noch, wozu man es sinnvoll verwenden kann. (Eine Eselsbrücke wäre: Y ist der Buchstabe vor Z.)

Die nächste Gruppe von Musterzeichen ist dazu da, ein Vorzeichen in der Zahl unterzubringen:

```
dcl D pic 'S99' init (-1);
put list (D);
```

Ausgegeben würde -01. In diesem Zusammenhang sind noch zu nennen die Musterzeichen + und -, die genauso wie S das Vorzeichen ausgeben, aber nur in dem Fall, dass die Zahl auch das entsprechende Vorzeichen hat, sonst erscheint ein Leerzeichen:

```
dcl E pic '-9' init (1);
put list;
```

Da die Zahl 1 positiv ist, würde ein Leerzeichen, gefolgt von der Ziffer 1 ausgegeben. (Das Minuszeichen erschiene nur bei einer negativen Zahl, selbst bei 0 nicht.) Das Musterzeichen + bewirkte selbst bei Null die Ausgabe des Vorzeichens +.

Auf Kontoauszügen sieht man manchmal ein Vorzeichen hinter einer Zahl. Auch dies ist bei den Musterzeichen S, + und - möglich:

```
dcl F pic 'ZZZZZ9S' init (80);
put edit (F) (col(72), a); /* ergibt ~~~~80+ */
```

Eine Stelle würde auf jeden Fall ausgegeben und das Vorzeichen hinter die Zahl gesetzt. Ein Vorzeichen-Musterzeichen darf also sowohl vor als auch hinter den Ziffernzeichen im Muster angegeben werden, aber nicht beides im selben Muster.

Wem es nun nicht gefällt, dass z. B. bei einer <u>picture</u>-Zahl mit dem Attribut <u>pic</u> 'SZZZZZ9' das Vorzeichen bei kleineren Zahlen weit vor der Zahl steht, auch dem kann geholfen werden. Alle Vorzeichen-Musterzeichen können nämlich auch als sogenannte „Driftzeichen" verwendet werden, indem man mehrere von ihnen hintereinander schreibt, und zwar immer nur dasselbe Musterzeichen und auch nur vor den Ziffernzeichen. Ein Mischen mit den Musterzeichen Z und * ist nicht erlaubt. Die Deklaration

```
dcl G pic '++++++9';
```

würde also eine Zahl definieren, bei der mindestens eine Ziffer erscheint, und bei der das Vorzeichen direkt vor der Zahl steht. Es „driftet" sozusagen, bis es eine signifikante Ziffer findet. Der Unterschied zum Verhalten der Zeichen Z und * ist der, dass bei den Driftzeichen auf jeden Fall Platz für ein Vorzeichen oder Leerzeichen sein muss, wohingegen sämtliche Sternchen ggf. durch Ziffern ersetzt werden können.

Bisher hatten wir als numerischen Wert einer picture-Zahl immer eine ganze Zahl. Man kann sich denken, dass natürlich auch Zahlen mit Nachkommastellen mit Hilfe des picture-Attributs beschrieben werden können. Hierzu dient zunächst einmal das Musterzeichen V. Es teilt die picture-Zahl in zwei Felder ein, das ganzzahlige Feld und die Nachkommastellen:

```
dcl H pic '99V99' init (10);
put list (H);
```

Doch Vorsicht! Hiermit ist nicht automatisch das Einfügen eines Dezimalpunkts oder -kommas verbunden. Bei der Ausgabe erschiene der Wert 1000. Das V zeigt nur an, wie die Ziffern einer Zahl bei einer Zuweisung auszurichten sind. In unserem Beispiel muss die 10 auf die ersten beiden Ziffern zugewiesen werden, die Stellen nach dem V sind für Nachkommastellen reserviert. Obiges picture-Attribut reserviert also Platz für vier Stellen, das V deutet nur an, wo man sich das Komma denken muss!

Dass dies sinnvoll ist, wird klar, wenn man sich vor Augen hält, dass PL/I ja gar nicht wissen kann, ob man gerne einen Dezimalpunkt oder ein Dezimalkomma haben möchte. Um entsprechende Wünsche erfüllen zu können, bietet PL/I die sogenannten Einfügezeichen Punkt, Komma und Schrägstrich an:

```
dcl I pic 'ZZZ.ZZ9,V99';
I = .75;
```

Die Zahl I sähe also wie z. B. in Deutschland üblich aus: Bei großen Zahlen sind Dreiergruppen durch Punkte gegliedert, es erscheint mindestens eine Ziffer vor dem Komma. Selbst nach der Zuweisung von .75 sähe I aus wie ~~~~~~0,75. Die Einfügezeichen Punkt, Komma und Schrägstrich werden durch Leerzeichen bzw. Sternchen oder Vorzeichen ersetzt, wenn sie in einer Folge von entsprechenden Driftzeichen oder Vorzeichen stehen, wie man obigem Beispiel entnehmen kann: In I wird der Gliederungspunkt durch ein Leerzeichen ersetzt.

Über eine Kleinigkeit sollte man nicht stolpern, wenn man Dezimalpunkt oder -komma neben einem V verwendet. Es ist ein Unterschied, ob man pic 'Z.V99' oder pic 'ZV.99' schreibt, wie im folgenden Beispiel zu sehen ist:

```
dcl J1 pic 'Z.V99' init (.1);
dcl J2 pic 'ZV.99' init (.1);
put list (J1, J2);
```

Für J1 erhielte man die Ausgabe 10, für J2 dagegen .10, da Punkt, Komma oder Schrägstrich nur dann erscheinen, wenn sie neben einer signifikanten Ziffer stehen.

Das Einfügezeichen B hat eine etwas andere Wirkung als Z: Es wird in jedem Fall durch ein Leerzeichen dargestellt:

```
dcl K pic '**B***';
```

Bei Zuweisung von 1000 auf K erhielte K den Wert *1 000. Dies kann z. B. sinnvoll sein, wenn man Dreiergruppen in Zahlen durch Leerzeichen abtrennen will. Wiese man auf K die Zahl 10 zu, ergäbe dies den Wert ** *10. Das B wird also nicht wie z. B. Punkt oder Komma durch ein Sternchen überschrieben.

Im Normalfall kann man den numerischen Wert einer picture-Zahl an der Stellung des Musterzeichens V ablesen. Fehlt es, nimmt PL/I an, es sei rechts neben dem letzten Ziffern-

zeichen. Man kann aber auch einen Skalierungsfaktor angeben, der ausweist, wo das Dezimalkomma wirklich zu denken ist. Da das gesamte Muster in Apostrophe eingeschlossen
ist, bleibt syntaktisch nur eine Angabe in Klammern:

```
dcl L pic '99F(2)';
```

Bei einer solchen Zahl werden zwei Ziffern gespeichert, der character-Wert besteht also
aus diesen zwei Ziffern, der numerische Wert allerdings ist die Zahl, wenn man sie mit 10
hoch 2 malnimmt, oder mit anderen Worten, das Komma um zwei Stellen nach rechts ver-
schiebt. Eine negative Angabe innerhalb der Klammern hinter F verschöbe das Komma
nach links.

Nachdem wir jetzt schon Festkommazahlen durch eine picture-Angabe beschreiben können, fehlt nur noch die Möglichkeit, auch für Gleitkommazahlen eine eigene Darstellung
wählen zu können. Sie haben es sicher schon vermutet, das Musterzeichen E startet das
Exponentenfeld:

```
dcl N pic '9V.999ES9';
N = 20.5E3;
put list (N);
```

Ausgegeben würde die Zeichenfolge '2.050E+4'. Man könnte so also z. B. Platz für nur
eine Exponentenziffer vorsehen.

Sie dürfen sich aber auch ein anderes Zeichen wünschen. Analog zum Musterzeichen V gibt
es hierzu das Musterzeichen K:

```
dcl M pic '999BK9';
```

Mnemotechnisch fällt mir hierzu nur ein, dass ein K dem X von Exponent relativ ähnlich
ist. Die Analogie besteht darin, dass auch durch K kein Zeichen für den Exponenten erzeugt
wird. Die Zuweisung der Zahl 17 würde einen character-Wert von '017~0' bewirken.

Wo wir schon bei Schecks waren, natürlich sind auch Währungsangaben möglich. So kann
man z. B. ein Dollarzeichen genauso wie ein Vorzeichen als Driftzeichen einsetzen. Auch
mehrere Zeichen innerhalb von < und > kann man verwenden:

```
dcl Preis pic '<EUR>>>>9,V99';
Preis = 0.45;
```

Damit hat Preis den Zeichenwert '~~EURO,45'. Wenn man das Euro-Symbol verwenden
will, so könnte man dies in analoger Weise tun. Einfacher wäre aber die Ersetzung des Dol-
larzeichens durch das Eurozeichen in der dafür zuständigen Compiler-Option:

```
*process currency ('€');
```

Bisher habe ich noch nicht erwähnt, wozu man überhaupt picture-Zahlen benötigt. Im p-
Format kann man all die Musterzeichen verwenden, die auch beim picture-Attribut
erlaubt sind. Es reichte also, Zahlen in üblicher Weise zu speichern und erst bei der Ausgabe in die gewünschte Form bringen zu lassen. Bei der Deklaration von Zahlen muss man
sich aber immer überlegen: Soll die Zahl an sich nur eingelesen und wieder ausgegeben
werden, oder soll auch mit ihr gerechnet werden?

Rechnen geht eindeutig besser mit codierten Zahlen in ihrer internen Darstellung, und dabei
ist fixed binary wiederum deutlich schneller als fixed decimal. Man muss nun wissen, dass binäre Zahlen erst in Dezimalzahlen umgewandelt werden müssen und diese wie-

derum in eine Zeichenfolge, wenn sie im Zeichenstrom ausgegeben werden sollen. Bei der Eingabe geschieht das gleiche in umgekehrter Reihenfolge. Man kann sich denken, dass picture-Zahlen, die ja schon in character-Form vorliegen, sich besonders einfach einlesen und ausgeben lassen. Will man mit ihnen rechnen, so müssen sie allerdings intern erst – wie oben erwähnt – in die Form fixed decimal umgewandelt werden.

Wenn man also weiß, dass mit bestimmten Zahlen selten gerechnet wird, sie aber häufig an der Ein- und Ausgabe beteiligt sind, kann man sicher etwas Rechenzeit einsparen, wenn man sie als picture-Zahlen deklariert. Nun bin ich aber Anhänger der Meinung, dass man

1. nie optimieren soll, und

2. wenn doch, dann erst, wenn das Programm schon fehlerfrei läuft.

Meine Empfehlung ist also, an die Verwendung von picture-Zahlen nur dann zu denken, wenn man bei der Darstellung eigener Zahlen nicht mit dem p-Format auskommt. Denkbar ist z. B. der Fall, dass man nicht mit dem Vorrat an Musterzeichen auskommt. Da picture-Zahlen auch einen character-Wert besitzen, kann man sie einfach einer Nachbehandlung unterziehen. Im folgenden Beispiel werden Zahlen in Zweiergruppen eingeteilt, die durch Doppelpunkte getrennt werden:

```
dcl N pic '99/99/99';
N = 123456;
put edit (translate(N,':','/')) (a);
```

Man erhielte also '12:34:56' in der Ausgabe. Einen solch schönen Effekt könnte man mit anderen Mitteln nur schwer erreichen.

Für Anhänger der list-gesteuerten Ausgabe bietet das picture-Attribut außerdem die Möglichkeit, Formate über die Hintertür einzuführen. Wenn eine picture-Variable mit put list ausgegeben wird, so erscheint sie gemäß der picture-Spezifikation.

Die Zuweisung auf eine picture-Variable kann man auch simulieren, und zwar mit Hilfe der spracheigenen Funktion edit:

```
dcl S char (20) var;
S = edit(7, '999'));
```

Sie liefert eine Zeichenfolge zurück, die entstanden wäre, wenn das erste Argument auf eine Variable nach dem Muster des zweiten Arguments zugewiesen worden wäre. Selbstverständlich darf das zweite Argument ein beliebiger Ausdruck sein. Er muss nur aussehen wie ein Zeichenmuster oder ein Zahlmuster.

2.6.5 Charakterschwäche – Rechnen mit Zeichenfolgen

Wir haben schon gelernt, dass Operationen von fixed-Zahlen mit float-Zahlen aufwändige Umwandlungen erfordern, gleiches gilt für binary- und decimal-Zahlen. Bei Operationen von decimal- mit picture-Zahlen muss die picture-Zahl erst nach decimal umgewandelt werden. Den Gipfel bildet das Rechnen mit Zeichenfolgen, auf denen irgendwo eine Zahl gespeichert ist. So ist es etwa in PL/I erlaubt zu schreiben:

```
dcl (S, T) char (20) var;
S = ' 123.5 ';
T = ' 123e2 ';
put (S * T);
```

Bei solchen Programmiererwünschen kann man nur den Compiler bedauern. Was soll er für einen Code erzeugen, wenn auf den Variablen Zahlen in beliebiger Darstellung vorgefunden werden können. Nun – für diesen Fall gibt es eine Regel, die dem Compiler die Arbeit erleichtert:

> **Zeichenfolgen in arithmetischen Operationen werden vorher in ganze Dezimalzahlen maximaler Genauigkeit umgewandelt, Nachkommastellen fallen also unter den Tisch.**

Wenn man allerdings weiß, dass die Zahl in der Zeichenfolge aussieht wie eine picture-Zahl, so kann man dem Compiler unter die Arme greifen, indem man eine neue spracheigene Funktion verwendet.

Während die edit-Funktion eine Zahl gemäß dem Muster umwandelt, geschieht beim Aufruf der spracheigenen Funktion picspec im Grunde gar nichts.[39] Der Aufruf

```
dcl K char (3) init ('123');
dcl Z fixed dec (5);
Z = picspec(K, '999');
```

sagt dem Compiler, dass er davon ausgehen solle, dass auf K eine dreistellige Zahl gespeichert ist. Durch picspec wird also nichts am Speicherpatz von K geändert, sondern dynamisch ein anderer Datentyp vereinbart – quasi die Spezifikation nach picture geändert. Hätte man K direkt auf Z zugewiesen, so hätte der Compiler dafür den Aufruf eines Programms der PL/I-Laufzeitbibliothek generiert („Conversion will be done by library call."). Bei der Verwendung von picspec hat er aber genügend Informationen, um die Zuweisung direkt vorzunehmen. Dazu muss aber das erste Argument eine nonvarying-Zeichenfolge sein, deren Länge zur Übersetzungszeit bekannt ist, und das zweite ein picture-Muster derselben Länge. Genau dies ist bei picspec vorgeschrieben.

Bei dieser Gelegenheit können wir auch besprechen, was geschieht, wenn wir Zahlen auf Zeichenfolgen zuweisen, also etwa:

```
dcl S char (20) var;
dcl K fixed dec (5,1) init (.5);
S = K;
put ('<' || S || '>'); /* <~~~~~0.5> */
```

Bei der Umwandlung kommt es nicht darauf an, wie groß die gespeicherte Zahl ist, sondern mit wie viel Stellen die Variable deklariert ist. Dank der put-Anweisung erfährt man:

> **Bei der Umwandlung von Dezimalzahlen in Zeichenfolgen entsteht eine Zeichenfolge, die um drei Stellen länger ist als die deklarierte Länge der fixed-decimal-Zahl.**

Der Grund ist, dass PL/I Platz für ein Vorzeichen, die Null und den Dezimalpunkt vorsieht. Will man fixed-bin-Zahlen auf Zeichenfolgen zuweisen, so muss natürlich erst nach fixed dec umgewandelt werden (mit Hilfe der magischen Zahl 3.32, siehe oben!). Man kann, wenn man will, die beiden häufigsten Fälle auswendig lernen:

```
fixed bin (15) -> fixed dec (6)  -> char (9)
fixed bin (31) -> fixed dec (11) -> char (14)
```

---

39 Ähnlich der spracheigenen Funktion unspec, die in Abschnitt 2.7 vorgestellt wird.

Ich möchte aber noch einmal darauf hinweisen, dass das Mischen von verschiedenen Datentypen eher als potentielle Fehlerquelle denn als „Highlight" der Sprache anzusehen ist. Am besten fügt man immer einen Kommentar hinzu, wenn man glaubt, das Mischen nicht umgehen zu können.

2.6.6 Nichts Reelles – Komplexe Zahlen

Wer nicht weiß, was komplexe Zahlen sind, sollte diesen Abschnitt überschlagen. Ich habe nicht die Absicht, hier mathematische Theorie zu betreiben, sondern möchte davon ausgehen, dass der Leser zumindest ungefähr weiß, worum es geht. In PL/I gibt es zwei umfassende arithmetische Attribute: `real` und `complex`. Das Attribut `real` ist die Standardsetzung, wenn man nichts angibt. Alle Zahlen, die wir bisher kennengelernt haben, waren reelle Zahlen, englisch *real*[40].

Als Alternative dazu kann man das Attribut `complex` zu den üblichen arithmetischen Attributen hinzufügen:

```
dcl X float complex;
dck Y fixed bin complex;
```

Die Variable `X` ist auf diese Weise ein Zahlenpaar von `float`-Zahlen, `Y` ein Zahlenpaar von `fixed`-`bin`-Zahlen. `complex`-Konstanten gibt es in PL/I nicht, nur imaginäre Konstanten. Diese sehen wie reelle Konstanten aus, gefolgt vom Buchstaben I (oder kleingeschrieben: i). Eine Initialisierung sähe dann z. B. so aus:

```
dcl Z1 float complex init (3+4i);
dcl Z2 float complex init (3e0+4e0i);
```

Ob nun `fixed`- oder `float`-Konstanten verwendet werden, ist belanglos, PL/I konvertiert natürlich entsprechend. Komplexe Ausdrücke werden gemäß den Regeln der Mathematik ausgewertet. Interessant in diesem Zusammenhang ist das Beispiel der Multiplikation von konjugiert komplexen `fixed`-Zahlen, die der Grund für die Hinzufügung von einer weiteren Stelle in der Rechenregel war. In PL/I könnten wir also schreiben

```
put list ((9+9i)*(9-9i));
```

und die Ausgabe wäre 162+0i.

Auch für diesen Bereich kennt die Sprache eigene Funktionen, sie dienen z. B. dem Ansprechen von Real- und Imaginärteil (`real` bzw. `imag`, auch als Pseudovariable) sowie der Zusammenfassung von Ausdrücken zu einem komplexen Wert (`complex`):

```
dcl A                    float init (10);
dcl (AA, BB)             float complex;
dcl (complex, imag, real) builtin;

AA = complex(A, 17);
real(BB) = A;
imag(BB) = 17e0;

put list (real(AA), imag(AA), BB);
```

---

40 Wer Kenntnisse in anderen Programmiersprachen besitzt, sollte `real` nicht mit `float` verwechseln: das englische Wort „*real*" heißt nun mal nicht Gleitkomma, sondern „reell"! PL/I ist in der Begriffswahl mathematisch korrekt (wie auch C), FORTRAN und Pascal sind es nicht!

Ausgegeben würden die Zahlen `1.00000E+0001` und `1.70000E+0001` sowie der komplexe Ausdruck `1.00000E+0001+1.70000E+0001I`.

Wer nicht weiß, was konjugiert komplex heißt, kann die <u>conjg</u>-Funktion fragen:

```
put list (conjg(10+10i));
```

Die Antwort wäre `10-10i`. Wer dies schon wusste, für den ist es sicher auch keine Überraschung, dass die mathematischen spracheigenen Funktionen auch mit komplexen Argumenten aufgerufen werden können. Die vollständige Liste ist in Anhang B aufgeführt und braucht hier nicht wiederholt zu werden. Etwas ist noch zu beachten: Will man die spracheigenen Funktion <u>sqrtf</u> (also mit einem f hinten) verwenden, um Hardware-Fähigkeiten zu nutzen, so geht dies nicht mit komplexen Zahlen. Auch achte man darauf, nur gültige Argumente anzugeben, es ist eben auch Hardware-abhängig, was in einem Fehlerfall passiert!

Interessant ist noch das schon einmal kurz erwähnte <u>c</u>-Format. Es erlaubt, den Real- und den Imaginärteil einer komplexen Zahl auszugeben, und dies, ohne die spracheigenen Funktionen <u>real</u> und <u>imag</u> zu bemühen:

```
dcl B complex fixed init (10+10i);
put edit (B, 'i') (c(p'S99'), a); /* +10+10i */
```

Wie man ahnt, muss man den Buchstaben i schon selbst ausgeben, PL/I überträgt nur die Zahlen. Ebenso darf bei der Eingabe kein i angetroffen werden, ein <u>conversion</u>-Fehler wäre die Folge. (Bei <u>list</u>-gesteuerter Eingabe darf allerdings ruhig ein komplexer Ausdruck mit i angegeben werden.) Es gilt also folgende Syntax:

---

c (Datenformat)

Abbildung 32. Syntax C-Format

Zum Abschluss noch ein Beispiel für die Anwendung komplexer Zahlen – die Berechnung der Punkte eines Kreises:

```
B29: /* Kreispunkte (COMPLEX) */
procedure options (main);

dcl Alfa  float;
dcl Punkt float complex init (3+4i);

do Alfa = 0 to 359;
   put skip list (Punkt * complex(cosd(Alfa),sind(Alfa)));
   end;

end B29;
```

Ermittelt werden 360 Punkte des Kreises mit dem Radius 5 (man denke an Pythagoras!). Dies geschieht durch Multiplikation des Punktes (3+4i) mit (*sin α + i cos α*), wobei α alle Winkel von 0 bis 359 Grad durchläuft (<u>cosd</u> und <u>sind</u> erwarten den Winkel nicht im Bogenmaß, sondern in Grad, engl. *degree*). Wie man sieht, hat die Laufvariable der <u>do</u>-Schleife das Attribut <u>float</u>. Warum sollte man eine <u>fixed-bin</u>-Variable nehmen und dann jedesmal nach <u>float</u> umwandeln, was das Problem ja erfordert? (Wie in Abschnitt 2.2.2 erwähnt, können aber andere Schwierigkeiten bei <u>float</u>-Laufvariablen auftreten.)

2.7 Manipulation von Bitfolgen

In Abschnitt 2.6 haben wir gelernt, dass es zwei Arten von Berechnungsdaten gibt in PL/I:

Folgen (engl. *string data*)

und

Zahlen (engl. *arithmetic data*).

An dieser Stelle sollen auch Folgendaten genau definiert werden. Es gibt

Zeichenfolgen (<u>character</u>)

und

Bitfolgen (<u>bit</u>).

Und weil in PL/I alles möglichst verallgemeinert wird, gibt es sowohl beim Attribut <u>char</u> als auch beim Attribut <u>bit</u> sowohl Folgen fester (<u>nonvarying</u>) als auch variierender Länge (<u>varying</u>). Das Attribut <u>varyingz</u> für <u>character</u> finden Sie in Abschnitt 7.1.3.

Die beiden anderen Folgentypen, <u>graphic</u> für DBCS-Zeichen und <u>widechar</u> für Unicode-Zeichen, werde ich erst in Abschnitt 7.2 besprechen, da sie im täglichen Leben bisher nicht so häufig vorkommen.

2.7.1 Über kurz oder lang – BIT-Operationen

Bei <u>char</u> haben wir das Attribut <u>var</u> schon kennengelernt, Bitfolgen verhalten sich analog:

```
dcl B bit (10) var init (''b);
B = B || '00'b;
```

Die Konstante ''b ist kein Druckfehler, sondern ein <u>bit</u>-Nullstring. Hinter Bitfolgen variierender Länge kann man genauso mit Hilfe des Verkettungsoperators || andere Bitfolgen hängen, wie man dies bei Zeichenfolgen tun kann. Hinzu kommen natürlich die bekannten Möglichkeiten der logischen Operatoren. Die Anweisung

```
B = (A > 0) || ^B;
```

verkettet entweder '0'b oder '1'b (je nachdem, ob A größer als Null ist oder nicht) mit dem bisherigen Wert von B, in dem vorher '1'b und '0'b gegeneinander vertauscht wurden. Hatte z. B. B den Wert '0110'b, so hat ^B den Wert '1001'b. Wo in anderen Programmiersprachen der Datentyp LOGICAL oder BOOLEAN eingeführt wird und mit Bits allenfalls auf Umwegen gerechnet werden kann, liefert PL/I die einfache Lösung, mit Bitfolgen der Länge 1 logische Aussagen zu machen und zusätzlich (auch mit längeren Bitfolgen) beliebig manipulieren zu können. Bei längeren Bitfolgenkonstanten darf man wieder Unterstriche einfügen, z. B. '0000_0001'b.

An dieser Stelle sollte noch eine Verallgemeinerung der <u>if</u>- und der <u>select</u>-Anweisung besprochen werden. Im folgenden Programmabschnitt wird erstaunlicherweise sowohl WAHR als auch FALSCH ausgegeben:

```
dcl Folge bit (2) init ('01'b);
if Folge then put ('WAHR');
if ^Folge then put ('FALSCH');
```

Ist nämlich der zu überprüfende Wahrheitswert eine Bitfolge mit einer Länge größer als 1, so reicht es, dass eins der Bits auf '1'b steht, damit der <u>then</u>-Teil ausgeführt wird. Da bei der Verneinung der Variablen Folge nicht alle Bits auf '0'b stehen, wird auch das zweite <u>put</u> ausgeführt. Analog verhält es sich bei der <u>select</u>-Anweisung ohne Klammerangabe: Die Klammerangaben der <u>when</u>-Anweisungen dürfen auch längere Bitfolgen sein, ist eines der Bits auf '1'b, so gilt der erste solche <u>when</u>-Fall:

```
dcl (S, T) bit (20);
...
select;
    when (S)  put ('Mindestens ein Bit von S ist 1.');
    when (T)  put ('Mindestens ein Bit von T ist 1.');
    otherwise put ('Bei S und T ist kein Bit auf 1.');
    end;
```

Die bei der Einführung der <u>select</u>-Gruppe gemachte Vereinfachung, ohne Klammeran-gabe gelte <u>select</u> ('1'b), ist also nur für Bitfolgen der Länge 1 richtig. Längere Bitfol-gen in <u>if</u> und <u>select</u> zu benutzen, ist beim IBM-Compiler glücklicherweise unterbun-den, es sei denn man hat die Option <u>rules</u> (<u>laxif</u>) angegeben, z. B. in der <u>*process</u>-Anweisung.

Die Verwandtschaft von Zeichen- und Bitfolgen geht sogar so weit, dass spracheigene Funktionen, die man von <u>char</u>-Folgen kennt, auch für Bitfolgen in analoger Weise verwen-det werden können. So kann man mit <u>substr</u> beliebige Unterfolgen herausgreifen, mit <u>index</u> in Bitfolgen irgendwelche Unterfolgen suchen und mit <u>verify</u> bzw. <u>search</u> fest-stellen, dass eine Bitfolge nur aus Einsen oder nur aus Nullen besteht, oder auch die erste (Bit-)Position finden, wo '1'b bzw. '0'b auftritt. Die <u>length</u>-Funktion liefert die aktuelle Länge einer Bitfolge – wohlgemerkt, die Anzahl der Bits. Die spracheigene Funktion richtet sich immer nach dem Argument: Ist es eine Bitfolge, so arbeitet sie mit Bits, ist es eine Zei-chenfolge, mit Zeichen. Analog zur spracheigenen Funktion <u>char</u> gibt es die Funktion <u>bit</u>, die es gestattet, einen Wert in eine Bitfolge (der gewünschten Länge) umzuwandeln.

Interessanter ist noch die spracheigene Funktion <u>bool</u>. Mit ihrer Hilfe kann man sich eine beliebige logische Operation definieren, z. B. das sogenannte Exklusive Oder (für das es ja auch den Operator ^ gibt):

```
dcl A bit (4) init ('0011'b),
dcl B bit (4) init ('0101'b);

put (bool (A, B, '0110'b));
```

Das erste und das zweite Argument werden gemäß einer Tafel verknüpft, die durch das dritte Argument definiert wird.

Die vier inneren (nicht fett gedruckten) Bits der Verknüpfungstafel

bool	'0'b	'1'b
'0'b	'0'b	'1'b
'1'b	'1'b	'0'b

Abbildung 33. Verknüpfungstafel Exklusives Oder

werden einfach zeilenweise verkettet. Die Tafel hat man so zu lesen, dass das Ergebnis der Verknüpfung eines Wertes aus der ersten Zeile mit einem aus der ersten Spalte im Innern der Tafel in der gleichen Zeile und Spalte zu finden ist. Man sieht also, dass `'0'b` mit `'0'b` wieder `'0'b` ergibt, `'0'b` mit `'1'b` sowie `'1'b` mit `'0'b` ergeben dagegen `'1'b` und `'1'b` mit `'1'b` wiederum `'0'b`.

2.7.2 Mengenlehre – Arbeiten mit Bitfolgen

Bitfolgen eignen sich sehr schön dazu, Mengen-Operationen durchzuführen.[41] Man kann sehr elegante Programme schreiben, wie das folgende Beispiel zeigt (man achte auch auf die zusätzlichen Klammern um die <u>initial</u>-Ausdrücke!):

```
B30: /* Mengenlehre (BIT) */
procedure options (main);

dcl Freitag bit (366) init (((52)'0000001'b || '00'b));
dcl Dreizehnter bit (366)
                init (((12)'0'b || '1'b || (30)'0'b
        || '1'b ||    (28)'0'b || '1'b || (30)'0'b
        || '1'b ||    (29)'0'b || '1'b || (30)'0'b
        || '1'b ||    (29)'0'b || '1'b || (30)'0'b
        || '1'b ||    (30)'0'b || '1'b || (29)'0'b
        || '1'b ||    (30)'0'b || '1'b || (29)'0'b
        || '1'b ||    (18)'0'b));

put list ('Erster Freitag, der 13., im Jahre 2000 ist der '
        || search(Freitag & Dreizehnter, '1'b) || '. Tag!');

end B30;
```

Die Analogie zwischen geordneten Mengen und Bitfolgen liegt auf der Hand: Die maximale Mächtigkeit der Menge entspricht der Länge der Bitfolge. Jedes mögliche Element entspricht einem Bit in der Folge; ist das Element in der Menge enthalten, sei das entsprechende Bit auf `'1'b` gesetzt, anderenfalls auf `'0'b`.

Die Tage eines Jahres kann man also auf <u>bit</u> (366) abbilden, sofern es sich um ein Schaltjahr handelt. Im Jahre 2000 war der 1. Januar ein Samstag, in der Variablen `Freitag` ist jeder 7. Tag auf `'1'b` gesetzt worden. Die Variable `Dreizehnter` enthält analog ein `'1'b` für jeden 13. eines Monats. Wenn man also feststellen will, welche Tage im Jahre 2000 ein Freitag, der 13., waren, braucht man nur aus der Menge der Freitage und der Menge der 13. die Schnittmenge zu bilden. Die Schnittmenge von zwei Mengen ist die Menge der Elemente, die in beiden Mengen enthalten ist. In der Analogie handelt es sich also um eine Bitfolge, die genau an den Positionen `'1'b` enthält, wo auch beide Grundfolgen `'1'b` enthalten: Gesucht ist also das logische Und, in PL/I ausgedrückt: `Freitag & Dreizehnter`.

Sucht man nun den ersten Freitag, den 13., im Jahre, so kümmern wir uns nicht mehr um Mengen, sondern nehmen die Mächtigkeit der PL/I-Bit-Manipulation in Anspruch: mit <u>search</u> stellen wir entweder fest, es gibt keinen (d. h. Funktionswert 0), oder erhalten die Position des ersten Bits, das gleich `'1'b` ist. Wen es interessiert: Der erste Freitag, der 13. im Jahre 2000 war erstaunlicherweise erst im Oktober.

Wir können festhalten:

---

41 In Sprachen wie Pascal oder Modula-2 gibt es für Mengen-Operationen eigene Datentypen und Operatoren. Bei der Definition der Programmiersprache Ada hat man diese absichtlich weggelassen und empfiehlt stattdessen auch Bit-Operationen für diesen Zweck.

Der Datentyp bit ist allgemeiner und mithin mächtiger als spezielle Datentypen für logische und Mengen-Operationen!

Dass wir in der put-Anweisung einfach Zeichenfolgen mit dem Funktionswert der search-Funktion verketten, ist in PL/I nichts Besonderes! Vor der Verkettung wird die Zahl natürlich in eine Zeichenfolge umgewandelt, wie der Verkettungsoperator es erfordert.

Aufpassen muss man nur bei der Reihenfolge der zu verkettenden Operanden. Entscheidend ist beim IBM-Standard, ob decimal- oder char-Daten vorkommen, dann nämlich findet eine Zeichenverkettung statt. Ist nur bit oder binary beteiligt, so wird eine Bitverkettung durchgeführt, entscheidend ist bei mehreren Verkettungen natürlich die Reihenfolge:

```
dcl K fixed bin init (0);
put list (K || '0' || '1'b);
put list (K || '1'b || '0');
```

Von der ersten put-Anweisung wird '~~~~~~001' ausgegeben (K wird zunächst nach decimal umgewandelt), von der zweiten '00000000000000010' (binary zunächst nach bit)! Beim ANSI-Standard dagegen werden bei der Verkettung auch fixed-binary-Daten immer nach character umgewandelt, was wieder einmal praxisgerechter ist.

A26: Verändern Sie Beispiel B30 so, dass die Anzahl der Freitage, den 13., ausgegeben wird. Ein Hinweis: Es gibt eine spracheigene Funktion auch dafür!

2.7.3 Die Maschine naht – UNSPEC und andere

Es gibt eine spezielle spracheigene Funktion in PL/I, die an sich in keine Kategorie richtig hineinpasst, die aber als Funktionswert eine Bitfolge fester Länge zurückgibt: Die unspec-Funktion liefert von jeder Datenart in PL/I die interne Darstellung, gedacht als Bitfolge. unspec kommt vom englischen Wort *unspecified* und bedeutet soviel wie „ohne Attribut gesehen", allein als Folge der Bits, aus denen ja im Prinzip alle Daten bestehen. Genau wie bei der schon erwähnten spracheigenen Funktion picspec wird nichts umgewandelt, sondern der angegebene Speicherplatz als Bitfolge angesehen.

Auch hier muss man wieder einen Unterschied der Standards erwähnen: Ist das Argument der unspec-Funktion eine Matrix, so liefert die Funktion beim ANSI-Standard die Bitdarstellung der gesamten Matrix, im IBM-Standard aber eine Matrix der Bitdarstellungen der Elemente. Will man nur bei unspec die ANSI-Regel verwenden, so sollte man nicht die default-Option, die ja alles auf ANSI umstellt, verwenden, sondern die Option usage (unspec(ans)).

Nun ist aber in PL/I nicht definiert, wie die interne Darstellung z. B. einer float-Zahl aussieht. Ebenso: Wendet man unspec auf eine char-var-Folge an, so stellt man fest, dass vor der eigentlichen Zeichenfolge ein 2-Byte-Präfix steht, in dem intern als fixed-bin-(15)-Zahl die aktuelle Länge gespeichert ist. Die unspec-Funktion bietet also Möglichkeiten der Manipulation, die ein Programm „nicht-portabel" werden lassen:

Ein Programm, das die unspec-Funktion verwendet, wird wahrscheinlich auf einem anderen Rechnertyp nicht unverändert laufen können!

Trotzdem kann sie in Anwendungen, die gerade Hardware-Eigenschaften berücksichtigen sollen, von großem Nutzen sein. Hinzu kommt, dass unspec auch als Pseudovariable verwendet werden kann. Die folgende Anweisung ist nur für den sogenannten EBCDIC-Code geeignet, wenn man erwartet, dass sie einen Großbuchstaben in den entsprechenden Klein-buchstaben verwandelt:

```
dcl C char init ('A');
unspec(C) = unspec(C) & '0111_1111'b;
/* Umwandlung Groß- nach Kleinbuchstaben (EBCDIC) */
```

Auf der rechten Seite des Gleichheitszeichens sehen wir zunächst die spracheigene Funktion unspec. Da ein Zeichen aus 8 Bits besteht, kann man das logische „Und" bitweise mit der rechten Bit-Konstanten ausführen. Wenn man ein Bit mit '1'b „undet", also mathematisch gesehen das logische Und bildet, bleibt es unverändert. „Undet" man dagegen mit '0'b, so wird es auf '0'b gesetzt. Mit anderen Worten, die obige Zuweisung setzt das erste Bit auf '0'b – genau so unterscheiden sich im EBCDIC-Code Klein- und Großbuchstaben!

Wer meint, dies auch mit Hilfe der bit-Pseudovariablen substr machen zu können, dem sei gesagt, dass er dann eine weitere Variable braucht, weil das Ineinanderschachteln von Pseudovariablen verboten ist:

```
substr(unspec(C), 1, 1) = '0'b; /* VERBOTEN!!! */
```

In Analogie zu

```
substr(S, verify(S, ' '), 1) = 'X'; /* erlaubt */
```

gäbe es für den Compiler nämlich Schwierigkeiten zu erkennen, ob die spracheigene Funktion oder die Pseudovariable gemeint wäre. Man muss also schon programmieren:

```
dcl B bit (8);
dcl C char init ('A');
B = unspec(C);
substr(B, 1, 1) = '0'b;
unspec(C) = B;
```

Also erstens braucht man eine zweite Variable und zweitens sind Zuweisungen von Bit-Unterfolgen (*bit-substrings*) erfahrungsgemäß sehr aufwändig. Wenn es um Rechenzeit-Minimierung geht – und warum macht man sonst derartige Bit-Manipulationen –, dann kann man auch gleich die Operatoren & und | verwenden, um irgendwelche Bits auf '1'b oder '0'b zu setzen. Das logische „Oder" ist nämlich so definiert, dass überall dort, wo mit '1'b „geodert" wird, ein '1'b erscheint:

```
dcl A bit (5) init ('01010'b);
put list (A | '10000'b);
```

Ausgegeben würde die Bitfolge '11010'b, da nur das erste Bit auf '1'b geändert würde.

Diese Ratschläge sind bitte so zu verstehen, dass sie nur dann angewendet werden sollen, wenn Rechenzeitersparnis oberstes Ziel ist. Ein solches Programm kann auf keinen anderen Rechnertyp unverändert portiert werden und ist auch für einen anderen Programmierer als den Autoren des Programms völlig unverständlich, es sei denn, die Anweisungen wären gut dokumentiert. Es empfiehlt sich in einem solchen Fall, pro Anweisung einen Kommentar vorzusehen, der beschreibt, was in Wirklichkeit passiert, wie ich es auch im Beispiel mit der Umwandlung nach Großbuchstaben getan habe. Übrigens glaube ich nicht, dass diese Methode schneller ist als die Benutzung der spracheigenen Funktionen uppercase and lowercase.

In diesem Abschnitt will ich nur demonstrieren, wie maschinennah man in PL/I program-mieren kann, nicht etwa, dass man so programmieren sollte. In erster Linie ist ein übersichtliches Programm ein gutes Programm. Erst wenn man mit der Rechenzeit an Grenzen stößt, die den Kauf eines größeren Rechners nahelegten, sollte man sich an Bitmanipulationen der eben beschriebenen Art heranwagen.

Für Zwecke der maschinennahen Programmierung gibt es auch eine andere Schreibweise von Zeichen- und Bitfolgen. Systemprogrammierer sind gewohnt, in Hexadezimalzahlen zu denken. Wir erinnern uns, dies sind Zahlen zur Basis 16, bei denen immer 4 Bits zu einer Ziffer zusammengefasst sind. Zu den bekannten Ziffern 0 bis 9 nimmt man noch A, B, C, D, E und F hinzu. Die Bitfolge `'1100_0001'b` kann man auch schreiben als `'C1'bx`, wobei das x auf heXadezimal hindeutet. Auch Zeichenfolgen kann man hexadezimal Werte zuweisen:

```
dcl A char;
A = '4D'x;
put list (A);
```

Beim ASCII-Code würde tatsächlich der Buchstabe M ausgegeben. Mit der `bx`-Notation erspart man sich das Abtippen langer Bitkonstanten, durch die x-Notation kann man auch Zeichen eingeben, die auf der üblichen Tastatur nicht vorhanden sind. Allerdings legt man sich so auf einen bestimmten Code fest. Zur besseren Lesbarkeit kann man wieder Unterstriche einfügen, z. B. `'0d_0a'x`.

Statt `'c1'bx` kann man auch `'c1'b4` schreiben, was darauf hindeutet, dass immer vier Bits zu einer neuen Ziffer zusammengefasst werden. Wem das etwas sagt, mit `'17'b3` kann man eine Bitfolge auch mit Oktalzahlen darstellen, als Bitfolge wäre das `'001_111'b`.

Wo wir schon gerade bei maschinennahen Dingen sind: Die beiden Attribute <u>aligned</u> (engl. für: ausgerichtet) und <u>unaligned</u> erlauben ein Abwägen zwischen Rechenzeit und Speicherplatz. Mit <u>fixed</u>-<u>bin</u>-(31)- und <u>float</u>-Zahlen kann der Rechner schneller umgehen, wenn sie auf bestimmten Byte-Grenzen gespeichert sind, nämlich auf denen, deren Adresse durch 4 teilbar ist.[42] In Strukturen könnte man andererseits Platz sparen, wenn dicht gepackt würde. Im folgenden Beispiel unterscheiden sich die Strukturen A und B genau in dieser Weise:

```
dcl 1 A,
      2 E float,
      2 X char (1),
      2 F float;
dcl 1 B,
      2 E float,
      2 X char (1),
      2 F float unaligned;
```

In der Struktur A befindet sich hinter der Variablen X unbenutzter Speicherplatz von 3 Byte Länge (das sogenannte *padding*, engl. für: Polsterung), da PL/I davon ausgeht, dass mit <u>float</u>-Zahlen schnell gerechnet werden soll – implizit gilt für diese <u>aligned</u>. 8-Byte-Gleitkommazahlen und 16-Byte-Gleitkommazahlen beginnen auf einer durch 8 teilbaren Adresse, unabhängig davon, ob es sich um binäre, dezimale oder hexadezimale handelt. Es gibt also hardwaremäßig keine 16-Byte-Grenze. In der Struktur B gibt es keinen unbenutzten Speicherplatz.

---

42 Dies liegt an der Breite des Zugriffspfades vom Prozessor zum Speicher: Bei <u>unaligned</u> muss für eine
    Variable ggf. zweimal zugegriffen werden (nämlich wenn eine Pfadgrenze überschritten wird).

Auch für 2-Byte-, 4-Byte- und 8-Byte-Zahlen des Typs `fixed` `binary` gilt, dass sie auf einer Grenze beginnen, die ihrer Länge entspricht. Da `varying`-Folgen einen 2-Byte-Längenpräfix besitzen, verhalten sie sich in ihrer Ausrichtung wie 2-Byte-Zahlen. Für alle Programmsteuerungsdaten (`entry`, `file`, `pointer`, ...) gilt, dass sie auf einer 4-Byte-Grenze beginnen.

Wie sparsam PL/I mit Speicherplatz umgeht, auch wenn man versucht, ihn zu vergeuden, sieht man in der folgenden Deklaration:

```
dcl 1 A dim (10),
      2 X float,
      2 Y char (1);
```

Zwischen zwei Elementen der Matrix A werden immer drei unbenutzte Bytes eingefügt, um die Ausrichtung der `float`-Variablen zu gewährleisten – allerdings nicht am Ende. A belegt also nicht 80 Byte, sondern nur 77!

Auch hier gibt es für alle Datentypen eine Standardannahme, z. B. fangen Zeichenfolgen auf dem nächsten Byte und Bitfolgen beim nächsten Bit an. Bei `varying`-Folgen führt eine Ausrichtung auf 2-Byte-Grenzen, bei Bits eine auf Byte-Grenzen zu einer kürzeren Ausführungszeit, was man durch Angabe des `aligned`-Attributs erreichen kann. Im Normalfall sollte man sich um die Ausrichtung der Daten im Speicher aber keine Gedanken machen: Bei schnellen Rechnern mit breitem Zugriffspfad auf den Hauptspeicher ist der erzielbare Effekt nur minimal.

Der Vollständigkeit halber möchte ich auch erwähnen, wie Bitfolgen in `binary`-Zahlen umgewandelt werden. Die Bitfolge wird einfach als binäre ganze Zahl ohne Vorzeichen aufgefasst. Handelt es sich um eine Operation, so gilt (ähnlich wie bei der Umwandlung einer Zeichenfolge bei einer Operation) die Regel, dass die binäre ganze Zahl als eine solche mit maximaler Genauigkeit aufgefasst wird, üblicherweise also als `fixed` `bin` (31).

Umgekehrt wird eine binäre Festkommazahl in eine Bitfolge umgewandelt, indem das Vorzeichen und etwaige Nachkommastellen weggelassen werden. Die Folge hat also als Länge die Anzahl der deklarierten Binärstellen vor dem Komma, nachdem der Absolutwert der Zahl berechnet (also das Vorzeichen auf Plus gesetzt) wurde:

```
dcl F fixed bin (15,1) init (-3.5);
put (bit(F));
```

Es wird eine Zeichenfolge der Länge 14 ausgegeben: `'00000000000011'b`, Vorzeichen und Nachkommastellen wurden entfernt.

Will man eine Zahl mit dem Attribut `fixed` `bin` (15) in eine Bitfolge umwandeln, so ergibt sich als Länge einfach 15.

2.8 Abstrakte Datentypen

Die bisher besprochenen Datentypen bezogen sich immer konkret auf Eigenschaften der Hardware. In PL/I kann man aber auch Datentypen definieren, die nur indirekt eine Entsprechung in Maschineninstruktionen besitzen – sogenannte abstrakte Datentypen. In diesem Abschnitt werden wir lernen, dass man in PL/I z. B. auch Farben benutzen kann – sowohl Farbvariablen als auch -konstanten.

2.8.1 Typen mit Decknamen – DEFINE ALIAS

Die einfachste Art, eigene Datentypen zu definieren, geschieht mit der define-alias-
Anweisung. Sind Sie z. B. aus Ihrer bisherigen Lieblingsprogrammiersprache an den Typ
int gewöhnt, so brauchen Sie nur zu schreiben:

```
define alias int fixed bin (31);
```

und schon können Sie diesen Datentyp benutzen:

```
dcl X type int;
```

wobei das Schlüsselwort type jedem verdeutlicht, dass das Wort int nicht ein PL/I-
Attribut ist (das gibt es zwar auch, und das mit anderer Bedeutung, aber das braucht Sie
nicht zu kümmern), sondern von Ihnen ausgedacht wurde. Sie könnten übrigens sogar eine
Variable Int als type int deklarieren, das würde nicht negativ auffallen. Man sagt, die
sogenannten Namensräume für Variablen und Typen sind verschieden!

Mehr Vorteile als Schreibersparnis oder höhere Übersichtlichkeit dürfen Sie nicht erwarten.
Variablen vom Typ int und Variablen vom Typ fixed bin (31) gelten als vom selben
Typ, können beispielsweise miteinander verknüpft werden.[43] Als Basistyp sind alle Berech-
nungsdaten und alle Programmsteuerungsdaten zugelassen, auch die, die wir erst noch ken-
nenlernen werden. Nicht aufführen darf man allerdings das Dimensionsattribut oder eine
Strukturierung.

2.8.2 Farbe bekennen – Aufzählungstypen

Waren die Aliasnamen nur andere Wörter für schon bekannte Datentypen, so sollen jetzt
eigene Datentypen vorgestellt werden, die nichts mit schon bekannten zu tun haben. Hierzu
führen wir zunächst eine weitere Art der define-Anweisung ein:

```
define ordinal Farbe
    (rot, orange, gelb, grün, blau, indigo, violett);
```

Hinter define ordinal steht der zu definierende Datentyp, in Klammern wird die Liste
der möglichen Werte aufgezählt. Die Farben rot, orange usw. sind also Konstanten.
Bleibt noch die Frage, wie man Variablen deklariert:

```
dcl Oberflächenfarbe type Farbe;
```

Der Variablen Oberflächenfarbe dürfen jetzt nur Konstanten aus der Liste oder Ausdrücke des Typs Farbe zugewiesen werden. Alles andere verhindert der Compiler!
ordinal-Typen lassen sich nicht mit anderen Datentypen verknüpfen.

Auf das erste Problem stoßen wir, wenn wir versuchen, mit Hilfe der do-Schleife alle Farben zu durchlaufen. Die to-Option ist für Zahlen gedacht und nicht für Farben. Wenn Sie
sich erinnern, die Laufvariable der Zählschleife wird immer um ein Inkrement zu weit
gezählt – es ist wirklich nicht ersichtlich, was in unserer Liste hinter violett kommen soll.
Abhilfe schafft hier, statt der Schlüsselwörter to und by das Schlüsselwort upthru zu
benutzen. Es ist so definiert, dass exakt nur die möglichen Werte durchlaufen werden, in der
Reihenfolge der Definitionsliste. In umgekehrter Reihenfolge durchläuft man die Liste mit
downthru, hier beide Möglichkeiten:

---

43 Für Sprachtheoretiker: Dies ist also kein *strong typing*!

```
do Farbe = rot upthru violett;
   ...
   end;

do Farbe = indigo downthru orange;
   ...
   end;
```

Das nächste Problem tritt auf, wenn man Ordinaldaten einlesen oder ausgeben will. Wie soll man auch Werte ausgeben, die mit voller Absicht nicht als Zahlen oder Zeichenfolge repräsentiert werden? Nun – immerhin gibt es eine spracheigene Funktion, um einen Ordinalwert in eine Zeichenfolge umzuwandeln: ordinalname. Beachten muss man allerdings, dass der Konstantenname in Großbuchstaben zurückgegeben wird!

So – jetzt haben wir alles beisammen, um ein Beispiel verstehen zu können:

```
B31: /* Regenbogenfarben (ORDINAL) */
procedure options (main);

define ordinal Regenbogenfarbe
   (rot, orange, gelb, grün, blau, indigo, violett);

dcl Farbe                       type Regenbogenfarbe;
dcl Wort                        char (7) var;
dcl Wort_ist_eine_Regenbogenfarbe bit;

/* Farbe einlesen: */
put list ('Bitte eine Farbe:');
get edit (Wort) (l);

/* Feststellen, ob Regenbogenfarbe: */
Wort_ist_eine_Regenbogenfarbe = '0'b;
do Farbe = rot upthru violett;
   if translate(Wort, 'ABDEGILNORTUVÜ', 'abdegilnortuvü')
      = ordinalname(Farbe) then
         Wort_ist_eine_Regenbogenfarbe = '1'b;
   end;

/* Bewertung bekanntmachen: */
if Wort_ist_eine_Regenbogenfarbe
   then
      put list (Wort || ' ist eine Regenbogenfarbe!');
   else
      put list (Wort || ' ist keine Regenbogenfarbe!');

end B31;
```

Wir lesen eine Zeichenfolge ein (man beachte das l-Format!) und vergleichen sie mit jedem Farbnamen (die Funktion uppercase können wir wegen des Üs nicht verwenden). Dann teilen wir mit, ob es eine Regenbogenfarbe war. Zugegeben, diesen Effekt könnte man auch mit konkreten Datentypen erreichen. Aber das ist eine Binsenweisheit: Man kann immer von einem höheren Abstraktionsniveau auf ein niedrigeres herabsteigen.

Vorteile eines abstrakten Datentyps sind:

1. Man sagt, um was für Daten es sich handelt – nicht, wie etwas intern realisiert ist.

2. Eigenständige Datentypen[44] verhindern, dass aus Versehen unsinnige, aber formal korrekte Verknüpfungen vom Compiler akzeptiert werden.

Den einzigen Nachteil sehe ich in übertriebener Benutzung abstrakter Datentypen. Wenn es von Namen nur so wimmelt, leidet natürlich auch die Übersichtlichkeit.

Unser Beispiel hat einen weiteren Nachteil: Die Unter- und die Obergrenze der Farbschleife ist durch Konstanten spezifiziert. Hier wünscht man sich ähnliche spracheigene Funktionen wie bei Matrizen. Der Wunsch kann erfüllt werden: Analog zu `lbound` gibt es `first`, analog zu `hbound` gibt es `last`. Doch was soll man als Argument angeben, etwa den Datentyp `Regenbogenfarbe`? Sonst verlangen spracheigene Funktionen doch Daten und nicht Datentypen! Genau das ist der Punkt: Um spracheigene Typfunktionen von normalen spracheigenen Funktionen unterscheiden zu können, muss man innerhalb der Argumentklammern zusätzlich Doppelpunkte setzen. Unsere Schleife könnte allgemein so aussehen:

```
do Farbe = first(:Regenbogenfarbe:) upthru
           last(:Regenbogenfarbe:);
   ...
   end;
```

`first` und `last` geben also einen Wert genau des Datentyps zurück, der als Argument übergeben wurde. In späteren Kapiteln dieses Buches werden wir noch weitere Typfunktionen kennenlernen.

Es gibt auch noch zwei „normale" spracheigene Funktionen: `ordinalpred` und `ordinalsucc`, wobei `ordinalpred` den Vorgänger (engl. *predecessor*) und `ordinalsucc` den Nachfolger (engl. *successor*) des Arguments zurückgibt. Mit den folgenden Anweisungen erzielt man also denselben Effekt:

```
do Farbe = first(:Regenbogenfarbe:)
           repeat ordinalsucc(Farbe)
           until (Farbe = last(:Regenbogenfarbe:));
   ...
   end;
```

Es gilt ja: `until` vor `repeat`!

Wenn Sie jetzt noch wissen wollen, wie Aufzählungstypen intern gespeichert werden, dann verrate ich Ihnen noch ein paar weitere Angaben, die Sie in der `define`-`ordinal`-Anweisung benutzen können. In der Anweisung

```
define ordinal Himmelsrichtung
   (Nord value (-2), West, Ost value (+1), Süd)
   precision (7) signed;
```

sieht man, was hinter allem steckt: ganze Binärzahlen, mit oder ohne Vorzeichen. Wenn keine `value`-Angaben spezifiziert wurden, so beginnt PL/I mit der Zahl 0 für die erste Konstante und erhöht bei jeder weiteren um 1. Wenn doch, so müssen alle Angaben streng aufsteigend sortiert sein, fehlende Werte ergänzt der Compiler ebenfalls durch Erhöhen um 1. Gibt man keine Genauigkeit oder keine Vorzeichenhaftigkeit an, so gilt das, was auf Grund der angegebenen Konstanten gerade ausreicht: 1 Byte, 2 Bytes oder 4 Bytes, mit oder ohne

---

44 Wieder für Sprachtheoretiker: Eigenständig sei in diesem Buch die Übersetzung des engl. Begiffs *strong* (bei „*strong typing*").

Vorzeichen. (Mit der Compiler-Option `default (ordinal (max))` kann man erreichen, dass immer 4 Byte genommen werden.)

Möchte man doch einmal die interne Codierung einer Himmelsrichtung wissen, so kann man die spracheigene Funktion binaryvalue benutzen (Abk. binvalue). Durch die Anweisung

```
put (binvalue(Nord)+binvalue(Süd));
```

würde man erfahren, dass Norden und Süden sich nach meiner Definition nur durch das Vorzeichen unterscheiden.

Von der internen Zahl kommt man auch wieder zur entsprechenden Ordinalzahl, nämlich mit Hilfe einer Typfunktion. Zur Auswahl stehen in unserem Fall respec und cast, die im folgenden Beispiel einander gegenübergestellt werden:

```
B32: /* Umwandlung (RESPEC, CAST) */
procedure options (main);

define ordinal Essen (Suppe, Hauptgang, Nachtisch);

dcl Menü1 type Essen;
dcl Menü2 type Essen;
dcl Eins  fixed bin (8) unsigned init (1);

Menü1 = respec(:Essen, Eins:);
Menü2 = cast(:Essen, 1:);
put (ordinalname(Menü1));
put (ordinalname(Menü2));

end B32;
```

Wohlgemerkt, respec und cast sind nicht auf ordinal beschränkt. Die Typfunktion respec lässt das zweite Argument in seiner internen Darstellung unverändert, liefert es jedoch mit den Attributen des ersten Arguments versehen zurück. Wie bei picspec und unspec wird nichts berechnet, sondern der angegebene Speicherplatz als von anderem Typ angesehen.

Die Typfunktion cast ist etwas abenteuerlich definiert. Es wandelt nämlich das zweite Argument um in den Typ des ersten Arguments – und das nach den ANSI-Regeln für die Programmiersprache C. Für respec muss man also eine korrekte Bitfolge liefern, cast wandelt einigermaßen sinnvoll um. „Einigermaßen" deshalb, weil bei cast C-gemäß ggf. keine Rücksicht auf falsche Daten genommen wird. Wenn Sie also ein C-Programm nach PL/I umwandeln wollen, wird Ihnen das mit der spracheigenen Funktion cast sehr erleichtert. Ansonsten sehe ich keinen Sinn darin, in PL/I eine Funktion zu verwenden, für deren Definition ein C-Handbuch nötig ist. Der neue DFP-Datentyp (float decimal in Hardware) darf bei cast natürlich nicht verwendet werden, er ist in C ja unbekannt.

2.8.3 Starke Typen – DEFINE STRUCTURE

Wir wollen an dieser Stelle schon einen Blick auf einen weiteren Datentyp werfen, den Strukturtyp. Dessen weiter gehende Möglichkeiten werden wir aber erst in Abschnitt 4.4 kennenlernen. Auf den ersten Blick sieht alles sehr ähnlich wie bei normalen Strukturen aus. Beginnen muss man aber wieder mit einer define-Anweisung, z. B.:

```
define structure 1 Rational,
                2 Zähler fixed bin (31),
                2 Nenner fixed bin (31);
```

Allerdings hat man so nur einen abstrakten Datentyp definiert, keine Variable. Dies geht dann genauso wie bei define alias und define ordinal:

```
dcl Zahl type Rational;
```

Was kann man nun mit der Variablen Zahl machen? Die Antwort lautet: Deutlich weniger, als wenn man eine normale Struktur genommen hätte! Dies ist aber beabsichtigt, mit einer Typstruktur kann man nur das machen, was für sie definiert ist. Addieren ist z. B. nicht möglich für die gesamte Struktur, sondern nur für die Elemente.

Genauso ist es mit der Ein- und Ausgabe! Auch die einfache Methode, eine Zahl auf eine Struktur zuzuweisen, um allen Elementen einen Wert zu geben, ist mit Typstrukturen nicht möglich:

```
Zahl = 0; /* verboten */
put list (Zahl); /* verboten */
```

Das wäre ja die Zuweisung einer fixed-dec-Konstanten auf eine Variable vom Typ Rational bzw. der Versuch, eine Rational-Variable in eine Zeichenfolge umzuwandeln. Erlaubt ist natürlich::

```
Zahl.Zähler, Zahl.Nenner = 0: /* erlaubt */
put list (Zahl.Zähler, Zahl.Nenner); /* erlaubt */
```

Weitere Besonderheiten tauchen auf, wenn man Matrixelemente einführen will. Die Typstruktur selbst darf nicht ein Dimensionsattribut besitzen, Unterstrukturen wohl:

```
define structure 1 Lohntüte,
                2 Name char (20) var,
                2 Tagelohn dim (7) fixed dec (5,2);
dcl Umschlag type Lohntüte;
```

Man darf zwar nicht das initial-Attribut in einer Typstrukturdefinition verwenden, aber durchaus sagen

```
Umschlag.Tagelohn = 0;
```

und hat so die gesamte Matrix auf 0 gesetzt. Tagelohn ist eine ganz normale Matrix, Lohntüte dagegen wie ein Aufzählungstyp ein eigenständiger Datentyp. Deutlich erweitert gegenüber normalen Strukturen ist die Punktschreibweise: Vor dem Punkt darf nämlich ein Typ-Ausdruck stehen, wie wir in Abschnitt 4.4 sehen werden.

Jetzt haben wir alle drei Arten der define-Anweisung kennengelernt:

Typ 1: define alias Name Attribute;

Typ 2: define ordinal Name (Werteliste);

Typ 3: define structure 1 Name [union], 2 Name Attribute, ... ;

Abbildung 34. Die DEFINE-Anweisungen (UNION siehe Abschnitt 6.2.1)

2.9 Zeitberechnungen

Zwar gibt es in PL/I keine eigenen Datentypen für Datum und Uhrzeit,[45] dafür aber jede Menge spracheigene Funktionen, mit denen man bis zu Papst Gregor zurückrechnen kann.

2.9.1 Der Schrecken der Jahrtausendwende – Datum und Uhrzeit

In den neunziger Jahren des 20. Jahrhunderts begann allmählich alle Welt zu merken, dass man demnächst 4 Stellen für die Jahreszahl brauchen würde. In sämtlichen Datenbanken waren aber nur 2 Stellen vorgesehen! Auch ich werde also die spracheigene Funktion date nicht mehr erwähnen, die sich die Erfinder von PL/I 1966 ausgedacht hatten: date liefert nämlich nur 2 Stellen für die Jahreszahl. Stattdessen möchte ich auf die Funktion datetime eingehen, die sowohl das Datum als auch die Uhrzeit in großer Ausführlichkeit präsentiert. Zurückgegeben wird eine Zeichenfolge des (absichtlich englischsprachigen) Musters 'YYYYMMDDHHMISS999', wobei YYYY für vier Stellen Jahreszahl, MM für zwei Stellen Monat und DD für den zweistelligen Tag steht. Die weiteren Stellen: HH für Stunden, MI für Minuten, SS für Sekunden und 999 für Tausendstel Sekunden.

Benötigt man Uhrzeit und Datum im Format ISO 8601, so kann man programmieren:

```
dcl Zeit char (17) init (datetime());
put edit ('Datum und Uhrzeit: ',
          substr(Zeit, 1, 4), '-',
          substr(Zeit, 5, 2), '-',
          substr(Zeit, 7, 2), ' ',
          substr(Zeit, 9, 2), ':',
          substr(Zeit, 11, 2), ':',
          substr(Zeit, 13, 2)) (a); /* 2000-10-13 17:43:39 */
```

Wenn man das Datum mehrmals braucht, sollte man, wie hier geschehen, eine Variable zur Zwischenspeicherung benutzen. Anderenfalls könnte es passieren, dass Mitternacht zwischen den beiden Aufrufen liegt – abgesehen vom erhöhten Rechenaufwand.

Jetzt fehlen noch die Gründe, warum ich das Muster englisch geschrieben habe. Man kann nämlich auch ein Argument an datetime übergeben, und das nach obigem Muster oder einem ähnlichen! Folgende Muster sind zulässig:

```
'YYYYMMDDHHMISS999'
'YYYYMMDD'
'YYYYDDD'
'YYYYMM'
'YYYY'
'MMDDYYYY'
'MMYYYY'
'DDMMYYYY'
'DDDYYYY'
```

sowie die von Datenbanken bekannten

```
'YYYY-MM-DD'
'MM/DD/YYYY'
'DD:MM:YYYY'
```

---

45 Das zusätzliche Attribut date möchte ich nicht als eigenen Datentyp verstehen.

Mit DDD ist übrigens eine dreistellige Tageszahl gemeint, die Nummer des Tages innerhalb eines Jahres. Es gibt noch weitere Muster, die z. B. den englischsprachigen Monatsnamen enthalten oder zweistellige Jahreszahlen, was aber nicht allzu sinnvoll erscheint. Möchte man nur die Uhrzeit abfragen (die entsprechenden Muster gibt es nämlich bei datetime nicht), so benutze man die spracheigene Funktion time, der man kein Argument mitgeben darf, es liefert immer nach dem Muster 'HHMISS999'.

Eine Tatsache darf ich aber nicht verschweigen: Aktuelles Datum und aktuelle Uhrzeit kann PL/I natürlich nur in der Exaktheit mitteilen, wie sie der Rechner „weiß". Irgendjemand muss sie ihm mal gesagt haben – wenn nicht gerade eine Funkuhr oder ein Timeserver zur Verfügung steht.

2.9.2 Eine Sprache mit SECS – das Lilianische Format

Nun kann man in PL/I nicht nur Datum und Uhrzeit abfragen, sondern auch mit Zeiten rechnen. Dazu bedarf es nur einer Handvoll spracheigener Funktionen. Die Hauptrolle spielt aber das sogenannte lilianische Format – so benannt nach Luigi Lilio, dem Erfinder des gregorianischen Kalenders (nach dem 1900 kein Schaltjahr ist und 2000 doch!). Sinnvolle Berechnungen sind nämlich erst möglich, wenn man sich in Zeiten ab dem 15. Oktober 1582[46] bewegt. Dieser Tag ist bei Zeitrechnungen in PL/I der Tag 1. Die spracheigene Funktion days liefert immer eine Tagesanzahl seit diesem Datum, die spracheigene Funktion secs liefert die Anzahl Sekunden, die seit damals vergangen sind.

Hier die genauen Spezifikationen: Beide Funktionen haben zwei Parameter: eine Zeitangabe und ein Zeitmuster. Zum Beispiel liefert

```
put list (days('20000922', 'YYYYMMDD'),
          secs('20000922', 'YYYYMMDD'));
```

die Anzahl Tage und die Anzahl Sekunden, die am 22.09.2000 seit Einführung des Gregorianischen Kalenders vergangen sind. Lässt man das zweite Argument weg, so nimmt PL/I das Standardmuster 'YYYYMMDDHHMISS999' an, das wir ja schon bei datetime kennengelernt haben. Lässt man beide Argumente weg, so nimmt PL/I auch den Rückgabewert von datetime an. Wenn Sie also in irgendeinem Jahr die Tage wissen wollen, die Sie noch bis Weihnachten warten müssen, so hilft:

```
put (days(left(datetime(),4)||'1224', 'YYYYMMDD') - days());
```

wobei left dazu verwendet wird, die Jahreszahl aus datetime zu entnehmen. (Sollte die Zahl negativ sein, so haben Sie – frei nach dem Kinderreim – Weihnachten „verpennt"!)

Damit auch alle Daten gespeichert werden können, liefert days einen fixed-bin-(31)-Wert zurück und secs einen float-binary-(53)-Wert.

Auch die Umkehrfunktionen von days und secs sind vorhanden: daystodate und secstodate, wobei mit dem zweiten Argument wieder spezifiziert werden kann, welche äußere Form das Datum haben soll. Wer es brauchen kann: Zur weiteren Umrechnung von Tagen und Sekunden ineinander gibt es die spracheigenen Funktionen daystosecs und secstodays.

Möchte man mit Minuten und Stunden rechnen, so dividiere man einfach die Sekunden durch 60 bzw. multipliziere die Tage mit 24, spezielle Funktionen dafür wären wirklich

---

46 Papst Gregor verfügte, dass dieser Tag unmittelbar auf den 4. Oktober 1582 folgen möge.

überflüssig. Aber wie soll man es anstellen, wenn man den Wochentag wissen möchte? Um
das alles zu vereinfachen, gibt es die spracheigene Funktion weekday. Man muss sich jetzt
nur noch merken, dass der Sonntag für PL/I der erste Wochentag ist und der Samstag die
Nummer 7 trägt,[47] ansonsten ist das erste Argument von weekday die Nummer des Tages,
wie sie von days zurückgegeben wird. Die Anweisung

```
put list (weekday(days('20000101')));
```

verrät einem, dass der 1. Januar 2000 ein Samstag war.

Bevor man days und secs aufruft, kann man mit gleicher Argumentliste die spracheigene
Funktion validdate aufrufen. Diese liefert '1'b, wenn das erste Argument ein gültiges
Datum ist, interpretiert nach dem Muster des zweiten Arguments, '0'b sonst. Ist ansonsten
das Muster ungültig, so wird die error-Bedingung ausgelöst und das Programm ggf. abge-
brochen (Genaues erst in Abschnitt 3.3). Möchte man z. B. wissen, ob das Jahr 1900 ein
Schaltjahr war, so reicht der Aufruf:

```
if validdate('19000229')
    then put list ('1900 war ein Schaltjahr!');
    else put list ('1900 war kein Schaltjahr!');
```

Die nächste Jahrtausendwende nach 2000 wird übrigens für PL/I-Programme kein Problem
darstellen: Die möglichen Datumsangaben reichen bis einschließlich 31. Dezember 9999.

Wie wäre es mit einer Aufgabe:

*A27: Lesen Sie ein Datum ein und geben Sie den Wochentag des Tages aus, der 100 Tage
später kommt!*

2.9.3 Rache des Ererbten – Umwandlung von Jahreszahlen

Hier noch ein Abschnitt, der wahrscheinlich gegen Ende des 21. Jahrhunderts wieder größere Bedeutung erlangen wird.

Um in alten Programmen ein zweistelliges Datum in ein vierstelliges zu verwandeln, hat
man sich drei spracheigene Funktionen ausgedacht, die solches bewerkstelligen. y4date
erweitert ein Datum des Musters 'YYMMDD' in ein solches des Musters 'YYYYMMDD',
y4julian geht von Muster 'YYDDD' nach 'YYYYDDD' und y4year von 'YY' nach
'YYYY'. Gibt man nur ein Argument an, so ist der Algorithmus denkbar einfach: Ist die Jahreszahl größer oder gleich 50, so handelt es sich um ein Datum im letzten, sonst in diesem
Jahrhundert. Etwas allgemeiner ist die Funktion repattern. In der Anweisung

```
put (repattern('990102', 'YYYYDDD', 'YYMMDD'));
```

liegt ein Datum gemäß Muster YYMMDD vor und wird in ein Datum gemäß Muster YYYYDDD
umgewandelt. Ausgegeben wird also 1999002.

Wenn es nicht 50 sein soll, so benutze man die Compiler-Option window. Mit window
(1980) kann man z. B. erreichen, dass 90 als 1990 und 70 als 2070 interpretiert wird, 80
als 1980. Noch raffinierter ist ein negativer Wert: -20 heißt etwa, dass das Jahrhundertfens-
ter 20 Jahre vor dem aktuellen Jahr beginnen soll. Die Compiler-Option kann man nun in
den oben erwähnten vier spracheigenen Funktionen mit Hilfe eines weiteren Arguments

---

47 Dies entspricht leider nicht der ISO-Norm 8601, die für Montag die 1 verlangt und für Sonntag die 7.

überschreiben. Auch hier gibt ein positiver Wert eine Jahreszahl und ein negativer den Beginn eines Wanderfensters an.

Zur einfachen Korrektur eines „ererbten" Programms gibt es in PL/I ein weiteres Attribut. Wenn man also in einem solchen Programm auf eine Variable des Typs char (6) trifft, die womöglich noch Geburtstag oder so heißt, so füge man einfach das Attribut date hinzu und schaue, was der Compiler dazu sagt. Wird diese Variable z. B. in einem Vergleich benutzt, so passiert Folgendes: Nur für diesen Vergleich wird unter Berücksichtigung des Jahrhundertfensters ein Datum mit vierstelliger Jahreszahl erzeugt und dieses für den Vergleich benutzt. Sind die Operanden der Vergleichsoperation allerdings unterschiedlich, was die Interpretation als Datum angeht, so gibt der Compiler eine entsprechende Fehlermeldung aus.

Die Unterscheidung, was gültig ist und was nicht, erinnert schon an künstliche Intelligenz. Beim Vergleich mit einer Konstanten prüft der Compiler, ob die Konstante ein gültiges Datum darstellt oder nicht. Dementsprechend wird ein Datumsvergleich oder ein normaler Zeichenfolgenvergleich generiert:

```
dcl Geburtstag char (6) date;
if Geburtstag >= '' then ...
    /* ohne Fensterberücksichtigung (Konstante ist kein Datum) */
if Geburtstag > '470902' then ...
    /* mit Fensterberücksichtigung (Konstante ist ein Datum) */
```

Wenn man ein altes Programm aktualisieren möchte und womöglich sowohl zweistellige als auch vierstellige Jahreszahlen verarbeiten möchte, ist das erweiterte date-Attribut interessant. Fügt man noch ein Datumsmuster hinzu, so ist der PL/I-Compiler bereit, unter Berücksichtigung des Jahrhundertfensters eine Umwandlung vorzunehmen:

```
dcl Datum_alt char (6) date; /* implizit ('YYMMDD') */
dcl Datum_neu char (8) date ('YYYYMMDD');
Datum_alt = '991017';
Datum_neu = Datum_alt;
put (Datum_neu); /* 19991017 */
```

Erwähnen muss man noch, dass das date-Attribut nur bei folgenden Attributen hinzugefügt werden kann:

- char (n) nonvarying

- pic '(n)9' real

- fixed dec (n, 0) real

wobei n gleich der Länge des Datumsmusters zu sein hat.

Bei allen Manipulationen mit dem date-Attribute sollte man auch nicht vergessen, die Compiler-Option respect (date) anzugeben, window allein reicht nicht!

3. Block- und Programmstruktur

Bisher kennen wir keine Möglichkeiten, ein Programm zu strukturieren. Würden wir mit unseren bisherigen Mitteln ein größeres Problem lösen wollen, so kämen wir bald auf Tausende von Anweisungen und würden völlig den Überblick verlieren. Ganz zu schweigen von den Hunderten von Variablen, die alle gleichzeitig Speicherplatz belegen, obwohl sie vielleicht nur nacheinander gebraucht würden. Was kann hier helfen? Nun – der Mensch kann Komplexität in den Griff bekommen durch hierarchische Strukturierung. In der Programmierung spricht man auch von schrittweiser Verfeinerung. In diesem Kapitel werden wir sehen, dass es sinnvoll ist, ein Problem in Teilprobleme zu zerlegen, eventuell diese Teilprobleme wiederum in Teilprobleme usw. Die Lösung solcher Teilprobleme geschieht in PL/I durch entsprechende Teilprogramme, genannt Unterprogramme.

3.1 Geltungsbereich und Lebensdauer von Variablen

Als Anfänger probiert man wohl immer einmal die Anweisungsfolge

```
dcl N fixed bin;
get list (N);
dcl A (N) float; /* geht nicht! */
```

aus und meint damit, die Dimension einer Matrix variabel halten zu können. Solche Fehler vermeidet man, wenn man sich vor Augen hält: Was passiert zur Übersetzungszeit und was zur Ausführungszeit? PL/I stellt nun ein Sprachmittel zur Verfügung, das es erlaubt, Speicherplatz genau in den Programmabschnitten zu belegen, in denen er gebraucht wird, und ihn freizugeben, wenn er nicht gebraucht wird. Solche Programmabschnitte nennt man Blöcke, es gibt den begin- und den procedure-Block.

3.1.1 Nützlicher Wasserkopf – Der BEGIN-Block

Das obige Problem kann man mit Hilfe eines begin-Blocks folgendermaßen lösen:

```
dcl N fixed bin;
get list (N);

begin;
dcl A (N) float;
...
end;
```

Man liest also zunächst einen Wert für N ein und betritt dann den begin-Block, der durch begin und end gekennzeichnet ist. Erst in diesem Augenblick wird der Matrix A Speicherplatz zugeordnet. Da zu diesem Zeitpunkt bekannt ist, wie viel, gibt es keine Schwierigkeiten.

Wir sehen, dass die Stellung der declare-Anweisung jetzt durchaus relevant ist. Außerhalb des begin-Blocks dürfte sie nicht stehen, es käme zu einer Fehlermeldung! Ein begin-Block ist also dazu da, für bestimmte Programmabschnitte eigene Variablen zu deklarieren. Diesen wird im Normalfall bei Betreten des Blocks Speicherplatz zugeordnet, der bei Verlassen wieder freigegeben wird. Im obigen Beispiel heißt das, dass hinter der end-Anweisung nicht mehr auf die Matrix A zugegriffen werden kann. Die Lebensdauer von A ist also nur die Zeit der Aktivität des Blocks.

Andererseits kann aber im Innern des Blocks auf die außerhalb deklarierte Variable N zugegriffen werden. Da Blöcke beliebig geschachtelt werden können, ist der Geltungsbereich einer Variablen der Block, in dem sie deklariert ist – einschließlich der in diesem Block vorhandenen weiteren Blöcke. Außerhalb ist sie unbekannt.

Hier muss nun ausdrücklich vor einer gefährlichen Fehlerquelle gewarnt werden. Da gleiche Dinge auch gleich benannt werden sollten, kann es vorkommen, dass in verschiedenen Blöcken gleichnamige Variablen deklariert werden, ja, dass sogar in einem inneren Block eine Variable verwendet wird, die genauso heißt wie eine Variable aus einem äußeren Block. Dies ist erlaubt, kann aber zu Verwirrungen führen:

Vergisst man die Deklaration im Innern eines Blocks, so fällt dies nicht auf, es wird einfach die äußere (sogenannte globale) Variable verwendet.

Die Vorteile des begin-Blocks sind:

1. Speicherplatzbelegung braucht nur in dem Programmabschnitt zu erfolgen, wo erforderlich,

2. Speicherplatzbelegung kann variabel gehandhabt werden,

3. das gesamte Programm wird übersichtlicher, da die zusammengehörigen Anweisungen und Deklarationen auch nahe beieinander zu finden sind.

Demgegenüber stehen die Nachteile:

1. Ein gewisser „overhead"[48] durch den sogenannten Prolog beim Betreten des Blockes und den Epilog beim Verlassen,

2. unbeabsichtigte Nebenwirkungen durch globale Variablen.

Im Prolog wird u. a. den (sogenannten lokalen) Variablen Speicherplatz zugeordnet und ihnen ggf. ein Anfangswert zugewiesen, im Epilog wird ihr Speicherplatz wieder freigegeben.

3.1.2 Mehr als einmal – der PROCEDURE-Block

Die gleichen Vor- und Nachteile wie der begin-Block hat der sogenannte procedure-Block. Wir kennen ja schon einen solchen, den mit der Option main! Auch er wird mit einer end-Anweisung abgeschlossen. Einen procedure-Block verwendet man, wenn man ansonsten einen begin-Block mehrfach hinschreiben müsste. Die Anweisungsfolge

```
dcl N      fixed bin;
dcl Summe float init (0);

get list (N);
begin;
dcl I fixed bin;
dcl A dim (N) float;
get list (A);
do I = 1 to N;
   Summe += A(I);
   end;
end;
```

_____

48 Zu deutsch Wasserkopf, hiermit ist ein erhöhter Verwaltungsaufwand gemeint.

```
get list (N);
begin;
dcl I fixed bin;
dcl A dim (N) float;
get list (A);
do I = 1 to N;
   Summe += A(I);
   end;
end;

put list (Summe);
```

kann man kürzer und übersichtlicher schreiben:

```
dcl N       fixed bin;
dcl Summe float init (0);

get list (N);
call Lesen_und_Aufaddieren;
get list (N);
call Lesen_und_Aufaddieren;
put list (Summe);

Lesen_und_Aufaddieren:
procedure;
dcl I fixed bin;
dcl A dim (N) float;
get list (A);
do I = 1 to N;
   Summe += A(I);
   end;
end;
```

Man muss sich nur einen Namen für die Prozedur ausdenken und diese dann mit Hilfe einer call-Anweisung zweimal aufrufen. Durch die call-Anweisung wird die normale sequentielle Abarbeitung des Programms unterbrochen, es werden zwischendurch die Anweisungen der betreffenden Prozedur ausgeführt. Danach geht es hinter dem call weiter. Kommt man im normalen Programmablauf bei einer procedure-Anweisung an, so wird der procedure-Block nicht ausgeführt, sondern die Ausführung wird hinter dem zugehörigen end fortgesetzt.

3.1.3 Auf der Hut – Schachtelung von Blöcken

Problematisieren muss man noch die Frage des Geltungsbereichs von Variablen beim Unterprogrammaufruf. Betrachten wir das folgende Beispiel:

```
B33: /* Blockstruktur */
procedure options (main);

dcl S char (100) var;
S = 'A';

B: begin; /*****************************************************/
dcl S char (100) var init ('');
S = S || 'B';
call C;
end B;
```

```
C: procedure;  /***************************************************/
S = S || 'C';
end C;

put list (S);

end B33;
```

Die Frage ist: Was wird für s ausgegeben, 'A' oder 'AC'? Es gibt zwei Variablen mit dem Namen s. Nennen wir sie das globale s und das (zu B) lokale s. Auf das globale s wird zunächst 'A' zugewiesen, dann wird der Block B betreten und einem lokalen s Speicherplatz zugeordnet und ein Anfangswert zugewiesen (ein Leerzeichen). Natürlich wird an dieses lokale s das Zeichen 'B' angehängt. Jetzt wird von B aus C aufgerufen und in diesem an s der Buchstabe 'C' angehängt, aber an welches s? Nun – PL/I sieht die Dinge ganz statisch, unabhängig von einer Aufrufreihenfolge: das s in C ist das globale s, ausgegeben wird 'AC'. Eine andere Entscheidung dieses Problems wäre auch unübersichtlicher gewesen – sowohl für den Compiler als auch für den Menschen, man weiß ja nicht immer vorher, in welcher Reihenfolge irgendwie geschachtelte Blöcke betreten werden. Also:

Der Geltungsbereich einer Variablen wird vom Compiler zur Übersetzungszeit aus der Schachtelung der Blöcke bestimmt.

Vor einem begin-Block kann genauso wie bei einem procedure-Block eine Marke stehen. Der Übersicht halber kann man diese Marke in der end-Anweisung wiederholen. Die in der folgenden Syntax-Darstellung erwähnten Schlüsselwörter order und reorder sind Optimierungsangaben für den Compiler. reorder bedeutet, dass der Compiler Anweisungen des begin-Blocks beliebig umordnen kann, wenn dadurch die Ausführungszeit zu verkürzen ist. Implizit gilt die Angabe order.

---

begin [order | reorder] options ([inline | noinline]);

Abbildung 35. Syntax BEGIN-Anweisung

---

inline und noinline sind ebenfalls Optimierungsoptionen. Die Angabe options (inline) werden wir auch bei der Definition der procedure-Anweisung wiederfinden (s. Abschnitt 3.2.7). Beim begin-Block bedeutet dies zweierlei:

1. Der Code wird nicht mehr getrennt von den umgebenden Anweisungen platziert, sondern an Ort und Stelle (*inline*).

2. Der Prolog (z. B. das Besorgen von Speicherplatz für Variablen) wird schon beim Betreten des umfassenden Blocks vorgenommen, so dass das Betreten des begin-Blocks mit keinem Verwaltungsaufwand mehr verbunden ist.

Wenn man innerhalb einer do-Schleife eigene Variablen deklarieren möchte, konnte man natürlich auch bisher einen begin-Block schachteln. Das hätte aber bedeutet, dass bei jedem Durchlauf Prolog und Epilog ausgeführt worden wären – vom Standpunkt der Laufzeitoptimierung eine nicht empfehlenswerte Programmiermethode. Mit options (inline) ist aber gegen den folgenden Programmabschnitt nichts mehr einzuwenden:

```
dcl M dim (100) fixed bin (31);
```

```
Schleife:
do I = 1 to 100;

    Block:
    begin options (inline);
        dcl X dim (5) fixed bin (31);
        get (X);
        M(I) = max(X(1), X(2), X(3), X(4), X(5));
    end Block;

end Schleife;
```

Wenn Sie wissen wollen, wie viel Platz Ihre Prozeduren und begin-Blöcke benötigen, so empfehle ich Ihnen beim IBM-Compiler die Option storage.

3.2 Struktur eines PL/I-Programms

Wie schon erwähnt, ist es sinnvoll, eine Aufgabe hierarchisch so zu unterteilen, dass man schließlich (*top down*, zu deutsch „von oben nach unten") bei kleinen Teilproblemen landet, die man überblicken kann. Hierzu bieten sich in PL/I Prozeduren an, die man jeweils so schreibt, dass sie für eine spezielle Teilaufgabe zuständig sind. Das in der Hierarchie höchste Programm oder, wie man an der Option main ablesen kann, Hauptprogramm besteht dann im Wesentlichen nur aus call-Anweisungen.

3.2.1 Auf die Reihenfolge kommt es an – Parameter

Ein Hindernis für eine allgemeine Verwendung von Prozedurblöcken ist bisher der Zwang zur Verwendung von ganz bestimmten Namen, nämlich denen der globalen Variablen. Wollen wir z. B. ein Unterprogramm schreiben, das eine Matrix der Größe nach sortiert, so müssen wir bisher immer dann, wenn wir im Hauptprogramm eine Matrix sortieren wollen, ein und denselben Matrixnamen verwenden, nämlich den, der auch in der Sortier-Prozedur verwendet wird. Das bedeutet, wenn wir verschiedene Matrizen sortieren wollen, ein vorheriges Umspeichern aller Werte.

Die Lösung dieses Problems stellt die Parameter-Übergabe dar. In der call-Anweisung schreiben wir hinter den Namen des aufzurufenden Unterprogramms eine Liste von Werten, die im Unterprogramm verwendet werden sollen, z. B.:

```
call Unter (A, B, C);
```

Dieser Liste entspricht in der procedure-Anweisung des Unterprogramms wiederum eine Liste von Variablennamen:

```
Unter: procedure (X, Y, Z);
```

Mit dieser Schreibweise bewirkt man, dass die Variablen A, B und C im Unterprogramm Unter unter den Namen X, Y bzw. Z zugreifbar sind. Die Variablen A, B und C heißen Argumente, die Variablen X, Y und Z heißen Parameter. Die einmal festgelegte Reihenfolge ist relevant und beim Aufruf zu beachten, da eine paarweise Zuordnung von Argument und Parameter erfolgt. Wir sehen:

Der Vorteil der Parameter-Übergabe liegt darin, dass in einer call-Anweisung beliebige Namen als Argumente verwendet werden können, man also nicht umspeichern muss!

Übergeben werden im Grunde nämlich nicht die Werte der Variablen, was bei Matrizen ja nicht unbeträchtlich sein kann, sondern nur die sogenannte Adresse, d. h. die Nummer des Speicherplatzes im Hauptspeicher, also nur eine Zahl – auch bei einer riesigen Matrix! Dies gilt allerdings nur, wenn die Attribute von Argument und Parameter jeweils übereinstimmen, wie wir noch sehen werden.

Im folgenden Beispiel werden im Hauptprogramm Zahlen eingelesen, in einem Unterprogramm sortiert und dann wieder im Hauptprogramm ausgegeben:

```
B34: /* Sortieren von bis zu 1000 Zahlen (PARAMETER) */
procedure options (main);

dcl Anzahl fixed bin;
dcl I      fixed bin;
dcl Zahl   dim (1000) float;

/* Einlesen: */
on endfile (Sysin);
put list ('Bitte geben sie bis zu 1000 Zahlen ein:');
do I = 1 to 1000 until (endfile(Sysin));
   get list (Zahl(I));
   end;
Anzahl = I - 1; /* sowohl bei 1000 als auch bei ENDFILE */

/* Sortieren der Matrix: */
call Sortieren (Anzahl, Zahl);

/* Ausgabe der sortierten Matrix: */
put list ((Zahl(I) do I = 1 to Anzahl));

Sortieren: /***************************************************/
procedure (Anzahl, Z);

dcl Anzahl  parameter fixed bin;
dcl Z       parameter dim (*) float;
dcl Anfang  fixed bin;
dcl Hilf    float;
dcl I       fixed bin;
dcl Min_Pos fixed bin;

do Anfang = 1 to Anzahl-1;
   Min_Pos = Anfang;
   do I = Anfang+1 to Anzahl;
      if Z(I) < Z(Min_Pos) then Min_Pos = I;
      end;
   /* Eventuell Austauschen der Anfangszahl */
   /* mit der kleinsten Zahl des Rests:     */
   if Min_Pos ^= Anfang then do;
      Hilf = Z(Anfang);
      Z(Anfang) = Z(Min_Pos);
      Z(Min_Pos) = Hilf;
      end;
   end;

end Sortieren;

end B34;
```

Zunächst noch ein Wort zum Einlesen. Die Variable I ist sowohl dann um 1 zu groß, wenn 1000 Zahlen vorhanden waren, als auch dann, wenn es weniger waren! Wir erinnern uns, dass eine solche do-Schleife immer um ein Inkrement zu weit zählt.

Nun zur Parameter-Übergabe! Der erste Parameter ist die Anzahl der Zahlen, der zweite die Zahlenmatrix selbst. Wir haben zwar im Hauptprogramm Speicherplatz für maximal 1000 Zahlen reserviert, diese Größe braucht das Unterprogramm aber nicht zu wissen. Da wir den zweiten Parameter mit dem Dimensionsattribut dim (*) deklariert haben, könnten wir das Unterprogramm Sortieren mit einer Matrix beliebiger Größe als Argument aufrufen. In unserem Beispiel könnten wir Z zwar auch mit dim (1000) deklarieren, aber mit dim (*) gelten die Attribute von Zahl und Z ebenfalls als zueinander passend. Man kann das Unterprogramm mit einer Matrix von 10 oder auch 2000 Elementen aufrufen! Das Schlüsselwort parameter (Abk. parm) kann man auch weglassen, wenn man keine Zeit hat.

Bleibt noch das Sortierverfahren zu erklären, es handelt sich um den sogenannten Auswahl-Sortier-Algorithmus. Man vergleicht die erste Zahl der Reihe nach mit allen folgenden und merkt sich den Matrixindex mit der kleinsten Zahl. Ist die kleinste Zahl nicht die erste, tauscht man die erste mit der kleinsten Zahl aus – mithin steht die kleinste Zahl jetzt an der richtigen Stelle. Dann wendet man das gleiche Verfahren auf den Rest an und platziert die zweitkleinste Zahl an die richtige Stelle usw. In der folgenden Tabelle sehen wir den Zustand bei Anfang = 4 und ermitteln Min_Pos = 6:

Index:	1	2	3	4	5	6	7	8	9
Inhalt von Z:	10	20	30	50	70	40	80	60	90

Abbildung 36. Sortieren

Über Sortierverfahren werden ganze Bücher geschrieben. Manche Verfahren sind besonders schnell, wenn die Matrix schon gut vorsortiert ist, andere sind von Vorteil, wenn völlige Unordnung herrscht. In diesem Buch soll aber nur dieses eine Verfahren vorgestellt werden. Wenn es Ihnen zu langsam ist, können Sie ja mal **Quicksort** programmieren, Sie werden beeindruckt sein, wie viel schneller dieses sortiert als obiges Verfahren. Eine Lebensweisheit möchte ich Ihnen noch mitgeben:

Viele Probleme lassen sich einfacher lösen, wenn man die Daten vorher sortiert!

Nicht nur an Unterprogramme kann man Parameter übergeben, auch an die Hauptprozedur. Und zwar genau einen Parameter vom Typ char (*) var:

```
HAUPT:
procedure (Parm) options (main);

dcl Parm char (*) var parameter nonassignable;
...
```

Hierbei ist zu beachten, dass der Parameter maximal 100 Zeichen lang sein darf. Wie man ein Argument spezifizieren kann, hängt vom Betriebssystem ab. Eine Möglichkeit ist die Kommandozeile beim Aufruf des Programms. Eine andere bietet die grafische Benutzungsoberfläche: Windows übergibt beim „Drag and Drop" den Namen des abgeworfenen Objekts.

Das Parameterfeld besteht aus zwei Teilen: Vor einem Schrägstrich kann man Optionen für das PL/I-Laufzeitsystem angeben, z. B. die heap-Option, um Speicherplatzanforderungen zu stellen. Erst die Zeichen hinter dem Schrägstrich werden an das Hauptprogramm übergeben. Denkbar wäre dort die Benutzung der folgenden Anweisung:

```
get string (Parm) list (X, Y);
```

Einfacher wird es, wenn man die procedure-Anweisung folgendermaßen schreibt:

```
H: proc options (main noexecops);
```

Dann können keine Laufzeitoptionen (*execution options*) angegeben werden, ein Schrägstrich hätte keine besondere Bedeutung.

Beachten muss man, dass per definitionem die aktuelle Länge des Parameters gleichzeitig die maximale Länge ist, man also nichts an ihn anhängen darf (etwa durch | |). Dies kann der Compiler kontrollieren, wenn man, wie geschehen, das Attribut nonassignable (Abk. nonasgn) hinzufügt.

nonassignable kann man sogar für Teile einer Struktur vereinbaren, ebenso assignable (Abk. asgn):

```
dcl 1 A parm,
      2 B float nonasgn,
      2 C fixed bin (31) asgn;
```

Bei allen weiteren Beispielen werde ich immer genau spezifizieren, ob ein Parameter geändert werden darf oder nicht. Wer auf diese Weise seine Nerven beruhigen möchte, kann natürlich auch für Variablen, die keine Parameter sind, asgn und nonasgn angeben.

3.2.2 Einbahnstraße – Scheinargumente

Wenn man, wie in Beispiel B34 geschehen, Variablen mit passenden (engl. *matching*) Attributen als Argumente verwendet, wird im Unterprogramm tatsächlich derselbe Speicherplatz wie im Hauptprogramm verwendet, üblicherweise unter einem anderen Namen. Eine Änderung des Parameters z – in unserem Beispiel durch die Sortierung der Matrix – bewirkt also die Änderung der Matrix zahl im Hauptprogramm.

In PL/I ist nicht wesentlich, ob ein Wert an das Unterprogramm übergeben wird oder zurückkommt, der Normalfall ist die Identität zwischen Argument und Parameter.

Nun ist PL/I ja eine universelle Programmiersprache, also ist es auch möglich, Konstanten, Ausdrücke oder sogar Variablen mit unpassenden Attributen als Argumente einzusetzen. In diesen drei Fällen darf nicht der Original-Speicherplatz verwendet werden, da er womöglich im Unterprogramm überspeichert werden könnte.

Ist das Argument eine Konstante, so will man natürlich auch beim nächsten Aufruf denselben Wert übergeben, z. B. wenn die call-Anweisung in einer Schleife steht. Also wird die Konstante vor jedem Unterprogrammaufruf auf einen internen Speicherplatz (ohne Namen) zugewiesen und dieses Scheinargument (engl. *dummy argument*) dann übergeben. Das Modifizieren von Parametern ist zwar nicht der Normalfall, aber Konstanten dürfen ihren Wert nun einmal auf keinen Fall ändern.

Ist das Argument ein Ausdruck, so ist an sich überhaupt kein Speicherplatz vorhanden. Der Wert des Ausdrucks muss zunächst berechnet und einem Speicherplatz zugewiesen werden. Diese Berechnung und Zuweisung geschieht bei jedem Aufruf aufs neue, das Unterprogramm kann das Scheinargument ruhig überspeichern.

Ist das Argument eine Variable mit unpassenden Attributen, so findet zunächst eine Konvertierung statt. Zum Beispiel würde eine `fixed-bin`-Matrix in eine `float`-Matrix umgewandelt werden. Das Scheinargument hätte die richtigen Attribute und würde dann an das Unterprogramm übergeben. Auch gilt eine Zeichenfolge fester Länge als Argument nicht als passend zu einem Parameter, der das `varying`-Attribut besitzt und umgekehrt – ein Scheinargument würde erzeugt!

> **Einer einheitlichen Definition zuliebe ist die Verwendung eines Scheinarguments immer (nicht nur bei Konstanten) eine Einbahnstraße, es findet zwar eine Zuweisung vom Argument auf das Scheinargument statt, aber nach der Rückkehr nicht umgekehrt.**

Würde man also obiges Unterprogramm mit einer `fixed-bin`-Matrix aufrufen, so würde es zwar schön sortieren, leider aber nur das Scheinargument, die Originalmatrix bliebe unverändert.

Die einfachste Möglichkeit, zu verhindern, dass ein Unterprogramm eine Argument-Variable zerstört, ist, diese in Klammern zu setzen. Auf diese Weise erhält man einen Ausdruck, und für diesen erzeugt PL/I ein Scheinargument.

Jetzt sollten Sie folgende Aufgabe lösen können:

A28: Schreiben Sie eine Prozedur Zensur *mit zwei Parametern* Text *und* Wort. *In der Variablen* Text *soll jedes Vorkommen der Variablen* Wort *durch . . . ersetzt werden. Testen Sie Ihr Unterprogramm mit einem entsprechenden Hauptprogramm.*

Beim IBM-Compiler gibt es noch die Möglichkeit, während der Laufzeit überprüfen zu lassen, ob Folgenlängen und die Größe von Matrixdimensionen bei Argument und Parameter zueinander passen. Bei der Option `check(conformance)` generiert der Compiler Zusatzinstruktionen, die solches prüfen. In Abschnitt 4.2.3 werden wir noch eine andere Version der `check`-Option kennenlernen.

Auch die Compiler-Option `rules(nolaxinout)` hilft bei der Parameterübergabe. Dann warnt einen der Compiler, wenn ein Argument möglicherweise keinen Wert hat, auch wenn der zugehörige Parameter als `assignable` deklariert ist.

3.2.3 (Nicht) von Dauer – AUTOMATIC und STATIC

Die lokalen Variablen der zuletzt vorgestellten Prozedur Sortieren werden bei jedem Aufruf automatisch neu angelegt und bei jedem Verlassen des Prozedurblocks wieder freigegeben. Entsprechend haben alle bisher verwendeten Variablen das Attribut `automatic`, es gilt implizit, wenn man nichts anderes angibt. Man spricht im Englischen von einem *default attribute*, d. h. von einem Weglass- oder Fehl-Attribut. Auf diese Weise kann man sich also keinen Wert bis zum nächsten Aufruf merken. Im Hauptprogramm eine globale Variable für solche Zwecke vorzusehen, ist auch keine gute Lösung: Was hat das Hauptprogramm mit Interna des Unterprogramms zu tun?!

Eine Alternative zu `automatic` ist das Attribut `static`. So definiert in einem Unterprogramm die Anweisung

```
dcl V fixed bin static init (0);
```

eine Variable, die ihren Wert auch beim nächsten Aufruf noch besitzt. Die Initialisierung geschieht im Gegensatz zu `automatic` nicht jedesmal, sondern wird schon beim Laden des

Programms in den Hauptspeicher vorgenommen. Bei der ersten Benutzung hat die Variable ihren Anfangswert; wird sie geändert, behält sie ihren jeweils letzten Wert – unabhängig von der Dynamik der Blockstruktur.

Die Lebensdauer einer `static`-Variablen ist also die gesamte Laufzeit des Programms.

Das folgende Beispiel ist gegliedert in ein Hauptprogramm, das Wörter (z. B. aus einer Datei) einliest und ein Unterprogramm `Druck`, das Wörter sammelt und sie, wenn eine Zeile beisammen ist, ausdruckt.

```
B35: /* Druckaufbereitung (STATIC-Attribut) */
procedure options (main);

dcl Wort char (50) var;

on endfile (Sysin);
get list (Wort);
do while (^endfile(Sysin));
   call Druck (Wort);
   get list (Wort);
   end;
call Druck ('');

Druck: /*******************************************************/
procedure (W);

dcl W char (*) var parm nonasgn;
dcl Zeile char (80) var init ('') static;

select;
   when (length(W) = 0) do;
      put skip edit (Zeile) (a);
      return;
      end;
   when (length(Zeile) = 0) Zeile = W;
   when (length(Zeile) + length(W) < maxlength(Zeile))
      Zeile ||=  ' ' || W;
   otherwise do;
      put skip edit (Zeile) (a);
      Zeile = W;
      end;
   end;
end Druck;

end B35;
```

Das Hauptprogramm kümmert sich also nicht um die Ausgabe, sondern ruft zu diesem Zweck ein Unterprogramm auf. Ohne das Attribut `static` würde überhaupt nichts ausgegeben, da `Zeile` dann immer neu angelegt und mit dem Nullstring initialisiert würde. Mit dem Attribut `static` hat die Variable `Zeile` immer den Wert vom letzten Aufruf.

Die Logik des Unterprogramms sollte klar sein. Man beachte die Verkettungsversion der Verbundzuweisung! Erwähnen möchte ich auch noch eine Besonderheit: den Schluss des Programmlaufs. Um auch nach `endfile` noch dem Unterprogramm `Druck` die Gelegenheit zu geben, bis dahin gespeicherte Wörter auszugeben, muss man sich etwas ausdenken. Im

Beispiel wurde der Nullstring gewählt, um dem Unterprogramm anzudeuten, es möge doch die bisher gesammelten Wörter ausgeben. Wir sehen dort auch noch die return-Anweisung. Sie bewirkt nichts anderes als die end-Anweisung des procedure-Blocks, nämlich die Rückkehr hinter die call-Anweisung des rufenden Programms. Allerdings ist von einer inflationären Verwendung von return-Anweisungen abzuraten. Übersichtlicher ist ein Programm, das nur einen Ausgang hat, nämlich an der abschließenden end-Anweisung!

Man wird nicht überrascht sein, wenn ich erwähne, dass natürlich die Länge einer Parameter-Zeichenfolge mit (*) angegeben werden darf – genau wie die Dimension einer Matrix. Die length-Funktion steht auch in diesem Fall zur Ermittlung der Länge der Zeichenfolge zur Verfügung. Braucht man die maximale Länge einer Zeichenfolge, so nehme man die spracheigene Funktion maxlength.

3.2.4 Selbst gemacht – Funktionen

Wir kennen bereits spracheigene Funktionen. Was läge also näher, als auch selbst Funktionen schreiben zu können! Tatsächlich ist der procedure-Block auch dazu geeignet, als Funktion benutzt zu werden. Die bisher bekannte, mit call aufgerufene Prozedur möchte ich Routine nennen (engl. *subroutine*, wobei *routine* im Grunde genommen auch nur Prozedur bedeutet). Der Aufruf einer Funktionsprozedur sieht ähnlich aus wie der einer spracheigenen Funktion, also: Name, gefolgt von einer Argumentliste. Fehlt nur noch die syntaktische Möglichkeit, einen Funktionswert an die Stelle des Aufrufs zurückzugeben. Hierzu ist die eben erwähnte return-Anweisung geeignet:

```
return [ (Rückgabewert) ];
```

Abbildung 37. Syntax RETURN-Anweisung

Der Rückgabewert in Klammern hinter dem Wort return muss in einer Funktionsprozedur auf jeden Fall angegeben werden, welcher Wert sollte auch sonst zurückgegeben werden?

Im folgenden Beispiel mögen der Einfachheit halber zunächst 100 Wörter eingelesen werden. Eine selbst geschriebene Funktionsprozedur namens Cmax ermittelt dann das alphabetisch am weitesten hinten stehende Wort:

```
B36: /* Größtes Wort suchen (Funktionsprozedur) */
procedure options (main);

dcl Lexikon dim (100) char (50) var;

get list (Lexikon); /* möglichst aus Datei */
put list (Cmax(Lexikon));

Cmax: /* gibt das alphabetisch größte Wort zurück **************/
procedure (X) returns (char (50) var);

dcl X dim (*) char (*) var parm nonasgn;
dcl I    fixed bin (31);
dcl Max fixed bin (31);
```

```
Max = lbound(X);
do I = lbound(X)+1 to hbound(X);
   if X(I) > X(Max)
      then
         Max = I;
   end;
return (X(Max));

end Cmax;


end B36;
```

Der Aufruf von Cmax ist keine eigene Anweisung, sondern erfolgt aus einem Ausdruck heraus, dieser kann z. B. in einer Zuweisung oder auch in einer put-Anweisung stehen. Das Argument Lexikon heißt im Unterprogramm X und ist dort als dim (*) char (*) deklariert, also als eine Matrix irgendeiner Größe aus Zeichenfolgen irgendeiner Länge. Bei Matrix-Parametern werden die spracheigenen Funktionen lbound und hbound wirklich benötigt!

In der procedure-Anweisung von Cmax definiert die returns-Option, welche Attribute der Funktionswert haben soll. Hier muss natürlich eine Konstante als Folgenlänge angegeben werden, damit der Compiler weiß, wie viel Platz er für den Funktionswert reservieren muss. Vergisst man die returns-Angabe in der procedure-Anweisung, so beschwert sich der Compiler!

Ein Wort noch zum Suchverfahren von Beispiel B36: Bei langen Zeichenfolgen merkt man sich natürlich nicht die bisher alphabetisch „größte" in einer Variablen, sondern nur den Index derselben (es werden also nur 4 Bytes bewegt und nicht 50)!

A29: Jetzt können Sie eine Funktionsprozedur Gestutzt *schreiben, die als Parameter eine Zeichenfolge hat und als Funktionswert diese um alle Leerzeichen am Anfang und am Ende verkürzt zurückgibt. Gemeint ist also eine einfache Version der spracheigenen Funktion* trim.

In einer Programmiersprache, die Funktionen und Routinen unterscheidet, gilt die Empfehlung:

Es ist zwar erlaubt, man sollte aber darauf verzichten, in einer Funktionsprozedur einem Parameter einen neuen Wert zuzuweisen. Solche Seiteneffekte auszunutzen, zeigt schlechten Programmierstil.

Der Typ des Funktionswertes kann jeder bisher eingeführte und auch jeder andere sein! Allerdings darf keine Matrix und keine Struktur zurückgegeben werden. Eine Typstruktur hingegen doch:

```
F: procedure (X) returns (type Rational);
```

Ein Aufruf dieser Funktion darf jetzt auch vor dem Punkt einer Typstruktur stehen:

```
F(X).Numerator = 3;
```

3.2.5 Wie bei Münchhausen – rekursive Prozeduren

Aus der Mathematik ist die rekursive Definition von Funktionen bekannt, beispielsweise die der Fakultät:

```
f(0) = 1            bzw.    0! = 1
f(n) = f(n-1) * n   bzw.    n! = (n-1)! * n
```

Für Nicht-Mathematiker ein Beispiel: 4! (sprich: 4 Fakultät) ist also $1 \cdot 2 \cdot 3 \cdot 4$. Eine solche Funktion kann man auch in PL/I nachbilden, indem innerhalb der Funktion diese noch einmal aufgerufen wird:

```
Fak: /* Rekursive Definition der Fakultät */
procedure (K) returns (fixed bin (31)) recursive;

dcl K fixed bin parm nonasgn;

if K = 0
   then
      return (1);
   else
      return (Fak(K-1) * K);

end Fak;
```

Damit der Compiler weiß, dass mit dem Aufruf von Fak in Fak die eigene Prozedur gemeint ist, muss in der <u>procedure</u>-Anweisung die <u>recursive</u>-Option angegeben werden. Wie man sich denken kann, ist der „Overhead" bei einer solchen Realisierung der Fakultätsfunktion erheblich: Bei jedem Aufruf müssen Prolog und Epilog ausgeführt werden. Die folgende, gemäß der iterativen Definition, erfüllt den gleichen Zweck, braucht aber den Prolog und den Epilog beim Betreten eines Blocks nur einmal durchzuführen:

```
Fak: /* Iterative Definition der Fakultät */
procedure (K) returns (fixed bin (31));

dcl K fixed bin parm nonasgn;

dcl I fixed bin;
dcl F fixed bin (31);

F = 1;
do I = 2 to K;
   F = F * I;
   end;
return (F);

end Fak;
```

Natürlich ist die Fakultätsberechnung ein Beispiel, das man an sich weder rekursiv noch iterativ programmieren sollte. Effizienter ist die Deklaration einer Matrix mit 12 Elementen und <u>initial</u>-Attribut. Mehr als 12! ($1 \cdot 2 \cdot 3 \cdot 4 \cdot 5 \cdot 6 \cdot 7 \cdot 8 \cdot 9 \cdot 10 \cdot 11 \cdot 12 = 479.001.600$) passt sowieso nicht auf eine Variable mit dem Attribut <u>fixed</u> <u>bin</u> (31)!

Nicht bei jedem Problem lässt sich eine rekursive Definition leicht in eine iterative umwandeln. Manchmal gibt es eine offensichtliche rekursive, zu der man sich so ohne weiteres keine iterative Alternative vorstellen kann, wie das folgende Beispiel zeigt.

Es geht die Sage, dass in einem Tempel in Hanoi Mönche damit beschäftigt sind, einen Stapel von Scheiben auf einen anderen umzuschichten. Der Ursprungsstapel hatte 64 verschieden große Scheiben, die der Größe nach geordnet waren, die kleinste Scheibe oben. Der neue Stapel soll genauso aussehen. Es darf ein Hilfsstapel benutzt werden, und die Regel lautet, dass nie eine größere auf einer kleineren Scheibe liegen darf. Stellen wir uns einen Ausgangsstapel vor, der nur aus 2 Scheiben besteht, so ist die Vorgehensweise klar: die obere, kleine Scheibe auf den Hilfsstapel, dann die große auf den Endstapel und schließlich die kleine vom Hilfsstapel auf den Endstapel. Bei drei Scheiben müsste man erst die oberen beiden auf den Hilfsstapel bringen, ehe für die dritte Scheibe freie Bahn zum Endstapel wäre:

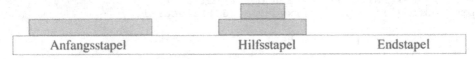

Abbildung 38. Türme von Hanoi

Die Weissagung ist, dass, wenn alle Scheiben auf dem neuen Stapel sind, das Ende der Welt herbeigekommen sei. Nur gut, dass noch kein Mönch auf die Idee gekommen ist, das Problem nach Art des Gordischen Knotens zu lösen! Bei regelgerechter Ausführung des Transports muss $2^{64}-1$ Mal eine Scheibe bewegt werden. Angenommen, durchtrainierte Mönche schaffen eine Scheibe pro Sekunde, so ergibt das ungefähr 10^{12} Jahre, es besteht also keine unmittelbare Gefahr!

Wenn wir jetzt ein Programm schreiben wollen, das bei einer gegebenen Anzahl von Scheiben alle Bewegungen ausdruckt, so müssen wir uns im Klaren sein, dass wir aus Rechenzeitgründen und aus solchen der Papierersparnis allenfalls 10 Scheiben ausprobieren sollten. Das ergäbe bei einem Schnelldrucker etwa 1 Minute Arbeit, für alle 64 Scheiben wäre er etwa 30 Milliarden Jahre beschäftigt (bei 1000 Zeilen pro Minute).

Das folgende Verfahren liegt auf der Hand. Will man einen Stapel auf einen anderen umschichten, so geht dies sehr einfach: Man braucht nur alle oberen Scheiben bis auf die letzte auf einen dritten Stapel bringen, dann die unterste Scheibe auf den endgültigen Stapel und schließlich die oberen Scheiben auch noch auf den endgültigen Stapel. Diese Definition wendet man rekursiv auch auf den jeweiligen Zwischenstapel an (z. B. unter Benutzung des Anfangsstapels als Hilfsstapel), bis man bei einer einzelnen Scheibe angekommen ist. Diese Methode klingt etwas nach Münchhausens Rettung aus dem Sumpf, funktioniert aber tatsächlich, wie uns Beispiel B37 zeigt:

```
B37: /* Die Türme von Hanoi (RECURSIVE) */
procedure options (Main);

define ordinal Stapel (Ausgangsstapel, Hilfsstapel, Endstapel);

call Hanoi (3,
            Ausgangsstapel,
            Hilfsstapel,
            Endstapel);

Hanoi: /* Umpacken einer beliebigen Anzahl von Scheiben ********/
procedure (Anzahl, Aus, Hilf, End) recursive;

dcl Anzahl          parm fixed bin nonasgn;
dcl (Aus, Hilf, End) parm type Stapel nonasgn;

if Anzahl > 1 then /* alle bis auf einen auf den Hilfsstapel: */
    call Hanoi (Anzahl-1, Aus, End, Hilf);
```

```
/* die letzte auf ihren endgültigen Platz: */
put skip list ('von ' || ordinalname(Aus) ||
               ' nach ' || ordinalname(End));

if Anzahl > 1 then /* den Hilfsstapel auf den Endstapel: */
   call Hanoi (Anzahl-1, Hilf, Aus, End);

end Hanoi;

end B37;
```

Wer sich jetzt fragt, wo im Programm überhaupt etwas passiert, der zeigt sicherlich die normale Reaktion. Damit Sie bereit sind, weiterzudenken, das Programm funktioniert tatsächlich! Als Ausgabe erhält man nämlich:

```
    von AUSGANGSSTAPEL nach ENDSTAPEL
    von AUSGANGSSTAPEL nach HILFSSTAPEL
    von ENDSTAPEL nach HILFSSTAPEL
    von AUSGANGSSTAPEL nach ENDSTAPEL
    von HILFSSTAPEL nach AUSGANGSSTAPEL
    von HILFSSTAPEL nach ENDSTAPEL
    von AUSGANGSSTAPEL nach ENDSTAPEL
```

Man sieht, dass die oberen beiden Scheiben zunächst auf den Hilfsstapel und nach dem Setzen der untersten Scheibe wieder oben auf den Endstapel gebracht werden.

Das Verblüffende an diesem Programm ist sicherlich, dass keine Zuweisung vorkommt und keine echte Variable deklariert ist (abgesehen von den Parametern, hinter denen sich ja Konstanten des Hauptprogramms verbergen). Dass hier doch sehr mit Speicherplatz herumgewirbelt wird, macht man sich am besten klar, indem man sich vor Augen führt, dass bei jedem Aufruf eine neue Parameterliste angelegt wird, zusätzlich zur bisherigen. Auf diese Weise entsteht ein „Stapel" (engl. *stack*) von Parameterlisten, nur die „oberste" ist zu sehen. Nach dem Verlassen der Prozedur kommt wieder die nächst tiefere Parameterliste zum Vorschein. Im Laufe der Zeit baut sich der Parameterstapel mehrmals auf und ab.

Für diese Manipulationen steht tatsächlich ein interner Speicherbereich zur Verfügung. In diesem Speicherbereich werden bei jedem Aufruf eines Unterprogramms die Parameterliste und dann die `automatic`-Variablen angelegt (während des Prologs). In Wirklichkeit ist die Parameterliste, wie erwähnt, keine Liste von Daten, sondern eine Liste von Adressen dieser Daten im Hauptspeicher. Es wäre ja viel zu aufwendig, bei einem Matrixparameter jedesmal die ganze Matrix in die Parameterliste zu kopieren und nach dem Verlassen der Prozedur wieder zurück. Da der Zugriff auf eine Variable sowieso über Angabe ihrer Adresse erfolgt, liegt die Übergabe von Adressen statt Werten auf der Hand.

Hier liegen auch die Grenzen der Verwendung von rekursiven Prozeduren. Einmal kann bei zu großer Rekursionstiefe der Speicherplatz nicht ausreichen und zum anderen wird die Rechenzeit wegen der Verwaltung des Stapelspeichers wachsen.

Bei rekursiver Definition des Problems muss man immer abwägen, ob man durch die Verwendung rekursiver Prozeduren Programmierzeit spart, sich dafür aber erhöhte Rechenzeit (und ggf. erhöhten Speicherplatz) einhandelt, oder ob man erheblich längere Zeit darauf verwendet, einen iterativen Algorithmus zu finden, der dann möglicherweise schneller ist.

Besonders viel Speicherplatz und Rechenzeit – relativ zu einer anderen Methode – kann man bei der folgenden Aufgabe verbrauchen:

A30: Kehren Sie eine Zeichenfolge um, indem Sie dafür eine rekursive Prozedur

3.2.6 Getrennt übersetzen, vereint ausführen – externe Prozeduren

Bisher waren Unterprogramme immer in anderen Prozeduren enthalten, und sei es in der Haupt-Prozedur. Ein großer Vorteil von PL/I ist aber die Möglichkeit, große Programmpakete aus vielen, getrennt übersetzbaren Programmen zusammensetzen zu können. Man spricht von internen Prozeduren, wenn sie in anderen enthalten sind, und von externen Prozeduren, wenn sie als eine Einheit für sich vom Compiler übersetzt werden. Der Compiler ist also auch in der Lage, PL/I-Programme zu übersetzen, die nicht die Option <u>main</u> tragen. Vor der Ausführung müssen natürlich alle Prozeduren wieder zu einem Programm zusammengefügt werden, hierfür sorgt das Betriebssystem, speziell ein Programm namens „Linker".

Das folgende Beispiel soll zeigen, was man dabei zu beachten hat. Zunächst übersetzen wir das Hauptprogramm:

```
B38: /* Vokale zählen (externe Prozeduren) */
procedure options (main);

dcl Vzahl entry (char (*) var) returns (fixed bin);

put list (Vzahl('Honolulu'));

end B38;
```

Dann ein Unterprogramm:

```
Vzahl: /* Gibt die Anzahl der Vokale zurück */
procedure (S) returns (fixed bin);

dcl S      char (*) var parm nonasgn;
dcl Anzahl fixed bin;
dcl I      fixed bin;

Anzahl = 0;
do I = 1 to length(S);
   if verify(substr(S, I, 1), 'AEIOUaeiou') = 0
      then Anzahl += 1;
   end;
return (Anzahl);

end Vzahl;
```

Die Logik des Programms ist, glaube ich, leicht zu verstehen. An Äußerlichkeiten fällt auf, dass Vzahl als <u>entry</u> deklariert ist. Ohne die <u>entry</u>-Deklaration „wüsste" der Compiler nicht, dass das Unterprogramm Vzahl einen Parameter erwartet, der das Attribut <u>char</u> (*) <u>varying</u> besitzt, und er „wüsste" auch nicht, dass dieses einen <u>fixed-bin</u>-Wert zurückgibt. Wenn man die <u>entry</u>-Deklaration wegließe (das würde eine Fehlermeldung „kosten"), nähme der Compiler an, es würde eine Zeichenfolge fester Länge erwartet (eine <u>char</u>-Konstante ist nicht <u>varying</u>!), und es würde beim ANSI-Standard eine <u>fixed</u>-<u>bin</u>-(31)-Zahl und beim IBM-Standard eine float-Zahl zurückkommen (der Anfangsbuchstabe ist V, also nicht zwischen I und N!).

Es ist also notwendig, dem Compiler mit Hilfe einer declare-Anweisung zu erklären, welches die Attribute von Parametern und Funktionswert sind, wenn es sich um eine externe Prozedur handelt. Hinter dem Wort entry sind in Klammern die Attribute der Parameter und hinter dem Wort returns die Attribute des Funktionswertes anzugeben. Wer sich jetzt fragt, warum das Attribut entry und nicht proc oder so heißt, dem sei geantwortet, dass es noch andere Eingänge in Prozeduren gibt als vorn bei der procedure-Anweisung, entry ist also allgemeiner! (Näheres kann man in nächsten Abschnitt erfahren!)

Hier noch ein Hinweis für Windows-Nutzer: Man muss dem Linker natürlich sagen, dass er beide Programme gemeinsam „binden" soll:

```
ilink.exe B38.obj Vzahl.obj /OUT:B38.exe
```

Allerdings kann man das Haupt- und das Unterprogramm auch in einer einzigen Datei abspeichern und dann gemeinsam übersetzen, wenn man beide durch eine *process-Anweisung trennt. Dies gilt trotzdem als getrennte Übersetzung der Prozeduren.

Das Wort returns taucht ebenfalls in der procedure-Anweisung von Vzahl auf. Auch bei der Übersetzung von Vzahl muss dem Compiler gesagt werden, wie die Attribute des Funktionswertes sein sollen, ansonsten gälten die gleichen Regeln wie oben – natürlich wieder mit Fehlermeldung! Man muss also immer dafür sorgen, dass die entry-Deklarationen korrekt sind. Gefährlich sind immer Verwechslungen von binary und decimal, aber auch von varying und nicht-varying. Der Zusammenfassung soll nun noch die folgende Tabelle dienen; man kann ihr entnehmen, wie sich Funktionsprozedur und Routineprozedur unterscheiden:

	Funktion	*Routine*
Aufruf:	Name (Argumentliste)	call Name (Argumentliste);
Rückkehr:	return (Wert);	return; bzw. end;
Deklaration, falls extern:	declare Name entry (Attributliste) returns (Attribute);	declare Name entry (Attributliste);
procedure-Anweisung:	Name: procedure (Parameterliste) returns (Attribute);	Name: procedure (Parameterliste);

Abbildung 39. Übersicht: Gebrauch von Prozeduren

Wie in PL/I üblich, steckt auch beim entry-Attribut wieder ein allgemeines Konzept dahinter. Die Namen der Unterprogramme gelten nämlich als entry-Konstanten. Das Attribut constant darf man sogar angeben, wenn man dieses deutlich machen will. Übergibt man eine solche Konstante als Argument an eine Prozedur, so muss der Parameter notgedrungen eine entry-Variable sein!

Eine entry-Variable ist nun etwas ganz normales: Es gibt entry-Matrizen, entry-Variablen können Teil einer Struktur sein und eben auch Parameter. Folgende Deklaration wäre also sinnvoll:

```
dcl EV dim (10) entry variable;
```

Zur Unterscheidung von Konstanten dient das Schlüsselwort variable, das man immer dann angeben muss, wenn es zu Verwechslungen kommen könnte. Ein Speicherklassenattribut und eine Dimensions- oder Strukturangabe bewirken, dass nur eine Variable vorliegen kann. Auch ein Parameter kann keine Konstante sein. Wer möchte, kann immer durch Angabe von constant oder variable deutlich machen, was gemeint ist. constant sollte nicht mit nonassignable verwechselt werden. Letzteres kann man durchaus einer Variablen zukommen lassen, z. B. einem Parameter, der unverändert bleiben soll.

Folgende call-Anweisung ist syntaktisch korrekt:

```
call EV(3) (4);
```

Diese würde so interpretiert, dass EV eine entry-Matrix wäre, deren drittes Element mit dem Argument 4 aufgerufen würde. Natürlich müsste vorher auf die entry-Variable eine entry-Konstante zugewiesen werden.

Rein äußerlich hätte es auch eine Funktion sein können, die einen entry-Wert zurückgibt:

```
dcl ER entry (fixed) constant returns (entry limited);
call ER (3) (4);
```

Das Attribut limited besagt, dass es sich nicht um eine interne Prozedur handelt. Interne Prozeduren dürfen nicht zurückgegeben werden. Man braucht zunächst die Prozedur ER:

```
ER: /* ENTRY-Rückgabe */
procedure (F) returns (entry limited);

dcl F fixed parm nonasgn;
dcl (Drucken_quadrat, Drucken_kubik) entry limited;

if F > 0
   then return (Drucken_quadrat);
   else return (Drucken_kubik);

end ER;
```

Und dann natürlich die Routinen Drucken_quadrat und Drucken_kubik:

```
*process;
 Drucken_quadrat: procedure (X);

 dcl X fixed parm nonasgn;
 put list (X**2);

 end Drucken_quadrat;
*process;
 Drucken_kubik: procedure (X);

 dcl X fixed parm nonasgn;
 put list (X**3);

 end Drucken_kubik;
```

Ausgegeben würde durch oben stehende `call`-Anweisung die Zahl 16.

Ein Problem taucht in diesem Zusammenhang auf: Soll bei einem `entry`-Namen der `entry`-Wert verwendet werden oder soll erst die entsprechende Funktion aufgerufen und dann der Funktionswert übergeben werden? Nun – hierfür gibt es eine einfache Regel:

1. Ist eine Parameterliste (auch leer) vorhanden, so wird die Funktion aufgerufen.

2. Falls nicht, wird der `entry`-Wert übergeben.

Auch die Laufvariable einer `do`-Schleife kann eine `entry`-Variable sein, der nacheinander `entry`-Konstanten oder -Variablen zugewiesen werden:

```
dcl Funktion entry variable;

do Funktion = Sinus, Cosinus;
   call Malen_kurve (0, 2*Pi, Funktion);
   end;
```

Wenn man voraussetzt, dass es eigene Funktionen `Sinus` und `Cosinus` gibt, die nichts weiter tun, als die entsprechenden spracheigenen Funktionen aufzurufen, dass weiterhin ein Unterprogramm `Malen_kurve` zur Verfügung stehe, so wäre dies eine übersichtliche Möglichkeit, mehrere Kurven in ein Diagramm zu zeichnen.

Um die Beschreibung externer Prozeduren abzurunden, möchte ich ich erwähnen, dass auch Variablen extern sein können. Benutzt man z. B. das `external`-Attribut für eine Struktur

```
dcl 1 Fehlerbeschreibung external,
      2 Nummer fixed bin (31) init (0),
      2 Meldung char (100) var init ('');
```

so gilt diese Struktur als extern zu allen Programmen, ist also in keinem Programm enthalten. Jedes Programm, das eine solche Deklaration enthält, darf darauf zugreifen. Auf den ersten Blick scheint dies eine Möglichkeit zu sein, auf Parameterübergaben verzichten zu können. Auf den zweiten merkt man dann, dass auf diese Weise überhaupt nicht mehr klar ist, wer zuletzt die Variable verändert hat – es könnte jede Prozedur gewesen sein!

3.2.7 Prozeduren im Paket – PACKAGE

Erinnern wir uns noch einmal an Beispiel B35, wo wir den Trick mit dem Nullstring-Argument benötigten, um das Unterprogramm `Druck` zu veranlassen, die bisher zusammengestellte Zeile auszugeben. Definieren wir das Problem etwas allgemeiner: Verlangt sei ein System von Prozeduren, und zwar eine Routineprozedur zum Sammeln von Wörtern, eine Funktionsprozedur, die die momentane Länge der Zeile zurückgibt, eine Prozedur, die den Inhalt der Zeile zurückgibt und eine, die die Zeile wieder leert. Wesentlich sei nicht die Trivialität des Problems, sondern das Zusammenspiel der Unterprogramme.

Im letzten Abschnitt haben wir gelernt, dass `external`-Variablen kein gutes Mittel der Datenhaltung sind, wenn man von verschiedenen Prozeduren auf bestimmte gemeinsame Daten zugreifen möchte. Die Alternative wäre, eine Variable für die Zeile in jeder Argumentliste beim Aufruf mitzuführen. Dies hieße aber, dass der Anwender unseres Systems wissen müsste, wie wir uns die Realisierung des Ganzen vorstellen. Auch das ist nicht sehr vorteilhaft, wenn man z. B. irgendwann einmal den internen Algorithmus ändern möchte.

PL/I bietet hier die Möglichkeit, alle Prozeduren und ihre Daten in einem einzigen Objekt zusammenzufassen. Zunächst aber die Haupt-Prozedur:

```
B39: /* Objekt-Test (PACKAGE-Anweisung) */
procedure options (main);

dcl Sammel entry (char (*) var);
dcl Länge  entry () returns (fixed bin);
dcl Inhalt entry () returns (char (132) var);
dcl Lösch  entry ();

call Sammel ('Alles');
call Sammel ('fließt');
put list (Länge());
put skip list (Inhalt());
call Lösch;


end B39;
```

Nun zur Implementierung unseres Objekts:

```
Objekt: /* zu Beispiel B39 */
package exports (*);

dcl Zeile char (132) var static init ('');

Sammel: /******************** Sammeln aller Wörter */
procedure (W);
dcl W char (*) var parm nonasgn;
Zeile = Zeile || W;
end Sammel;

Länge: /***************** momentane Länge der Zeile */
procedure returns (fixed bin);
return (length(Zeile));
end Länge;

Inhalt: /************** momentaner Inhalt der Zeile */
procedure returns (char (132) var);
return (Zeile);
end Inhalt;

Lösch: /*********************** Löschen der Zeile */
procedure;
Zeile = '';
end Lösch;

end Objekt;
```

Wenn Sie das Hauptprogramm in das Paket packen und (wenn Sie wollen) die entry-Deklarationen streichen, können Sie alles gemeinsam übersetzen, ohne dem Linker Sonderanweisungen erteilen zu müssen. Im Prinzip handelt es sich um ein Objekt im Sinne der Objektorientierten Programmierung, nämlich um eine Zusammenfassung von Daten mit den Prozeduren, die auf ihnen arbeiten (für Klassen und Vererbung müsste man etwas mehr Aufwand treiben). Genau dies leistet die package-Anweisung: Zwischen package und end sehen wir die Deklaration von Zeile sowie mehrere Prozeduren, die auf Zeile Zugriff haben.

Um das Programm übersichtlich zu halten, habe ich auf alle Komplikationen verzichtet, z. B. was passieren soll, wenn zu viele Wörter zum Sammeln abgegeben werden. Wesentlich ist nur:

Die Art der Realisierung eines Objekts geht den Benutzer desselben nichts an; nur die Schnittstelle nach außen (also die <u>entry</u>-Deklarationen) wird bekanntgemacht!

Man könnte z. B. ganz einfach die interne Datenverwaltung von Zeichenfolgen auf Zeichenmatrizen umstellen, wenn es sinnvoll erschiene, und sogar eine Zwischenspeicherung auf Festplatte bei größeren Datenmengen vorsehen.

Kommen wir jetzt zur Syntaxbeschreibung:

```
Name: package [exports (Namenliste)]
              [reserves (Namenliste)]
              [options (Optionen)];
```

Abbildung 40. Syntax PACKAGE-Anweisung

In der <u>exports</u>-Liste werden die Namen der Prozeduren aufgeführt, die auch extern bekannt sein sollen. Ein Sternchen (wie im Beispiel) oder Weglassen der <u>exports</u>-Angabe bedeutet: alle. Die <u>reserves</u>-Liste enthält analog die Namen all der Variablen, die auch außerhalb dieses Pakets bekannt sein sollen, Näheres im nächsten Abschnitt. Die Optionen sind im Wesentlichen dieselben wie bei der <u>procedure</u>-Anweisung (siehe vorigen Abschnitt).

Trennt man übrigens mehrere Prozeduren (wie bereits erwähnt) durch jeweils eine <u>*process</u>-Anweisung (ohne weitere Angaben), so nimmt der Compiler an, dass er die Prozeduren in ein Paket mit der Angabe <u>exports</u> (*) packen und so übersetzen soll.

Früher wurde für Zwecke der gemeinsamen Bearbeitung von Daten die <u>entry</u>-Anweisung benutzt. Sie bezeichnet einen Eingangspunkt in eine Prozedur, der im Prinzip mit dem primären Eingangspunkt gleichberechtigt ist und auch z. B. mit <u>call</u> aufgerufen werden kann. Da vielleicht noch „Vermächtnis"-Programme (engl. *legacy*) existieren, hier noch ein abschreckendes Beispiel: Es enthält einen Fehler, den der Compiler nicht entdecken kann, sondern der erst während der Laufzeit zum „Absturz" des Programms führt (nicht unbedingt, aber wahrscheinlich).

```
A: procedure (K);

dcl (K, L) fixed bin parm nonasgn;
put list (K);
return;

B: entry (L);
put list (L + K);

end A;
```

„Tödlich" ist die Verwendung des Parameters K, wenn man bei Eingang B die Prozedur betreten hat, denn ein Parameter, der nicht übergeben wurde, kann natürlich auch nicht benutzt werden. Gegen solche Probleme ist man bei Verwendung von <u>package</u> gefeit!

Allgemein sieht die entry-Anweisung so aus:

Name: entry [(Parameter)] [returns (Attribute)];

Abbildung 41. Syntax ENTRY-Anweisung

Um es noch einmal deutlich zu sagen: Die entry-Anweisung hat nichts mit der Blockstruktur zu tun.

Nachdem wir mit der package-Anweisung die Möglichkeit bekommen haben, auf übersichtliche Weise Prozeduren zusammenzufassen, wollen wir das auch ausnutzen, um uns Prozeduren zu „basteln", denen man Parameter unterschiedlichen Typs übergeben kann. Diese Forderung widerspricht natürlich der PL/I-Regel, dass Argument und Parameter die gleichen Attribute besitzen müssen (abgesehen vom Fall, dass man mit Scheinargumenten zufrieden ist).

Die Lösung dieses Problems bietet das generic-Attribut (engl. für generisch oder „eine Gattung betreffend"). Es erlaubt dem Programmierer, bei einem Unterprogramm-Aufruf immer denselben Namen zu verwenden (sozusagen den Gattungsnamen). Der PL/I-Compiler sucht dann an Hand der Parameter selbständig aus, welche Prozedur aufzurufen ist.

Als Beispiel wollen wir uns ein Programm anschauen, das in einer Zeichenfolge alle Anfangsbuchstaben in große verwandelt, egal ob der Parameter das varying-Attribut besitzt oder nicht. Zunächst das Hauptprogramm:

```
B40: /* Großschreiben (GENERIC-Attribut) */
procedure options (main);

%include groß;

dcl N char (13) nonvar init ('deutsche bahn');
dcl V char (100) var init ('deutsche lufthansa');

call Großschreiben (V);
put list (V);

call Großschreiben (N);
put list (N);

end B40;
```

Interessieren wir uns zunächst für die %include-Anweisung. Das Prozentzeichen am Anfang werden wir in Abschnitt 6.5 wiederfinden. Es bedeutet, dass es sich um eine Handlungsanweisung an den Compiler handelt.

Die %include-Anweisung bewirkt, dass eine andere Datei an ihrer Stelle eingefügt wird. Je nach Compiler-Einstellung und Betriebssystem wird beispielsweise die Datei groß.inc oder groß.cpy gesucht und alle Zeilen dieser Datei mit übersetzt. Nehmen wir mal an, dass es die folgenden Zeilen seien:

```
dcl Großschreiben generic (Groß_V when (varying),
                           Groß_N when (nonvarying));
dcl Groß_V entry (char (*) var);
dcl Groß_N entry (char (*));
```

Sollte es sich um umfangreichere Dateien handeln, so sollte man die %include-Anweisung in zwei Listensteueranweisungen (engl. *list control statements*) einschließen:

```
%noprint;
%include ...;
%print;
```

Sie bewirken, dass im „Compiler-Listing" die eingefügten Anweisungen nicht erscheinen.

Der Name Groß_schreiben ist intern zur Prozedur, die Namen Groß_N und Groß_V sind (da sie nicht in der Prozedur enthalten sind) extern. Im generic- Attribut stellt man dem PL/I-Compiler eine Liste von entry-Konstanten oder -Variablen zur Verfügung. Der Compiler wählt dann den ersten Namen aus, dessen Argumente mit den Parameter-Attributen (Deskriptoren) hinter dem Schlüsselwort when zusammenpassen. Die Reihenfolge der Fälle sollte man also sorgfältig bedenken! Allgemein gilt die Syntax:

```
generic (Eingangsname  when (Deskriptoren)
        [, Eingangsname  when (Deskriptoren)] ...
        [, Eingangsname  otherwise] )
```

Abbildung 42. Syntax GENERIC-Attribut

Deskriptoren unterscheiden sich in der Weise von Attributen, dass man keine Längenangaben und als Dimension nur Sternchen spezifizieren kann. Ein Beispiel, wo man zwischen einer char-Variablen und einer Matrix unterscheiden möchte:

```
dcl X generic (A when (dim (*)),
               B when (char),
               C when (*));
```

A würde ausgewählt, wenn das Argument beim Aufruf von X eine Matrix ist, B, wenn es das Argument char besitzt (egal, ob varying oder nicht!), und C, wenn es genau ein Argument gibt (das dann allerdings keine Zeichenfolge und keine eindimensionale Matrix wäre). Träfe keine der Beschreibungen zu, so wäre dies ein Fehler.

Man kann also mit Hilfe des generic-Attributs garantieren, dass eine Prozedur mit korrekten Argumenten aufgerufen wird (jedenfalls was die Attribute betrifft)! Auch ein einziger when-Fall ist ok!

In der call-Anweisung von Beispiel B40 ruft PL/I also zuerst Groß_V auf, da das Argument das varying-Attribut besitzt, und danach Groß_N, weil N eine Zeichenfolge fester Länge ist (nonvarying).

Man sollte generic- und entry-Deklaration auseinanderhalten:

Durch das generic-Attribut wird nur der generische Name deklariert, die alternativen Eingangsnamen sollten auch noch selbst deklariert werden, sofern sie extern sind!

Da wir Großschreiben als ein einziges Objekt zur Verfügung stellen wollen, fassen wir Groß_N und Groß_V wieder zu einem Paket zusammen:

```
Großschreibung: /* zu Beispiel B40 */
package exports (Groß_N, Groß_V);

%include groß;
```

```
Groß_N: /*******************************************************/
procedure (N);

dcl N char (*) parm asgn nonvarying;

dcl I             fixed bin;
dcl Zeichen_vorher char;

Zeichen_vorher = ' ';
do I = 1 to length(N);
   if Zeichen_vorher = ' ' then
      substr(N, I, 1) = Groß(substr(N, I, 1));
   Zeichen_vorher = substr(N, I, 1);
   end;

end Groß_N;

Groß_V: /*******************************************************/
procedure (V);

dcl V char (*) parm asgn varying;

dcl I             fixed bin;
dcl Zeichen_vorher char;

Zeichen_vorher = ' ';
do I = 1 to length(V);
   if Zeichen_vorher = ' ' then
      substr(V, I, 1) = Groß(substr(V, I, 1));
   Zeichen_vorher = substr(V, I, 1);
   end;

end Groß_V;

Groß: /*******************************************************/
procedure (C) returns (char (1)) options (inline);

dcl C char (1) parm nonasgn;

return (translate(C, 'ABCDEFGHIJKLMNOPQRSTUVWXYZÄÖÜ',
                     'abcdefghijklmnopqrstuvwxyzäöü'));

end Groß;

end Großschreibung;
```

Im Paket sollte man dieselbe Datei mit %include einfügen wie bei der Benutzung des Pakets. Die exports-Angabe reichte zwar an sich schon aus, trotzdem ist es sehr beruhigend, wenn auch der Compiler der Meinung ist, dass alle Prozeduren richtig deklariert sind.

In diesem Beispiel kommt man nicht mit einem einzigen Unterprogramm aus, da ein Scheinargument nur eine Einbahnstraße darstellt: Das vom Unterprogramm geänderte Scheinargument wird nicht auf die ursprüngliche Variable zurückgespeichert. Man sieht also, dass varying-Zeichenfolgen und solche fester Länge etwas völlig Unterschiedliches sind. Ein Benutzer unseres Objekts Großschreiben braucht sich aber darüber keine Gedanken mehr zu machen. Der Vorteil, den das generic-Attribut bietet, ist also ein Gewinn an Übersichtlichkeit.

Haben Sie die dritte Prozedur, Groß, bemerkt? Erstens ist sie nicht in der exports-Liste aufgeführt und zweitens ist für sie die Option inline vereinbart worden. Groß ist nur ein Hilfsprogramm, um den länglichen Aufruf von translate nicht zweimal hinschreiben zu müssen. Durch die Angabe von options (inline) erfordert das trotzdem (ähnlich wie bei derselben Angabe in der begin-Anweisung) keinen Zusatzaufwand: In Wirklichkeit wird das Unterprogramm dann nicht aufgerufen, sondern der entsprechende Maschinencode an Ort und Stelle („inline") eingefügt. Legen Sie keinen Wert auf Umlaute, so können Sie auch die spracheigenen Funktionen uppercase und lowercase benutzen.

Hier ist die Syntax der procedure-Anweisung:

```
Marke: [Marke:]...
    procedure [(Parameterliste)]
        [options (Angaben)]
        [recursive]
        [order | reorder];
```

Abbildung 43. Syntax PROCEDURE-Anweisung

Die Optionen order und reorder kennen wir auch schon von der begin-Anweisung. Sie erlauben es auch hier, aus Optimierungsgründen dem Compiler zu sagen, dass er Anweisungen umordnen darf. Eine Optimierungsangabe, die nicht jeder Compiler beachtet, ist options (reducible). Hiermit kann man andeuten, dass bei gleichem Argument auch der gleiche Funktionswert herauskommt, das Unterprogramm dann also nur einmal aufgerufen zu werden braucht. Implizit gilt options (irreducible).

Dazu passend die Syntax der call-Anweisung:

```
call [entry-Ausdruck | generic-Name | builtin-Name]
    [(Argumentliste)];
```

Abbildung 44. Syntax CALL-Anweisung

3.2.8 Dynamische Ladung – FETCH, RELEASE und DLLs

Bei der Größe heutiger Hauptspeicher, sollte man denken, brauchte man zwei Anweisungen nur noch selten: fetch und release. Sie erlauben es, Unterprogramme nur dann im Hauptspeicher zu behalten, wenn sie benötigt werden. Wenn nicht, kann der Platz für andere Unterprogramme oder Variablen verwendet werden. In der Anweisungsfolge

```
fetch U;
    ...
call U (X, Y);
    ...
release U;
```

wird durch die fetch-Anweisung das Unterprogramm U geladen, durch die call-Anweisung ausgeführt und durch die release-Anweisung wieder aus dem Hauptspeicher entfernt. Solcherart ladbare Programme müssen fertig „gebundene", also vom „Linker" vorbereitete Lademodule sein. Einschränkungen gelten bzgl. der Verwendung von Dateien und bei externen Variablen bzw. Unterprogrammen. Des Weiteren wird die Initialisierung von static-Variablen bei jedem Laden erneuert.

Es gibt aber noch eine Besonderheit: Es ist möglich, die mit `fetch` zu holenden Programme „während der Fahrt" auszuwechseln! Im Grunde braucht man nur ein relativ leeres Hauptprogramm und für jede Komponente eine ladbare Prozedur. Soll dann eine Komponente auf einen neuen Wartungsstand gebracht werden, so braucht man nur das Modul auf der Festplatte bzw. in der Ladebibliothek auszutauschen und dem Hauptprogramm mitzuteilen, dass es sich mit `release` und `fetch` die neue Version holen soll. Das alles, ohne den Betrieb zu unterbrechen!

Auch wenn man `fetch` und `release` nicht benutzt, kann man dem Compiler mitteilen, dass es sich nicht um eine „normale" Prozedur, sondern um eine ladbare handelt:

```
dcl U entry (float, float) options (fetchable);
```

Dann wird die Routine `U` bei der ersten `call`-Anweisung zunächst geladen (und dann natürlich ausgeführt), allerdings nicht wieder entfernt.

Bei den meisten Betriebssystemen gibt es eine weitere Anwendung für `fetch` und `release`, die sogenannten DLLs (*Dynamic Link Library*). Programme aus solchen Bibliotheken brauchen nur einmal in den Hauptspeicher geladen zu werden und stehen dann allen Prozessen (also auch „fremden" Programmen) gleichermaßen zur Verfügung. Mit geeigneten Befehlen an den Linker kann man aus einem PL/I-Programm eine DLL erzeugen. Auch dem PL/I-Compiler sollte man bei mindestens einer der Übersetzungseinheiten (Prozedur bzw. Paket) dieses mitteilen, und zwar mit der Compiler-Option `dllinit`.

Gehen wir vom folgenden Paket aus, das die Prozedur `Prog` für andere Programme zur Verfügung stellt:

```
*process dllinit xinfo (def);
 Egal: package exports (PROG);

 PROG: proc;
 put ("Ich bin's: Prog!");
 end PROG;

 end Egal;
```

Außer `dllinit` habe ich noch `xinfo (def)` spezifiziert. Dies bewegt den Compiler, zusätzlich noch eine DEF-Datei zu erzeugen, die man dann an den Linker übergeben kann, wenn dieser die DLL erzeugen soll. In OS/2 geht das etwa mit dem folgenden Befehl, wenn obiges Paket in der Datei `Egal.pli` steht:

```
ilink /dll /out:MeineDLL Egal.obj Egal.def
```

Unter Windows muss man erst aus der Datei `Egal.def` die Datei `Egal.exp` erzeugen und dann den Linker erneut aufrufen:

```
ilink /geni Egal.def
ilink /dll /out:MeineDLL Egal.obj Egal.exp
```

Fehlt noch ein Hauptprogramm, das die Prozedur dynamisch in den Arbeitsspeicher lädt:

```
 H: procedure options (main);
 dcl X entry constant;
 fetch X title ('MeineDLL/PROG');
 call X;
 release X;
 end H;
```

Man beachte, dass PROG nur in Großbuchstaben zu schreiben ist, sonst wird die Prozedur nicht gefunden. Möchte man geheimhalten, wie die Prozedur heißt, so ginge auch

```
fetch Programm title ('MeineDLL%1');
```

Man kann nämlich mit dem Linker vereinbaren, dass Prozeduren Nummern bekommen sollen; eine solche Nummer ist in der fetch-Anweisung hinter % anzugeben.

Wer DLLs kennt, weiß, dass sie nicht nur Prozeduren, sondern auch Daten enthalten können. In diesem Zusammenhang ist noch das bei der package-Anweisung erwähnte reserved-Attribut interessant, das man aber auch ohne DLLs verwenden kann. Hat etwa ein Programm die Variable R als reserved deklariert:

```
H: procedure options (main);
dcl R char (10) reserved;
put (R);
end H;
```

so muss es ein Paket geben, das diesen Namen in der reserves-Option der Anweisung package erwähnt:

```
Paket: package reserves (R);
dcl R char (10) reserved init ('0123456789');
end Paket;
```

Nur diese Übersetzungseinheit reserviert tatsächlich den Speicherplatz, nur hier wird das initial-Attribut berücksichtigt. Man hat also einen ähnlichen Effekt wie beim external-Attribut, nur wird jetzt unterschieden, wer die Variable tatsächlich bereitstellt und wer sie nur benutzt.[49] Die reserves-Angabe ist also für Variablen das, was die exports-Angabe für Prozeduren ist. Ein Paket kommt, wie man sieht, auch völlig ohne Prozeduren aus.

Stellt man sich nun vor, dass sich das Paket Paket in einer DLL befindet, dann müssen wir das reserved-Attribut im Hauptprogramm erweitern:

```
H: procedure options (main);
dcl R char (10) reserved (imported);
put (R);
end H;
```

Auf diese Weise erreicht man, dass beim Laden des Programms in den dann zu ladenden DLLs nach R gesucht wird. Man beachte, bei der Erzeugung der EXE-Datei wird noch nicht nach R gesucht, erst zu Beginn der Ausführung wird R „importiert"!

Man kann den Zeitpunkt der Suche sogar noch weiter hinauszögern, nämlich unter Zuhilfenahme der fetch-Anweisung. Hier ist also eine Alternative zu H, die ebenfalls davon ausgeht, dass obiges Paket Paket in der DLL MeineDLL zur Verfügung steht:

```
H: procedure options (main);
dcl P ptr;
dcl S char (10) based (P);
dcl X entry constant;

fetch X title ('MeineDLL/R') set (P);
put (S);
release X;
end H;
```

---

49 Auf diese Weise kann man z. B. mit C-Programmen gemeinsam auf Daten zugreifen, in C geht das nur so.

Obwohl man auf eine Variable (also keine Prozedur) der DLL zugreifen will, muss man hinter fetch eine entry-Konstante angeben, wie die folgende Definition zeigt:

---

fetch entry-Konstante [title (Modulname)] [set (Zeiger)];

Abbildung 45. Syntax FETCH-Anweisung

Die Syntax der release-Anweisung ist erweitert worden:

---

release entry-Konstante | *;

Abbildung 46. Syntax RELEASE-Anweisung

Es gibt jetzt auch die Möglichkeit, alle bis zu diesem Zeitpunkt dynamisch geladenen Module wieder aus dem Hauptspeicher zu entfernen, indem man ein Sternchen angibt.

3.3 Ausnahmebedingungen

Da die Behandlung von Ausnahmebedingungen in PL/I an die Blockstruktur gebunden ist, soll auch in diesem Kapitel näher darauf eingegangen werden. Jeder Block, sei es ein begin- oder ein procedure-Block, kann selbst bestimmen, wie in seinem Einflussbereich auf bestimmte Fehler reagiert werden soll. Hierbei kommt es nicht auf das statische Enthaltensein an, wie bei der Bestimmung des Geltungsbereichs von Variablen, sondern auf die dynamische Aktivierungsfolge der Blöcke, einschließlich möglicher rekursiver Aufrufe.

3.3.1 Vorsorglich – Handhabung von Bedingungen

Für jeden Fehler gibt es in PL/I eine Nummer, für die wichtigsten sogar Namen. Andersherum und exakter gesagt, es gibt Namen für Ausnahmebedingungen, oder kurz Bedingungen (engl. *conditions*), und für jede Bedingung eine Reihe von Codes für Fehler, die unter dieser Bedingung auftreten können. Wir kennen vom Einlesen her schon die Bedingung endfile, die immer dann auftritt, wenn es nichts mehr einzulesen gibt. Der zugehörige Code – in diesem Fall gibt es nur einen – ist 70. Im Folgenden werden wir weitere Bedingungen kennenlernen.

Zunächst möchte ich aber allgemein auf die Anweisungen, die im Zusammenhang mit Bedingungen Verwendung finden, eingehen. Jeder Block kann für sich und alle von ihm dynamisch aktivierten Blöcke mit Hilfe der on-Anweisung festlegen, was im Falle des Auftretens der Bedingung geschehen soll. Die Syntax ist:

Typ 1:
   on Bedingung[, Bedingung]... [snap] Einfache Anweisung

Typ 2:
   on Bedingung[, Bedingung]... [snap] begin-Block

Typ 3:
   on Bedingung[, Bedingung]... [snap] system;

Abbildung 47. Syntax ON-Anweisung

Wenn man z. B. auf eine Division durch 0 und das Auftreten zu großer <u>fixed</u>-<u>dec</u>-Zahlen mit einer Fehlermeldung reagieren möchte, könnte man schreiben:

```
on zerodivide, fixedoverflow put list ('Falsche Zahlen!');
```

Besteht der <u>begin</u>-Block nur aus einer einfachen Anweisung (also nicht aus einer Verbund-Anweisung wie z. B. <u>if</u>), so dürfen <u>begin</u>- und <u>end</u>-Anweisung weggelassen werden. Dies ist die Form, die wir bisher schon kannten. Jetzt sehen wir auch, warum man nicht einfach eine <u>do</u>-Gruppe verwenden durfte: Betreten wird im Falle des Auftretens der Bedingung ein Block! Dieser wird auch <u>on</u>-Einheit (engl. <u>ON-unit</u>) genannt.

Die etwas skurrile Syntax, entweder einen <u>begin</u>-Block oder das Schlüsselwort <u>system</u> zuzulassen, ist durchaus praxisgerecht: Man definiert entweder eine eigene Aktion oder sagt, die im PL/I-Handbuch nachzulesende implizite Aktion möge unternommen werden.

Natürlich kann innerhalb eines Blocks jederzeit durch erneutes Durchlaufen einer <u>on</u>-Anweisung umdefiniert werden, was zu geschehen hat. Wenn man selbst nicht mehr weiß, wie man am besten reagieren soll, empfiehlt sich die eben gelernte Version mit <u>system</u>. Meistens wird dann bei Auftreten der Bedingung eine Fehlermeldung ausgegeben und der Ablauf beendet. Sehr sinnvoll ist in jedem Fall die Angabe <u>snap</u>. Man erhält nämlich (auf der Datei Sysprint) einen Schnappschuss der aktuellen Aufrufreihenfolge aller Blöcke (<u>begin</u>- und <u>procedure</u>-), weiß dann, welches Programm welches andere aufgerufen hat, kann also viel leichter rekonstruieren, wie man in die Fehlersituation hineingeraten ist.

Einen weiteren Spezialfall haben wir schon beim Einlesen unter Benutzung der spracheigenen Funktion <u>endfile</u> kennengelernt. Dass Einlesen sogar ohne diese geht, zeigt uns das folgende Beispiel:

```
B41: /* Einlesen ohne BIT-Variable und ENDFILE-Funktion */
procedure options (main);

dcl Matrix dim (1000) float;
dcl I       fixed bin;

on endfile (Sysin);
get list ((Matrix(I) do I = 1 to dim(Matrix)));
put list ((Matrix(I) do I = 1 to I-1));

end B41;
```

So einfach kann Einlesen sein! Als Maßnahme für <u>endfile</u> sehen wir gar nichts vor (in PL/I die sogenannte Leeranweisung, bestehend aus nichts mit einem Semikolon dahinter), denn die <u>get</u>-Anweisung wird sowieso abgebrochen, wenn das Dateiende erreicht wurde. Wen dann noch die Verwendung der Variablen I in der <u>put</u>-Anweisung erstaunt, der sei an die <u>do</u>-Regeln erinnert. Der Wert hinter <u>to</u> wird vor der Abarbeitung der Schleife ermittelt. Er ist I-1, weil die <u>get</u>-Schleife um 1 zu weit gezählt hat, sowohl im Falle des vorzeitigen Abbruchs als auch, wenn wirklich 1000 Zahlen eingelesen wurden. Man hätte auch die spracheigene Funktion <u>count</u> benutzen können. Sie hat als Argument die betreffende Datei und liefert die Anzahl der von der letzten <u>get</u>-Anweisung eingelesenen Werte.

Bleibt noch auf den Programmierstil hinzuweisen: Man sollte die <u>dim</u>-Funktion bzw. <u>lbound</u> und <u>hbound</u> verwenden, wo immer es geht, denn so braucht man nur eine einzige Zahl im Programm zu ändern, wenn man die Matrix Matrix anders dimensionieren möchte. (<u>dim</u> wird genauso verwendet wie <u>lbound</u> und <u>hbound</u>, gibt aber die Gesamtzahl der Elemente einer Dimension zurück.) Hat man überall Konstanten stehen, so vergisst man beim Ändern womöglich noch eine oder ändert mit dem Editor sogar noch andere Vorkommen von 1000, die mit der Dimension von `Matrix` überhaupt nicht in Zusammenhang stehen. Dafür eine Variable oder benannte Konstante einzuführen, ist auch nicht sinnvoll. Man läuft höchstens Gefahr, diese aus Versehen noch für andere Zwecke zu benutzen.

Spracheigene Funktionen sollten Konstanten oder Variablen immer vorgezogen werden. Sie machen ein Programm übersichtlicher und weniger fehleranfällig.

Wir haben also gelernt, dass eine `on`-Anweisung mit leerem `begin`-Block sehr vielsagend ist: Man hat die Bedingung einkalkuliert und möchte nichts unternehmen. Also auch keine Fehlermeldung haben wie bei Verwendung von `system`.

Eine andere Möglichkeit bietet PL/I, wenn man andeuten möchte, dass der betreffende Fehler von jetzt ab nicht mehr durch den gerade aktiven Block zu vertreten ist. Durch die Anweisung

```
revert Bedingung;
```

Abbildung 48. Syntax REVERT-Anweisung

reaktiviert man die Maßnahme, die ein höherer Block vorgesehen hat. Dies ist in den meisten Fällen nicht gleichbedeutend mit der `system`-Maßnahme und erst recht nicht mit der leeren Maßnahme! Man definiert einfach, möge doch der höhere Block reagieren, der sich zuständig fühlt. Wenn noch kein Block eine Maßnahme vorgesehen hat, gilt natürlich doch implizit die `system`-Maßnahme. Bei der Beendigung eines Blocks wird im Rahmen des Epilogs automatisch ein `revert` für alle mit `on` vereinbarten Bedingungen durchgeführt, da dann wieder die Maßnahmen eines höheren Blocks gelten.

Es gibt es auch eine Anweisung, die es erlaubt – z. B. zu Testzwecken – eine `on`-Einheit „aufzurufen". Durch die Anweisung

```
signal Bedingung;
```

Abbildung 49. Syntax SIGNAL-Anweisung

wird die betreffende Bedingung ausgelöst. Dies entspricht genau dem Fall, dass diese Bedingung wirklich aufgetreten ist. Lediglich der Code ist, falls es bei der betreffenden Bedingung mehrere gibt, ein spezieller. Bei `endfile` gibt es aber, wie erwähnt, nur den Code 70, also gilt der sowohl bei einem echten Dateiende als auch bei

```
    signal endfile (Sysin);
```

Der Bedingungcode kann übrigens mit der spracheigenen Funktion `oncode` abgefragt werden, und das nicht nur innerhalb einer `on`-Einheit, sondern auch in jedem Block, der von einer aktivierten `on`-Einheit aufgerufen wurde. Anderenfalls gibt `oncode` eine 0 zurück:

```
    dcl oncode builtin;
    on endfile (Sysin) put list (oncode);
    signal endfile (Sysin);
    put list (oncode);
```

Es wird also zunächst 70 und dann 0 ausgegeben.

Sehr wichtig ist die Deklaration von oncode als builtin! Hätte man dies unterlassen, so hätte oncode z. B. im IBM-Standard als eine float-Variable gegolten (natürlich mit Fehlermeldung), denn der Anfangsbuchstabe O gehört nicht in den Bereich I bis N, für den das Attribut fixed bin die Voreinstellung wäre. Eine Alternative wäre eine leere Argumentliste:

```
put list (oncode());
```

Die leeren Klammern weisen dann PL/I darauf hin, dass es sich nicht um eine einfache Variable und nicht um eine Matrix handelt. Wenn dann auch noch keine Deklaration als entry vorhanden ist, überprüft der PL/I-Compiler, ob es eine spracheigene Funktion gleichen Namens gibt.

Bei manchen Fehlern im Zusammenhang mit Ein/Ausgabe-Operationen kann man mit Hilfe der spracheigenen Funktion onsubcode noch weitere Angaben zum Fehler erhalten.

Um das Instrumentarium abzurunden, gibt es noch eine Anweisung, die es erlaubt, eine „vorgesetzte" Instanz anzurufen:

```
resignal;
```

Abbildung 50. Syntax RESIGNAL-Anweisung

Hierdurch tut man in einer on-Einheit kund, dass man einen höheren Block an der Reaktion auf die Situation beteiligen möchte. Die weitere Verarbeitung verläuft so, als ob die aktuelle on-Einheit nie betreten worden wäre, Anweisungen hinter resignal werden also nie ausgeführt.

Nun ist es nicht so, dass eine Bedingung immer auftreten könnte. Man kann auch statisch für Blöcke oder Anweisungen festlegen, dass bestimmte Bedingungen beachtet oder aber nicht beachtet werden sollen. Zu diesem Zweck gibt es den sogenannten Bedingungspräfix (engl. *condition prefix*), der in Klammern vor eine Anweisung geschrieben wird:

```
(nofixedoverflow):
Zahl = Zahl * Zahl;
```

In diesem Beispiel soll bei der Berechnung des Produkts nicht darauf geachtet werden, ob ein Festkommaüberlauf passiert. (Dies wird manchmal ausgenutzt, z. B. bei der Berechnung von Zufallszahlen.) Steht der Bedingungs-Präfix vor einer begin- oder procedure-Anweisung, so gilt er für den ganzen Block, steht er vor einer anderen, so nur für diese Anweisung. Dabei kann es durchaus sinnvoll sein, vor einer ganzen Prozedur (nofixedoverflow): zu schreiben, im Innern aber für eine einzelne Anweisung mit (fixedoverflow): doch das Erkennen eines solchen Fehlers wieder zuzulassen.

Die englischen Begriffe *enabled* und *disabled* aus dem PL/I-Handbuch übersetzt man am besten mit „zugelassen" und „ausgeschlossen"[50]. Durch das Auftreten eines Bedingungspräfixes mit no wird für den betreffenden Block bzw. die betreffende Anweisung das Erkennen einer Bedingung ausgeschlossen, durch einen Bedingungspräfix ohne no zugelassen.

Sehr praxisnah ist in PL/I unterschiedlich festgelegt, welche Bedingungen von vornherein zugelassen sind. Dies benutze ich, um einmal alle Bedingungen aufzuführen. Vor der Bedingung ist jeweils die Identifikationsnummer (siehe oncondid am Ende dieses Kapi-

---

50 In der DIN-Norm ist von „eingeschaltet" und „ausgeschaltet" die Rede, was im Zusammenhang mit Bedingungen ein etwas seltsamer Sprachgebrauch ist. ./.

tels), danach eine eventuelle Abkürzung aufgeführt. Folgende Bedingungen sind normalerweise zugelassen, können aber durch einen Bedingungspräfix mit no ausgeschlossen werden:

```
 4:   conversion      (conv)
 9:   fixedoverflow   (fofl)
10:   invalidop
13:   overflow        (ovl)
23:   zerodivide      (zdiv)
```

Abbildung 51. Bedingungen (zugelassen – ausschließbar)

Umgekehrt ist es bei folgenden Bedingungen:

```
15:   size
17:   stringrange     (strg)
18:   stringsize      (strz)
19:   subscriptrange  (subrg)
22:   underflow       (ufl)
```

Abbildung 52. Bedingungen (ausgeschlossen – zulassbar)

Folgende Bedingungen sind immer zugelassen, können also durch einen Bedingungspräfix
mit no nie ausgeschlossen werden:

```
      anycondition    (anycond)
 1:   area
 2:   attention       (attn)
 3:   condition       (cond)
 5:   endfile
 6:   endpage
 7:   error
 8:   finish
11:   key
12:   name
14:   record
20:   transmit
16:   storage
21:   undefinedfile   (undf)
```

Abbildung 53. Bedingungen (immer zugelassen – nicht ausschließbar)

Es ist möglich, mehrere Bedingungen in einem Bedingungspräfix zusammenzufassen:

```
(noofl, noufl):
HAUPT: /* Gleitkomma-Überlauf und -Unterlauf */
       /* sollen nicht beachtet werden.      */
procedure options (main);
```

Innerhalb einer on-Einheit muss man sich entscheiden, was nach ihrer Ausführung geschehen soll. Es gibt zwei Möglichkeiten: Entweder man verlässt den begin-Block normal, d. h.
über die zugehörige end-Anweisung oder man benutzt die sogenannte goto-Anweisung,

um den <u>begin</u>-Block, wie man sagt, abnormal zu verlassen und irgendwo weiterzumachen, wohin man mit <u>goto</u> springen kann:

---

goto **Marke;**

oder

go to **Marke;**

Abbbildung 54. Syntax GOTO-Anweisung

Zunächst zum normalen Verlassen: Je nach Bedingung ist praxisgerecht festgelegt, ob die auslösende Anweisung wiederholt wird, ob hinter ihr weitergemacht oder ob die Programmausführung durch Auslösen der sogenannten <u>error</u>-Bedingung beendet wird. Verlässt man eine <u>error</u>-<u>on</u>-Einheit wiederum normal, also ohne <u>goto</u>, so wird eine Fehlermeldung gedruckt und das Programm beendet.

Die <u>error</u>-Bedingung kann auf dreierlei Weise ausgelöst werden:

1. Durch das Auftreten eines Fehlers, für den kein eigener Fehlername vorgesehen ist,

2. als Systemmaßnahme bei normalem Verlassen einer <u>on</u>-Einheit, die für einen schwerwiegenden Fehler zuständig ist und

3. durch Ausführung einer <u>signal</u>-Anweisung.

Der folgende Hinweis sollte sehr ernst genommen werden:

In jeder <u>error</u>-<u>on</u>-Einheit sollte zunächst on error system; stehen, damit bei einem Fehler in diesem Block nicht sofort wieder dieselbe <u>on</u>-Einheit aufgerufen wird – sonst würde jeder Fehler in einer Endlosschleife enden.

Nun zum abnormalen Verlassen einer <u>on</u>-Einheit: Das bedeutet, mit Hilfe einer <u>goto</u>-Anweisung irgendwo im Programm weiterzumachen, wo es sinnvoll erscheint. Dies ist die einzige Stelle in PL/I, wo eine solche Sprunganweisung unumgänglich ist. Es kann eben manchmal notwendig sein, wenn der Benutzer eines Programms sich im Dialog völlig verheddert hat und nur Buchstaben statt Zahlen eingibt, ganz von vorne anzufangen und ihm in aller Ruhe noch einmal die Grundlagen zu erklären (per Programm, versteht sich). Dies kann man durch zwei Vorkehrungen erreichen:

1. Die Anweisung, wo es weitergehen soll, bekommt eine Marke (engl. *label*), z. B.:

```
Start:
    put list ('Immer mit der Ruhe!');
```

2. In der <u>on</u>-Einheit steht an geeigneter Stelle die <u>goto</u>-Anweisung mit Nennung des Markennamens:

```
on conversion begin;
    dcl Mal fixed bin static init (0);
    Mal += 1;
    if Mal = 10 then goto Start; ...
end;
```

Eine solche <u>goto</u>-Anweisung hat es in sich: Es werden alle gerade aktiven Blöcke per Epilog beendet, die nach dem Block aufgerufen wurden, in dem die <u>on</u>-Anweisung steht. Die gesamte Schachtelung wird also abgebaut. Die <u>goto</u>-Anweisung ist großen Einschränkungen unterworfen: Zum Beispiel darf man nicht in eine do-Gruppe mit Wiederholungsspezifikation und nicht in einen Block springen!

Leider ist es in PL/I erlaubt, goto-Anweisungen auch außerhalb von on-Einheiten zu verwenden. Mit ihrer Hilfe ist nämlich die sogenannte Spagetti-Programmierung möglich, deren Anhänger meist andere Programmiersprachen wie BASIC oder FORTRAN verinnerlicht haben. Man kann sich denken, woher der Name kommt: Werden alle Schleifen nicht mehr mit do-Anweisungen, sondern per goto programmiert, so wimmelt das Programm von Marken und von überallher wird überallhin gesprungen! Von strukturierter Programmierung kann dann keine Rede mehr sein.

Problematisch an den goto-Sprüngen ist nicht die Tatsache des Sprungs, im Grunde findet bei einer Schleife ja immer ein Sprung statt. Unübersichtlich wird eine solche Art der Programmierung dadurch, dass man bei einer Marke nicht weiß, wo man hergekommen ist. Die Vorbedingungen sind unbekannt: Man weiß nicht, welchen Wert die Variablen haben!

Im Prinzip kann man jeden Algorithmus goto-frei programmieren. Man sollte es tun!

Die Ausnahme bilden eben jene goto-Anweisungen, mit denen man eine on-Einheit abnormal verlassen kann. Ich möchte deshalb in diesem Buch auch nicht weiter darauf eingehen, dass der Datentyp label ein Datentyp wie jeder andere ist, dass man ihn in Matrizen und Strukturen verwenden und sogar per Parameter aus einer tieferen Prozedur direkt in genau die höhere Prozedur springen kann, die der label-Variablen die label-Konstante zugewiesen hat (und wenn es, o Schreck, ein Sprung von der 99. in die 77. Rekursionsstufe ein und derselben Prozedur ist)! Mit Hilfe der Compiler-Option rules (nogoto) können Sie übrigens erreichen, dass der PL/I-Compiler das Vorhandensein einer goto-Anweisung als Fehler wertet, wenn sie außerhalb einer on-Einheit steht.

3.3.2 Auch römische Zahlen – Berechnungsbedingungen

In diesem Buch sollen nicht alle Bedingungen gründlich besprochen werden. Jeder sollte wissen, dass man durch Null nicht teilen darf, anderenfalls eben zerodivide auftritt. Auch ein Programm, das per nozerodivide-Präfix explizit auf Kontrolle verzichtet, ist ein fehlerhaftes, wenn durch Null geteilt wird. Genauso verhält es sich bei nooverflow und nofixedoverflow, das Ergebnis ist undefiniert. overflow heißt, dass das Ergebnis einer Gleitkomma-Operation einen Exponenten hat, der größer ist als der von der Hardware erlaubte. fixedoverflow wird angezeigt, wenn das Ergebnis einer Festkomma-Operation größer wäre, als von der Hardware her möglich. Leider ist es bei vielen Rechnern nicht mehr möglich, einen Festkomma-Überlauf per Hardware zu bemerken. Die neueste Version des IBM-Compilers kennt also fixedoverflow nur noch für decimal-Operationen.

Für die andere Richtung gibt es underflow: Würde der Exponent einer Gleitkomma-Operation zu klein, das Ergebnis also näher an Null, als von der Hardware erlaubt, so wird das Ergebnis auf Null gesetzt, egal, ob die Bedingung zugelassen oder ausgeschlossen war. Bei Gleitkomma-Operationen von IEEE-Zahlen wird bei underflow nach der Ausgabe der Fehlermeldung die Bedingung error ausgelöst, wenn man keine on-Einheit vorgesehen hat. Dies gilt auch für die decimal-float-Zahlen, die man man neuerdings bei Angabe der Compiler-Option float(dfp) in Hardware ansprechen kann.

Die Bedingung invalidop wird ausgelöst, wenn eine für float-Zahlen ungültige Operation durchgeführt werden sollte, etwa die Subtraktion der im IEEE-Format definierten „Zahl" „unendlich" von sich selbst oder bei der Benutzung der „Zahl" NaN („Not a Number"). Dies gilt ebenfalls für decimal-underline{float}-Zahlen in Hardware.

Implizit ausgeschlossen ist die size-Bedingung. Erst durch einen size-Präfix kann man erreichen, dass man mitbekommt, wenn bei einer Zuweisung oder einer Ein/Ausgabe-Operation führende Stellen einer Zahl wegfallen würden. Der Unterschied zu fixedoverflow ist, dass jenes bei einer arithmetischen Operation auftritt, deren Ergebnis für die **Hardware** zu groß ist, wohingegen size bei einer Zuweisung angezeigt wird, wenn die Ziel-Variable von ihrer **Deklaration** her zuwenig Platz für den aktuellen Wert hat. Da der Speicherplatz für eine Variable durchaus mehr Stellen vorsehen kann, als für PL/I nötig wäre, kann size also nicht von der Hardware bemerkt werden. Der erhöhte Software-Aufwand rechtfertigt die Regelung, dass size erst explizit zugelassen werden muss. Man sollte es sich aber zur Regel machen, in der Testphase eines Programms size zuzulassen, damit man nicht Fehlern wie dem folgenden aufsitzt:

```
dcl K fixed bin (15) init (32767);
(Size): K = K + 1;
```

Ohne den size-Bedingungspräfix würde man nämlich nichts davon mitbekommen, dass die Summe zweier positiver Zahlen plötzlich negativ wird. Wer's nicht glaubt, prüfe es nach! (Bei 32768 gerät ein Bit in die Vorzeichenstelle der fixed-underline{bin}-(15)-Zahl, so dass −32768 herauskommt.)

Bei Berechnungen im allgemeinen Sinn können nicht nur numerische Fehler passieren. Viel häufiger geschehen Fehler bei der Umwandlung von Zeichen in Zahlen, z. B. bei fehlerhafter Eingabe am Bildschirm. Die zuständige Bedingung heißt hier conversion. Immer dann also, wenn eine Zeichenfolge als Zahl keinen Sinn ergibt, tritt diese Bedingung auf. In der Anweisungsfolge

```
dcl U fixed bin;
U = 'X';
```

ist das X für die Variable U wirklich unverständlich. conversion geschieht auch, wenn beim Abarbeiten einer get-Anweisung falsche Zeichen im Eingabestrom stehen (z. B. Buchstaben, wo Ziffern erwartet werden).

Welch mächtige Möglichkeiten die Sprache PL/I vorsieht, auf solch alltägliche Fehler zu reagieren, sehen wir im folgenden Beispiel. Es erscheint wie ein Anachronismus, aber es ist tatsächlich möglich, römische Zahlen einzulesen − und das durchaus gemischt mit arabischen!

```
B42: /* Einlesen römischer Zahlen (CONVERSION) */
procedure options (main);

dcl onsource builtin;
dcl Römisch  bit init ('0'b);
dcl Ungültig bit init ('0'b);
dcl (Wert, Zahl, Limit) fixed bin;

on endfile (Sysin);

on conversion begin;
```

```
       dcl (I, K, Limit) fixed bin;
       dcl W dim (7) fixed bin static nonasgn
                      init (1,5,10,50,100,500,1000);
       dcl Z dim (7) char static nonasgn
                      init ('I','V','X','L','C','D','M');
       Wert, Limit = 0;
       do I = length(onsource) to 1 by -1 until (Ungültig);
          Ungültig = '1'b;
          do K = 1 to 7 while (Ungültig);
             if substr(onsource, I, 1) = Z(K) then do;
                if K >= Limit
                   then do;
                      Wert += W(K);
                      Limit = K;
                      end;
                   else
                      Wert -= W(K);
                Ungültig = '0'b;
                end;
             end;
          end;
       Römisch = ^Ungültig;
       onsource = '0';
       end;

    put list ('Eine Zahl, bitte (arabisch oder römisch):');
    get list (Zahl);
    do while (^endfile(Sysin));
       select;
          when (Ungültig) put list ('Zahl ungültig!');
          when (Römisch)  put list (Wert);
          otherwise       put list (Zahl);
          end;
       Römisch, Ungültig = '0'b;
       put list ('Noch eine Zahl, bitte:') skip;
       get list (Zahl);
       end;

    end B42;
```

Unser Programm zerfällt im Prinzip in die beiden on-Anweisungen am Anfang (endfile
und conversion) sowie in die Einleseschleife, die nichts anderes tut, als Zahlen einzulesen, mitzuteilen, wenn sie ungültig waren, und sie wieder auszugeben. Die beiden Bit-
Variablen dienen dazu, entweder nur die Fehlermeldung auszugeben (Ungültig), oder den
Wert der eingelesenen Zahl, falls sie römisch war (Römisch).

Im conversion-Block findet nun die interessante Konvertierung römischer Zahlen statt,
falls PL/I nicht mit der Eingabe einverstanden war. Die zentrale Rolle spielt die spracheigene Funktion onsource, die auch in ihrer Form als Pseudovariable auftritt, ja auftreten
muss! Diese spracheigene Funktion liefert die Zeichenfolge, die einen Fehler enthielt, und
zwar ist dies immer eine Zeichenfolge ohne Leerzeichen, die an sich als Ganzes als eine
Zahl zu interpretieren wäre. Bei der Zahl MCMXCVI z. B. gelingt dies natürlich nicht. Die
get-list-Anweisung gibt also ab an die conversion-on-Einheit, und onsource liefert
den Wert 'MCMXCVI', der nun von rechts nach links interpretiert wird.

Der Algorithmus ist nicht nur in der Lage, korrekte römische Zahlen zu erkennen. Gibt man falsche ein wie z. B. VL (korrekt wäre XLV), so ermittelt das Programm trotzdem 45, da es einfach davon ausgeht (auf dem Weg von rechts nach links), dass Ziffern, die kleiner sind als die zuletzt erkannten, abzuziehen, während gleiche oder größere zu addieren sind. Na ja, Fehler wie den mit 45 haben kleine Römer in der Schule sicher auch gemacht, unser Programm verzeiht sie.

Entscheidend in einer conversion-on-Einheit ist, dass man auf jeden Fall der onsource-Pseudovariablen einen Wert zuweisen muss, wenn das Programm nicht abbrechen soll. PL/I versucht mit dem neuen Wert erneut eine Konvertierung, schlägt dies abermals fehl, geriete das Programm womöglich in eine Endlosschleife! Hat man die onsource-Pseudovariable nicht benutzt (bzw. die weiter unten erwähnte Pseudovariable onchar), so löst PL/I die error-Bedingung aus und reagiert entsprechend. Man könnte natürlich die on-Einheit auch mit goto abnormal verlassen, wenn dies sinnvoll ist.

In unserem Fall interessiert die Variable Zahl nicht mehr, wenn wir eine römische Zahl erkannt haben, deshalb weisen wir einfach die Zeichenfolge '0' auf onsource zu, damit PL/I zufrieden ist. Wohlgemerkt '0' und nicht 0, denn sonst würde die fixed-dec-Null in die Zeichenfolge '~~~0' umgewandelt und womöglich bei der Zuweisung rechts abgeschnitten, wenn onsource kürzer als 4 ist.

An diesem Beispiel sieht man wieder einmal, dass es durchaus möglich ist, mit wenig Variablen auszukommen. Es bringt absolut keinen Vorteil, onsource vor der Weiterverarbeitung auf eine andere Variable zuzuweisen. Wie lang sollte diese auch deklariert sein? Ein Zeitvorteil wäre es bestimmt nicht. Anders verhält es sich bei den Matrizen Z und W, die, wenn sie nicht als static deklariert wären, bei jedem Betreten der on-Einheit neu initialisiert würden. Auch das Attribut nonassignable empfiehlt sich hier.

Erwähnen sollte ich noch die spracheigene Funktion onchar, die in manchen Fällen vielleicht günstiger zu benutzen ist als onsource. Während onsource das gesamte Feld übergibt, dessen Bearbeitung zu einem conversion-Fehler führte, erhält man durch onchar genau das Zeichen, das PL/I bei der Konvertierung störte. Mit der Pseudovariablen onchar kann man genau dieses Zeichen zwecks eines erneuten Konvertierungsversuchs ändern, etwa indem man für die Zeichen, die man auf der Tastatur mit den Zifferntasten bei gedrückter Umschalttaste eingeben kann, die entsprechenden Ziffern einsetzt. Natürlich sollte man den Benutzer fragen, ob er mit der so ermittelten Zahl einverstanden ist!

Eine Aufgabe liegt auf der Hand:

A31: Erweitern Sie die conversion-on-Einheit in Beispiel B42 so, dass inkorrekte römische Zahlen auch zu einer Fehlermeldung führen. Es müssten noch folgende Regeln beachtet werden:

1. *Die Reihenfolge Tausender, Hunderter, Zehner, Einer muss eingehalten werden, falls nicht durch Subtraktion kürzere Zahlen zu bilden sind.*

2. *Die sogenannten Hilfszeichen V, L und D dürfen nicht abgezogen werden.*

3. *Es darf höchstens eins der sogenannten Grundzeichen I, X und C abgezogen werden.*

4. *Es dürfen höchstens drei gleiche Grundzeichen (abgesehen vom M) hintereinander stehen.*

5. Es dürfen nicht mehrere gleiche Hilfszeichen hintereinander stehen.

Falls ich eine Regel vergessen haben sollte, scheuen Sie sich nicht, diese auch noch in Ihr Programm aufzunehmen. Die erste Regel kommt auch daher, dass die Römer in ihrem Latein durchaus ein Dezimalsystem verwendeten. Allein in der Schreibweise hatten sie es noch nicht zum Stellenwertsystem gebracht. Testen Sie Ihr Programm mit den (falschen) Zahlen IXCM, IXIX und VM. Übrigens: Die sogenannte „notatio scientifica" (z. B. VEX für 5E10) braucht nicht verstanden zu werden!

3.3.3 Unheimliche Begegnung – der Programm-Test

Beim Programmtest kann man manchmal in Situationen geraten, wo man nicht mehr weiß, was das Programm eigentlich so tut. Eine gründliche Planung des Programms verringert die Wahrscheinlichkeit für das Auftreten einer solchen Situation erheblich. Es gibt in der Literatur die verschiedensten Methoden, wie man einen Programmablauf oder die Zusammenarbeit der verschiedenen Unterprogramme grafisch darstellt. Hierauf soll in diesem Buch aber nicht eingegangen werden. Oft gibt einem die Institution, bei der man beschäftigt ist, schon genau vor, wie man ein Projekt anzugehen hat. Im Folgenden soll nur eine Minimal-Vorgehensweise vorgestellt werden.

Grundsätzlich sollte man bei der Planung von oben nach unten („top-down") vorgehen, d. h. man dokumentiert zunächst die oberste Ebene, beschreibt also, *was* zu geschehen hat, aber noch nicht, *wie* man dies in PL/I realisieren will, etwa wie in der folgenen Abbildung zu sehen:

Abbildung 55. Block-Diagramm

Es fehlt also noch völlig, welche Art Zahlen aufsummiert werden soll (`fixed`, `float`, ...). Im weiteren Verlauf der Planung verfeinert man nun eine Ebene nach der anderen. Im Prinzip sollte ein Kästchen immer einer PL/I-Prozedur entsprechen, das sollte man dabei im Hinterkopf haben. Irgendwann lohnt sich dann eine weitere Verfeinerung in der grafischen Darstellung nicht mehr, man geht jetzt auf ein PL/I-Programm über, das man natürlich so schreibt, dass es selbstdokumentierend ist.

Unter selbstdokumentierend verstehe ich:

1. Alle Variablennamen und Datentypen sind so gewählt, dass sie dem zu bearbeitenden Problem gerecht werden.

2. Das Programm ist so aufgebaut, dass vor jedem Abschnitt ein Kommentar steht, der beschreibt, was im folgenden Abschnitt passiert.

Wenn man dann noch vor dem Kommentar eines Abschnitts zwei Zeilen frei lässt und keinen Abschnitt über eine Seitengrenze der Druckausgabe gehen lässt, fällt der nächste Punkt der Programmplanung sehr viel leichter: der Schreibtischtest. Hierunter versteht man das Durchdenken des Programms vor dem ersten Laufenlassen. Hier entdeckt man meist noch einige Ungereimtheiten, die, hätte man gleich mit der Programmausführung begonnen, ein chaotisches Bild des Programms vermittelt hätten.

Es ist viel leichter, die noch verbliebenen Fehler eines Programms zu deuten, das man im Schreibtischtest gründlich durchdacht hat!

Man sollte sich immer klarmachen, was Programmtest heißt. Man beweist nicht, dass das Programm fehlerfrei ist – das ist bei nicht-trivialen Programmen nicht möglich –, sondern man versucht nur, Vertrauen in die Richtigkeit des eigenen Programms zu gewinnen. Im Schreibtischtest liest man zunächst nur den Kommentar der einzelnen Abschnitte eines Unterprogramms. Erst wenn man der Überzeugung ist, dass genau das die Lösung der Aufgabe des Unterprogramms ist, überprüft man die einzelnen Abschnitte, ob sie auch eine Realisierung des jeweiligen Kommentars sind und nicht etwa am Ziel vorbeischießen.

Es ist also eine Frage des WAS und des WIE! WAS getan werden soll, beschreibt der Kommentar, WIE es geschehen soll, beschreibt das PL/I-Programm.

Wenn das PL/I-Programm selbstdokumentierend ist, kann man sehr viel schneller alle Kommentare lesen und verstehen, WAS im Programm passiert, als vom WIE des PL/I-Programms wieder auf das WAS schließen zu müssen

Ob man jetzt die Programmierung des Programmsystems wieder „top-down" macht oder „bottom-up" (von unten nach oben), sehe ich nicht dogmatisch. In der Realität findet man oft „unten" eine Methode, die man dann auch den oberen Schichten bekannt machen muss und umgekehrt. Ist die Materie nicht allzu komplex, kann man sogar Unterprogramme schon einzeln testen. Entweder man stellt ihnen eine Aufruf-Umgebung zur Verfügung, die einen unabhängigen Ablauf ermöglicht („bottom-up-Test") oder man fügt Unterprogramme hinzu, die in der Wirkung denen entsprechen, die später Verwendung finden sollen („top-down-Test"). Letzteres ist zum Beispiel möglich bei einem Unterprogramm, das – nach einem komplizierten Verfahren – entweder 1 oder 2 berechnet: Man nimmt dann zum Schein ein Unterprogramm, das abwechselnd 1 und 2 zurückgibt. Wird ein Programmsystem von mehreren Leuten geschrieben, so ist eine Vorgehensweise, die getrennten Test der Komponenten ermöglicht, sogar unumgänglich.

Die dritte Test-Methode außer „top-down" und „bottom-up" ist „big bang" (engl. für: großer Knall)! Man schreibt erst alle Unterprogramme und testet sie dann gemeinsam. Sollte man ein Anhänger der dritten Art sein, kann ich nur einen gründlichen Schreibtischtest empfehlen, damit es nicht zu einer unheimlichen Begegnung der dritten Art mit dem Programm kommt und man sich die Erscheinung nicht mehr erklären kann.

Beeindruckt hat mich in letzter Zeit die Methode „Extreme Programming", die eher „top-down" zuzuordnen ist. Kurz gefasst beinhaltet diese Methode, dass zwei Leute alle zwei Tage eine lauffähige Version des Programms dem Auftraggeber vorführen und ihn fragen, ob das bisher Implementierte noch seinen Vorstellungen entspricht – mit folgenden Vorteilen:

• Bei zwei Programmierern kann „ruhig" einer krank werden.
• Zwei Programmierer finden in Diskussionen oft bessere Lösungen als einer allein.

- Der Auftraggeber sieht schon nach zwei Tagen, wenn etwas aus dem Ruder läuft.
- Man hat sofort Erfolgserlebnisse und nicht erst nach einem Jahr Planung und Programmierung.

Um nun etwas konkreter zu werden, möchte ich zunächst die %page-Anweisung vorstellen. Sie ist (ähnlich wie %noprint) eine Anweisung an den Compiler und bewirkt den Beginn einer neuen Seite im „Compiler-Listing":

```
X = 7;
%page;
/* Ausgabe: */
```

Der Kommentar käme also – damit es übersichtlicher ist – auf eine neue Seite der Programmliste. (Eine veraltete Möglichkeit, dies zu erreichen, ist eine 1 in Spalte 1 der betreffenden Programmzeile, sofern die Compiler-Option margins (2,72,1) gesetzt ist.) Es ist nichts ärgerlicher, als in einer Programmliste beim Schreibtischtest innerhalb einer do-Schleife immer hin- und herblättern zu müssen, weil sie auf zwei Seiten verteilt ist. Möchte man den Test lieber auf dem Bildschirm vornehmen, so empfiehlt sich eine Testhilfe, die leider für jede Plattform anders heißt und aussieht, für OS/2 heißt sie pdebug, für Windows idebug und für z/OS DebugTool, wobei Letzteres wahlweise unter ISPF auf dem Mainframe

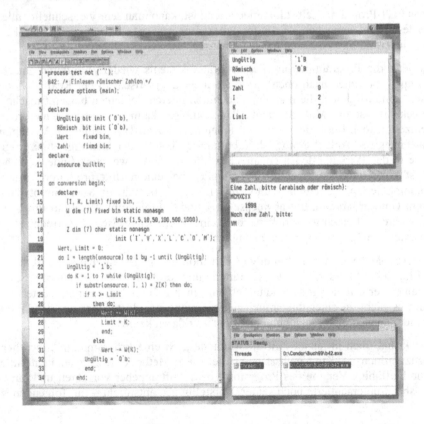

Abbildung 56. Debugger-Bildschirm

oder aber unter Windows mit Zugriff auf den Mainframe arbeitet. Das folgende Bild zeigt die OS/2-Version pdebug:

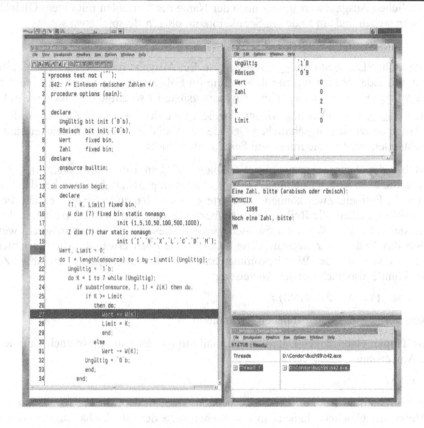

Abbildung 51. Debugger-Bildschirm

Mehrere Fenster machen einen interaktiven Test möglich. Man kann dann Stopppunkte setzen (engl. *breakpoints*) oder sich zeilenweise durch sein Programm „durchkämpfen". Nachdem eine Anweisung ausgeführt wurde, wandert die Markierung zur nächsten. Gleichzeitig sieht man in einem anderen Fenster die Werte all der Variablen, die einen interessieren. In diesen Zustand kommt man z. B. durch Angabe der Compiler-Option `test` oder durch den Aufruf:

```
call plitest;
```

Außerdem muss man dem Linker mittels der Option `/debug` mitteilen, dass er Test-Informationen an den Debugger weiterreichen soll.

Für Testzwecke sehr geeignet, ansonsten aber mit ziemlichem Aufwand für PL/I verbunden, ist nach <u>list</u> und <u>edit</u> die dritte Art, zeichenweise Ein- und Ausgabe zu betreiben, nämlich <u>data</u>-gesteuert (engl. <u>data</u>-*directed*):

```
dcl (X init (1.23456e7), Y init (-654321)) float;
```

```
put data (X, Y);
```

Zugelassen sind in der Datenliste hinter dem Schlüsselwort `data` sowohl Variablen als auch die bekannte do-Spezifikation mit indizierten Matrix-Elementen. Es wird nämlich vor dem eigentlichen Ausgabewert immer noch der Name der Variablen mit einem Gleichheitszeichen ausgegeben und am Ende ein Semikolon, im obigen Beispiel etwa so:

```
X= 1.23456E+0007 Y=-6.54321E+0005;
```

PL/I wäre nicht PL/I, wenn die `data`-gesteuerte Ein/Ausgabe nicht wieder ein Kapitel für sich wäre, mit jeder Menge eigener Regeln, die im Folgenden kurz vorgestellt werden sollen. Jede mit `put data` ausgegebene Zuweisungsliste ist so aufgebaut, dass sie mit einer geeigneten `get`-`data`-Anweisung wieder eingelesen werden kann. Mit Zuweisungsliste soll hier die Folge der zuweisungsähnlichen Gebilde aus Variable, Gleichheitszeichen und Konstante verstanden werden, die mit einem Semikolon beendet wird.

Während bei der Ausgabe genau die Variablen auf dem Bildschirm oder in der Datei erscheinen, die auch in der Datenliste der `put`-Anweisung stehen, hat man bei der Eingabe sehr viel mehr Freiheit. Zwar können nur Werte an Variablen zugewiesen werden, die auch in der Datenliste stehen, die Reihenfolge ist aber irrelevant und es müssen auch nicht allen Variablen der Datenliste Werte zugewiesen werden. Diese Regel ist nur möglich, weil das Semikolon das Ende der Zuweisungsliste anzeigt, wie oben erwähnt. Alle Variablen der Datenliste, die keinen neuen Wert bekommen haben, bleiben unverändert. Die obige Zuweisungsliste könnte also auch mit der Anweisung

```
get data (Y, A, B, C, X);
```

eingelesen werden; A, B und C blieben unverändert.

Wem das Tippen einer langen Datenliste zu mühsam ist, der kann diese auch ganz weglassen. Die Anweisung

```
put data;
```

gibt alle Variablen aus, die an der Stelle bekannt sind, in dem die `put`-Anweisung steht, wobei Variablen gleichen Namens in der Reihenfolge der Blockschachtelung von innen nach außen aufeinander folgen. In gleicher Weise kann man schreiben:

```
get data;
```

Allen an dieser Stelle bekannten Variablen kann ein neuer Wert zugewiesen werden, wobei allerdings nur die jeweils im Block bekannten angesprochen werden können. Je nach Compiler kommen noch weitere Restriktionen hinzu, die aber nicht Variablen mit den Attributen `automatic` und `static` betreffen, die wir bisher kennen.

Es wird übrigens, wenn man bei der Eingabe des Namens Fehler macht, die sogenannte `name`-Bedingung ausgelöst. In einer `on`-Einheit kann man dann mit Hilfe der spracheigenen Funktion `datafield` sogar erfahren, wie man sich vertippt hat.

Verwendet man an allen markanten Punkten des Programms eine `get`-`data`-Anweisung, so kann interaktiv der Lauf des Programms verändert werden. Man sollte sich aber darüber im Klaren sein, dass eine solche Testmethode leicht im Chaos enden kann! Besser ist es in jedem Fall, schon vorher zu planen, welche Testdaten ggf. ausgegeben werden sollen.

Der Vollständigkeit halber sollen hier noch die Syntax-Beschreibungen der `get`- und der `put`-Anweisung nachgeholt werden:

```
get [file (Dateiausdruck)] | [string (Zeichenfolge)]
            list (Variablenliste) |
            edit (Variablenliste) (Formatliste) ... |
            data (Variablenliste)
       [skip [(Ausdruck)]]
       [copy (Dateiausdruck)];
```

Abbildung 57. Syntax GET-Anweisung

Die copy-Angabe bewirkt die umgehende Ausgabe des Eingelesenen auf eine andere Datei. Bei Verwendung der string-Angabe sind skip und copy nicht erlaubt.

Ähnlich sieht die Syntax der put-Anweisung aus:

```
put [file (Dateiausdruck)] | [string (Zeichenvariable)]
            list (Datenliste) |
            edit (Datenliste) (Formatliste) ... |
            data (Datenliste)
       [skip [(Ausdruck)]] | [page] [line (Ausdruck)];
```

Abbildung 58. Syntax PUT-Anweisung

Auch hier sind bei Verwendung der string-Angabe weder page, line noch skip erlaubt. Das Schlüsselwort list darf bei get und bei put weggelassen werden, wenn es unmittelbar auf get bzw. put folgt.

Nur für die Testzeit, nicht für die Zeit der Produktion gedacht sind die normalerweise ausgeschlossenen Bedingungen stringrange, subscriptrange, stringsize und size. Sie können natürlich durch einen Bedingungspräfix zugelassen werden. Der Compiler muss in einem solchen Fall zusätzlichen Code erzeugen, der während der Produktion nur unnötig Rechenzeit „fressen" würde. Außerdem sind diese Bedingungen nicht dazu gedacht, in einer on-Einheit bearbeitet zu werden, obwohl dies natürlich möglich ist. Programmfehler sollten nämlich behoben und nicht etwa bei jedem Auftreten umgangen werden.

Diese vier Bedingungspräfixe sind in der Testphase eines Programms global einsetzbar:

* Immer wenn man vermutet, dass das Ergebnis einer Zuweisung zu groß für die aufnehmende Variable sein könnte, verwende man den size-Präfix (ruhig vor der procedure-Anweisung, es ist ja die Testphase)!

* Immer wenn man vermutet, dass eine (Zeichen- oder Bit-)Folge zu lang für die aufnehmende Variable ist, verwende man den stringsize-Präfix (es sei denn, das Abschneiden sei beabsichtigt)!

* Immer wenn es möglich ist, dass bei der Benutzung von substr (als spracheigener Funktion oder als Pseudovariable) die Grenzen außerhalb der deklarierten Länge sein könnten, verwende man den stringrange-Präfix!

* Immer wenn es möglich ist, dass ein Index (engl. *subscript*) einer Matrix (engl. *array*) außerhalb der vereinbarten Grenzen liegen könnte, verwende man den subscriptrange-Präfix!

Wenn man nichts übersehen will, schreibe man in der Testphase ruhig den Sammel-Präfix (`size`, `strz`, `strg`, `subrg`): vor das Programm. (Diese Abkürzungen sind möglich.)

In jedem Fall wird dann bei Fehlen einer `on`-Einheit eine Meldung ausgegeben. Unterschiede gibt es bei diesen vier Bedingungen, wenn man fragt, wie es danach weitergeht:

- `subscriptrange` löst die `error`-Bedingung aus,

- bei `size` ist das Ergebnis undefiniert (früher wurde `error` ausgelöst),

- `stringsize` bewirkt wie üblich das Abschneiden der Folge,

- `stringrange` korrigiert die `substr`-Positionen so, dass sie innerhalb der Folge liegen (also auf 1, wenn zu klein, und auf Folgenlänge+1, wenn zu groß).

Außer bei `subscriptrange` geht die Ausführung also dort weiter, wo sie unterbrochen wurde. Weitere Unterschiede sind zu bemerken, wenn man eine entsprechende `on`-Einheit vorgesehen hat und diese „normal", also ohne `goto` verlässt:

- Bei `size`, `stringsize` und `stringrange` geht es an der Stelle weiter, wo die Bedingung aufgetreten ist, da diese Bedingungen eventuell in Kauf genommen werden können,

- `subscriptrange` löst in jedem Fall die `error`-Bedingung aus, da diese Bedingung immer als Fehler anzusehen ist.

Es ist zwar nicht einfach zu behalten, wie PL/I auf das Auftreten einer Ausnahmebedingung mit oder ohne Bedingungspräfix, mit oder ohne `on`-Einheit, bei normalem oder abnormalem Verlassen einer `on`-Einheit reagiert, aber die Bedingungen sind nun einmal so verschieden, dass praxisgerechte Festlegungen wohl die sinnvollste Lösung sind.

In diesem Zusammenhang möchte ich noch diejenigen spracheigenen Funktionen erwähnen, die einem alle möglichen Informationen über Datei und Programm geben können: `onloc` hat keine Argumente und gibt den Namen der Prozedur, wo die Bedingung aufgetreten ist, als Zeichenfolge zurück. Möchte man dagegen Informationen über das Programm erhalten, in dem man sich gerade befindet, so bietet PL/I die folgenden, die alle ohne Argument aufgerufen werden:

- `packagename` liefert den Paketnamen,

- `procname` den Prozedurnamen,

- `sourcefile` den Namen der Datei und

- `sourceline` die Zeilennummer, in der selbige Funktion aufgerufen wurde (nicht etwa die Zeile, wo ein Fehler passiert ist!).

- `onoffset` liefert die interne Adresse der Maschineninstruktion, bei der eine Bedingung aufgetreten ist. Dieser Wert sollte allerdings höchstens in eigenen Fehlermeldungen oder Protokollen verwendet werden.

- `stackaddr` liefert einem die Adresse des Hauptspeicherbereichs, wo die `automatic`-Variablen und anderer blockeigener Speicherplatz angelegt werden, im Betriebssystem z/OS also der Wert von Register 13.

- Mit `ismain` kann man feststellen, ob man in der Prozedur mit der Option `main` ist.

Will man in einer Laufzeitfehlermeldung nicht nur den so genannten Offset, sondern die mit dem Quelltext korrespondierende Zeilennummer sehen, so gebe man die Option `gonumber` an, die den Compiler veranlasst, entsprechende Instruktionen in das Maschinenprogramm einzubauen.

Für Programmtest und Fehlersuche lassen sich vier Compiler-Optionen gut verwenden: `initauto`, `initbased`, `initctl` und `initstatic`. Jeweils eine ist für jede Speicherklasse zuständig (die Speicherklassen `based` und `controlled` lernen wir im nächsten Kapitel kennen) und bewirkt, dass der Compiler `initial`-Attribute vergibt, und zwar:

- `init((*)0)` für Zahlvariablen,

- `init((*)'')` für `picture`- und Folgenvariablen sowie

- `init((*)sysnull())` für Zeigerdaten.

Etwas Hardware-näher ist die Compiler-Option `default(initfill)`. Sie ist nur für `automatic`-Speicherplatz zuständig und bewirkt, dass dieser sofort nach Betreten des Blocks mit `'00'x` gefüllt wird. Will man hier einen anderen Wert verwenden, so kann man diesen hexadezimal angeben, etwa `default(initfill(ff))`. Wenn Ihr Programm mit beiden Werten dieselben Ergebnisse liefert, ist die Wahrscheinlichkeit groß, dass Sie sich keine Sorgen um nicht-initialisierte `automatic`-Variablen machen müssen.

In diesen Zusammenhang passt auch die Laufzeit-Option `storage`. Sie gilt nur auf dem Großrechner und gehört zum sogenannten *z/OS Language Environment* (LE). Mit ihrer Hilfe kann man ebenfalls Speicherplatz einen Wert geben, aber unabhängig von Deklarationen, unterschieden wird nur nach *stack*- und *heap*-Speicher. *stack* heißt Stapel und *heap* heißt Haufen. `automatic`-Variablen werden im „Stapel" angelegt, `based`- und `controlled`-Variablen unabhängig davon im „Haufen" (abgesehen von `based`-Variablen in Gebieten, da kommt es natürlich auf die Speicherklasse des Gebiets an). Die Syntax ist folgende:

`storage` (Haufenanfangswert, Haufenendwert, Stapelanfangswert)

Die Angaben bestehen aus zwei Hexadezimalzeichen ohne Apostrophe, die Angabe NONE deutet an, dass kein Wert zugewiesen werden soll. Der erste Parameter ist das Zeichen, das bei allen Speicherplatzzuordnungen im Haufen jedem Byte zugewiesen werden soll. Der zweite Parameter dient dem Datenschutz und wird nach jeder Freigabe zugewiesen. Der dritte ist das Zeichen nach Speicherplatzzuordnungen im Stapel, wird also im Prolog eines Blockes jedem Zeichen zugewiesen. Ein Beispiel wäre die folgende EXEC-Anweisung:

```
//STEPNAME EXEC PGM=MEINPROG,PARM='STORAGE=(FF,NONE,FF)/'
```

Man beachte den abschließenden Schrägstrich. Hinter diesem kann man, wie schon in Abschnitt 3.2.1 erwähnt, eine eigene Zeichenfolge als Parameter an die Hauptprozedur übergeben. Nachteilig ist die erheblich höhere Rechenzeit, was auch darauf zurückzuführen ist, dass die Optimierungsbemühungen des Compilers ins Leere laufen – er „weiß" ja nichts von den „Machenschaften" des *Language Environments*.

3.3.4 Roter Alarm – restliche Bedingungen

Nicht alle Bedingungen, die noch fehlen, sollen in diesem Kapitel besprochen werden, etliche können erst verstanden werden, wenn deren Grundlagen bekannt sind. So werden in Kapitel 4 die Bedingungen `area` und `storage` erklärt und in Kapitel 5 die Ein-/Ausgabe-Bedingungen `key`, `record`, `transmit` und `undefinedfile`.

Die Bedingung `attention` ist für eine interaktive Programmierumgebung gedacht, wie
z. B. Windows oder TSO unter z/OS. Dazu übersetzt man das Programm mit der Compiler-
Option `interrupt` und gibt auch bei der Ausführung die Laufzeitoption `interrupt` (`on`)
an. Der Compiler erweitert dann den erzeugten Code in der Weise, dass man das Programm
durch Drücken von Strg+Pause oder von Strg+C (bzw. die ATTN-Taste) jederzeit anhalten
kann. In einer `attention`-`on`-Einheit kann man sich dann z. B. erkundigen, was der Benutzer will. Bei normalem Verlassen der `on`-Einheit wird an der Stelle fortgefahren, wo die
Unterbrechung erfolgte.

Die Bedingung `endpage` kann im Zusammenhang mit `print`-Dateien auftreten. Wir erin-
nern uns, dass mit `put` an sich ein Strom von Zeichen ausgegeben wird. Mit Hilfe der
Optionen bzw. Formate `page`, `line` und `skip` kann aber diesem Strom eine Zeilen- und
Seitenstruktur aufgeprägt werden. Eine `endpage`-`on`-Einheit kann z. B. nützlich sein, um
Kopf- oder Fußzeilen zu drucken, wie wir im Folgenden sehen werden.

Beim Drucken von Seiten tritt immer dann, wenn die letzte Zeile der Seite gedruckt wurde
und eine neue Zeile begonnen werden soll, die Bedingung `endpage` auf. Normalerweise
wird nämlich die Seite nicht vollständig bedruckt (etwa bei Endlospapier auf dem Knick),
sondern es erfolgt ein Vorschub von der 60. Zeile einer Seite auf die 1. Zeile der nächsten
Seite. Genau dieses ist die Systemmaßnahme von PL/I, wenn keine `endpage`-`on`-Einheit
angegeben wurde. Was muss man also unternehmen, wenn man ohne Rücksicht auf Verluste
Zeile hinter Zeile setzen will? Natürlich

```
on endpage (Sysprint);
```

Man möchte am Seitenende ja nichts tun, keinen Vorschub des Papiers auf die neue Seite!

Hat man jetzt spezielle Wünsche, das Druckbild betreffend, so lässt PL/I auch hier keinen
Wunsch unerfüllt. Möchte man z. B. pro Seite 65 Zeilen drucken, wobei jede Zeile (statt
120) 132 Spalten haben soll, so kann man dies vor der Benutzung der Datei `Sysprint` mit
Hilfe der `open`-Anweisung kundtun, deren allgemeine Bedeutung wir aber erst in Kapitel 5
kennenlernen werden:

```
open file (Sysprint) pagesize (65) linesize (132);
```

Möchte man weiterhin auf die erste Zeile jeder Seite die Seitennummer drucken, ansonsten
aber den Datenstrom von der letzten Zeile einer Seite direkt auf die erste Zeile der nächsten
Seite fließen lassen, so kann man dies mit einer `endpage`-`on`-Einheit der folgenden Art
erreichen:

```
on endpage (Sysprint) begin;
   Nummer += 1;
   put page edit ('*** Druckliste ***', 'Seite ', Nummer)
              (col(20), a, col(120), a, a);
   put skip;
   end;
```

Es kann durchaus die Bedingung endpage mitten im Wort auftreten, der eine Teil des Wortes steht dann also auf der letzten Zeile der Seite und der andere Teil auf der nächsten Seite in der ersten Zeile nach der Überschrift. Ließe man die put-skip-Anweisung weg, so würde sogar hinter der Überschrift weitergedruckt.

Ist die endpage-Bedingung durch eine skip- oder eine line-Option ausgelöst worden, dann wird diese auf der neuen Seite nicht wieder aufgenommen, d. h. man befindet sich immer auf der neuen Seite in der Zeile und Spalte, die die endpage-on-Einheit hinterlassen hat. Dies gilt auch für die System-Maßnahme, die man sich ja denken kann als

```
on endpage (Sysprint) put page;
```

Nebenbei kann bei dieser Gelegenheit noch die spracheigene Funktion lineno vorgestellt werden, die einem bei einer print-Datei die aktuelle Zeilennummer (auf der Druckseite) zurückgibt:

```
if lineno(Sysprint) = 50 then signal endpage (Sysprint);
```

Man könnte also in besonderen Fällen auch schon vor dem Übergang von der letzten Zeile einer Seite auf die neue Seite die in der endpage-on-Einheit festgelegte Maßnahme ergreifen – mit Hilfe der signal-Anweisung!

Apropos signal – diese Anweisung ist nicht nur dazu da, die *üblichen* Bedingungen testweise auszulösen. Man kann in PL/I auch *eigene* Bedingungen für Aktionen vereinbaren und dann – u. U. mehrere Blöcke tiefer – mit Hilfe von signal auch auslösen:

```
on condition (Red) begin;
   ...
   end;
...
signal condition (Red);
```

Hier ist ein Beispiel für eine solche Vorgehensweise:

```
B43: /* Eigene Bedingungen (CONDITION-Attribut) */
procedure options (main);

dcl Matrix    dim (100) fixed bin;
dcl EINGABE   entry ((*) fixed bin asgn, fixed bin nonasgn);
dcl GROESSE   condition;
dcl SYSPRINT  print file;
dcl ZAHL      fixed bin external;

on condition (GROESSE) snap begin;
   put list ('*** Zahl ist zu gross: ', ZAHL);
   ZAHL = 9999;
   end;
call EINGABE (Matrix, 9999);
put list (Matrix);

end B43;
```

Das Unterprogramm sieht folgendermaßen aus:

```
EINGABE:
procedure (Matrix, Limit);

dcl Matrix dim (*) fixed bin parm asgn;
dcl Limit   fixed bin parm nonasgn;

dcl GROESSE condition;
dcl I       fixed bin;
dcl ZAHL    fixed bin ext;

do I = lbound (Matrix) to hbound (Matrix);
   get list (ZAHL);
   if ZAHL > Limit then signal condition (GROESSE);
   Matrix(I) = ZAHL;
   end;

end;
```

In diesem Beispiel tritt das Attribut external mehrfach auf. Alle Namen, die dieses Attribut besitzen, habe ich nur in Großbuchstaben geschrieben: unsere selbstdefinierte Bedingung GROESSE (implizit), das externe (!) Unterprogramm EINGABE (implizit) und die fixed-bin-Variable ZAHL (explizit angegeben). external hieß ja nichts weiter, als dass das betreffende Objekt von allen Prozeduren aus zugänglich ist, weil es nämlich außerhalb von allen Prozeduren liegt.

Man kann also das Unterprogramm EINGABE von überall her aufrufen, auf die Datei SYSPRINT von allen Unterprogrammen aus schreiben, die Bedingung GROESSE von überall her signalisieren und der Variablen ZAHL in allen Prozeduren, in denen sie als external deklariert ist, einen Wert zuweisen oder auch mit ihrem Wert rechnen.

Man sollte sowohl das external-Attribut als auch eine condition-Bedingung nur für Ausnahmesituationen vorsehen; external, weil man nie genau weiß, in welcher Prozedur die Variable verändert wird, und condition, weil der Aufwand, den PL/I treiben muss, größer ist als bei üblicher Programmierung!

Unserem Unterprogramm sind also nicht nur – per Parameterliste – Werte für Matrix und Limit übergeben worden, sondern – außer der Reihe sozusagen – auch die Variable ZAHL! Für den üblichen Programmfluss eine äußerst unschöne Situation, zur Bewältigung von Ausnahmebedingungen eventuell sinnvoll.

Das Unterprogramm EINGABE liest die übergebene Matrix voll, wobei Alarm geschlagen wird, wenn eine Zahl größer als das zweite Argument ist. Das Hauptprogramm korrigiert diesen Wert dann auf 9999.

Will man irgendwelche Werte an on-Einheiten übergeben (Parameter gibt es ja nicht), so passen zu Bedingungen mit dem Attribut internal globale und zu solchen mit dem Attribut external natürlich externe Variablen.

Das Gegenteil von external ist nämlich internal, ein Attribut, das man unter anderem auch für all die Namen vereinbaren kann, die von sich aus als external gelten, z. B. für eine selbstdefinierte Bedingung, wenn man sie nur im betreffenden Block auslösen möchte, also nicht von irgendwo außerhalb.

Nebenbei bemerkt ist condition das einzige Attribut, das nicht für Konstanten oder Variablen vereinbart wird, sondern für Namen. Man kann eine condition-Bedingung also leider nicht als Argument an ein Unterprogramm übergeben; es wäre doch ganz praktisch, im Unterprogramm eine Bedingung zu signalisieren, die man übergeben bekommen hat.

Es gibt eine Möglichkeit, statt vieler on-Einheiten nur deren eine zu verwenden: anycondition. Der entsprechende Block wird immer dann angesprungen, wenn in einem Block keine Maßnahme für die eingetretene Bedingung vorgesehen ist. Was nun wirklich passiert ist, sagen einem die spracheigenen Funktionen oncondcond und oncondid:

```
on finish system;
on anycondition begin;
    put list ('Eigene Bedingung: ' || oncondcond(),
              'Bedingungsnummer: ' || oncondid(),
              'Fehlernummer: ' || oncode());
    goto Von_vorne;
    end;
```

oncondcond gibt als Zeichenfolge den Namen einer benutzerdefinierten condition-Bedingung zurück und oncondid die Identifikationsnummer als fixed-bin-Zahl (die in den Tabellen weiter oben schon aufgeführt war). oncode gibt eine fixed-bin-Zahl zurück, die die Bedingung näher aufschlüsselt.

Und was soll nun die Bedingung finish? Sie wird immer dann ausgelöst, wenn das Programm (an sich) aufhört, sei es, dass der Programmierer es so beabsichtigt hatte (z. B. durch die Ausführung der letzten end-Anweisung der main-Prozedur) oder als Teil der Systemmaßnahme der error-Bedingung oder bei normalem Verlassen einer error-on-Einheit. Es ist aber tatsächlich auch jetzt noch möglich, sich in einer finish-on-Einheit zu entschließen, mit Hilfe der goto-Anweisung doch noch irgendwo im Programm weiterzumachen. Die Systemmaßnahme bei finish ist, da weiterzumachen, wo finish ausgelöst wurde; also normalerweise die Programmausführung zu beenden, es sei denn, finish wurde mit Hilfe einer signal-Anweisung ausgelöst, dann wird „natürlich" hinter der signal-Anweisung weitergemacht.

Um es noch einmal zu betonen: anycondition ist nicht für „irgendeine Bedingung" zuständig, sondern für alle, für die man nicht selbst vorgesorgt hat. Hat man also finish vergessen, so ist dies eine sehr trickreiche Version einer Endlosschleife!

4. Dynamische Speicherplatzverwaltung

Die Sprache PL/I kennt verschiedene Speicherklassen je nach Lebensdauer und Zugriffsart der Variablen. Bisher haben wir die beiden Klassen automatic und static kennenge-lernt. Sie unterscheiden sich nur in der Lebensdauer: automatic-Variablen existieren so lange, wie der Block aktiv ist, in dem sie deklariert sind, static-Variablen während der Laufzeit des gesamten Programms. Damit verbunden ist natürlich auch die Art der Initiali-sierung: static-Variablen bekommen ihren Anfangswert nur einmal (abgesehen von fetch), automatic-Variablen bei jedem Eintritt in „ihren" Block. Zur Wiederholung sei noch erwähnt, dass auch Parameter im Prinzip eine eigene Speicherklasse darstellen. Sie sind weder static noch automatic, da der Speicherplatz für sie jeweils im rufenden Pro-gramm bereitgestellt wird, sei er dort nun static oder automatic.

4.1 Das CONTROLLED-Attribut

Das Attribut automatic kennzeichnet eine dynamische Art der Speicherverwaltung, allerdings gebunden an die Blockstruktur des Programms. Nur mit Eintritt in einen Block kann z. B. einer Matrix beliebiger Größe Speicherplatz zugeordnet werden:

```
dcl N fixed bin;

N = 1000;

begin;
dcl A dim (N) float;
...
end;
```

Die Speicherklasse controlled erlaubt nun, zu einem beliebigen Zeitpunkt einer Varia-blen Speicherplatz zuzuordnen. Zur Unterscheidung: Man spricht von *Zuordnung* von Speicherplatz und von *Zuweisung* eines Wertes.

4.1.1 Nur auf Wunsch – ALLOCATE und FREE

Variablen der Speicherklasse controlled erhalten bei Ausführung einer allocate-Anweisung Speicherplatz, der ihnen bei Ausführung einer free-Anweisung wieder genom-men wird. Unser Beispiel sähe dann so aus:

```
dcl A dim (*) float controlled;
dcl N fixed bin;
N = 1000;
allocate A dim (N);
...
free A;
```

oder auch

```
dcl A dim (N) float controlled;
dcl N fixed bin;
N = 1000;
allocate A;
 ...
free A;
```

Die `allocate`-Anweisung ist im Gegensatz zur `declare`-Anweisung ausführbar, d. h.
dort, wo sie steht, bewirkt sie die Zuordnung von Speicherplatz, ggf. mit Initialisierung.
Man darf also eine `controlled`-Variable nicht benutzen, bevor sie nicht durch `allocate`
Speicherplatz bekommen hat. Der Speicherplatz wird nicht bei Verlassen des Blockes wieder aberkannt, sondern erst mit Ausführen einer `free`-Anweisung. Danach darf die Variable
nicht mehr benutzt werden, sie hat keinen Speicherplatz mehr!

Man mache sich Lebensdauer und Geltungsbereich einer `controlled`-Variablen klar. Die
Lebensdauer ist zwar unabhängig von der Blockstruktur, der Geltungsbereich ist aber nach
wie vor der Block, in dem die Variable deklariert ist; außerhalb ist sie unbekannt, obwohl
sie vielleicht existiert (nach `allocate`).

Natürlich können auch Skalare und Strukturen das Attribut `controlled` besitzen. Das
Besondere ist in jedem Fall, dass die Dimension von Matrizen und die Länge von Zeichen-
und Bitfolgen erst zum Zeitpunkt der Speicherplatzzuordnung feststehen müssen. Ein extre-
mes Beispiel ist das Folgende:

```
dcl I fixed bin;
dcl J fixed bin;
dcl K fixed bin;
dcl L fixed bin;
dcl M fixed bin;
dcl 1 S dim (*) controlled,
      2 T dim (*) char (*) var,
      2 U dim (*) bit (*) var;
get (I, J, K, L, M);
allocate 1 S dim (I),
         2 T dim (J) char (K) init ((J)('')),
         2 U dim (L) bit (M) init ((L)('0'b));
```

Wie schon im einführenden Beispiel zu sehen, kann man statt eines Sterns auch eine Variable (bzw. einen Ausdruck) spezifizieren:

```
dcl 1 S dim (I) controlled,
      2 T dim (J) char (K) var init ((J)('')),
      2 U dim (L) bit (M) var init ((L)('0'b));
```

Dann sieht die `allocate`-Anweisung einfacher aus:

```
allocate S;
```

Man sollte nur eine dieser beiden Möglichkeiten nutzen: Entweder man gibt in der
`declare`- oder in der `allocate`-Anweisung einen Wert an, nie in beiden! Welche man
wählt, ist einfach: Hat die Variable immer dieselbe Ausdehnung, so legt man dies in der
`declare`-Anweisung fest, sonst in der `allocate`-Anweisung. Will man hier auf Fehler
aufmerksam gemacht werden, so spezifiziere man die Compiler-Option `rules` (`nola-
xctl`).

Zu beachten ist, dass in der `allocate`-Anweisung nur das Dimensionsattribut sowie die
Attribute `char`, `bit` und `initial` angegeben werden dürfen. (Wir werden in diesem Kapitel noch das `area`-Attribut kennenlernen, dieses ist auch bei `allocate` zugelassen.) Für
das obige Beispiel bedeutet dies, dass T und U gemäß der `declare`-Anweisung `varying`
sind, obwohl in der `allocate`-Anweisung nur `char` und nicht `varying` steht. Man
kann also mit `allocate` nicht beliebige Attribute spezifizieren, sondern nur Größen, Län-

gen und Anfangswerte. Alle anderen Attribute bleiben erhalten. In diesem Sinne sind die folgenden Definitionen zu verstehen, zunächst die Anweisung zum Anlegen:

---

allocate [Stufennummer] Name [Attribute][, ...];

Abbildung 59. Die ALLOCATE-Anweisung für CONTROLLED-Variablen

---

Dann die zum Freigeben:

---

free Name [, Name] ...;

Abbildung 60. Die FREE-Anweisung

Was die Lebensdauer angeht, so haben controlled-Variablen mehr mit static gemein als mit automatic, da sie auch beim nächsten Aufruf des Blockes, in dem sie deklariert sind, noch ihren alten Speicherplatz und Wert besitzen, falls sie nicht freigegeben wurden.

4.1.2 Eine neue Konstruktion – der Stapel

Nun ist das noch nicht alles, was es über controlled zu berichten gibt. Was passiert eigentlich, wenn erneut eine allocate-Anweisung ausgeführt wird, obwohl der betreffenden controlled-Variablen schon Speicherplatz zugeordnet wurde? PL/I wäre nicht PL/I, wenn dies einfach zu einem Fehler führte. Nein – hier bringt die Sprache das Konzept eines Stapels (engl. *stack*) ins Spiel. Dies bedeutet, dass eine neue Generation dieser Variablen erzeugt wird und die alte dadurch versteckt wird – wie bei einem Stapel Bücher, bei dem man nur das oberste lesen kann. Hat man also für eine Variable dreimal ein allocate ausgeführt, so wird, z. B. bei einer Zuweisung, nur die dritte Version angesprochen, die beiden ersten sind nicht erreichbar.

Bleibt noch zu verraten, wie man wieder an die verdeckten Generationen einer solchen Variablen herankommt. Da man immer die jeweils oberste verwendet, braucht man nur die Variable so oft freizugeben, bis man bei der gewünschten Generation angekommen ist. Freigeben heißt, mit Hilfe der free-Anweisung die gerade aktive Variable zu vergessen, ihren Speicherplatz wiederbenutzbar zu machen, z. B. für ein anderes allocate. Man verdeutliche sich das an Hand der nachstehenden Anweisungsfolge:

```
dcl K fixed bin ctl;

allocate K init (1);
allocate K init (2);
allocate K init (3);
put (K);
free K;
put (K);
free K;
put (K);
free K;
```

Es werden nacheinander die Zahlen 3, 2 und 1 ausgegeben. (ctl ist übrigens die Abkürzung von controlled.)

Es gibt noch eine Regel, die beschreibt, was passiert, wenn man als Dimensionsattribut in der allocate-Anweisung ein Sternchen schreibt. Möglich ist z. B. auch:

```
dcl A dim (*) controlled;
allocate A dim (3);
allocate A dim (*);
```

Durch die Angabe (*) in der zweiten allocate-Anweisung wird eine Matrix derselben Größe bereitgestellt, die die aktuelle Generation hat (in diesem Fall 3).

Die Stapel-Eigenschaften von controlled-Variablen sollen im folgenden, größeren Beispiel ausgenutzt werden, um eine beliebig große Matrix zu simulieren. Es sei davon ausgegangen, dass zunächst eine unbekannte Anzahl von Werten (Zeichenfolgen) gelesen wird. Man kann also nicht von vornherein eine Matrix fester Größe dafür vorsehen. Danach möchte man zu beliebigen Werten wieder zugreifen. Schauen wir uns das Hauptprogramm an:

```
B44: /* Eine beliebige Anzahl von Werten (CONTROLLED) */
procedure options (main);

dcl Eintrag entry (fixed bin) returns (char (1000) var);
dcl Satz    char (1000) var;
dcl Sammeln entry (char (1000) var);

/* Einlesen der Werte: */
on endfile (Sysin);
do loop;
   get list (Satz);
   if endfile(Sysin) then leave;
   call Sammeln (Satz);
   end;

/* Drucken einzelner Werte: */
put list (Eintrag(3), Eintrag(1), Eintrag(500));

end B44;
```

Mit dem Unterprogramm Sammeln werden also die Werte weggepackt, das Unterprogramm Eintrag sieht aus wie eine Matrix und gibt den Satz mit der angegebenen Nummer zurück, man beachte die entry-Deklarationen. Nun taucht das Problem auf, wie kann das Unterprogramm Eintrag die Sätze wieder zurückgeben, die das Unterprogramm Sammeln gesammelt hat? Ein Möglichkeit wäre das in Abschnitt 3.2.6 besprochene Attribut external, das durchaus nicht mit dem Attribut controlled kollidiert. Das Unterprogramm Sammeln könnte z. B. alle ankommenden Sätze in die Generationen einer external-controlled-Variablen packen, die auch dem Eintrag-Unterprogramm bekannt wäre. Dies ist aber – wie schon an angegebener Stelle besprochen – nicht die beste Möglichkeit.

Erinnern wir uns an die Möglichkeit, mehrere Prozeduren in ein Paket packen zu können. Ich möchte Beispiel B44 auf diese Weise vollenden. Das Paket heiße Matsim (Matrix-Simulation) mit den beiden Prozeduren Sammeln und Eintrag.

```
Matsim: /* Matrix-Simulation mit CONTROLLED (zu B44) */
package exports (Sammeln, Eintrag);

dcl Bank      dim (*) char (*) var controlled;
dcl Maxlänge fixed bin static init (0);
dcl Satz      char (*) controlled;

Sammeln: /*****************************************************/
procedure (S);

dcl S char (*) var parm nonasgn;

on storage begin;
   put list ('Kein Platz mehr da zum Sammeln!');
   goto Return;
   end;
allocate Satz char (length(S)) init (S);
Maxlänge = max(Maxlänge, length(S));

Return:
end Sammeln;

Eintrag: /*****************************************************/
Item:
procedure (K) returns (char (1000) var);

dcl K fixed bin parm nonasgn;
dcl Erster_Aufruf bit static init ('1'b);
dcl I             fixed bin;

if Erster_Aufruf then do;
   on storage begin;
      put list ('Kein Platz mehr zum Holen der Einträge!');
      goto Return;
      end;
   allocate Bank (allocation(Satz)) char (Maxlänge);
   do I = allocation(Satz) to 1 by -1;
      Bank(I) = Satz;
      free Satz;
      end;
   Erster_Aufruf = '0'b;
   end;
if K >= 1 & K <= dim(Bank) then return (Bank(K));

Return:
return ('');

end Eintrag;

end Matsim;
```

Der Sammeln-Abschnitt packt den angekommenen Parameter auf einen Stapel. Man braucht sich also nicht darum zu kümmern, wie viel Platz man für alle Sätze benötigt, das Schlimmste, was passieren kann, ist, dass das Programm an Speicherplatzmangel „stürbe". Das könnte aber auch bei einer Matrix fester Größe geschehen. In unserem Beispiel würde dann jeweils die on-Einheit für die Bedingung storage angesprungen – im Ernstfall würde man natürlich etwas Intelligenteres anstellen. Die Anweisung goto Return statt einer `return`-Anweisung ist bei manchen Compilern nötig, weil bei einer `on`-Einheit nicht klar ist, wohin ein `return` führte.

Die wichtigste Stelle ist der Teil, der nur beim ersten Aufruf von `Eintrag` durchlaufen wird (eine `static`-`bit`-Variable dient dazu, dies festzuhalten). Hier wird nun die Matrix angelegt, die bei allen folgenden Aufrufen von `Eintrag` angesprochen wird. Sehr praktisch ist die spracheigene Funktion `allocation`, die die Anzahl Generationen zurückgibt, die bereits existieren. In der Variablen `Maxlänge` wurde mitgehalten, wie lang der längste Satz ist, so dass alle Angaben für die `allocate`-Anweisung vorhanden sind. Das Umpacken geschieht nun, indem eine Generation nach der anderen nach dem Übertragen des Wertes in die Matrix `Bank` mit Hilfe der `free`-Anweisung freigegeben wird. Zurückgegeben wird dann das angeforderte Element von `Bank` oder, wenn ein Element verlangt wird, das nicht existiert, der Nullstring.

Wie schon bei der Einführung der Matrix in Abschnitt 2.3.1 erwähnt, ist die Ähnlichkeit in der Schreibweise eines Matrixelements mit einem Funktionsaufruf von Vorteil, wenn man die interne Realisierung ändern möchte. Eckige Klammern würden dies behindern.

Zur Abschätzung der Vor- und Nachteile der Verwendung von `controlled`-Variablen noch einmal die Vorteile:

- Speicherplatz wird nur dann reserviert, wenn er gebraucht wird,

- Speicherplatz wird nur so groß reserviert, wie er gebraucht wird,

- eine Struktur kann während der Laufzeit so zugeschnitten werden, wie sie gebraucht wird,

- auf einfache Weise kann ein Stapel programmiert werden.

Diese Vorteile erkauft man sich mit erhöhtem Verwaltungsaufwand. Eine `allocate`-Anweisung benötigt einige Zeit, bis sie ein Stückchen freien Speicherplatz gefunden und zugeordnet hat. Auch hier ist es eine Frage des Abwägens, welche Sprachmittel man verwendet. Es gibt immer zwei Möglichkeiten, entweder, man nutzt den Komfort, den eine Sprache wie PL/I bietet, aus oder nicht. Dass Komfort etwas kostet (vor allen Dingen Rechenzeit), dürfte selbstverständlich sein.

Auch hier sei eine Aufgabe angeboten:

A32: Schreiben Sie ein Programm, das einen eingelesenen Text umgedreht wieder ausgibt. Benutzen Sie hierfür den Stapel einer controlled-Variablen mit dem Attribut `char` (1).

Wem diese Aufgabe zu einfach ist, der kann sich an die folgende wagen:

A33: Schreiben Sie ein Tischrechnerprogramm, das einen arithmetischen Ausdruck vom Bildschirm einliest und das Ergebnis ausgibt. Es sollen +, -, * und / sowie Klammern verwendet werden dürfen, ansonsten Zahlen in einem PL/I bekannten Format. Verwenden Sie zwei Stapel, einen für Operanden, den anderen für Operatoren. Entscheiden Sie jedesmal, wenn Sie ein Element der Formel untersuchen (Operand, Operator oder Klammer), ob Sie schon etwas auswerten können. Auswerten heißt, die beiden obersten Operanden mit dem obersten Operator verknüpfen und das Ergebnis wieder (anstelle der beiden Operanden) auf den Operanden-Stapel packen. Beachten Sie dabei auch, dass Klammern ebenfalls auf den Operator-Stapel gepackt (und auch wieder von dort entfernt) werden. Dass Punkt- vor Strichrechnung geht, sollte natürlich auch berücksichtigt werden.

4.1.3 Allgemeiner geht's nicht – das INITIAL-CALL-Attribut

Am Ende dieses Abschnitts möchte ich noch ein weiteres Attribut vorstellen, da dessen Vorteile am besten am Beispiel von controlled-Variablen gezeigt werden können. Rein äußerlich ist es etwas befremdlich, da es aus zwei Schlüsselwörtern in einer festen Reihenfolge besteht: initial call. Zur Erläuterung das folgende Beispiel:

```
B45: /* INITIAL-CALL-Attribut */
procedure options (main);

dcl X dim (20) fixed bin init call Natürlich (X);
dcl Y dim (*) fixed bin ctl init call Natürlich (Y);

allocate Y dim (10);
put list (X, Y);

Natürlich: /****************************************************/
procedure (A);

dcl A dim (*) fixed bin parm asgn;
dcl I fixed bin;

do I = 1 to dim(A);
  A(I) = I;
  end;

end Natürlich;

end B45;
```

Nach Betreten der Hauptprozedur wird der automatic-Matrix X Speicherplatz zugeordnet, mit Ausführung der allocate-Anweisung auch der Matrix Y. Jeweils unmittelbar danach werden die Matrizen auf Grund des init-call-Attributs auch mit Anfangswerten versehen. Anfangswerte sind in diesem Fall die natürlichen Zahlen als Durchnummerierung der Matrixelemente (unter Verwendung der spracheigenen Funktion dim). Allgemein kann man beliebige Dinge in einer init-call-Prozedur unternehmen. Wer z. B. gerne wissen möchte, wann seinen Variablen Speicherplatz zugeordnet wird, der darf sogar eine put-Anweisung in die Initialisierungsprozedur stecken!

Wenn man sichergehen möchte, dass eine Prozedur vor allen ausführbaren Anweisungen aufgerufen wird, so kann man eine sonst unbenutzte Variable mit dem init-call-Attribut versehen:

```
dcl Nix char (0) init call Als_erstes_ausführen;
```

4.2 Das BASED-Attribut

Außer automatic und controlled gibt es noch eine weitere dynamische Speicherklasse: based. In gewisser Weise fällt sie aus dem Rahmen. based-Variablen sind nur Muster, sie existieren nicht „an sich", sondern sind zugreifbar nur über eine Zeiger-Variable (engl. *pointer*). Wir lernen also gleich zwei neue Attribute kennen: based und pointer.

4.2.1 Erste Adressen – dynamische Speicherplatzinterpretation

Die Deklarationen

```
dcl X float based (P);
dcl P pointer;
```

besagen, dass dort im Hauptspeicher, wo der Zeiger P hinzeigt, eine float-Variable X sei. Es taucht sofort die Frage auf: Wie kommt dort eine hin?! Das folgende Beispiel zeigt eine Möglichkeit:

```
B46: /* Überlagerung von Variablen (ADDR) */
procedure options (main);

dcl B float;
dcl P pointer;
dcl X float based (P);

P = addr(B);
X = 0;
put list (B);

end B46;
```

Wir sehen eine neue spracheigene Funktion: addr. Sie gibt die Hauptspeicheradresse der Argument-Variablen zurück. Die Adresse (engl. *address* mit 2 Ds) ist intern einfach die Nummer des Bytes im Hauptspeicher, wo die Variable anfängt. In PL/I braucht man aber gar nicht zu wissen, was das für eine Zahl ist, man sollte mit Zeigern sowieso nicht rechnen, sie dienen einfach als Verweis, wo eine based-Variable liegt. Die erste Zuweisung heißt also nichts anderes, als dass P auf die Speicherzelle zeigen soll, wo B liegt. Also – noch einmal:

Die Zuweisung der Adresse von B auf P ist so zu deuten, dass hinterher P auf B zeigt.

Nun liegt aber dort, wo P hinzeigt, auch die based-Variable X. Folglich ist die dann folgende Zuweisung von 0 auf X tatsächlich auch eine Zuweisung von 0 auf B, so dass die put-Anweisung völlig legal ist, B hat einen Wert!

Es ist natürlich möglich, ohne dass ein Compiler etwas davon „merkt", eine float-Variable mit einer char-Variablen zu überlagern, indem man einen Zeiger entsprechend setzt:

```
dcl F float;
dcl C char (4) based (addr(F));
```

Aber gerade die Tatsache, dass bei so Hardware-naher Programmierung der Compiler keine Fehlerhinweise mehr geben kann, sollte einen von solchen Tricks abhalten.

Legal ist allerdings die Methode, Zeigervariablen um einen festen Wert zu erhöhen. Unter Zugrundelegung der Deklarationen (ptr ist die Abkürzung von pointer)

```
dcl 1 S      dim (2000),
      2 T    char (20) var,
      2 U    float (16);
dcl P        ptr;
dcl Element dim (2) based (P) like S;
```

kann man einen Zeiger nacheinander auf alle Elemente von S weisen lassen, ohne zu wissen, wie lang ein Element ist:

```
P = addr(S);
do I = 1 to 2000;
   put list (Element(1));
   P = addr (Element(2));
   end;
```

Der Zeiger P zeigt anfangs auf das erste Element von S. Innerhalb der Schleife gibt man dann zuerst S(1) aus, da Element(1) immer da ist, wo P hinzeigt. Danach wird P auf die Adresse von Element(2) gesetzt, also innerhalb von S auf das nächste Element. Auf den ersten Blick kann man sich auf diese Weise alle Indexberechnungen sparen.

Bei der Anweisung

```
P = addr (S(I));
```

wird mehr Rechenzeit verbraucht, um die Adresse von S(I) herauszubekommen, als im obigen Beispiel mit konstantem Index (Element(2)). Man sollte sich aber nicht täuschen: ein optimierender Compiler erzeugt womöglich in beiden Fällen denselben Code!

Wenn man nun einen Zeiger um eine bestimmte Anzahl Byte erhöhen will, so geht das in PL/I leider auch, z. B.:

```
P = P + 7;
```

Man sollte vielleicht in einem solchen Fall lieber eine spracheigene Funktion bemühen – der Deutlichkeit halber:

```
P = pointeradd(P, 7);
```

Ich vermisse eine Compiler-Option, die das Pluszeichen in Verbindung mit Zeigern zu verbieten erlaubt – es könnte ja aus Versehen geschehen sein![51] Natürlich gibt es auch noch die Funktionen ptrsubtract zum Subtrahieren einer Zahl von einem Zeiger und die Funktion ptrdiff, die es erlaubt, zwei Zeiger voneinander zu subtrahieren.

Wir haben jetzt also die unerfreuliche Situation, dass man zwar Zeiger mit Zahlen verknüpfen, aber keine Zahlen auf Zeiger zuweisen kann. Aber es kommt noch schlimmer: Man darf zwar keine Zeichenfolgen auf einen Zeiger zuweisen, aber eine Nullstring-Konstante doch. Dieses war die Konsequenz aus dem Nutzerwunsch, eine Struktur, in der alle möglichen Datentypen vertreten sind, mit einer Zuweisung auf einen neutralen Wert zu setzen:

```
dcl 1 S,
      2 F fixed bin (31),
      2 C char (10) var,
      2 P pointer;
S = '';
```

Eine Zahl wird dann auf 0 gesetzt, eine Zeichenfolge tatsächlich auf den Nullstring, ein Zeiger auf den Wert sysnull(). Diese spracheigene Funktion kann im Prinzip wie die Funktion null() verwendet werden. Üblicherweise liefert null() einen Wert, der intern aussieht wie 'FF000000'x, während sysnull() alle Bits auf 0 gesetzt liefert.

---

51 Fans der Programmiersprache C sehen also: Den Ärger, den man in C sowieso mit Zeigern hat, kann man auch in PL/I haben!

Diese als „syntaktischer Zucker" gedachte Möglichkeit bringt dann mit sich, dass eine Null-string-Konstante auch auf einen skalaren Zeiger zugewiesen werden kann, der folgende Vergleich aber trotzdem **verboten** ist:

```
dcl P ptr init ('');                         /* erlaubt */
if P = '' then put ('Zeiger ist null!'); /* verboten */
```

Die Initialisierung wiederum ist erlaubt.

Solange man zu jeder <u>based</u>-Variablen einen eigenen Zeiger hat, bleibt die Sache noch relativ übersichtlich. Dies ist zwar empfehlenswert, muss aber in PL/I nicht sein. Es ist durchaus möglich, folgende <u>declare</u>-Anweisungen zu schreiben:

```
dcl P pointer;
dcl X float based;
dcl A dim (2) float;
```

Bei jedem Ansprechen von X muss jetzt explizit angegeben werden, welcher Zeiger verwendet werden soll, die Schreibweise mit dem Pfeil ist sehr sprechend:

```
P = addr(A(1));
P->X = 0;
addr(A(2))->X = 1;
```

Man kann sich auch noch verwirrendere Schreibweisen denken:

```
dcl Z entry (char (1)) returns (pointer);
dcl P pointer based;
dcl X float based;
Z('A')->P->X = 0;
```

wo immer X auch liegen möge. Auch ein Zeiger kann basisbezogen sein, und eine Funktion kann einen Zeiger zurückgeben.

Empfehlenswert ist es, einen Zeiger immer nur auf eine Variable zeigen zu lassen und nicht noch für andere zu verwenden![52]

Ich möchte aber auch demonstrieren, wie man in PL/I mit Zeigern sehr übersichtliche Programme schreiben kann. Das folgende Beispiel[53], das nur im Betriebssystem z/OS läuft, sollten auch diejenigen, die dieses Betriebssystem nicht kennen, genau studieren. z/OS ist ein Betriebssystem, das unter anderem den sogenannten Stapelbetrieb (engl. *batch processing*) erlaubt. Jeder Rechenauftrag (engl. *job*) hat einen 8-stelligen Namen, der in der sogenannten JOB-Anweisung angegeben wurde.

Wie man nun per Programm diesen Jobnamen mit 4 Anweisungen herausfinden kann, sehen Sie hier:

```
B47: /* Herausfinden des eigenen Job-Namens (POINTER) */
procedure options (main);

put list (Jobname);
```

---

52 In anderen Sprachen wie z. B. Pascal und C ist ein Zeiger immer auf einen bestimmten Typ festgelegt. Hierfür gibt es in PL/I den Datentyp <u>handle</u>, der hier aber noch nicht besprochen werden soll.

53 Dieses beeindruckende Beispiel verdanke ich meinem Kollegen Stefan Ost, der es auf einer SHARE-Tagung 1989 in Wien vorgestellt hat.

```
Jobname: procedure returns (char (8));

declare
   CVT_Addr        ptr init (ptrvalue(16)),
   CVT_Ptr         ptr based (CVT_Addr),
   1 CVT           based (CVT_Ptr),
     2 List_Ptr    ptr,
   1 TCB_List      based (List_Ptr),
     2 *           ptr,
     2 Curr_TCB    ptr,
   1 TCB           based (Curr_TCB),
     2 *           char (12),
     2 TIOT_Ptr    ptr,
   1 TIOT          based (TIOT_Ptr),
     2 Jobname     char (8);

return (TIOT.Jobname);

end Jobname;

end B47;
```

Man beachte, dass überhaupt keine „richtige" Anweisung vorkommt, nur eine declare-
und eine return-Anweisung. Die declare-Anweisung hat es aber in sich. Die ganze Zei-
gerkette beginnt bei der absoluten Speicheradresse 16, wo das Betriebssystem z/OS immer
die Adresse der sogenannten CVT (Communication Vector Table) hinterlegt. Die spracheigene Funktion ptrvalue wandelt eine Zahl in einen Zeiger um.

Von Adresse 16 aus geht es durch die z/OS-Kontrollblöcke. In einem Kontrollblock steht
immer an einer ganz bestimmten Stelle die Adresse des nächsten Kontrollblocks: In der
Communication-Vector-Table steht die Adresse der Task-Control-Block-Liste, in dieser die
Adresse des Task-Control-Blocks, in diesem die Adresse der Task-Input-Output-Table, und
hier schließlich wurde vom Betriebssystem vor Beginn des Programmlaufs der Job-Name
eingetragen.

In der return-Anweisung braucht man nicht mehr mit Hilfe von Zeigern zu qualifizieren,
die declare-Anweisung enthält ausreichende Informationen. Dies ist überhaupt typisch für
PL/I: Man beschreibt die Abhängigkeiten in declare-Anweisungen, die *ausführbaren*
Anweisungen bleiben auf diese Weise übersichtlich, da dort kein Zeiger auftaucht!

Wenn Sie jetzt fragen: „Und wie kann man Zeiger einlesen und ausgeben?", so ist die Antwort: einlesen gar nicht, ausgeben mit der put-Anweisung, wobei der 8 Byte lange Hexade-
zimalwert ausgegeben wird, etwa so:

```
dcl P ptr init (ptrvalue(16));
put edit (P) (a);
```

Ausgegeben würde die Zeichenfolge 00000010.

4.2.2 Mit Papier und Bleistift – lineare Listen

Bis jetzt haben wir nur die Hälfte dessen kennengelernt, was man mit based-Variablen
alles machen kann. Die andere Hälfte handelt von based-Variablen, die mit Hilfe der
allocate-Anweisung zum Leben erweckt werden. Die allocate-Anweisung ist also

nicht nur `controlled`-Variablen vorbehalten. Auch die folgenden Anweisungen sind möglich:

```
dcl P ptr;
dcl X bit based (P);
allocate X;
```

Die `allocate`-Anweisung bewirkt einerseits die Zuordnung von Speicherplatz an die `bit`-Variable `X`. Damit `X` aber auch zugreifbar ist, wird danach automatisch dem Zeiger `P` die Adresse zugewiesen, wo `X` liegt. Übrigens ist `X` zwar nur ein Bit groß, aber man kann davon ausgehen, dass die PL/I-Speicherverwaltung Variablen immer in Vielfachen von 8 Byte Speicherplatz zuordnet,[54] die Bitvariable belegt also 8 Byte, wovon nur das erste Bit wirklich verwendet wird.

Hat man die `based`-Variable ohne einen zugehörigen Zeiger deklariert, so muss man in der `allocate`-Anweisung die `set`-Option benutzen:

```
dcl P ptr;
dcl X bit based;
allocate X set (P);
```

Die `set`-Option geht immer vor! Selbst wenn die `based`-Variable mit Zeiger deklariert wurde, wird *nur* der Variablen in der `set`-Option die Adresse zugewiesen.

Nun wird mancher einwenden: Was nützt einem das, man kann zwar beliebig viele Generationen von `based`-Variablen im Speicher anlegen, braucht aber genauso viele Zeiger-Variablen, sonst gerät mit jedem neuen `allocate` die bisherige Generation in Vergessenheit. Genau jetzt kommt der Clou:

```
dcl P          ptr;
dcl 1 Block    based (P),
      2 Nächst pointer,
      2 Wert   float;
```

Die Idee ist folgende: Sieht man in einer `based`-Struktur Platz für eine Zeigervariable vor, so kann man mehrere Generationen so „verketten", dass ein Zeiger innerhalb einer Struktur auf den Anfang der nächsten Struktur zeigt. Es reicht dann, eine einzige Zeigervariable außerhalb jeder Struktur auf die erste Struktur zeigen zu lassen. Damit ist die Liste an ihrem „Kopf" verankert. Bleibt noch die Notwendigkeit, die Zeigervariable der letzten Struktur besonders zu kennzeichnen, dazu verhilft einem die spracheigene Funktion `null`. Diese sollte entweder als `builtin` deklariert werden oder immer mit einem Paar leerer Klammern versehen werden. Anderenfalls gälte sie als `fixed`-`bin`-Variable, es sei denn, man hätte die Compiler-Option `rules (laxbif)` angegeben (`bif` ist die abbr. von builtin-Funktion), was ich natürlich nicht empfehlen möchte. Mit der oben deklarierten Struktur `Block` könnte man z. B. so eine dreiteilige Liste aufbauen (wobei ich die Zuweisung auf die Variable `Wert` weggelassen habe):

```
dcl Anker ptr;
allocate Block set (Anker);
allocate Block set (Anker->Block.Nächst);
allocate Block set (Anker->Block.Nächst->Block.Nächst);
Anker->Block.Nächst->Block.Nächst->Block.Nächst = null;
```

---

54 Dies beruht auf der Art der Speicherplatzverwaltung. Freie Speicherbereiche enthalten immer einen Zeiger auf den nächsten freien Speicherbereich (4 Byte) und die Länge dieses Bereichs, macht zusammen 8 Byte. Kleinere freie Bereiche gibt es nicht.

Eine andere Möglichkeit wäre die Benutzung einer <u>do</u>-Schleife:

```
dcl (Anker, Vorherig) ptr;
allocate Block set (Anker);
Vorherig = Anker;
do I = 2 to 3;
   allocate Block;
   Vorherig->Nächst = P;
   Vorherig = P;
   end;
Nächst = null;
```

In beiden Fällen kann man das Ergebnis folgendermaßen grafisch darstellen:

Abbildung 61. Lineare Liste

Zum Verständnis mache man sich noch einmal klar, dass mit Nächst immer die Variable
P->Block.Nächst gemeint ist. Denn P zeigt auf Block, und Strukturkennzeichnungen
kann man weglassen, solange Eindeutigkeit vorliegt.

Vergleichen kann man eine solche verkettete, wie man sagt, lineare Liste mit einer Matrix,
sie enthält auch mehrere Variablen gleichen Typs. Vorteil einer Liste ist, dass man nie eine
Obergrenze für die Ausdehnung festlegen muss. Nachteil ist, dass man immer erst die ganze
Liste „abklappern" muss, wenn man auf ein hinteres Element zugreifen will. Dafür ist es bei
einer Liste viel einfacher, ein Element einzufügen. Man muss nur die Zeiger entsprechend
umsetzen, bei einer Matrix müssten hingegen alle relevanten Elemente rechts von der Einfü-
gestelle um einen Platz nach rechts verschoben werden (sofern man am rechten Ende noch
unbenutzte Plätze vorgesehen hat). Man mache sich klar:

> **Die Elemente einer Liste stehen normalerweise nicht hintereinander im Haupt-
> speicher. Von Bedeutung ist nur die logische Reihenfolge auf Grund der Zeiger.**

Bevor wir uns jetzt wieder einem größeren Beispiel widmen, wollen wir uns noch der Frage
zuwenden, wie man es erreichen kann, unterschiedlich viel Speicherplatz belegende Variablen mit Hilfe von Zeigern zu verketten. Bei <u>controlled</u>-Variablen verwaltet PL/I, wie
groß die Ausdehnung von Matrizen und Folgen jeweils ist – jeweils heißt durchaus, bei
jeder Generation anders! Bei <u>based</u>-Variablen hingegen speichert PL/I normalerweise keinerlei verborgene Verwaltungsinformation. Die Zeigervariable zeigt auf eine Hauptspeicherstelle, die dort stehende Information wird entsprechend der Deklaration der <u>based</u>-
Variablen interpretiert. Die folgende Deklaration ist deshalb unzulässig:

```
dcl P ptr;
dcl A dim (*) float based (P); /* unzulässig */

allocate A dim (1000);
```

da nirgends festgehalten würde, wie viel Platz der Matrix A zugeordnet wurde. Eine
<u>free</u>-Anweisung würde unmöglich!

Den beabsichtigten Effekt kann man aber auf eine legale Weise erreichen. Man muss nur die Matrix in eine Struktur packen und vor der Matrix eine Variable einfügen, die die tatsächliche Anzahl der Elemente angibt. Dies sähe dann etwa so aus:

```
dcl P           ptr;
dcl Init_Länge  fixed bin;
dcl 1 Struktur  based (P),
      2 Länge   fixed bin,
      2 A       dim (Init_Länge refer (Länge)) float;

Init_Länge = 1000;
allocate Struktur;
A = 0;
put list (dim(A), A);
```

Wie man sieht, enthält das Dimensionsattribut von A zwei Angaben: eine vor dem Wort refer, eine in Klammern dahinter. Die erste Angabe sagt der allocate-Anweisung, wie viele Elemente angefordert werden sollen, die zweite wird von PL/I verwendet, wenn man sich hinterher auf die Variable bezieht (engl. *to refer*). So wird bei der Zuweisung von 0 erst einmal bei Länge nachgeschaut, wie groß die Matrix ist, genauso bei der anschließenden Ausgabe von dim(A) und A.

Damit dies so klappt, gilt natürlich die Regel, dass die refer-Variable nach der Zuordnung des Speicherplatzes ohne Zutun des Programmierers den Wert der Anfangslänge erhält. Man kann das so verstehen, als ob im obigen Beispiel die Variable Länge das initial-Attribut besäße.

Es ist erlaubt, die refer-Variable im Laufe des Programms umzusetzen, aber nur auf einen kleineren Wert, sonst griffe man ja auf Speicherplatz zu, der womöglich zu einer anderen Variablen gehört:

Dies ist eine legale Möglichkeit, mit variabel langen Matrizen zu arbeiten, selbst wenn man keine verketteten Listen verwendet.

So ist auch die Definition zu verstehen, dass, wenn die refer-Variable auch noch das initial-Attribut besitzt, diese Initialisierung nach der Zuweisung der Anfangslänge geschieht.

Im folgenden Beispiel soll die Listeneigenschaft ausgenutzt werden, einfach Elemente an beliebigen Stellen einfügen zu können. Im Mittelpunkt steht eine sortierte Liste. In einem ersten Arbeitsgang soll die Liste aufgebaut werden, im zweiten soll sie sortiert wieder ausgegeben werden. Zunächst das Hauptprogramm:

```
B48: /* Listenverarbeitung (BASED) */
procedure options (main);

dcl Daten_Ende          bit init ('0'b);
dcl Nichtsda            condition;
dcl Sortiert_speichern  entry (char (*) var asgn);
dcl S                   char (32767) var;
dcl Sortiert_holen      entry (char (*) var nonasgn);

do S = 'ZUG', 'AUTO', 'FLUGZEUG';
   call Sortiert_speichern (S);
   end;
on condition (Nichtsda) Daten_Ende = '1'b;
```

```
do loop;
   call Sortiert_holen (S);
   if Daten_Ende then leave;
   put skip list (S);
   end;

end B48;
```

Nach dem sortierten Einfügen der Wörter 'ZUG', 'AUTO' und 'FLUGZEUG' (mit dem
Unterprogramm Sortiert_speichern) vereinbaren wir für den Fall, dass die Bedingung
(engl. *condition*) Nichtsda auftritt, die Variable Daten_Ende auf '1'b zu setzen. Auf
diese Weise etablieren wir einen ähnlichen Mechanismus wie den der endfile-Bedingung. Wir erinnern uns, in irgendeinem Unterprogramm, das von diesem Programm aus aufgerufen wird, kann dann mit Hilfe einer signal-Anweisung unsere selbstdefinierte Bedingung ausgelöst werden. Nach jedem Aufruf von Sortiert_holen prüfen wir die Bitvariable Daten_Ende, ob etwa „nichts mehr da" ist. Ansonsten geben wir die abgeholte Zeichenfolge aus.

Man beachte die Deklaration von S als char (32767) var! Dies ist die maximale Länge
einer Zeichenfolge beim IBM-Compiler. Unsere Unterprogramme Sortiert_speichern
und Sortiert_holen müssen in der Lage sein, beliebig lange Zeichenfolgen (also bis
32767) sortiert zu bearbeiten. Da wieder zwei Unterprogramme miteinander kommunizieren
müssen, wählen wir wiederum die Form eines Pakets mit zwei Prozeduren:

```
Sort: /* Sortieren beim Wegspeichern (zu B48) */
package exports (*);

dcl 1 Block     based (Neu),
       2 Nächst ptr,
       2 Länge  fixed bin,
       2 Text   char (X_länge refer (Länge));
dcl Aktuell  ptr;
dcl Anker    ptr static init (null);
dcl Neu      ptr;
dcl Nichtsda condition;
dcl null     builtin;
dcl Vorherig ptr;
dcl X_länge  fixed bin;

Sortiert_speichern: /*******************************************/
procedure (X);

dcl X char (*) var parm nonasgn;

/* Platz zuordnen und wegspeichern: */
X_länge = length(X);
allocate Block;
Text = X;

/* suchen, wo einzusortieren: */
Vorherig = null;
do Aktuell = Anker repeat Aktuell->Nächst
                   while (Aktuell ^= null);
   if Text <= Aktuell->Text then leave;
   Vorherig = Aktuell;
   end;
```

```
/* neuen hinter Vorherig->Block einfügen: */
if Vorherig = null
   then do;              /* der neue Block wird der erste */
      Nächst = Anker;
      Anker = Neu;
      end;
   else do;
      Nächst = Vorherig->Nächst;
      Vorherig->Nächst = Neu;
      end;

end Sortiert_speichern;

Sortiert_holen: /**********************************************/
procedure (X);

dcl X char (*) var parm asgn;

/* eventuell Ende der Daten signalisieren */
if Anker = null then do;
   signal condition (Nichtsda);
   return;
   end;

/* Zurückspeichern und Freigeben des Platzes: */
X = Anker->Text;
Neu = Anker;
Anker = Nächst;
free Block;

end Sortiert_holen;
end Sort;
```

In der Deklaration finden wir zunächst die refer-Angabe wieder, sie ermöglicht es, immer genau so viel Speicherplatz zuzuordnen, wie für den übergebenen Parameter X benötigt wird. Bei der Zuordnung (allocate-Anweisung) wird diese Länge automatisch auf die refer-Variable Länge zugewiesen.

Bei der Ausführung der allocate-Anweisung bleibt der Zeiger Nächst noch ohne Wert. Dieser Wert hängt ja von der Stelle in der Liste ab, wo die Zeichenfolge alphabetisch hingehört. Um diese Stelle zu finden, bietet sich die do-Anweisung mit repeat-Angabe an. Die Laufvariable ist vom Typ pointer, die Schleife läuft so lange, wie diese Laufvariable nicht null ist. Bei jeder Wiederholung zeigt die Laufvariable auf den nächsten Block (Zuweisung von Aktuell->Nächst auf Aktuell). Die Schleife wird verlassen entweder, wenn das Ende der Liste erreicht ist, oder wenn der Einfügepunkt gefunden ist. Dies ist der Fall, wenn der einzufügende Text alphabetisch „kleiner" als der in der Schleife betrachtete Text ist (ggf. auch gleich). Wesentlich an der Schleife ist noch, dass mitgehalten wird, wo der vorherige Block liegt (auf diesen zeigt der Zeiger Vorherig), da ja beim Einfügen dessen Nächst-Wert geändert werden muss. Der anfängliche Wert des Ankers wird immer an das letzte Nächst weitergereicht.

Unterscheiden muss man nun, ob der neue Block irgendwo in der Mitte der Liste oder ganz am Anfang eingefügt werden muss. Die Adresse des neuen Blocks muss entweder auf den Nächst-Zeiger des Vorgänger-Blocks oder auf den Kopfzeiger (Anker) der Liste zugewiesen werden.

**Es hat sich als sehr sinnvoll erwiesen, einen Programmteil, der Zeiger-Verket-
tungen vornimmt, mit Papier und Bleistift zu testen. Man male also ruhig mit
jedem `allocate` ein neues Kästchen und mit jeder Pointer-Zuweisung einen
neuen Pfeil.**

Im Teil `Sortiert_holen` wird zunächst überprüft, ob nicht schon alle Blöcke gelöscht
wurden, und in dem Fall die selbst definierte Bedingung `Nichtsda` ausgelöst.

Die Zuweisung des Textes auf die Parameter-Variable `X` ist weiter kein Problem. Nur:

**Beim Löschen eines Elements der Liste muss man darauf achten, sich erst die
Adresse des nächsten Elements zu merken und dann das Element freizugeben,
sonst ist die Liste unterbrochen!**

Dies geschieht im Beispiel dadurch, dass die Variable `Anker` vorher umgesetzt wird. In
unserem Beispiel wird jede Variable `Block` nach einmaligem Gebrauch „weggeworfen", im
täglichen Leben muss dies natürlich nicht immer sinnvoll sein.

4.2.3 In die Botanik – allgemeine Listen

Die Listen, die wir bisher kennengelernt haben, waren sogenannte lineare Listen. Jedes Element hat genau ein Folge-Element oder – das letzte – keines. Eine andere lineare Liste ist
ein Ring, dessen letzter Zeiger nicht auf `null`, sondern wieder auf das erste Element zeigt.
Eine solche Konstruktion ist von Vorteil, wenn man zyklisch auf alle Elemente zugreifen
möchte. Selbstverständlich ist es auch möglich, in eine Struktur mehrere Zeiger-Variablen
einzubauen. Man könnte z. B. eine Liste sowohl vorwärts als auch rückwärts verketten. Dies

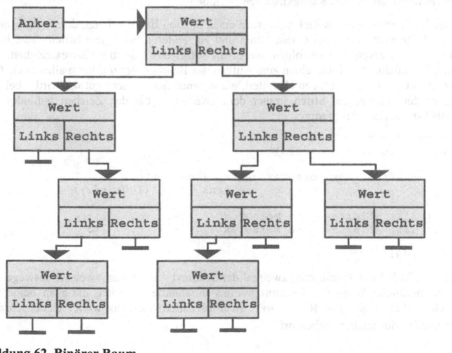

Abbildung 62. Binärer Baum

hat den Vorteil, dass man sich zum Einfügen nie das Vorgänger-Element merken muss und überhaupt leicht die Liste in beiden Richtungen durchwandern kann.

Eine andere Qualität gewinnt man, wenn die Liste nicht linear aufgebaut ist, sondern wenn in den einzelnen Elementen der Liste Zeiger auf mehrere andere Listen-Elemente enthalten sind, wie in der Abbildung 62 grafisch dargestellt.

Man spricht in einem solchen Fall von einer Baumstruktur, da vom Wurzelelement sozusagen Äste ausgehen, von diesen wiederum Zweige, und am Ende hängen die Blätter, deren Zeiger auf null zeigen. Die dargestellte Baumstruktur könnte man z. B. durch folgende Deklaration in PL/I verwirklichen:

```
dcl Anker       ptr;
dcl 1 Block     based,
     2 Wert     float (16),
     2 Links    ptr,
     2 Rechts   ptr;
```

Speziell handelt es sich hier um einen sogenannten binären Baum, da von jedem Element Zeiger auf zwei andere Elemente zeigen. Auch ist die Unterscheidung zwischen Ast und Blatt an sich nicht gegeben, jedes Element enthält einen Datenteil (Wert) und zwei Zeiger (Links bzw. Rechts).

Das folgende Beispiel zeigt, wie man einen solchen Baum einsetzen kann, um schneller Elemente eines bestimmten Inhalts zu finden. Wenn man die Aufgabe hat, Morse-Code in Klartext zu übersetzen, könnte man natürlich eine char-(6)-var-Matrix dazu benutzen und immer vorne anfangen zu suchen, bis man bei der Stelle angelangt ist, wo das entdeckte Zeichen ist. Den Index innerhalb der Matrix könnte man dann als Index innerhalb einer zweiten Matrix benutzen, um das Klartextzeichen zu finden.

Schneller kommt man ans Ziel, wenn man einen binären Baum benutzt, dessen Äste sich zur einen Seite verzweigen bei einem Punkt und zur anderen bei einem Strich. Man braucht dann nur die Zweige zu verfolgen und erhält sofort das gesuchte Klartextzeichen. Unser Beispiel enthält zwei Teile, einen zum Aufbau des Baumes, der nur beim allerersten Aufruf ausgeführt wird, und dann den Hauptteil, wo so lange den Zeigern gefolgt wird – bei Punkt immer dem ersten, bei Strich immer dem zweiten –, bis das Zeichen gefunden wird. Zunächst das Hauptprogramm:

```
B49: /* Bäume (BASED) */
procedure options (main);

dcl Klartext_aus_Morsetext entry (char (*))
                          returns (char (100) var);

put list (Klartext_aus_Morsetext('.- -... -.-.'));
put list (Klartext_aus_Morsetext('.- -... -.-.'));

end B49;
```

Dieses gibt bei der Ausführung zweimal den Klartext 'ABC' aus, zweimal deswegen, weil unterschiedliche Wege des Unterprogramms durchlaufen werden, die man beide testen möchte. Klartext_aus_Morsetext sieht folgendermaßen aus, wobei ich der Kürze halber nur die Buchstaben aufgeführt habe:

```
Klartext_aus_Morsetext: /* (zu B49) */
procedure (Morsesatz) returns (char (100) var);

dcl Morsesatz char (*) parm nonasgn;

dcl 1 Blatt              based (P),
      2 Punkt_Ptr        ptr init (null()),
      2 Strich_Ptr       ptr init (null()),
      2 Zeichen          char init ('?');
dcl (I, K)               fixed bin;
dcl Klartextalfabet      dim (26) char (4) var init
      ('.-',     '-...',  '-.-.',  '-..',   '.',     '..-.',
       '--.',    '....',  '..',    '.---',  '-.-',   '.-..',
       '--',     '-.',    '---',   '.--.',  '--.-',  '.-.',
       '...',    '-',     '..-',   '...-',  '.--',   '-..-',
       '-.--',   '--..')  static nonasgn;
dcl Morsealfabet         dim (26) char init
                  ('A', 'B', 'C', 'D', 'E', 'F', 'G',
                   'H', 'I', 'J', 'K', 'L', 'M', 'N',
                   'O', 'P', 'Q', 'R', 'S', 'T', 'U',
                   'V', 'W', 'X', 'Y', 'Z') static nonasgn;
dcl P                    ptr;
dcl Satz                 char (100) var init ('');
dcl Wurzel               ptr static init (null());
dcl Vorläufiges_Zeichen char;

/* Beim ersten Mal wird der Morsebaum aufgebaut: */
if Wurzel = null() then do;
   allocate Blatt set (Wurzel);
   do K = 1 to dim(Morsealfabet);
      P = Wurzel;
      do I = 1 to length(Morsealfabet(K));
         select (substr(Morsealfabet(K), I, 1));
            when ('.') do;
               if Punkt_Ptr = null() then
                  allocate Blatt set (Punkt_ptr);
               P = Punkt_Ptr;
            end;
            when ('-') do;
               if Strich_Ptr = null() then
                  allocate Blatt set (Strich_ptr);
               P = Strich_Ptr;
            end;
         end;
      end;
      Zeichen = Klartextalfabet(K);
   end;
end;

/* In jedem Fall wird der Morse-Code übersetzt: */
P = Wurzel;
do I = 1 to length(Morsesatz);
   select (substr(Morsesatz,I,1));
      when ('.')
         P = Punkt_Ptr;
      when ('-')
         P = Strich Ptr;
```

```
        when (' ') if P ^= Wurzel then do;
           Satz ||= Zeichen;
           P = Wurzel;
           end;
        other /* ungültiges Zeichen */
           signal error;
        end;
     if P = null() then signal error; /* zu lang */
     if P ^= Wurzel then Vorläufiges_Zeichen = Zeichen;
     end;
  if P ^= Wurzel then Satz ||= Vorläufiges_Zeichen;
  return (Satz);

  end Klartext_aus_Morsetext;
```

Dass es das erste Mal ist, merkt das Programm an der Tatsache, dass der als static deklarierte Zeiger Wurzel noch null ist. Beim zweiten Aufruf hängt an der Wurzel schon der ganze binäre Baum mit seinen Blättern. Zum Aufbau des Baumes werden alle Morsezeichen abgearbeitet und je nach Punkt oder Strich ein vorhandenes Blatt benutzt oder ein weiteres erzeugt. Man beachte, dass in der set-Angabe noch ein Zeiger des aktuellen Blatts gesetzt wird. Nach der Speicherplatzzuordnung an Blatt wird dann der Inhalt, die Variable Zeichen, aus dem Klartext-Alphabet übernommen.

Im zweiten Teil, der Übersetzung des Morsetextes, geht man so vor, dass man, beginnend an der Wurzel des Baumes, immer entweder dem linken oder dem rechten Zeiger folgt, je nachdem, ob ein Punkt oder ein Strich vorkommt. Erst wenn man auf ein Leerzeichen trifft, ist das Morsezeichen zuende, und die Variable Zeichen enthält das endgültige Klartextzeichen. Bei mehreren Leerzeichen hintereinander werden diese einfach übergangen. Die Variable Vorläufiges_Zeichen ist nur für den Fall gedacht, dass am Ende des Morsetextes kein Leerzeichen steht, die Übersetzung des letzten Morsebuchstabens steht dann in Vorläufiges_Zeichen.

Ein Begriff soll hier noch eingeführt werden, der eines ausgewogenen Baumes (engl. *balanced tree*). Ein Baum ist ausgewogen, wenn sich die Anzahl der Blätter, die an jedem linken Ast einer Astgabelung hängen, von der Anzahl der Blätter des zugehörigen rechten Astes um höchstens 1 unterscheidet. Hieraus ergibt sich eine Aufgabe:

A34: Schreiben Sie ein Unterprogramm, das für den Morse-Baum überprüft, ob er ausgewogen ist. Vielleicht untersuchen Sie auch noch das vollständige Morse-Alphabet.

Zum Durchsuchen (engl. *traversal*) von binären Bäumen eignen sich hervorragend rekursive Prozeduren. So lässt sich auch der Algorithmus für die obige Aufgabe rekursiv auf höchst übersichtliche Weise formulieren.

Sie können sich vorstellen, wie sich schon kleinste Fehler bei der Verwaltung von Zeigern auswirken. Vergaß man z. B. auch nur an einer Stelle des Baumes die richtige Adresse einzutragen, schon steht das Programm „im Wald". Man liest dann bestenfalls etwas von *protection exception* in der Fehlermeldung, schlimmstenfalls fällt zunächst nichts auf und später tritt irgendein Fehler auf.

Hier kann eine neue Compiler-Option helfen: check (storage). Hat man diese angegeben, so kann man, zumindest in der Testphase, vor der Benutzung eines Zeigers erfragen, ob dieser auf zugeordneten Speicherplatz weist:

```
if checkstg(Nächst) then P = Nächst;
                      else signal error;
```

Dies wird möglich durch eine andere Technik bei der Speicherzuordnung auf Grund der Compiler-Option: Bei einer allocate-Anweisung wird nicht nur der angeforderte Speicherplatz reserviert, sondern noch 8 Byte davor und 8 Byte danach. Mit Hilfe der ersten 8 Bytes werden alle angeforderten Bereiche intern verkettet und in den letzen 8 Bytes wird jeweils 'ff'x gespeichert. Ist dieser Bereich in der verketteten Liste und sind alle 16 Bytes unversehrt, so gilt der Zeiger als ok und checkstg gibt '1'b zurück.

Jetzt kann man sich schon denken, was passiert, wenn man einfach schreibt:

```
if checkstg()
   then put list ('Alle Zeiger sind ok!');
   else put list ('Mindestens ein Zeiger ist kaputt!');
```

Genau: Es werden alle verketteten Bereiche darauf hin untersucht, ob die zusätzlichen Bytes einwandfrei sind! In diesen Zusammenhang passen auch die spracheigenen Funktionen unallocated und allocsize. unallocated macht etwas weniger als checkstg, es testet nur, ob der als Parameter übergebene Zeiger auf einen Bereich zeigt, der auch in der verketteten Liste vorkommt. Ob die dortigen Bytes unversehrt sind, ist dieser Funktion egal. allocsize gibt die Anzahl der reservierten Bytes zurück, die ist nämlich in den ersten 8 Byte auch noch versteckt. Hat man nicht die Compiler-Option check (storage) spezifiziert, so behaupten die Funktionen checkstg, unallocated und allocsize wahrheitsgemäß, dass sie die zusätzlichen Bytes nicht gefunden haben, checkstg gibt also '0'b zurück, unallocated '1'b und allocsize 0. Ein Spezialfall ist im Handbuch des IBM-Compilers nicht erwähnt, wird aber in unserem Beispiel oben bei Nächst unbedingt gebraucht: checkstg(null()) gibt '1'b zurück, d. h. der Nullzeiger ist ok! Verständlicherweise behauptet allocsize(null()), dass 0 Byte angelegt seien und unallocated(null()), dass nichts angelegt sei, indem es '1'b zurückgibt.

Zum Abschluss dieser Einführung in verkettete Listen soll noch einmal darauf hingewiesen werden, dass man in PL/I beliebige Variablen an beliebige Zeiger hängen kann, dass man auf diese Weise ein Programm aber auch beliebig unübersichtlich machen kann. Es kann allerdings vom Problem her durchaus sinnvoll sein, einmal diese und einmal jene Struktur an ein und denselben Zeiger zu hängen. Hier ist wieder mal ein Punkt erreicht, wo die Universalität von PL/I sowohl zum Guten wie zum Schlechten ausgenutzt werden kann. Gerade beim Umgang mit Zeigern sollte Disziplin erste Programmiererpflicht sein! Benötigen Sie Zeiger, die nur auf Variablen eines bestimmten Datentyps weisen dürfen, so müssen Sie noch bis Abschnitt 4.4 warten.

4.3 Das AREA-Attribut

Damit die Vorteile des im Folgenden vorgestellten Konzepts verstanden werden können, muss ich zunächst auf den Begriff „virtueller Speicher" eingehen. Da real meistens weniger Speicher vorhanden ist, als alle Programme benötigen, muss das Betriebssystem einen Weg finden, wie es dem Programm, das gerade rechnet, den benötigten Platz bereitstellt. Diesen Mechanismus nennt man „Paging" weil der ganze Speicher in Blöcke von 4K Byte eingeteilt ist, die sogenannten Seiten (engl. *page*). Fast das gleiche meint der Begriff „Swapping" (engl. *to swap* heißt austauschen). Immer wenn ein Programm mehr Platz braucht, wird eine Seite, die einem anderen Programm gehört, auf die Festplatte ausgelagert. Wird dagegen eine Variable angesprochen, die auf einer Seite liegt, die gerade ausgelagert ist, so gibt es eine Unterbrechung und die Seite wird in den Speicher zurückgeholt. Auch dafür muss eine andere Seite weichen, ggf. auf die Platte geschrieben werden.

Die Hardware nimmt übrigens bei jeder Maschinen-Instruktion eine Adress-Umsetzung vor, da eine Seite normalerweise nicht an die Position des realen Speichers kommt, die ihrer virtuellen Adresse entspricht. Bei heutigen Prozessoren fällt das zeitlich aber nicht ins Gewicht.

Beim Umgang mit verketteten Listen tauchen Probleme auf, die man mit den bisherigen Mitteln nicht lösen kann:

1. Man hat keinerlei Kontrolle darüber, wo im Hauptspeicher based-Variablen Speicherplatz zugeordnet wird. Dies kann in Systemen mit virtueller Speichertechnik dazu führen, dass jedes Element einer verketteten Liste auf einer anderen Seite des Hauptspeichers liegt und infolgedessen jedesmal der sogenannte Paging-Interrupt passiert und die gewünschte Seite erst wieder in den Hauptspeicher geladen werden muss. Der Aufwand für das Durchwandern einer Liste kann auf diese Weise beträchtlich sein, die Antwortzeit des Programms inakzeptabel.

2. Ein großer Mangel bei based-Variablen ist, dass man sich zwar wunderhübsche Bäume „züchten" kann, sie aber alle am Programmende wieder „eingehen". Will man sie bis zum nächsten Programmlauf auf Festplatte verwahren, so muss man alle Blätter „abrupfen" und einzeln auf Platte schreiben. Beim nächsten Mal muss dann der Baum vor der Benutzung erst wieder zusammengesetzt werden, was nicht trivial ist: Wie soll man sich zwischendurch die ganzen Verzweigungen merken?!

4.3.1 Gute Nachbarschaft – Benutzung von Gebieten

Für beide Probleme gibt es in PL/I eine Antwort[55]: Man ordne allen based-Variablen Speicherplatz in einem extra dafür vorgesehenen Gebiet (engl. *area*) zu. Weiterhin nehme man statt Zeigern Abstandsvariablen (engl. *offset*). Diese sind keine Zeiger, die auf eine absolute Hauptspeicherstelle zeigen, sondern relative Zeiger, die den Abstand einer based-Variablen vom Anfang eines Gebiets angeben. Was bedeutet das für unsere beiden Probleme?

1. Da die based-Variablen in einem Gebiet versammelt sind, ist die Wahrscheinlichkeit größer, dass sie auf einer Seite des virtuellen Speichers liegen.

2. Selbstverständlich ist es möglich, die area-Variable in Ein- und Ausgabe-Anweisungen zu benutzen, so dass man das gesamte Gebiet in einem Rutsch auf Platte und wieder zurück bekommt. (Ein Beispiel hierfür aber erst im nächsten Kapitel.) Da die Abstandsvariablen nur den Abstand relativ zum Anfang des Gebiets und nicht relativ zum Anfang des Hauptspeichers enthalten, bleibt ihr Wert gültig, auch wenn das Gebiet nach dem Wiedereinlesen ganz woanders liegt.

Eine typische Benutzung sähe ungefähr so aus:

---

55 Der erfahrene Leser möge einmal darüber nachdenken, in welcher anderen Programmiersprache er auf diese Fragen eine Antwort bekommt! Erst bei Java ist man wieder auf die Idee gekommen, dass man komplexe Objekte auf Platte speichern möchte, die Lösung ist allerdings nicht so effizient wie in PL/I.

```
dcl A area (1000);
dcl Q offset (A);
dcl B based (Q);
allocate B;
B = 0;
```

wobei die Angabe area(1000) bedeutet, dass 1000 Byte für die Zuordnung von Speicherplatz reserviert werden sollen. Dieses ist auch der Wert, der angenommen wird, wenn man keine Angabe macht. Übrigens werden zum Zwecke der Verwaltung des Gebiets noch zusätzlich 16 Byte am Anfang des Gebiets reserviert, so dass in obigem Beispiel insgesamt 1016 Byte benötigt werden. Maximal kann ein Gebiet 2 GB groß sein.

Die allocate-Anweisung bewirkt eine Zuordnung von Speicherplatz im Gebiet A, da B basisbezogen ist auf die Abstandsvariable Q und diese wiederum Abstände im Gebiet A angibt. Genauso wie bei absoluten Zeigern wird bei der Zuordnung die Abstandsvariable Q automatisch auf den korrekten Wert gesetzt.

Auch hier kann man die Angaben hinter den Schlüsselwörtern offset und based weglassen. In diesem Fall muss man wieder in der allocate-Anweisung und in der Zuweisung mehr schreiben:

```
dcl A area;
dcl Q offset;
dcl B based;

allocate B in (A) set (Q);
pointer(Q,A)->B = 0;
```

Die in-Option dient der Angabe des Gebiets, in dem die Variable angelegt werden soll, und die set-Option bezeichnet die Abstandsvariable, die nach der Zuordnung gesetzt werden soll. Komplizierter wird es dann bei der Benutzung der Variablen: Es reicht natürlich nicht, einfach Q->B zu schreiben, da nicht klar wäre, in welchem Gebiet die Variable liegt (Q ist ja als offset ohne Gebiet deklariert worden). Die spracheigene Funktion pointer (auch in der Abkürzung ptr) ermöglicht es, aus einem Abstand und einem Gebiet einen absoluten Zeiger zu berechnen, und dieser kann dann als Kennzeichnung der Variablen B dienen. Übrigens gibt es auch die umgekehrte spracheigene Funktion: offset(P, A) gibt den Abstand zurück, wenn man annimmt, dass P auf eine Stelle innerhalb des Gebiets A zeigt. Die spracheigene Funktion null gilt sowohl als Null-Zeiger als auch als Null-Abstand.

Die allocate-Anweisung für based-Variablen hat eine etwas andere Form als die allocate-Anweisung für controlled-Variablen:

```
allocate Name [set (Variable)]
              [in (Gebiet)]
        [, ...];
```

Abbildung 63. Syntax ALLOCATE-Anweisung für BASED-Variablen

Handelt es sich um Variablen in Gebieten, so muss die set-Variable vom Typ offset sein, sonst vom Typ pointer.

Im Übrigen kann man mit Abstandsvariablen genauso gut oder schlecht rechnen wie mit Zeigern. In analoger Weise stehen die spracheigenen Funktionen offsetadd, offsetsubstract, offsetdiff und offsetvalue zur Verfügung.

4.3.2 Lücken schließen – Speicherbereinigung

Das folgende Beispiel soll zeigen, wie man beliebig viele Variablen in ein Gebiet packen kann. Im Falle, dass das Gebiet voll ist, soll zunächst versucht werden, eine Speicherbereinigung (engl. *garbage collection*) vorzunehmen, hilft auch das nicht, so wird das Gebiet vergrößert. Natürlich ist irgendwann die Grenze erreicht, dass auch das nicht mehr hilft. Das Auslagern von Gebieten auf Festplatte wäre eine Lösung, die aber erst im nächsten Kapitel besprochen wird.

Passt eine Variable bei der Ausführung der `allocate`-Anweisung nicht mehr in das betreffende Gebiet, so wird die `area`-Bedingung ausgelöst. Man kann dann z. B. andere Variablen des Gebiets freigeben, es erfolgt nach normalem Verlassen der `on`-Einheit automatisch der erneute Versuch, die unterbrochene `allocate`-Anweisung erfolgreich auszuführen.

Wann ist überhaupt eine Speicherbereinigung sinnvoll? Wurde immer nur Speicherplatz zugeordnet, so ist nichts zu bereinigen. Ist aber schon oft Speicherplatz wieder freigegeben worden, der dann nicht mehr für größere Variablen ausgereicht hatte, so sind Lücken entstanden. Gelingt es jetzt, alle Variablen zusammenzuschieben, so ist am Ende des Gebiets wieder zusammenhängender Platz entstanden, der für neue Zuordnungen zur Verfügung steht.

> **PL/I selbst kann nie eine Speicherbereinigung vornehmen, da die Information, wie die Variablen verkettet sind, nur in Benutzer-Variablen festgehalten wird, deren Bedeutung PL/I nicht kennt.**

Die Erweiterung eines Gebiets ist so zu verstehen, dass ein neues Gebiet geschaffen wird, in das alle Elemente der verketteten Liste abgeschrieben werden. Dann wird das ursprüngliche Gebiet freigegeben und in größerer Ausdehnung wieder angelegt. Am Schluss wird das Hilfsgebiet wieder auf das eigentliche Gebiet zugewiesen. Selbstverständlich geht dies mit der üblichen Zuweisungsanweisung!

Im folgenden Beispiel möge das Hauptprogramm `char`-Variablen hinzufügen und löschen. Die `char`-Variablen sollen durch eine `fixed`-`bin`-`(31)`-Variable durchnummeriert sein, die als Suchnummer dienen kann. Texte mit derselben Nummer werden einfach (logisch) hintereinander gespeichert.

```
B50: /* Beliebig lange Kette von Variablen (AREA) */
procedure options (main);

dcl Hinzufügen entry (fixed bin (31) nonasgn,
                      char (*) var) nonasgn;
dcl Löschen    entry (fixed bin (31) nonasgn);
dcl Nr         fixed bin (31);
dcl Variable   char (1000) var;

/* Bunte Mischung aus Hinzufügen und Löschen: */
...
call Hinzufügen (Nr, Variable);
...
call Löschen (Nr);
...

end B50;
```

Das Unterprogramm Hinzufügen muss in der Lage sein, eine Variable nach der anderen in einem Gebiet unterzubringen:

```
Hinzufügen: /* (zu B50) */
procedure (P_Nummer, P_Text);

dcl P_Nummer  fixed bin (31) parm nonasgn;
dcl P_Text    char (*) var parm nonasgn;

dcl Aktuell          offset (Block.Gebiet);
dcl Aktuell2         offset (Block2.Gebiet);
dcl 1 Block          controlled,
    2 Erster_Abstand offset (Block.Gebiet) init (null),
    2 Aufgeräumt     bit init ('1'b),
    2 Gebiet         area (Größe);
dcl 1 Block2         controlled,
    2 Erster_Abstand offset (Block2.Gebiet) init (null),
    2 Aufgeräumt     bit init ('1'b),
    2 Gebiet         area (Größe);
dcl Größe            fixed bin (31) static init (1000);
dcl Neu              offset (Block.Gebiet);
dcl 1 Satz           based (Neu),
    2 Nächst         offset,
    2 Nummer         fixed bin (31),
    2 Länge          fixed bin,
    2 Text           char (length (P_Text) refer (Länge));
dcl Vorherig         offset (Block.Gebiet);

if allocation(Block) = 0 then allocate Block;

on area begin;
   if Block.Aufgeräumt
      then call Gebiet_Erweitern;
      else call Aufräumen;
   end;

allocate Satz;
Satz.Nummer = P_Nummer;
Satz.Text = P_Text;

/* Suchen der Einfügestelle: */
Vorherig = null();
do Aktuell = Block.Erster_Abstand
   repeat Aktuell->Nächst while (Aktuell ^= null());
   if P_Nummer <= Aktuell->Satz.Nummer then leave;
   Vorherig = Aktuell;
   end;
/* Neuen Satz einfügen: */
if Vorherig = null()
   then do;
      Nächst = Block.Erster_Abstand;
      Block.Erster_Abstand = Neu;
      end;
   else do;
      Nächst = Vorherig->Nächst;
      Vorherig->Nächst = Neu;
      end;
return;
```

```
Gebiet_Erweitern: /**********************************************/
procedure;

allocate Block2;
Block2 = Block;
free Block;
Größe = Größe + 1000;
allocate Block;
Block = Block2;
free Block2;

end Gebiet_Erweitern;
Aufräumen: /**************************************************/
procedure;

allocate Block2;
Block2 = Block;
Block.Gebiet = empty();
Vorherig = null;
do Aktuell2 = Block2.Erster_Abstand
   repeat Aktuell2->Nächst while (Aktuell2 ^= null);
   allocate Satz;
   Satz.Nummer = Aktuell2->Satz.Nummer;
   Satz.Text = Aktuell2->Satz.Text;
   if Vorherig = null
      then
          Block.Erster_Abstand = Neu;
      else
          Vorherig->Nächst = Neu;
   Vorherig = Neu;
   end;

free Block2;
Block.Aufgeräumt = '1'b;

end Aufräumen;

end Hinzufügen;
```

Die einzelnen Teile dieses Beispiels haben einen unterschiedlichen Schwierigkeitsgrad. Zum Erweitern und Aufräumen im Gebiet verwenden wir Variablen mit angehängter 2. So zeigt die Variable Aktuell in das Gebiet Block.Gebiet und die Variable Aktuell2 in das Gebiet Block2.Gebiet. Jede Variable Satz enthält eine Abstandsvariable Nächst, die Suchnummer Nummer, die refer-Variable Länge und schließlich eine Variable Text für den zu speichernden Inhalt. Das Gebiet Gebiet ist gemeinsam gespeichert mit der Abstandsvariablen Erster_Abstand, damit man den Einstieg in das Gebiet findet, und der Zustandsvariablen Aufgeräumt, die anzeigt, ob eine *garbage collection* sinnvoll wäre. Die Struktur Block wurde als controlled deklariert, da sie ja eventuell erweitert werden muss. Gleich als erstes wird ihr Speicherplatz zugeordnet, falls noch nicht geschehen.

In der on-Einheit wird dann entweder Aufräumen oder, falls das nichts bringt, Gebietserweiterung vereinbart. Wenn die allocate-Anweisung nicht genügend Platz im Gebiet vorfindet, wird diese on-Einheit ausgeführt und dann erneut die Zuordnung versucht. Danach wird – genau wie in Beispiel B48 mit absoluten Zeigern – die Variable Satz an der richtigen Stelle in die Liste eingekettet.

Das interne Unterprogramm `Gebiet_Erweitern` dürfte leicht zu verstehen sein: `Block2` wird angelegt und bekommt dann `Block` zugewiesen. Danach wird `Block` gelöscht und mit der neuen Größe wieder angelegt. Am Schluss wird der alte Inhalt wieder auf `Block` zugewiesen und `Block2` freigegeben.

Die Speicherbereinigung in Unterprogramm `Aufräumen` funktioniert ähnlich, nur muss jedes Element `Satz` der verketteten Liste einzeln im leeren Gebiet (nach Zuweisung der `builtin`-Funktion `empty`) neu angelegt werden. Die Hilfsvariable `Block2` kann hinterher „en bloc" vergessen werden.

Fehler vermeidend ist die Festlegung, dass ein Gebiet bei der Speicherplatzzuordnung von PL/I auf leer gesetzt wird. Ein `initial`-Attribut ist nicht nur überflüssig, sondern sogar verboten. Man darf natürlich nicht vergessen, die Variable `Aufgeräumt` im Unterprogramm `Löschen` auf `'0'b` zu setzen, in diesem Fall kann ja ungenutzter Platz entstehen, der eine Speicherbereinigung sinnvoll macht. Dies darf derjenige nicht vergessen, der die folgende Aufgabe bearbeitet, die auf der Hand liegt:

A35: Erweitern Sie das externe Unterprogramm `Hinzufügen` *um eine Prozedur* `Löschen`, *der das Listenelement mit der angegebenen Nummer löscht. Packen Sie alle Prozeduren in ein Paket.*

Erwähnen sollte man in diesem Zusammenhang die spracheigenen Funktionen `size` und `currentsize`.[56] Sie liefern bei allen Variablen den Speicherplatz in Byte. Der Unterschied liegt in der Bewertung von variierenden Folgen und Gebieten. `currentsize` berücksichtigt nur die aktuelle Ausdehnung, `size` die deklarierte. Wenn man wissen will, wie viel Platz in einem Gebiet noch frei ist, so frage man die spracheigene Funktion `availablearea`.

Eine Falle liegt noch in der Tatsache, dass Variablen in Gebieten immer in Vielfachen von 8 Byte angelegt werden. Was passiert wohl bei den folgenden Zeilen?

```
dcl Gebiet    area (100);
dcl Q         offset (Gebiet);
dcl Variable char (100) based (Q);

allocate Variable;
```

Wir möchten gerne eine Variable von 100 Byte in einem Gebiet von 100 Byte unterbringen. Leider wird die `area`-Bedingung ausgelöst, da 104 Byte benötigt werden, denn 100 ist nicht ohne Rest durch 8 teilbar.

Möchte man wissen, wo man sich innerhalb einer Struktur befindet, so hilft einem die Funktion `location` (abbr. `loc`):

```
dcl 1 Struktur static,
      2 Anfang_von_u3 fixed bin (31) init (loc(U3)),
      2 U1 float (18),
      2 U2 dim (20) char (17),
      2 U3 dim (10),
        3 X float,
      2 Y float;
```

Das Ergebnis von `loc` gilt als beschränkter Ausdruck, kann also sogar in einer Variablen mit der Speicherklasse `static` benutzt werden. Man beachte, dass `location` den

---

56 Alternativnamen sind `storage` und `currentstorage`.

Abstand der Variablen vom Anfang der Struktur zurückgibt, also beginnend bei 0. In gleicher Weise gibt die spracheigene Funktion `bitlocation` den Abstand eines Bits vom Anfang des Bytes zurück, in dem sich das Bit befindet, also einen Wert zwischen 0 und 7.

Zum Abschluss dieses Kapitels sei noch eine Zusammenfassung der Eigenschaften der PL/I-Speicherklassen in tabellarischer Form vorgestellt:

Klasse	Platzzuord-nung und Initialisierung	Platz-freigabe	mehrfache Existenz?	jede Gene-ration zu-greifbar?	einstellbare Aus-dehnung?
STATIC	Programm-start	Programm-ende	Nein	Ja	Nein
AUTO	Blockeintritt	Block-verlassen	bei RE-CURSIVE	nur die letzte	ja
CTL	ALLOC-Anweisung	FREE-Anweisung	ja	nur die letzte	ja
BASED	ALLOC-Anweisung (READ SET und LOCATE)	FREE-Anweisung (READ SET und LOCATE)	ja	ja (falls Pointer be-kannt)	nur mit REFER

Abbildung 64. PL/I-Speicherklassen

Die der Vollständigkeit halber in Klammern aufgeführten Anweisungen `read set` und `locate` werden in Abschnitt 5.3.1 besprochen. Für jede der vier Speicherklassen `static`, `automatic`, `controlled` und `based` ist die Lebensdauer der Variablen angegeben (also die Zeit zwischen Speicherplatzzuordnung und -freigabe), ob eine mehrfache Existenz möglich ist, ob jede Generation zugreifbar ist und ob die Ausdehnung (Matrixgrenzen, Folgenlängen und Gebietsgrößen) einstellbar ist.

4.4 Dynamik bei Strukturtypen

Die mit `define structure` eingeführten eigenständigen Datentypen kann man im Prinzip genauso mit den Attributen `controlled` oder `based` versehen wie die in PL/I vordefinierten. Das `handle`-Attribut (engl. für: Griff, Henkel) eröffnet aber eine weit sicherere Methode der dynamischen Speicherverwaltung.

4.4.1 Mit sicherem Griff – das HANDLE-Attribut

Zeiger lassen sich in PL/I so lange problemlos benutzen, wie sie nur in `declare`-Anweisungen auftauchen, im ausführbaren Teil des Programms ist ihre Benutzung kaschiert. Wirbelt man aber überall mit Zeigern herum, fällt ihr Nachteil auf: Sie können auf Daten jeglichen Typs zeigen, der Compiler kann nicht monieren, wenn etwas falsch benutzt wird. Will man hier sicher gehen, so erwäge man die Verwendung des Datentyps `handle` statt des Datentyps `ptr`. Als deutschen Begriff entscheide ich mich wegen der ähnlichen Lautung für das Wort Henkel. Definieren wir uns also eine Struktur und einen dazu gehörigen Henkel:

```
define ordinal Flüssigkeit (Milch, Wasser, Whisky);
define structure
    1 Behälter,
      2 Höhe          float,
      2 Grundfläche   float,
      2 Deckfläche    float,
      2 Inhalt        type Flüssigkeit;
dcl Henkel handle Behälter;
```

Noch sehen wir als reale Daten nur den `Henkel`, `Behälter` und `Flüssigkeit` sind ja Typen. Wir benötigen jetzt noch eine Variable vom Typ `Behälter`:

```
dcl Eimer type Behälter;
```

Jetzt können wir Henkel einen Wert geben, sozusagen den Henkel am Eimer befestigen:

```
Henkel = handle(Eimer);
```

Die spracheigene Funktion `handle` gibt als Wert einen Henkel für die Variable `Eimer` zurück. Was können wir damit anfangen? Nun – z. B. auf `Eimer` unter Verwendung von Henkel zugreifen, etwa ihm etwas zuweisen:

```
Henkel=>Behälter.Inhalt = Milch;
```

Das Symbol `=>` erwartet links einen Henkel(ausdruck) und rechts eine Typstruktur. Im Prinzip jedenfalls, denn Strukturnamen kann man auch hier weglassen, wenn ein Element gemeint ist. Wir könnten jetzt weitere Behälter deklarieren und unseren Henkel auch dort befestigen:

```
dcl Tonne type Behälter;
Henkel = handle(Tonne);
```

Ein Henkel passt auf jede Variable der Typstruktur, für die er definiert ist.

Erwarten Sie so langsam ein ernsthaftes Beispiel? Hier ist es:

```
B51: /* Vergleich von Behältern (Rückgabe von HANDLE) */
procedure options (main);

define ordinal Flüssigkeit (Milch, Wasser, Whisky);
define structure
    1 Behälter,
      2 Höhe           float,
      2 Radius_unten   float,
      2 Radius_oben    float,
      2 Inhalt         type Flüssigkeit;
dcl (Eimer, Tonne) type Behälter;

put ('Bitte die Maße für Milch-Behälter eingeben:');
get (Eimer.Höhe, Eimer.Radius_unten, Eimer.Radius_oben);
Eimer.Inhalt = Milch;

put ('Bitte die Maße für Whisky-Behälter eingeben:');
get (Tonne.Höhe, Tonne.Radius_unten, Tonne.Radius_oben);
Tonne.Inhalt = Whisky;
```

```
/* Ergebnis des Vergleichs: */
put (ordinalname(Voluminöseres(Eimer, Tonne)=>Inhalt));
return;

Voluminöseres: /*************************************************/
procedure (Bh1, Bh2) returns (handle Behälter);

dcl (Bh1, Bh2) type Behälter parm nonasgn;
dcl (A, B)      float;

A = Bh1.Höhe * (Bh1.Radius_unten**2
               + Bh1.Radius_oben**2
               + Bh1.Radius_unten*Bh1.Radius_oben);
B = Bh2.Höhe * (Bh2.Radius_unten**2
               + Bh2.Radius_oben**2
               + Bh2.Radius_unten*Bh2.Radius_oben);
if A > B
   then return (handle(Bh1));
   else return (handle(Bh2));

end Voluminöseres;

end B51;
```

Dieses Programm liest die Maße zweier Behälter ein und gibt den Inhalt des Voluminöseren von beiden aus. In den Formeln habe ich natürlich die Multiplikation mit $\pi/3$ weggelassen, da nicht das exakte Volumen eines Kegelstumpfs, sondern nur der Vergleich zweier relevant ist.

Der Vorteil gegenüber dem gleichen Programm mit Zeigern liegt in der Sicherheit, dass ein Henkel nie an falschen Typstrukturen befestigt ist.

4.4.2 Neu – weitere Typfunktionen

Jetzt haben wir fast alle Voraussetzungen geschaffen, um mit Typstrukturen dynamisch im Hauptspeicher herumwirbeln zu können. Fehlen nur noch ein paar spracheigene Funktionen. Die wichtigste in diesem Zusammenhang ist die Funktion new. Sie fordert Speicher an und gibt einen passenden Henkel zurück. Vereinbaren wir wieder wie im letzten Abschnitt Behälter und Henkel und fordern dann Speicherplatz an:

```
define ordinal Flüssigkeit (Milch, Wasser, Whisky);
define structure
   1 Behälter,
     2 Höhe          float,
     2 Radius_unten float,
     2 Radius_oben  float,
     2 Inhalt        type Flüssigkeit;

dcl Henkel handle Behälter;
Henkel = new(:Behälter:);
```

Die Doppelpunkte sind erforderlich, da ja keine Daten, sondern ein Typ als „Parameter" anzugeben ist. new ist leider eine Funktion mit Nebenwirkungen, was prinzipiell schon negativ zu beurteilen ist. Die allocate-Anweisung bei based-Variablen war da eine bessere Lösung. Immerhin ist zum Freigeben des Speichers keine Funktion vorgesehen, sondern eine spracheigene Routine:

```
   call plidelete (Henkel);
```

Im folgenden Beispiel benutze auch ich Funktionen mit Nebenwirkungen:

```
B52: /* Vergleich von Behältern (Rückgabe von TYPE) */
procedure options (main);

define ordinal Flüssigkeit (Milch, Wasser, Whisky);
define structure
  1 Behälter,
    2 Höhe           float,
    2 Radius_unten float,
    2 Radius_oben  float,
    2 Inhalt         type Flüssigkeit;
dcl (Breite, Höhe)                float;
dcl (Whiskytonne, Wassertonne) type Behälter;

put ('Bitte Breite und Höhe für Wassertonne eingeben:');
get (Breite, Höhe);
Wassertonne = Neuer_Zylinder(Breite, Höhe, Wasser);
put ('Bitte Breite und Höhe für Whiskytonne eingeben:');
get (Breite, Höhe);
Whiskytonne = Neuer_Zylinder(Breite, Höhe, Whisky);
put list ('Mehr Volumen hat der Behälter mit ',
          ordinalname(Voluminöseres(Whiskytonne,
                            Wassertonne)=>Inhalt));

Neuer_Zylinder: /***********************************************/
procedure (Breite, Höhe, Flüssigkeit) returns (type Behälter);

dcl Breite       float parm nonasgn;
dcl Höhe         float parm nonasgn;
dcl Flüssigkeit type Flüssigkeit parm nonasgn;
dcl Henkel       handle Behälter;

Henkel = new(:Behälter:);
Henkel=>Höhe = Höhe;
Henkel=>Radius_unten, Henkel=>Radius_oben = Breite/2;
Henkel=>Inhalt = Flüssigkeit;
return (type(Henkel));

end Neuer_Zylinder;
Voluminöseres: /***********************************************/
/* wie in Beispiel B51 */
end;

end B52;
```

So kann ich nämlich demonstrieren, dass eine Funktion auch eine Typstruktur zurückgeben kann. Hierzu verwende ich die spracheigene Funktion type, die zu einem Henkel eine zugehörige Struktur liefert. In der Prozedur Neuer_Zylinder wird ausgenutzt, dass eine Tonne ein zylindrischer Behälter ist, die Behälter-Angaben werden entsprechend gesetzt.

Abschließend noch ein paar Worte zur Umwandlung von Zeigern und Henkeln ineinander. Will man einen Henkel in einen Zeiger umwandeln, so benutze man einfach die schon bekannte spracheigene Funktion ptrvalue:

```
Zeiger = ptrvalue(Henkel);
```

Sie erlaubt nicht nur Zahlen, sondern auch Henkel als Argumente. Umgekehrt, also Zeiger nach Henkel, braucht man eine Typfunktion. Sie heißt <u>bind</u> und möchte als erstes Argument den Namen des Strukturtyps, als zweites einen Zeiger(ausdruck); zurück bekommt man einen entsprechenden Henkel:

```
put (bind(:Behälter, Zeiger:)=>Eimer.Höhe);
```

Wer jetzt noch auf eine Typstruktur, von der man nur ihren Henkel kennt, etwas zuweisen will: Passend zur spracheigenen Funktion <u>type</u> gibt es auch die Variante Pseudovariable:

```
dcl (Weinglas, Bierglas) type Behälter;
dcl Henkel               handle Behälter;
Henkel = handle(Bierglas);
type(Henkel) = Weinglas;
```

Wir weisen also dem Behälter, dessen Henkel an `Bierglas` hängt, den Inhalt von `Weinglas` zu.[57]

Zum Abschluss die einzige Typfunktion, die wir noch nicht kennen: <u>size</u>! Hiermit ist nicht die spracheigene Funktion gemeint. Die Typfunktion <u>size</u> verrät uns, wie viel Platz irgendeine Variable eines bestimmten Typs einnimmt, also z. B.:

```
put list ('Ein Behälter braucht ' ||
          trim(size(:Behälter:)) ||
          ' Byte Speicherplatz.');
```

Dies ist nichts Besonderes, aber sicherlich deutlicher als <u>size</u>(Eimer).

---

57   So sieht also in PL/I die C-Zuweisung „*Henkel = Weinglas" aus.

5. Benutzung von Dateien

Im ersten und zweiten Kapitel dieses Buches haben wir die eine Möglichkeit der Ein- und Ausgabe kennengelernt, nämlich die eines Datenstroms aus einzelnen Zeichen. Dabei hatte ich immer schon erwähnt, dass statt des Bildschirms auch Magnetbänder und -platten verwendet werden können. In diesem Kapitel soll die andere Möglichkeit besprochen werden, die sogenannte satzweise Ein- und Ausgabe, wobei aber auch noch allgemein auf Ein- und Ausgabe in PL/I eingegangen wird.

5.1 PL/I-Dateien

Im Englischen gibt es die Begriffe *data set* und *file*. Mit dem ersten Begriff bezeichnet man einen konkreten Datenbestand auf einem externen Medium wie Magnetband oder -platte. Im Deutschen hat sich hierfür das Wort Datei eingebürgert. Schwierig wird es bei der Übersetzung des Wortes „file". Hiermit bezeichnet man im Englischen sowohl einen konkreten Datenbestand als auch etwas, was eine mehr abstrakte Bedeutung hat. In PL/I z. B. kennen wir das Schlüsselwort `file` aus der `get`- und der `put`-Anweisung. Dort verstehen wir darunter eine abstrakte Datei, der erst noch mit Mitteln des Betriebssystems (z. B. einem SET-Kommando) eine konkrete Datei zugeordnet werden muss, und wenn es Bildschirm und Tastatur sind. Und ein Bildschirm ist ja nun wirklich kein Datenbestand, kann aber abstrakt als eine Datei aufgefasst werden.

In diesem Buch werde ich immer das Wort „Datenbestand" verwenden, wenn der *data set* wirklich existiert, und das Wort „Datei" nur als Übersetzung des englischen *file*, womit also immer wie in PL/I eine abstrakte Datei gemeint ist.

5.1.1 Verallgemeinert – Dateiwerte

Wir haben schon erfahren, dass `Sysin` und `Sysprint` sogenannte Dateikonstanten sind, die auch deklariert werden können:

```
dcl (Sysin, Sysprint) file;
```

Wer möchte, darf auch das Attribut `constant` hinzufügen, das die Standardannahme ist, weil `file`-Konstanten häufiger vorkommen als `file`-Variablen. Es gibt natürlich auch Dateivariablen und Dateiausdrücke. Zur Unterscheidung von den Konstanten dient bei der Deklaration das Schlüsselwort `variable`, das wir schon von `entry`-Variablen kennen:

```
dcl Fv file variable;
Fv = Sysprint;
```

Natürlich kann man auch Dateivariablen und Dateikonstanten auf Dateivariablen zuweisen, ja, man kann sogar Matrizen vom Typ `file` deklarieren oder `file`-Variablen in Strukturen verwenden.

Bleibt noch zu klären, was ein Dateiausdruck ist. Es gibt zwar fast keine Operatoren, um Dateikonstanten und -variablen miteinander zu verknüpfen (nur = und ^=), aber Prozeduren können einen Dateiwert zurückgeben:

```
F: procedure (K) returns (file);

dcl K fixed bin parm nonasgn;

dcl Fv        dim (2) file variable init (F1, F2);
dcl (F1, F2) file constant;

return (Fv(K));

end F;
```

Je nach Wert des Parameters K wird also F1 oder F2 zurückgegeben. Obige Prozedur könnte man z. B. in der folgenden Anweisung verwenden:

```
put file (F(I)) list (I);
```

F(I) ist keine Konstante und keine Variable, sondern eben ein Dateiausdruck; I ist kein Index, sondern ein Argument für die Funktion F.

5.1.2 Alternativ und additiv – Dateiattribute

In PL/I haben wir schon viele Attribute kennengelernt. Durch die Besprechung der Ein- und Ausgabe kommt noch einmal jede Menge hinzu! Man unterscheidet alternative und additive Attribute. Die meisten dieser Attribute dürfen nur für file-Konstanten (nicht: -Variablen) angegeben werden.

Bei den alternativen gilt immer eines aus der Auswahl der möglichen. Eine PL/I-Datei kann auf zweierlei Weise verwendet werden. Das Verwendungsattribut ist entweder

stream oder record.

Bei get und put trifft das Attribut stream zu. In den nächsten beiden Abschnitten dieses Kapitels werden wir auch noch kennenlernen, was record bedeutet.

Welche Ein- oder Ausgabefunktion benutzt werden soll, gibt das Funktionsattribut an. Es gibt die drei Möglichkeiten:

input oder output oder update.

input und output dürften inzwischen geläufig sein, update heißt, dass man in einer Datei sowohl lesen als auch schreiben kann. Dies kann man sich z. B. so vorstellen, dass man in einer Namensdatei so lange vor sich hinliest, bis man bei Meier angekommen ist. Dann ändert man Meier in Meyer. Dies macht klar, warum das Funktionsattribut update heißt (engl. *to update* übersetzt man ins Deutsche mit „aktualisieren").

Auch der Zugriff auf Dateien kann entweder sequentiell erfolgen oder direkt. Von den beiden Attributen

sequential bzw. direct

kennen wir bisher nur sequential, da mit get und put nur ein Byte nach dem anderen bearbeitet werden kann. direct werden wir im nächsten Abschnitt näher kennenlernen.

Auch die Bedeutung des Pufferungsattributs, das die beiden Möglichkeiten

buffered und unbuffered

kennt, werden wir erst später besprechen. Das einzige Attribut, das auch für Dateivariablen gilt, ist die Angabe des Geltungsbereichs, deren beide Möglichkeiten

> `external` und `internal`

wir ja schon von anderen Datentypen her kennen. Die Standardannahme ist `external`, so dass man also in verschiedenen Unterprogrammen auf dieselbe Datei schreibt, wenn die Dateikonstante denselben Namen hat.

Zu diesen alternativen Attributen kommen noch die sogenannten additiven Attribute hinzu. Das Attribut

> `print`

deutet bei einer `stream`-`output`-Datei darauf hin, dass die Ausgabe auf einen Drucker erfolgt, dass deshalb die einzelnen Ausgabewerte in bestimmten Spalten untereinander, also im Zeichenstrom nicht nur durch ein Leerzeichen getrennt, stehen sollen. Weiterhin werden bei `print`-Dateien `char`-Konstanten nicht in Apostrophe eingeschlossen und es werden innere Apostrophe nicht verdoppelt. Es kommt eben auf Lesbarkeit durch den Menschen und nicht auf Wiedereinlesbarkeit durch ein Programm an (von einem Drucker würde dies auch Schwierigkeiten bereiten).

Das Attribut

> `keyed`

wird erst im nächsten Abschnitt verständlich werden, es geht darum, dass man auf bestimmte Dateien mit einem Schlüssel zugreifen kann.

Eine große Bedeutung hat aber das letzte additive Attribut:

> `environment` (...)

In der Klammerangabe spezifiziert man Eigenschaften nicht der Datei, sondern des Datenbestandes. Hier findet man alle wesentlichen Angaben aus dem umgebenden Betriebssystem wieder (engl. *environment* heißt Umgebung), manchmal allerdings mit unterschiedlichen Schlüsselwörtern. All diese Angaben gehören nicht zur Sprache PL/I, sondern sind durch den Compiler für ein bestimmtes Betriebssystem festgelegt. (Die Ersparnis beim Tippen der Abkürzung `env` ist beträchtlich.)

5.1.3 Geht auch automatisch – Öffnen und Schließen

Wie in diesem Buch immer, so auch bei der Ein- und Ausgabe, wurde zunächst einmal etwas verschwiegen, weil es für die übliche Programmierung nicht unbedingt erforderlich war. So geschieht bei der Ausführung des ersten `get` automatisch etwas, das wir bisher nur für den Spezialfall einer `print`-Datei erwähnt hatten:

> `open file (Sysin) input;`

und beim ersten `put`:

> `open file (Sysprint) output;`

Man nennt dies das Öffnen einer Datei für Ein- bzw. Ausgabe. Allgemein hat die `open`-Anweisung das folgende Format:

```
open file (Dateiausdruck) Optionen
    [, file (Dateiausdruck) Optionen] ...;
```

Abbildung 65. Syntax OPEN-Anweisung

Es ist durchaus vorteilhaft, mehrere Dateien in einer open-Anweisung zu öffnen, weil dann die zuständigen Teile des Betriebssystems nur einmal in den Hauptspeicher geladen werden müssen.

Als Optionen kommen zunächst alle Dateiattribute in Betracht (außer external und internal). Die open-Anweisung bietet also unter anderem die Möglichkeit, erst zur Laufzeit festzulegen, welche Attribute eine Datei haben soll, die declare-Anweisung braucht nur die Angabe file zu enthalten.

Hinzu kommen die Angaben

> linesize (Ausdruck)
> pagesize (Ausdruck)
> title (Ausdruck).

linesize und pagesize haben wir schon in Abschnitt 3.3.4 kennengelernt, bleibt noch die title-Option. Sie ist das Bindeglied zwischen einer PL/I-Datei und einer Dateidefinition, die das Betriebssystem verwaltet. Durch die Anweisung

```
open file (X) title ('Y');
```

wird die Verbindung hergestellt zwischen der PL/I-Dateikonstanten oder -variablen X und dem Betriebssystemnamen Y. Mit Betriebssystemmitteln wiederum stellt man eine Verbindung her zwischen dem Namen Y und dem Datenbestand meine.daten, in OS/2 und Windows z. B. über ein set-Kommando:

```
set dd:y=c:\meine.daten
```

In AIX geschieht dies durch das export-Kommando:

```
export DD_Y=meine.daten
```

In z/OS gibt es gleich mehrere Möglichkeiten:

z/OS (TSO):   `alloc file (y) dataset (meine.daten) shr`

z/OS (JCL):   `//Y DD DSN=MEINE.DATEN,DISP=SHR`

z/OS (UNIX):   `export DD_Y=meine.daten`

Der PL/I-Dateiname X ist also mit dem Datenbestandsnamen meine.daten durch den Dateidefinitionsnamen (abgekürzt DD-Namen) Y verbunden. Diese Art der Identifizierung von PL/I-Datei und Datenbestand erlaubt es, das PL/I-Programm völlig unabhängig von konkreten Datenbestandsnamen zu schreiben. Als Benutzer des Programms wiederum braucht man nur die DD-Namen zu kennen, die mit dem Programm vereinbart sind, nicht die Namen der file-Variablen bzw. -Konstanten.

Erst bei der Ausführung wird durch die oben angeführte open-Anweisung die file-Konstante X mit dem Datenbestand assoziiert, der dem Betriebssystem unter dem DD-Namen Y bekannt ist. Die <u>close</u>-Anweisung beendet diese Verbindung, die Datei-Konstante kann danach für andere Datenbestände verwendet werden:

---

close file (Dateiausdruck) [Optionen]
    [, file (Dateiausdruck) [Optionen]] ...;

Abbildung 66. Syntax CLOSE-Anweisung

Als Optionen sind je nach Betriebssystem nur die Angaben <u>environment</u> (<u>reread</u>) oder <u>environment</u> (<u>leave</u>) zulässig, und das auch nur bei Magnetbanddateien, um anzudeuten, dass das Band zurückgespult oder an der momentanen Position gelassen werden soll. Gibt man als Dateiausdruck ein Sternchen an, so werden alle geöffneten Dateien geschlossen.

Dass die <u>title</u>-Angabe auch ein Ausdruck sein kann, macht das folgende Beispiel deutlich:

```
B53: /* Verkettung von Dateien (TITLE) */
procedure options (main);

dcl Fertig bit init ('0'b);
dcl F      file input;
dcl Nr     pic '99' init (1);
dcl Text   char (80);

on endfile (F);

open file (F) title ('FILE01');

Loop:
do loop;
   get file (F) edit (Text) (a(80));
   if endfile(F) then do;
      close file (F);
      Nr += 1;
      on undefinedfile (F) Fertig = '1'b;
      open file (F) title ('FILE' || Nr);
      if Fertig then leave Loop;
      end;
   put skip edit (Text) (a);
   end;

end B53;
```

Der Sinn des Programms ist es, mehrere (z. B. mit dem <u>set</u>-Kommando definierte) Datenbestände hintereinander auszudrucken, und zwar in der Reihenfolge der im DD-Namen versteckten Zahl, hier in der Form FILE01, FILE02 usw. Der Einfachheit halber mögen es immer Datenbestände sein, die mit einer Zeilenlänge von 80 Zeichen erzeugt wurden.

Die Schleife ist mit Absicht mit Hilfe der spracheigenen Funktion <u>endfile</u> programmiert worden. Tritt die <u>endfile</u>-Bedingung auf, so wird zunächst die Eingabe-Datei F geschlossen, um dann mit einer <u>title</u>-Angabe wieder geöffnet zu werden, deren Zahlteil um 1 erhöht wurde. Auf diese Weise kommt ein Datenbestand nach dem anderen an die Reihe.

Erst wenn das `open` fehlschlägt, weil keine DD-Anweisung mit dem entsprechenden `title` mehr gefunden wird (`undefinedfile` wird ausgelöst), wird tatsächlich `Fertig` auf `'1'b` gesetzt. Noch ein Wort zur `close`-Anweisung:

Es ist undefiniert, was passiert, wenn man in einer `endfile`-`on`-Einheit die betreffende Datei schließt und die `on`-Einheit normal verlässt, d. h. hinter die `get`-Anweisung zurückkehrt.

Hätte ich die `do`-Gruppe für die Dateiende-Aktion als `begin`-Block hinter die `on`-Anweisung geschrieben, hätte sich der Compiler darüber beschwert.

Hätte man das `open` für die erste Datei vergessen, so hätte (natürlich – wie man bei PL/I sagen muss) eine Standardannahme für die `title`-Option gegolten:

Ohne `title`-Option nimmt PL/I den Namen der `file`-Konstanten als DD-Namen!

In unserem Beispiel wäre das F. Lässt das Betriebssystem (etwa z/OS) nur 7 Zeichen lange DD-Namen zu, so nimmt PL/I die ersten 4 und die letzten 3 Zeichen des Konstantennamens, falls er zu lang ist. Im nächsten Abschnitt werden wir eine weitere Möglichkeit der `title`-Angabe kennenlernen: Man kann sich nämlich auch im PL/I-Programm auf einen bestimmten Datenbestand festlegen, indem man einen Schrägstrich benutzt:

```
open file (F) title ('/meine.daten');
```

Allgemein passiert bei der Ausführung der `open`-Anweisung Folgendes:

1. Vervollständigung der Attribute der Dateikonstanten (implizit gelten `stream`, `input`, `sequential` und `buffered`),

2. Vervollständigung der Angaben für den Datenzugriff, z. B. Satzlänge (siehe nächsten Abschnitt), es wird nachgeschaut in der Reihenfolge:

    a. `environment`-Attribut,

    b. DD-Vereinbarung (`set`, `export` usw.),

    c. Datenbestandsbeschreibung auf dem Datenträger (je nach Betriebssystem),

3. Herstellung der Verbindung mit dem Datenträger.

Vergisst man in der `open`-Anweisung die Angabe `input` oder `output`, so geht PL/I von `input` aus, was natürlich zum Fehler führt, wenn man dann doch mit `put` weitermacht.

Bei der `close`-Anweisung wird alles wieder rückgängig gemacht:

1. Aufheben der Verbindung zum Datenträger,

2. Wiedereinsetzen der ursprünglichen (evtl. unvollständigen) Datenbestandsangaben,

3. Wiedereinsetzen der (evtl. unvollständigen) Attribute der Dateikonstanten.

Man sieht also, das Öffnen und Schließen einer Datei sind aufwendige Aktionen! Wenn man keine `close`-Anweisung vorsieht, wird die Datei am Ende der Programmausführung vom Betriebssystem geschlossen.

Hierzu noch eine passende spracheigene Funktion: `fileopen` möchte ein `file`-Argument und gibt `'1'b` zurück, wenn die Datei geöffnet ist, `'0'b` sonst.

Weiterhin gibt es drei spracheigene Funktionen, die die Abfrage aller Attribute, `environment`- und sonstiger Angaben ermöglichen:

`fileddint`(F, S) antwortet mit einer Zahl, wenn man für S eine der folgenden Zeichenfolgen angibt: `blksize`, `bufsize`, `delay`, `filesize`, `keylen`, `keyloc`, `recsize`, `retry`.

`fileddtest`(F, S) gibt 1 (seltsamerweise nicht '1'b) zurück, wenn das als zweites Argument übergebene Attribut zutrifft, sonst 0. Allgemein sind für S erlaubt: `append`, `bkwd`, `ctlasa`, `delimit`, `descendkey`, `genkey`, `graphic`, `lrmskip`, `print`, `prompt`, `scalarvarying` und `skip0`, die ich in diesem Buch nicht alle bespreche.

`fileddword`(F, S) gibt eine Zeichenfolge zurück. Die Möglichkeiten sind: `access` (entweder `sequential` oder `direct`), `amthd`, `action` (`input`, `output` oder `update`), `charset`, `filename`, `organization` (`consecutive`, `relative`, `regional(1)` oder `indexed`), `putpage`, `recfm`, `share`, `type` (`record` oder `stream`) und `typef` (Typ der nativen Datei).

5.2 Ein- und Ausgabe von Sätzen

PL/I kennt abstrakt folgende Datenbestandsorganisationen:

* `organization` (`consecutive`)

* `organization` (`relative`)

* `organization` (`indexed`)

* `regional` (1)

wobei man `organization` auch weglassen kann. Angaben kann man diese Dinge im `environment`-Attribut (der `declare`- oder der `open`-Anweisung). Auf dem Großrechner kann man auch allgemein `vsam` angeben, was aus Kompatibilitätsgründen auch auf den anderen Plattformen erlaubt ist.

In diesem Abschnitt werden wir außerdem lernen, was ein Satz ist. Grob gesehen handelt es sich um die Einteilung eines Datenbestandes in Blöcke. Bei den PC-Betriebssystemen OS/2 und Windows sowie Unix-Systemen ist ein Satz reine Interpretationssache. Auf Großrechnern hingegen kümmert sich das Betriebssystem (z/OS) um die Einteilung von Datenbeständen in Sätze. Das Angenehme ist, dass man einem PL/I-Programm überhaupt nicht anzusehen braucht, für welches Betriebssystem es gedacht ist.

5.2.1 Vielfältig – Datenbestände

Hinter all den Organisationsformen stecken konkret immer zwei Arten von Datenbeständen: entweder systemeigene (engl. *native*) oder Datenbestände unter dem Oberbegriff VSAM – entweder Workstation-VSAM oder Mainframe-VSAM. Die systemeigenen werden vom Betriebssystem zur Verfügung gestellt. VSAM heißt Virtual Storage Access Method, der Name kommt daher, dass Ein- und Ausgabe in Blöcken identischer Größe erfolgt – ähnlich wie die Auslagerungsseiten des virtuellen Speichers, unabhängig von logischen Sätzen.

Kümmern wir uns zunächst um native Datenbestände und untersuchen die Organisationsform `consecutive`. Dies bedeutet, dass die Daten, die man liest oder schreibt, *hintereinander* auf dem Datenträger liegen. Dies ist der typische Fall eines nativen Datenbestandes.

Obwohl dieser an sich nur eine konturlose Folge von Bytes ist, erkennt jeder Editor und Compiler doch eine Zeilenstruktur. Auf OS/2 und Windows wird eine Zeileneinteilung durch spezielle Steuerzeichen vorgenommen: Die Zeichen `'0D'x` (Wagenrücklauf, engl. *carriage return*) und `'0A'x` (Zeilenvorschub, engl. *line feed*) trennen jeweils zwei Zeilen. Ähnlich ist es bei Unix-Systemen wie AIX oder z/OS UNIX: Trennzeichen ist allerdings nur ein Zeichen: Zeilenvorschub. Es ist klar, dass solche Zeilen keines der begrenzenden Steuerzeichen enthalten dürfen! Ein solcher Datenbestandstyp hat in PL/I den Namen type (text). Will man plattformunabhängig spezifizieren, so kann man auch exakt sein: type (crlf) oder aber type (lf). Allerdings kommt type (crlf) auch dann zurecht, wenn nur LF-Zeichen auftauchen.

Allgemein spricht man nicht von Zeilen, sondern von Sätzen (engl. *record*). Diese Satzeinteilung ist aber rein künstlich! Eine weitere Methode der Satzeinteilung ist eine solche in Sätze fester Länge: type (fixed). Der ganze Datenbestand muss ein Vielfaches der festen Satzlänge sein, sonst tritt bei der Bearbeitung ein Fehler auf, die Bedingung undefined-file wird ausgelöst!

Mit einem PL/I-Programm ist es auch möglich, der Bytefolge eine Struktur von Sätzen variabler Länge aufzuprägen: Vor jedem Satz steht ein 2-Byte-Präfix, der angibt, wie lang er ist. Da sich die Computerwelt bisher noch nicht einigen konnte, wie eine 2-Byte-Zahl zu speichern ist, kann man exakt angeben, wie man sich den Präfix denkt: type (varls) speichert die Präfixzahl wie auf OS/2 oder Windows, type (varms) so wie auf AIX oder z/OS üblich. Dies kann man sich über die englischen Begriffe *least significant first* bzw. *most significant first* merken. (Mehr dazu in Abschnitt 7.1.3!)

Wo kann man nun den Datenbestandstyp spezifizieren? Die Antwort lautet: entweder im PL/I-Programm oder mit Betriebssystemmitteln! Wenn man nämlich schon im Programm weiß, mit welcher Datei man arbeiten will, so kann man die title-Option dazu „missbrauchen":

```
open file (F) title ('/meine.daten,'
            || 'type(text),recsize(100),append(n)');
```

Der Schrägstrich deutet an, dass kein DD-Name folgt, sondern der Datenbestandsname, in diesem Fall meine.daten. Hinter einem Komma kann man dann sowohl den Typ als auch die (maximale) Größe eines Satzes angeben. Diese beiden Angaben sollte man immer machen, sonst macht PL/I irgendwelche (wahrscheinlich falsche) Annahmen. Wichtig ist noch die Angabe append (engl. für: anhängen) bei Ausgabedateien:

* append(y) bedeutet, dass neue Sätze an den Datenbestand anzuhängen sind,

* append(n) bedeutet, dass der Datenbestand neu erzeugt werden soll.

Aus Sicherheitsgründen gilt, wenn man nichts weiter sagt, append(y)! Weitere Angaben schlage man im Compiler-Handbuch nach.

Möchte man das PL/I-Programm nicht mit solchen Einzelheiten belasten, so sagt man beim Öffnen der Datei nur:

```
open file (F) title ('ABC');
```

Dann kann man unter OS/2 und Windows spezifizieren:

```
set dd:abc=meine.daten,type(text),recsize(100),append(n)
```

Ähnlich sieht es unter AIX und z/OS UNIX aus:

```
export DD_ABC="meine.daten,type(text),recsize(100),append(n)"
```

Man beachte, dass Folgendes unter Unix (gemeint ist sowohl AIX als auch z/OS UNIX) anders ist:

- Unterstrich statt Doppelpunkt hinter DD,

- Großbuchstaben für den Namen der Systemvariablen,

- Gänsefüßchen zum Einschließen des Wertes.

Die Organisationsform regional (1) arbeitet ebenfalls mit nativen Datenbeständen. Diese sind, ähnlich wie bei type(fixed), in Sätze gleicher Länge aufgeteilt, auf die man dann aber direkt zugreifen kann – man braucht nur die Nummer des Satzes (der sogenannten Region) zu wissen.

VSAM-Datenbestände kann man sowohl mit organization (consecutive), organization (indexed) als auch mit organization (relative) bearbeiten. Wie merkt nun PL/I, dass ein VSAM-Datenbestand erzeugt werden soll und kein nativer? Nun – bei den Organisationsformen indexed, relative und vsam gibt es sowieso keine andere Möglichkeit. Bei consecutive allerdings muss man schon eine Angabe über die sogenannte Zugriffsmethode (engl. *access method*) machen, etwa (bei OS/2 und Windows):

```
set dd:abc=konsek_isam_datei,amthd(isam),recsize(38)
```

Anderenfalls nimmt PL/I an, dass es ein nativer Datenbestand werden soll. ISAM ist eine konkrete Ausprägung von Workstation-VSAM. DDM bzw. BTRIEVE sind die anderen Möglichkeiten, die aber nicht auf jeder Plattform vorhanden sind.

Ein Punkt sollte noch betont werden: Dieses Kapitel handelt zwar von satzweiser Ein- und Ausgabe, aber alles, was über die Organisationsform consecutive gesagt wird, gilt ebenso für die zeichenweise Ein- und Ausgabe. Mit get und put kann man nur auf konsekutive Datenbestände zugreifen, seien sie nun nativ oder von VSAM verwaltet.

5.2.2 Hintereinander – CONSECUTIVE-Datenbestände

Rein äußerlich unterscheidet sich die satzweise Ein- und Ausgabe dadurch von der zeichenweisen, dass statt der get- und der put-Anweisung read und write (und andere) verwendet werden. Ein einfaches Beispiel für die satzweise Ein- und Ausgabe unterscheidet sich ansonsten nicht von einer Version für die zeichenweise:

```
B54: /* Kopieren einer Datei (RECORD-I/O) */
procedure options (main);

dcl (Aus, Ein) file;
dcl Satz        char (1000) var;
on endfile (Ein);
do loop;
    read file (Ein) into (Satz);
    if endfile(Ein) then leave;
    write file (Aus) from (Satz);
    end;

end B54;
```

Die Schlüsselwörter into und from sind, glaube ich, sehr sprechend. Die endfile-Bedingung funktioniert genauso wie bei der zeichenweisen Eingabe, implizit wird die Datei Ein mit den Attributen record input sequential buffered und die Datei Aus mit record output sequential buffered geöffnet. Hinzu kommt die implizite environment-Angabe consecutive, die besagt, dass der Datenbestand so organisiert ist, dass ein Satz auf den anderen folgt, man als Zugriffsart also nur sequential zur Verfügung hat. Die Zugriffsart direct ist bei consecutive nicht möglich, da man nicht auf den siebten Satz direkt zugreifen kann – dafür sind bei consecutive vom Betriebssystem her keine Vorkehrungen getroffen –, sondern erst alle Sätze davor lesen muss.

Interessant ist die Tatsache, dass man keine Rücksicht auf die Länge eines Satzes zu nehmen braucht. PL/I setzt die aktuelle Länge der varying-Variablen Satz auf die Länge des eingelesenen Satzes – egal ob es sich um type(text) handelt oder etwa um type(varls).

Will man nicht nur die aktuelle Größe schreiben, sondern die maximale, sei es bei einer varying-Zeichenfolge oder bei einem Gebiet, so muss man die environment-Option scalarvarying angeben.

Vergegenwärtigt man sich die Speicherung von Daten auf Festplatte, so kann man sich vorstellen, dass es nicht nur möglich ist, einen Block nach dem anderen auf einer Spur unterzubringen und nacheinander wieder zu lesen, sondern dass es auch möglich sein müsste, einen Block zu lesen und in geänderter Version, aber mit gleicher Länge, wieder zurückzuschreiben. Genau dieses bezeichnet man in PL/I mit den Attributen sequential update. Das folgende Programm liest fortlaufend einen Satz nach dem anderen und ändert immer dann, wenn es einen mit der Eintragung 47 findet, diese Eintragung um in 11, warum nicht? Neu ist die für das Zurückschreiben zu verwendende rewrite-Anweisung, die aber ansonsten das gleiche Format hat wie die write-Anweisung:

> **write** ist für einen neuen Satz zuständig, **rewrite** ersetzt einen schon vorhandenen.

Bei sequential update schreibt rewrite immer den zuletzt gelesenen zurück. write ist bei update verboten! Nun aber das Beispiel:

```
B55: /* Ändern einer Datei (SEQUENTIAL UPDATE) */
procedure options (main);

dcl Disk       update;
dcl 1 Struktur,
      2 Typ  fixed bin,
      2 Wert dim (100) float;

on endfile (Disk);
do loop;
    read file (Disk) into (Struktur);
    if endfile(Disk) then leave;
    if Typ = 47 then do;
       Typ = 11;
       rewrite file (Disk) from (Struktur);
       end;
    end;

end B55;
```

Wir sehen zunächst die Deklaration von Disk als update-Datei – implizit gilt dann file record environment (consecutive) – eine open-Anweisung können wir uns sparen. Interessant ist die Verwendung einer Struktur in der into- bzw. from-Option. Ganz allgemein darf hier sowohl eine skalare Variable, eine Matrix, eine Struktur oder eine Strukturmatrix stehen. Voraussetzung ist aber bei den Aggregaten, dass sie zusammenhängend gespeichert sind, oder, in PL/I gesagt, das Attribut connected besitzen. Problematisch ist connected aber nur bei Matrizen und Strukturmatrizen. In der folgenden declare-Anweisung dürfte z. B. A in einer into-Option vorkommen, B und C dagegen nicht:

```
dcl 1 A dim (2),
      2 B float,
      2 C float;
```

B und C sind auf Grund des Dimensionsattributs von A ebenfalls Matrizen, wobei die Elemente der Matrix B im Hauptspeicher immer durch ein Element der Matrix C voneinander getrennt sind. Solche Lücken können auch vorkommen, wenn eine Untermatrix (engl. *cross section*) an ein Unterprogramm übergeben wird. Das Unterprogramm darf den Parameter nicht ohne weiteres in einer read-, write- oder rewrite-Anweisung verwenden, es sei denn, der Parameter wäre im rufenden Programm als connected deklariert, dann würde ggf. ein Scheinargument erzeugt. Wer will, kann natürlich zur Verdeutlichung auch das Attribut nonconnected benutzen.

Das eben Gelernte können Sie auch gleich anwenden:

A36: Schreiben Sie ein Programm, das in einer PL/I-Programm-Datei alle declare-Anweisungen zu dcl abkürzt. Lösen Sie dieses Problem mit sequential update und denken Sie daran, dass die Länge jedes Satzes unverändert bleiben muss.

Außer der schon erwähnten Bedingung undefinedfile sollen in diesem Zusammenhang auch die Bedingungen record und transmit vorgestellt werden: record spricht an, wenn ein gelesener Satz eine andere Länge als die into-Variable besitzt (z. B. zu groß ist) und transmit, wenn irgendwo auf der Strecke ein Übertragungsfehler passiert (z. B. ein Paritätsfehler beim Lesen). In den dazugehörigen on-Einheiten kann man den Namen der „schuldigen" Datei mit Hilfe der spracheigenen Funktion onfile ermitteln.

5.2.3 Durchnummeriert – REGIONAL(1)-Datenbestände

Ein Datenbestand, der gemäß regional (1) organisiert ist, bietet eine sehr schnelle Möglichkeit, auf Sätze direkt, also nicht nacheinander, zuzugreifen. Die Sätze des Datenbestandes werden als Regionen bezeichnet. Alle Sätze sind gleich lang. Der Zugriff erfolgt über die relative Satznummer innerhalb des Datenbestandes, beginnend (ausgerechnet!) mit 0 für die erste Region. Eine read-Anweisung sähe etwa so aus:

```
read file (R) into (V) key (7);
```

Hinter der key-Option gibt man (als Schlüssel, engl. *key*) die Nummer des Satzes an, den man lesen will. Bei 7 würde also der achte Satz gelesen. Im Prinzip steht hinter key ein Ausdruck mit dem Attribut char (8) auf dem Mainframe und char (10) sonst. PL/I leistet natürlich eine Konvertierung, wobei ggf. links abgeschnitten oder mit Leerzeichen aufgefüllt wird – sehr vernünftig, aber entgegen sonstigen Regeln!

Ein direkter Zugriff auf Festplatte ist möglich, da alle Blöcke gleich lang sind, die Zugriffsroutinen also ausrechnen können, auf welcher Spur der wievielte Satz gemeint ist. Mit regional (1) kann man die typischen Vorteile der Festplatte wahrnehmen, auf Magnetband ist eine solche Organisationsform nicht möglich.

Auch auf einer Magnetplatte kann man auf eine Spur nicht den zweiten Block schreiben, wenn der erste nicht vorhanden ist. Hieraus resultieren die Besonderheiten bei der Bearbeitung einer regional-(1)-Datei. Man unterscheidet Erstellung, sequentiellen und direkten Zugriff.

Die Erstellung erfolgt nach einer Öffnung der Datei mit output. Bei direct output schreibt PL/I die gesamte Datei erst einmal mit sogenannten Scheinsätzen (engl. *dummy records*) voll. Diese haben im ersten Byte den Wert 'FF'x. Danach kommt man also an jeden Block heran, man kann ihn mit rewrite „ersetzen", es ist auch erlaubt ihn mit write zu schreiben:

```
rewrite file (F) from (V) key (K);
```

oder auch

```
write file (F) from (V) keyfrom (K);
```

Man beachte, dass die key-Option nur bei read und rewrite erlaubt ist, bei write muss es aus systematischen Gründen immer keyfrom heißen.

Verwendet man zur Erstellung das Attribut sequential output, so spart man das vorherige Schreiben aller Scheinsätze, muss aber die Sätze in aufsteigender Schlüsselfolge präsentieren. Werden Sätze weggelassen, so schreibt PL/I automatisch entsprechende Scheinsätze. Man merkt es, glaube ich, schon: Satzweise Ein- und Ausgabe ist sehr viel hardwarenäher als zeichenweise. Wenn man jetzt zu wählen hat, sequential oder direct bei der Erstellung, so sollte die Wahl nicht schwer fallen: Hat man schon viele Sätze und stehen diese in aufsteigender Schlüsselfolge zur Verfügung, ist sequential besser, sonst direct!

Ist der Datenbestand erst einmal vorhanden, so kann man sowohl sequential update als auch direct update auf ihn zugreifen. Passiert dies im Programm sofort hinter der Erstellung, so muss zwischendurch ein close erfolgen. Die Folge der Anweisungen könnte z. B. sein:

```
dcl F file record keyed environment (regional (1));

open file (F) direct output
     title ('/meine.datei,recsize(100),reccount(1000)');
     /* dadurch werden Scheinsätze geschrieben */
close file (F);

open file (F) direct update;
rewrite file (F) from (V) key (K);
```

Die reccount-Angabe ermöglicht es PL/I zu wissen, wie viele Scheinsätze zu schreiben sind. Irgendwoher muss diese Angabe bekannt sein. Sie kann auch mit Betriebssystemmitteln spezifiziert werden (im z/OS z. B. die SPACE-Angabe der JCL).

Das Attribut keyed muss immer dann angegeben werden, wenn eine der Schlüssel-Optionen benutzt werden soll. Zugriff mit sequential update sieht aus wie bei einem consecutive-Datenbestand. Interessanter ist natürlich direct update: Man kann beliebige Sätze mit der key-Option lesen und ersetzen. Erlaubt ist sogar, einzelne Sätze zu „löschen":

```
delete file (F) key (K);
```

Löschen heißt bei regional-(1)-Datenbeständen allerdings: Ersetzen durch einen Schein-satz. Beim Lesen muss man also darauf achten, ob das erste Byte auf 'FF'x steht, dann „gilt" der Satz nicht.

Das folgende, etwas größere Programm implementiert eine „Reihe" von Zeilen, die größer sein kann als der zur Verfügung stehende Hauptspeicher. Der Trick ist, dass man alle Spei-cherplatzzuordnungen in einem Gebiet vornimmt und dieses Gebiet, wenn es voll ist, als Ganzes auf Platte schreibt. Bei der Besprechung des area-Attributs war ja versprochen worden, dass dies möglich sei – zwar nicht mit put, aber eben mit write.

Wenn man also eine unbekannte, aber riesige Anzahl von Daten in umgekehrter Reihen-folge wieder ausgeben will, dann hilft das folgende Beispiel, das eine rückwärts verkettete lineare Liste implementiert:

```
B56: /* Ausgelagerte Reihe (REGIONAL (1)) */
procedure options (main);

dcl Eingabetext     char (100) var;
dcl Q               offset (Gebiet);
dcl 1 Region,
      2 Letzter_Abstand offset (Gebiet) init (null()),
      2 Gebiet     area;
dcl Region_Nr       fixed bin init (-1);
dcl Reihe           file record keyed env (regional (1));
dcl 1 Zeile         based (Letzter_Abstand),
      2 Vorherig  offset (Gebiet),
      2 Länge     fixed bin,
      2 Text      char (length (Eingabetext)
                       refer (Länge)) init (Eingabetext);

/* Falls mehr als ein Gebiet gebraucht wird: */
on area begin;
    Region_Nr += 1;
    write file (Reihe) from (Region) keyfrom (Region_Nr);
    Gebiet = empty();
    Q = null();
    end;

/* Einlesen und Wegpacken: */
open file (Reihe) sequential output;
on endfile (Sysin);
do loop;
    get list (Eingabetext);
    if endfile(Sysprint) then leave;
    Q = Letzter_Abstand;
    allocate Zeile;
    Vorherig = Q;
    end;
close file (Reihe);
```

```
/* Rückwärts wieder-holen und ausgeben: */
open file (Reihe) direct input;
do loop;
    do while (Letzter_Abstand ^= null);
        put skip edit (Text) (a);
        Q = Vorherig;
        free Zeile;
        Letzter_Abstand = Q;
        end;
    Region_Nr -= 1;
    if Region_Nr < 0 then leave;
    read file (Reihe) into (Region) key (Region_Nr);
    end;

end B56;
```

Die Struktur Zeile enthält außer den Daten noch einen Verweis auf die Zeile, die vorher weggespeichert wurde, die Struktur Region enthält außer dem Gebiet noch den Verweis auf das Element, das zuletzt angelegt wurde. Man beachte, dass Letzter_Abstand auch die Variable ist, auf der Zeile basiert! Irgendwann wird die allocate-Anweisung nicht mehr erfolgreich sein, das Gebiet ist voll! Dann greift die vereinbarte on-Maßnahme, Region wird in die regional-(1)-Datei geschrieben, die Variable Gebiet auf empty gesetzt und die allocate-Anweisung erneut versucht.

Nachdem alle Zeilen weggepackt wurden, erfolgt das close für die Datei Reihe und ein erneutes open mit direct input. Das Wieder-holen (mit Betonung auf Wieder!) erfolgt nun einfach entlang der Rückwärtszeiger und mit fallender Regionsnummer. Immer wenn die „erste" Zeile im Gebiet freigegeben wurde (dann ist das Gebiet ja leer), holt man sich das vorherige Gebiet in den Hauptspeicher.

In diesem Beispiel ist also nicht ausgenutzt worden, dass man auf beliebige Regionen zugreifen kann. Es reicht, dass man rückwärts lesen will, um mit consecutive nicht auskommen zu können. Eine regional-(1)-Datei benötigt sehr wenig Aufwand:

> **Wenn vom Problem her alle Sätze gleich lang sind und man beliebig zugreifen möchte, ist regional (1) die Datenbestandsorganisation der Wahl!**

Die abschließende Aufgabe soll demonstrieren, dass die PL/I-Datenbestandsorganisation nicht eine unveränderliche Eigenschaft des Datenbestandes ist, sondern dass man z. B. eine Datei, die man consecutive mit type(fixed) erstellt hat, auch als regional-(1)-Datei bearbeiten kann:

A37: Schreiben Sie ein Programm, das zunächst eine PL/I-Programm-Datei mit env (consecutive) einliest und mit type(fixed) ausgibt. Danach soll es diese Ausgabedatei mit env (regional (1)) wieder öffnen und alle end-Anweisungen, die allein auf einer Zeile stehen, in die vorherige Zeile packen, falls dort Platz ist. Die bisherige end-Zeile ist zu löschen. Drucken Sie schließlich die Datei aus (natürlich ohne Scheinsätze!).

5.2.4 Nach Belieben – VSAM-Datenbestände

Mit VSAM-Datenbeständen kann man genauso arbeiten wie mit allen bisher erwähnten. Hinzu kommen noch Möglichkeiten, die weit darüber hinaus gehen. Es gibt die drei Arten (wobei auf dem Mainframe die Namen hinter dem Gedankenstrich gelten):

- *sequential* (Zugriff in Eingangsfolge) – ESDS (entry *sequenced* data set),

- *keyed* (Zugriff mit eingebettetem Schlüssel über einen Index) – KSDS (key sequenced data set),

- *relative* (Zugriff per Satznummer) – RRDS (relative record data set).

Sequentielle VSAM-Datenbestände ähneln denen mit dem Attribut consecutive, relative denen mit dem Attribut regional (1) – gewissermaßen in Luxusausführung. VSAM-Datenbestände mit Schlüsseln besitzen eine Index-Komponente, in der verzeichnet ist, wo sich ein Satz befindet, in dem ein ganz bestimmter Text enthalten ist. Da diese VSAM-Begriffe mit PL/I-Begriffen kollidieren, wird dies die einzige Erwähnung der VSAM-Namen in diesem Buch bleiben.

Die Arbeit mit einem VSAM-Datenbestand gliedert sich grundsätzlich in zwei Abschnitte:

1. das Laden der Datei mit einem Grundstock an Daten und

2. der Zugriff, der je nach Typ sequentiell oder direkt erfolgen kann.

Im z/OS kommt noch hinzu, dass man das Spezialprogramm AMS (Access Method Services) zur Erstellung benutzen muss.

5.2.4.1 organization (consecutive) – ESDS

Beginnen wir mit einer VSAM-Datei, auf deren Sätze man in Eingangsfolge zugreifen kann. Stellt man sich alle Sätze der Datei hintereinander vor, so kann man für jeden Satz angeben, wie seine relative Adresse lautet (relativ zum Anfang der Datei). Diese Adresse heißt bei workstation VSAM *sequential record value* (SRV) und bei Mainframe-VSAM *relative byte address* (RBA) und spielt im folgenden Beispiel eine besondere Rolle. Wo im Folgenden eine Variable Srv als char (7) deklariert ist, schreibe man bei Mainframe-VSAM Rba als char (4). In jedem Fall ist dies ein Wert, mit dem man nicht rechnen, sondern den man nur speichern und später wieder verwenden sollte.

Unter z/OS muss man den VSAM-Datenbestand zunächst mit Hilfe von AMS anlegen:

```
define cluster (name (ESNEU) nonindexed) -
       data (records (1000) recsize (50 100))
```

In der recsize-Angabe wurde spezifiziert, dass die durchschnittliche Satzlänge 50 und die maximale Satzlänge 100 Byte betragen soll. Es können also variable lange Sätze verwendet werden. Im Unterschied zu consecutive-Datenbeständen wird nicht nur Platz reserviert, sondern es werden alle Spuren des Datenbestandes mit leeren Blöcken initialisiert.

Das Hauptprogramm möge die VSAM-Datei sowohl laden als auch hinterher abfragen:

```
B57: /* Workstation VSAM consecutive */
procedure options (main);

dcl ConVSAM file record keyed
            environment (organization (consecutive));
dcl Srv     dim (1000) char (7);
```

```
open file (ConVSAM) sequential output
     title ('/meine.datei,amthd(ISAM),recsize(100)');
call Laden (ConVSAM, Srv);
close file (ConVSAM);

open file (ConVSAM) sequential input
     title ('/meine.datei,amthd(ISAM),recsize(100)');
call Drucken (ConVSAM, Srv, 371);
close file (ConVSAM);

end B57;
```

Die Datei wird einmal für die Ausgabe geöffnet, wieder geschlossen, und danach für Eingabe erneut geöffnet. Bleibt noch, die Unterprogramme vorzustellen. Bei getrennter Übersetzung sollten natürlich noch die entry-Deklarationen eingefügt werden. Zum Testen packe man alles in ein Paket.

Das folgende Unterprogramm Laden nutzt die Möglichkeit aus, sich bei jedem Schreibvorgang die Adresse des Satzes geben zu lassen:

```
Laden: /* zu Beispiel B57 */
procedure (F, Srv);

dcl F     file parm nonasgn;
dcl Srv   dim (*) char (7) parm asgn;

dcl I     fixed bin;
dcl Satz char (100) var;

do I = 1 to 1000;
   get list (Satz);
   write file (F) from (Satz) keyto (SRV(I));
   end;

end Laden;
```

Das „Merken" geschieht mit Hilfe der keyto-Option der write-Anweisung. Die dort spezifizierte char-(7)-Variable enthält zwar eine Adresse, hat aber nichts mit dem Attribut pointer zu tun. Man merkt hier schon, dass man bei VSAM-Dateien so ziemlich beliebig mit den Schlüsselwörtern der read- und der write-Anweisung umgehen kann, sofern die Schreibweise nur einen Sinn macht.

Das Unterprogramm Drucken gibt nun alle Sätze ab einer bestimmten Nummer aus. Der Zugriff erfolgt zwar nominell sequentiell, aber der Vorteil von VSAM ist eben, dass man doch direkt auf die Sätze positionieren kann, deren SRV (bzw. RBA) man kennt:

```
Drucken: /* zu Beispiel B57 */
procedure (F, Srv, Nummer);

dcl F      file parm nonasgn;
dcl Srv    dim (*) char (7) parm nonasgn;
dcl Nummer fixed bin parm nonasgn;
dcl I      fixed bin;
dcl K      fixed bin;
dcl Satz   char (100) var;

read file (F) into (Satz) key (Srv(Nummer));
```

```
put skip list (Satz);
do I = Nummer+1 to 1000;
   read file (F) into (Satz);
   put skip list (Satz);
   end;

end Drucken;
```

Es braucht also nicht erst die gesamte Datei durchgelesen zu werden, wenn man einen bestimmten Satz sucht, sondern man positioniert auf die SRV (bzw. RBA) des gewünschten Satzes und liest von da ab sequentiell weiter.

Benutzt man die read-Anweisung mit der keyto-Angabe, so kann man sich auch beim Lesen die SRV (bzw. RBA) eines Satzes merken.

Will man eine schon geladene VSAM-Datei in beliebiger Weise ändern, sei es, Sätze hinzu- fügen oder ersetzen, so sollte man die Datei mit update öffnen, bei output kann man nur an das Ende der Datei schreiben. Die beiden möglichen Ausgabe-Anweisungen write und rewrite sind wie üblich definiert: rewrite ersetzt einen Satz durch einen mit der gleichen Länge, write fügt am Ende der Datei einen neuen Satz hinzu (sofern Platz ist).

Die write-Anweisung darf weder die key- noch die keyfrom-Option enthalten, keyto ist natürlich genauso erlaubt wie bei read. Mit Hilfe von rewrite kann man entweder den zuletzt gelesenen Satz (ggf. geändert) zurückschreiben oder – mit key – einen ganz bestimmten, dessen SRV (bzw. RBA) man sich vorher gemerkt hat.

A38: Schreiben Sie ein Programm Update, *das in Beispiel B57 eingebaut werden könnte und in jedem gewünschten Satz (dessen laufende Nummer am Bildschirm eingegeben werde) alle Nullen durch Leerzeichen ersetzt. Wenn es Sie gestört hat, dürfen Sie auch alle Unterprogramme in einem Paket mit mehreren Prozeduren zusammenfassen!*

5.2.4.2 organization (relative) – RRDS

Ein „relativer" VSAM-Datenbestand darf nur Sätze gleicher Länge enthalten, da der Zugriff wie bei regional-(1)-Dateien mit einer relativen Satznummer als Schlüssel erfolgt: VSAM berechnet aus der Nummer (intern) die SRV (bzw. RBA) und weiß damit natürlich, wo eingelesen oder ausgegeben werden soll. Im Unterschied zu regional (1) fängt ein relativer VSAM-Datenbestand mit Satz Nummer 1 an (na also!). Genau wie bei regional (1) steht hinter key ein Ausdruck mit dem Attribut char (8) auf dem Mainframe und char (10) sonst. Es gelten die gleichen Konvertierungsregeln, wobei wiederum ggf. links abgeschnitten oder mit Leerzeichen aufgefüllt wird!

Bei z/OS beginnen wir wieder mit dem Anlegen mit Hilfe von AMS (wobei die beiden Zah- len bei recsize identisch sein müssen):

```
define cluster (name (RRNEU) numbered -
      data (records (1000) recsize (100 100))
```

Da auch hier wieder alle Blöcke des Datenbestandes schon einmal geschrieben werden, ist es beim Laden egal, ob wir nun sequential output oder direct output verwenden. output bewirkt wieder, dass beim Öffnen auf den ersten Satz der Datei positioniert wird. Im Gegensatz zu regional (1) brauchen die Sätze in keinem Fall mit aufsteigender Num- mer angeliefert zu werden. Wichtig ist aber auch hier, beim Öffnen der Datei durch die reccount-Angabe mitzuteilen, wie viele Sätze es werden sollen, z. B. in der open-Anweisung:

```
dcl F file record keyed env (organization (relative));
open file (F)
     title ('/meine.datei,recsize(100),reccount(10000)');
```

Mit den Anweisungen

```
write file (F) from (R);
```

bzw.

```
write file (F) from (R) keyto (K); /* K ist CHAR! */
```

würde man einen Satz nach dem anderen schreiben, mit

```
write file (F) from (R) keyfrom (K);
```

einen ganz bestimmten, nämlich den mit der Nummer K.

Im zweiten Schritt, der Benutzung des geladenen Datenbestandes, kann man dann wieder mit input oder update auf die Datei zugreifen. Jetzt sind alle Ein-/Ausgabe-Anweisungen zugelassen:

- read ohne oder mit key oder keyto,

- write mit keyfrom für neue Sätze,

- rewrite mit oder ohne key,

- delete mit oder ohne key.

Lässt man die key-Angaben weg, so wird entweder der nächste Satz gelesen oder der zuletzt gelesene Satz zurückgeschrieben bzw. gelöscht. Das Löschen erfolgt im Gegensatz zu regional (1) tatsächlich. Man kann also keine Scheinsätze lesen, sondern merkt den Versuch, einen nicht existierenden Satz zu lesen, daran, dass die Bedingung key ausgelöst wird. Für eine relative VSAM-Datei brauche ich kein Beispiel vorzuführen, man nehme einfach ein regional-(1)-Programm und fange die Schlüsselnummern bei 1 statt 0 an, nicht zu vergessen die Angabe environment (organization (relative)).

5.2.4.3 organization (indexed) – KSDS

Wir hatten als Schlüssel zu einem Satz bisher die sequentielle Satzadresse und die relative Satznummer. PL/I kennt noch eine dritte Möglichkeit, nämlich eine Zeichenfolge. Es geht um den VSAM-Dateityp mit Schlüsseln, die Sätze sind in Schlüsselfolge sortiert. Schon beim Anlegen des Datenbestandes legen wir z. B. fest, dass die Zeichen 1 bis 5 jedes Satzes als Schlüssel dienen sollen. Bei z/OS (AMS) könnte es folgendermaßen aussehen:

```
define cluster (name (KSNEU) indexed) -
       data (records (1000) recsize (20, 100) -
             freespace (20, 30) keys (5, 1) -
       index (cylinders (1, 1))
```

Bei den anderen Plattformen reichen folgende PL/I-Anweisungen:

```
dcl F file record keyed env (organization (indexed));
open file (F) title ('/meine.datei,'
          || 'recsize(100),keyloc(1),keylength(5)');
```

Länge und Position des Schlüssels bleiben für die Lebensdauer des Datenbestandes unverändert. Sollte man bei einer späteren Benutzung eine falsche Position oder Länge angegeben haben, so wird die Bedingung undefinedfile ausgelöst.

Legen wir jetzt die Deklaration eines Satzes fest, wie er im folgenden Beispiel verwendet werden soll:

```
dcl 1 Satz     based (P),
      2 PKZ     char (5),
      2 Länge   fixed bin,
      2 Name    char (1 refer (Länge));
```

Unser Datenbestand soll also Personenkennzeichen PKZ, z. B. URZ31, und Namen von Angestellten enthalten, die unterschiedlich lang sein können. Alle Sätze sind nach den ersten 5 Zeichen, also dem Personenkennzeichen, sortiert.

Bei einer konsekutiven VSAM-Datei durfte man nach dem Laden Sätze nur durch solche gleicher Länge ersetzen. Bei der relativen VSAM-Datei war das Ersetzen kein Problem, da alle Sätze die gleiche Länge besaßen. Bei der indizierten VSAM-Datei sind nicht nur variabel lange Sätze erlaubt, sondern sogar das Ersetzen durch längere oder kürzere Sätze!

Dies wird ermöglicht durch eine Index-Datei. Die Sätze des Index enthalten Verweise auf die Sätze der Basisdatei, nämlich die sequentielle Satzadresse SRV (bzw. RBA), aus der sich VSAM dann die genaue Position auf der Festplatte ausrechnen kann. Die Reihenfolge der Daten-Sätze wird also durch die Verweise der Index-Sätze festgelegt, nicht durch die – mehr oder weniger zufällige – Reihenfolge auf den Spuren der Platte. Man sagt auch, die logische Folge der Sätze hat im Prinzip nichts mit der physischen[58] Folge zu tun.

Im folgenden Beispiel laden wir eine indizierte VSAM-Datei mit dem Attribut keyed sequential output, etwas anderes ist nicht erlaubt. Alle Sätze müssen in aufsteigender Schlüssel-Reihenfolge präsentiert werden. Danach kann ein Zugriff im Prinzip mit direct oder sequential, input oder update erfolgen. keyed direct output wäre auch noch eine Möglichkeit, wenn man neue Sätze zu einer existierenden VSAM-Datei hinzufügen möchte. Man beachte auch die Einführung der Struktur Eingabe, die den einzigen Zweck verfolgt, dass bei den vielen gleichen Variablennamen keine Verwechslungen vorkommen können:

```
B58: /* Laden einer indizierten VSAM-Datei */
procedure options (main);

dcl P          ptr;
dcl 1 Satz     based (P),
      2 Nummer char (5) init (Eingabe.PKZ),
      2 Länge  fixed bin,
      2 Name   char (length (Eingabe.Name)
               refer (Länge)) init (Eingabe.Name);
dcl IndexVSAM  file record keyed
               env (organization (indexed));
dcl 1 Eingabe,
      2 Name   char (80) var,
      2 PKZ    char (5);
```

---

58 Physisch, nicht physikalisch! Im Englischen ist das Gegensatzpaar *logical – physical* gebräuchlich, was nichts mit Logik und Physik zu tun hat, sondern mehr mit abstrakt und konkret! ./.

```
/* Laden der VSAM-Datei: */
on endfile (Sysin);
open file (IndexVSAM) output sequential;
do loop;
   get list (Eingabe.PKZ, Eingabe.Name);
   if endfile(Sysin) then leave;
   allocate Satz;
   write file (IndexVSAM) from (Satz) keyfrom (Eingabe.PKZ);
   free Satz;
   end;
close file (IndexVSAM);

end B58;
```

An Eingabedaten könnte man z. B. die folgenden nehmen:

```
'URZ04' 'Dagobert Duck'
'URZ31' 'Donald Duck'
'URZ49' 'Micky Maus'
'URZ90' 'Daniel Düsentrieb'
```

An sich möchte man die Daten auch wieder lesen können. Das Einlesen in eine based-Struktur ist jedoch gar nicht so einfach. Man müsste für die maximale Satzlänge Platz reservieren; wenn man dann einen kürzeren Satz eingelesen hat, wäre (wegen der refer-Option) kein Platz mehr für einen längeren! Viel einfacher geht das Einlesen in based-Variablen mit der read-Anweisung mit set-Option im nächsten Unterabschnitt.

Eine Variation beim Zugriff auf indizierte VSAM-Dateien ist die Verwendung der environment-Option genkey. Die Zeichenfolge der key-Angabe der read-Anweisung kann dann kürzer als die vereinbarte Schlüssellänge sein, man erhält den ersten Satz, dessen Schlüssel so anfängt wie angegeben. Interessant ist auch noch die environment-Option bkwd, die es ermöglicht, eine VSAM-Datei einfach sequentiell rückwärts zu lesen.

5.3 Spezielle Möglichkeiten der Ein- und Ausgabe

5.3.1 Direkt – LOCATE-Modus

Schon bei der zeichenweisen Ein- und Ausgabe werden Puffer benutzt – es wäre wirklich zu aufwendig, beim a(1)-Format für jedes Byte den gesamten Mechanismus der Datenübertragung zum peripheren Medium ablaufen zu lassen. Deshalb werden bei put erst einmal ein oder mehrere Zeilen (d. h. Sätze) in einem Block gesammelt und erst dieser Block wird dann ausgegeben. Ebenso wird bei get ein ganzer Block gelesen und dann aus diesem die Nachfrage nach Bytes „gestillt".

Je nach Betriebssystem werden sogar mehrere Puffer bereitgestellt: Ist bei put einer voll, wird die Ausgabe gestartet, das Programm kann dieweil schon Daten in den nächsten Puffer füllen. Wenn der dann voll ist, ist die Übertragung des ersten Puffers womöglich schon abgeschlossen. Der Vorteil der Pufferung ist also, dass das Programm nicht warten muss, bis die Platteneinheit signalisiert hat, dass alle Daten ordnungsgemäß abgespeichert wurden; Ein- und Ausgabe und Pufferfüllen können überlappend ablaufen! Außer bei z/OS kann man für consecutive-Dateien die bufsize-Option zusammen mit der recsize-Option im environment-Attribut angeben. Bei record-Dateien ist die Größe standardmäßig 64KB und bei stream-Dateien 0 (das bedeutet: gleich der Größe von recsize)!

Möchte man sicher sein, dass alle Schreibvorgänge abgeschlossen sind, die Daten sich also auf der Festplatte und nicht im Puffer befinden, so benutze man die flush-Anweisung:

```
flush file (Ausgabedatei);
```

Gibt man statt des Dateinamens ein Sternchen an, so werden die Puffer aller offenen Dateien auf Platte geschrieben. Es ergibt sich also eine Syntax ähnlich der close-Anweisung:

flush file (Dateiausdruck)
    [, file (Dateiausdruck)] ...;

Abbildung 67. Syntax FLUSH-Anweisung

Während man bei put und get aus den genannten Gründen weder buffered noch unbuffered angeben kann, ist dies bei der satzweisen Ein- und Ausgabe möglich. PL/I bemüht sich bei unbuffered, ohne Puffer auszukommen, wie es bei der Zugriffsart direct eh der Fall ist. Nachteil ist der Verzicht auf die gleichzeitige Abarbeitung, von Vorteil ist, dass man die Daten nicht extra in den Puffer schieben muss, sie gehen direkt aus der Variablen auf die Platte.

Es gibt aber in PL/I auch noch die Möglichkeit, buffered zu arbeiten und trotzdem keine Daten im Speicher zu verschieben. Man unterscheidet nämlich zwei Arten der Ausgabe in Verbindung mit den Attributen record und buffered: den Verschiebe-Modus (engl. *move mode*) und den Lokalisiermodus (engl. *locate mode*). Bisher haben wir nur den Verschiebe-Modus kennengelernt, die Daten wurden zwischen der Variablen und dem Puffer hin- oder her geschoben.

Das based-Attribut ermöglicht es nun, direkt im Puffer zu arbeiten. Die read-Anweisung sieht dann folgendermaßen aus:

```
read file (F) set (P);
```

wobei P eine Zeigervariable ist. Intern weiß PL/I ja vom Betriebssystem, wo im Puffer ein neuer Satz anfängt, diese Adresse wird in der Zeigervariablen der set-Option zurückgegeben. Es liegt nun in der Verantwortung des Programmierers, eine based-Variable so zu deklarieren, dass sie dem Satz entspricht, der gerade „gelesen" wurde.

Hier nehmen wir Beispiel B58 wieder auf. Mit den Datei-Attributen sequential update ändern wir zunächst den Satz mit dem Schlüssel URZ49 und drucken anschließend alle weiteren Sätze aus:

```
B59:/* Benutzen einer VSAM-Datei (INDEXED) */
procedure options (main);

dcl P          ptr;
dcl 1 Satz     based (P),
      2 PKZ     char (5),
      2 Länge   fixed bin,
      2 Name    char (1 refer (Länge));

dcl IndexVSAM file record keyed env(organization(indexed));
```

```
dcl 1 Neuer_Satz,
       2 PKZ    char (5) init ('URZ49'),
       2 Länge fixed bin init (11),
       2 Name   char (11) init ('Kater Karlo');

open file (IndexVSAM) sequential update;
read file (IndexVSAM) set (P) key ('URZ49');
rewrite file (IndexVSAM) from (Neuer_Satz);
on endfile (IndexVSAM);
read file (IndexVSAM) set (P);
do while (^endfile(IndexVSAM));
    put skip list (Satz.PKZ, Satz.Name);
    read file (IndexVSAM) set (P);
    end;

end B59;
```

Ausgegeben werden jeweils Daten der Variablen Satz. Diese liegt dort, wo der Zeiger P hinzeigt. Auf Grund der read-Anweisung zeigt P auf die Stelle des internen Puffers, wo der jeweils aktuelle Satz beginnt. Für die Anfangslänge von Satz.Name wurde 1 eingetragen, um damit anzudeuten, dass in dieser Prozedur keine Speicherplatzzuordnung erfolgt.

Bei einem mit sequential update eröffneten indizierten VSAM-Datenbestand kann man auch noch die Anweisungen write und delete verwenden – allgemeiner geht's nicht mehr! Aufpassen muss man allerdings bei der Unterscheidung, ob ein Satz ersetzt oder neu geschrieben werden soll. PL/I ist sehr penibel bei der Verwendung der Anweisungen write und rewrite. Gegebenenfalls muss man erst write versuchen; wenn man dann in der on-Einheit für die Bedingung key den oncode 52 bekommt („Satz schon vorhanden!"), ist wohl rewrite angebracht. Diese Regelung ist sehr sinnvoll, da man ja keinen Satz aus Versehen überschreiben möchte!

Der umgekehrte Weg muss bei der Ausgabe gegangen werden: Man benötigt zunächst eine Adresse im Puffer, kann dann mit Hilfe einer based-Variablen Werte in den Puffer eintragen und PL/I andeuten, dass der Satz fertig sei und man die nächste Adresse im Puffer haben möchte. Hierzu verwendet man nicht die write-, sondern die locate-Anweisung:

```
locate Based_variable file (F) set (P);
```

Sie gibt einen Zeiger zurück, der in den an sich internen Ausgabe-Puffer zeigt. PL/I garantiert, dass im Puffer genügend Platz ist, um die based-Variable aufzunehmen. Ist dieselbe mit der refer-Angabe deklariert, so gilt für die Berechnung des Platzes die Anfangsgröße vor dem Schlüsselwort refer. In diesem Fall wird auch im Puffer die Variable hinter refer auf den Wert der Anfangsgröße gesetzt – wie bei der allocate- Anweisung. Für die Zuweisung der übrigen Werte ist man dann selbst zuständig.

Verblüffend hieran ist die Tatsache, dass ein Block frühestens bei der nächsten locate-Anweisung geschrieben wird, der letzte Block erst mit dem close! Dieser Effekt kann „tödlich" sein, wenn man glaubt, ein besonders schnelles Kopierprogramm schreiben zu können:

```
B60: /* Kaputtes Kopierprogramm (LOCATE-Mode) */
procedure options (main);

dcl Ein file record unbuffered input;
dcl Aus file record buffered output;
```

```
dcl P    ptr;
dcl V    based (P) char (80);

on endfile (Ein);
do while (^endfile(Ein));
   locate V file (Aus) set (P);
   read file (Ein) into (V);
   end;

end B60;
```

Die locate-Anweisung beschafft einen Zeiger auf einen freien Platz im Ausgabepuffer, direkt dorthin liest dann die read-Anweisung.

Auf den ersten Blick sieht es genial aus, direkt in den Ausgabepuffer zu lesen. Das Problem beginnt auch erst, wenn man an das Ende der Eingabedatei kommt. Auf Grund des Rückgabewertes der spracheigenen Funktion endfile wird die Schleife abgebrochen. PL/I weiß aber nicht, dass das zuletzt lokalisierte Pufferstück keine Daten empfangen hat. Bei der – gar nicht explizit vorhandenen – close-Anweisung wird also ein Satz zuviel geschrieben!

Bei den heutigen Rechnergeschwindigkeiten kostet die Übertragung von Daten aus der Variablen in den Puffer sehr wenig Rechenzeit. Man sollte sich also dreimal überlegen, ob man sein Programm mit der Ausgabe im Lokalisiermodus unübersichtlicher macht!

Fehlen noch die Syntax-Beschreibungen! Bei der read-Anweisung gibt es drei Möglichkeiten:

```
Typ 1:
  read file (Datei) into  (Variable)
      [key (Ausdruck) | keyto (Variable)];
Typ 2:
  read file (Datei) set (Variable)
      [key (Ausdruck) | keyto (Variable)];
Typ 3:
  read file (Datei) [ignore (Ausdruck)];
```
Abbildung 68. Syntax READ-Anweisung

Die ignore-Angabe gestattet es, eine gewünschte Anzahl von Sätzen zu überlesen. Es folgt die write-Anweisung:

```
write file (Datei) from (Variable)
   [keyfrom (Ausdruck) | keyto (Variable)];
```
Abbildung 69. Syntax WRITE-Anweisung

Feine Unterschiede zur write- sieht man bei der rewrite-Anweisung:

```
rewrite file (Datei) [from (Variable)] [key (Ausdruck)];
```
Abbildung 70. Syntax REWRITE-Anweisung

Auch die delete-Anweisung kennen wir schon:

```
delete file (Datei) [key (Ausdruck)];
```
Abbildung 71. Syntax DELETE-Anweisung

Gerade kennengelernt haben wir die locate-Anweisung:

```
locate Variable file (Datei)
    [set (Variable)] [keyfrom (Ausdruck)];
```
Abbildung 72. Syntax LOCATE-Anweisung

Wie immer in PL/I ist die Reihenfolge der Schlüsselwörter beliebig.

5.3.2 Unformatiert – FILEREAD und FILEWRITE

Wenn man mit den bisherigen Mitteln versucht, eine Unix- oder OS/2-Datei zu schreiben oder zu lesen, die nicht aus Zeilen besteht, sondern nur aus einer beliebigen Folge von Bytes, dann geht dies in legaler Weise nur, wenn man die Angabe recsize (1) macht. Bei jedem größeren Wert könnte es sein, dass die Länge des Datenbestandes nicht ein Vielfaches der Satzlänge ist. Leider ist diese Methode nicht sehr effizient.

Eine Lösung dieses Problems bieten die beiden spracheigenen Funktionen fileread und filewrite. Erlaubt sind an Anweisungen nur open und close, allerdings ist die Datei als record zu deklarieren! In der open-Anweisung (oder über eine DD-Systemvariable) muss man angeben, dass es sich um unformatierte Ein- bzw. Ausgabe handelt:

```
open file (F) title ('/unformatierte.datei,type(u)') output;
```

Das folgende Programm zählt die Bytes eines Datenbestandes, wobei keine Rücksicht auf das tatsächliche, bei der Erzeugung verwendete Satzformat genommen wird, eventuelle Längenfelder oder Steuerzeichen werden mitgerechnet:

```
B61: /* Zählen der Bytes einer Datei (TYPE(U)) */
procedure (Parm) options (main noexecops);

dcl Parm char (*) var parm nonasgn;
dcl K      fixed bin (31);
dcl F      file input record;
dcl Summe fixed bin (31) init (0);
dcl Satz  char (1000);

open file (F) title ('/' || Parm || ',type(u)');
do until (K < 1000);
   K = fileread(F, addr(Satz), 1000);
   Summe += K;
   end;
put ('Datei ist ok und enthält ' || trim(Summe)
      || ' Byte.');

end B61;
```

Dieses Beispiel könnte man z. B. unter Windows so benutzen, dass man ein Dateiobjekt mit der Maus ergreift und über dem Symbol der exe-Datei abwirft. Der Name des abgeworfenen Objekts ist dann in der Variablen Parm verfügbar.

In der Schleife wird die Funktion `fileread` aufgerufen, der typische Fall einer Funktion mit Nebenwirkungen: Es wird nämlich versucht, 1000 Byte der Datei `F` zu lesen, an die Stelle im Hauptspeicher, wo das zweite Argument hinzeigt. Der Rückgabewert gibt dann an, wie viel tatsächlich gelesen wurde. Unterscheidet sich dieser Wert vom dritten Argument, so ist man am Ende der Datei angelangt:

> **Bei unformatierter Eingabe wird die Bedingung `endfile` nicht ausgelöst! Allerdings kann man die spracheigene Funktion `endfile` benutzen.**

Die umgekehrte Richtung bietet die Funktion `filewrite`. Ihre Parameter und ihr Rückgabewert sind ebenso definiert wie bei `fileread`. Wenn also 0 zurückgegeben wird, hat das Schreiben nicht geklappt! (Bei den meisten Programmen gilt ein Rückgabecode von 0, wenn alles erfolgreich war!)

Nun kann man aber nicht nur sequentiell die Datei durchlesen, sondern auch beliebig positionieren, wieder als Nebeneffekt eines Funktionsaufrufs. Wenn man z. B. schreibt

```
K = fileseek(F, 2, -1);
```

so wird für K 0 zurückgegeben (völlig unwichtig!), nebenbei aber hinter das zweite Zeichen der Datei `F` positioniert; als Nächstes würde also das dritte Zeichen gelesen. -1 heißt, dass von vorne gerechnet wird, 0 heißt, dass von der augenblicklichen Position ausgegangen werden soll und +1, dass von hinten gerechnet werden soll. Wenn man nur abfragen will, wo man ist, so kann man `filetell` benutzen:

```
K = filetell(F);
```

Hier wird immer vom Anfang der Datei an gerechnet, 0 heißt: ganz am Anfang.

Wenn Ihnen die Art der Ein- und Ausgabeprogrammierung mit Funktionen nicht zusagt, empfehle ich die Benutzung eines PL/I-Makros. Näheres können Sie in Abschnitt 6.4 erfahren.[59]

5.3.3 Der Reihe nach – PLISRTx

Eine ganz besondere Art der Ein- und Ausgabe ist der Aufruf der spracheigenen Routinen zum Sortieren von Sätzen. An dieser Stelle kann nur eine Einführung gegeben werden, eine vollständige Beschreibung entnehme man dem *Programming Guide* des benutzten Compilers. Möchte man z. B. aus der Datei `unsortierte.daten` gerne die Datei `sortierte.daten` erzeugen, so geht das in PL/I mit einer Anweisung:

```
call plisrta (' SORT FIELDS=(1,5,CH,A,10,3,CH,D) ',
              ' RECORD TYPE=F,LENGTH=(80) ',
              256_000, Returncode);
```

Natürlich muss man mit Betriebssystemanweisungen die Dateien bekannt machen, etwa für das Betriebssystem AIX:

```
set DD_SORTIN="unsortierte.daten,type(text),lrecl(80)"
set DD_SORTOUT="sortierte.daten,type(text),lrecl(80)"
```

Die DD-Namen `SORTIN` und `SORTOUT` liegen fest. Das erste Argument von `plisrta` beschreibt die Felder, nach denen sortiert werden soll, in diesem Fall zunächst das Feld ab Spalte 1 der Länge 5 als Zeichen (engl. *character*) in aufsteigender Folge (engl. *ascending*),

---

59 Oder Sie holen sich von meiner Webseite die UIO-Makros.

innerhalb dann gleicher Sätze noch einmal ab Spalte 10 der Länge 3 absteigend (engl. *descending*). Das zweite Argument legt fest, dass es Sätze fester Länge sein sollen, die Sortierroutine füllt ggf. auf (in diesem Fall auf 80 Zeichen). Das dritte Argument schlägt vor, dass 256 000 Byte Speicher zum Sortieren benutzt werden sollen (wird bei OS/2 ignoriert), und das letzte Argument muss eine Variable vom Typ fixed bin (31) sein. Die Sortierroutine setzt diesen Rückkehrcode auf 0, wenn alles glatt ging, und auf 16, wenn nicht.

Die spracheigene Routine plisrtb bekommt die Eingabedaten von einer selbst zu schreibenden PL/I-Funktion und schreibt sie sortiert in die Datei mit dem DD-Namen SORTOUT, die Routine plisrtc liest aus der Datei mit dem DD-Namen SORTIN und gibt sie sortiert an eine eigene PL/I-Routine. Wie dieses funktioniert, kann man aus dem folgenden Beispiel schließen, das die spracheigene Routine plisrtd benutzt, die – man wird es sich schon denken können – die Daten von einer eigenen Funktion bekommt und sie sortiert an eine eigene Routine übergibt:

```
B62: /* PLISORT ohne Dateien */
procedure options (main);

dcl Eingabefunktion entry returns (char (80));
dcl Ausgaberoutine  entry (char (80));
dcl Rc fixed bin (31);

call plisrtd (' SORT FIELDS=(1,4,CH,A) ',
              ' RECORD TYPE=V,LENGTH=(20)',
              256_000,
              Rc,
              Eingabefunktion,
              Ausgaberoutine);
call pliretc (Rc);

end B62;
```

Die spracheigene Routine pliretc setzt einen Rückkehrcode, der z. B. in Betriebssystem-Kommandos weiter verwendet werden kann. Auch in den folgenden Prozeduren werden wir diese Funktion wieder finden.

Als Nächstes benötigen wir die Eingabefunktion:

```
Eingabefunktion: /* zu Beispiel B62 */
procedure returns (char (80));

dcl Satz char (80);

on endfile (sysin) begin;
    call pliretc (8);
    goto Fertig;
    end;

get edit (Satz) (l); /* L-Format, siehe Abschnitt 2.1.3 */
call pliretc (12);

Fertig:
return (Satz);

end Eingabefunktion;
```

Trivialerweise lesen wir die Daten von der Tastatur und geben /* ein als Zeichen des Dateiendes. Entscheidend ist der Aufruf der spracheigenen Routine pliretc: Man muss Code 12 setzen, wenn man einen Satz liefern möchte und 8, wenn nicht. In letzterem Fall wird der von der return-Anweisung zurückgegebene Satz ignoriert.

Noch einfacher ist die Ausgaberoutine:

```
Ausgaberoutine: /* zu Beispiel B62 */
procedure (Satz);

dcl Satz char (80) parm nonasgn;

put skip edit (Satz) (a);
call pliretc (4);

end Ausgaberoutine;
```

Wir geben die sortierten Sätze der Einfachheit halber wieder auf dem Bildschirm aus und mit Code 4 der Sortierroutine bekannt, dass wir bereit sind, einen weiteren Satz in Empfang zu nehmen.

Möchte man einen mit pliretc gesetzten Rückkehrcode selbst abfragen, so kann man dies mit Hilfe der spracheigenen Funktion pliretv tun (von engl. *to retrieve*: zurückholen). Wichtiger sind wohl die Auswirkungen auf das umgebende Betriebssystem: Auch in REXX-Skripten oder der JCL von z/OS kann der sogenannte Return-Code zur Steuerung des weiteren Programmablaufs genutzt werden.

6. Spezielle PL/I-Techniken

In diesem Kapitel sollen einerseits all die Programmiertechniken behandelt werden, die durch andere Programmiersprachen nur wenig oder gar nicht unterstützt werden. Hierzu zählen Matrixausdrücke (engl. *array expressions*), die an die Programmiersprache APL erinnern, die Definition von Variablen auf anderen Variablen sowie die Erzeugung eigener Anweisungen. Auch Multitasking bzw. Multithreading, das (quasi-)gleichzeitige Ausführen von Unterprogrammen findet man bei anderen Sprachen selten.

6.1 Matrixausdrücke

In Abschnitt 2.3.2 habe ich schon auf die Möglichkeit hingewiesen, in arithmetischen Ausdrücken auch Matrizen verwenden zu können. Im Folgenden soll nun gezeigt werden, dass nicht nur arithmetische, sondern auch Vergleichsoperatoren in Matrixausdrücken zu sehr übersichtlichen Programmen führen können.

6.1.1 Ein guter Tipp – spracheigene Matrix-Funktionen

Jeder kennt wohl das Spiel „Master Mind". Intuitiv weiß auch jeder, mit wie viel weißen und wie viel schwarzen Steckern ein Tipp zu bewerten ist. Bloß auf Anhieb erklären kann es keiner! Im folgenden Beispiel wollen wir dem abhelfen.

Zunächst einmal die Beschreibung des Spiels in der Form, wie es am Bildschirm spielt. Am Anfang „denkt" sich das Programm 4 Farben aus, wobei die Reihenfolge auch relevant ist. Es stehen 6 Farben zur Auswahl: Braun, Rot, Orange, Gelb, Grün und Blau. Dann gibt einem das Programm die Möglichkeit zum Raten. Der Spieler vor dem Bildschirm hat also vier Farben einzugeben – im Klartext versteht sich.

Die Antwort des Programms erfolgt durch eine Bewertung in schwarzen und weißen „Steckern", schwarze für eine richtige Farbe an der richtigen Position, weiße, falls zwar eine Farbe richtig geraten wurde, die Position aber nicht stimmt.

Der besseren Übersicht halber sei zunächst nur das Hauptprogramm vorgestellt:

```
B63: /* Mastermind (Matrix-Ausdrücke) */
procedure options (main reorder);

define ordinal Farbe Color
    (Ungültig, Braun, Rot, Orange, Gelb, Grün, Blau);

dcl Antwort          char (72) var;
dcl Code             dim (4) type Farbe;
dcl Schwarze_Treffer fixed bin;
dcl Tipp             dim (4) type Farbe;
dcl Weisse_Treffer   fixed bin;

Code = Zufallsfarbe();
display ('Mögliche Farben:'
       || ' braun, rot, orange, gelb, grün, blau');
```

```
do loop;
   display ('Tipp?') reply (Antwort);
   if Antwort = '' then return;
   call Übersetzen (Antwort, Tipp);
   if any(Tipp = Ungültig) then
      display ('Ungültige Farbe!');
   if all(Tipp = Code) then leave;
   call Bewerten (Code, Tipp,
                  Schwarze_Treffer, Weisse_Treffer);
   display ('Schwarze Treffer: '
            || trim(Schwarze_Treffer) ||
            ', ' || 'weisse Treffer: '
            || trim(Weisse_Treffer));
end;

display ('Alles richtig! (Enter drücken)')
   reply (Antwort);

/* hier Unterprogramme Zufallsfarbe, Übersetzen, Bewerten */

end B63;
```

Es liegt auf der Hand, für die Farben einen eigenständigen Datentyp zu definieren. Die Matrizen Tipp und Code dienen zur Speicherung des Tipps bzw. des vom Programm „ausgedachten" Codes. Wichtig ist der Aufruf der Funktion Zufallsfarbe: Da links vom Gleichheitszeichen eine Matrix steht, wird sie per definitionem viermal aufgerufen! (Matrixzuweisungen werden ja in einzelne Anweisungen zerlegt.)

Man versuche zunächst nicht zu verstehen, was die spracheigene Funktion any (engl. für: irgendein) bedeutet, sondern lasse die if-Anweisung auf der Zunge zergehen, die Bedeutung wird dann sofort klar. Na? Wenn „irgendein Tipp ungültig" ist, wird die entsprechende Fehlermeldung ausgegeben.

Was hat es aber nun genau auf sich mit der any-Funktion? Tipp ist eine Matrix mit 4 Elementen, Tipp = Ungültig also auch! (In Analogie zu A + 1, wenn A eine Matrix ist.) Die entstandene Matrix hat das Attribut bit (1), da der Gleich-Operator ja auch bei Verknüpfung von Skalaren einen bit-Wert liefert. Das Argument der spracheigenen Funktion any ist also eine bit-Matrix. any liefert den Wert '1'b, wenn irgendein Element der Argument-Matrix gleich '1'b ist, und '0'b sonst. Dies kann man in Analogie zu sum auch als Verknüpfung aller Elemente der Matrix mit dem Operator | verstehen.

Genauso wie any den Wert '1'b zurückgibt, wenn mindestens ein Element '1'b ist, gibt die Funktion all dann den Wert '1'b zurück, wenn alle Elemente '1'b sind. In Analogie zu sum und any kann man all auch als Verknüpfung aller Elemente der Matrix mit dem Operator & verstehen. Bei all(Tipp = Code) bekommt man also nur dann '1'b, wenn jeder Tipp gleich dem entsprechenden Code ist!

In diesem Zusammenhang gehört auch die spracheigene Funktion prod, mit deren Hilfe man alle Elemente des Matrix-Arguments durch den Operator * verknüpfen kann und die schon besprochene Funktion string, die dasselbe mit dem Verkettungsoperator || leistet (zusätzlich aber auch bei Strukturen!).

Die Erzeugung von Zufallszahlen bewerkstelligt das folgende Unterprogramm, das als internes Unterprogramm vor die abschließende end-Anweisung zu packen ist:

```
Zufallsfarbe: /* zu Beispiel B63 */
procedure returns (type Farbe);

dcl Zahl       float init (0) static;
dcl Farbwert dim (0:5) type Farbe nonasgn static
             init (Braun, Rot, Orange, Gelb, Grün, Blau);
if Zahl = 0
   then Zahl = random(time());
   else Zahl = random();
return (Farbwert(trunc(Zahl*6)));

end Zufallsfarbe;
```

Wir benutzen zunächst die spracheigene Funktion random, um float-Zahlen zwischen 0 und 1 zu bekommen (0 und 1 aber ausgenommen). Mit 6 malgenommen, sind es float-Zahlen zwischen 0 und 6 (0 und 6 wieder ausgenommen). Um diese Zahl als Index für die Matrix Farbwert nehmen zu können, wandelt die spracheigene Funktion trunc sie um nach fixed bin (31), und zwar werden alle Nachkommastellen abgeschnitten. (Dies würde PL/I zwar auch ohne trunc tun, so ist es aber offenkundig.) Bleibt also ein Index zwischen 0 und 5, wobei alle Zahlen gleich häufig vorkommen.

Als nächstes benötigen wir ein Unterprogramm, um die eingegebenen Farben aus der Zeichenfolge zu entnehmen und in die Tipp-Matrix zu übersetzen. Nach der Initialisierung von Tipp mit der „Farbe" Ungültig suchen wir mit Hilfe der spracheigenen Funktionen verify und search nach vier Farben:

```
Übersetzen: /* zu Beispiel B63 */
procedure (Antwort, Tipp);

dcl Antwort char (*) var        parm nonasgn;
dcl Tipp     dim (4) type Farbe parm    asgn;

dcl Blankpos  fixed bin;
dcl F         type Farbe;
dcl I         fixed bin;
dcl Letterpos fixed bin;
dcl S         char (length(Antwort)) var;

Tipp = Ungültig;

if length(Antwort) = 0 then return;

S = translate(Antwort, 'ABCDEFGHIJKLMNOPQRSTUVWXYZÄÖÜ',
                       'abcdefghijklmnopqrstuvwxyzäöü');
Blankpos = 1;
do I = 1 to 4;
   Letterpos = verify(S, ' ', Blankpos);
   if Letterpos = 0 then leave;
   Blankpos = search(S, ' ', Letterpos);
   if Blankpos = 0 then Blankpos = length(S)+1;
   do F = Braun upthru Blau;
      if substr(S, Letterpos, Blankpos-Letterpos)
         = ordinalname(F) then Tipp(I) = F;
   end;
end;

end Übersetzen;
```

Bleibt noch das eigentlich interessante Unterprogramm: Bewerten – welches wie die anderen als internes Unterprogramm gedacht ist. Die ersten beiden Parameter sind die Eingabedaten, die anderen beiden geben das Resultat der Untersuchung zurück:

```
Bewerten: /* zu Beispiel B63 */
procedure (Code, Tipp, Schwarze_Treffer, Weisse_Treffer);

dcl Code              dim (4) type Farbe parm nonasgn;
dcl Tipp              dim (4) type farbe parm nonasgn;
dcl Schwarze_Treffer  fixed bin          parm    asgn;
dcl Weisse_Treffer    fixed bin          parm    asgn;

dcl F                 type Farbe auto;
dcl Treffer_insgesamt fixed bin  auto;

Schwarze_Treffer = sum(Tipp = Code);
Treffer_insgesamt = 0;
do F = Braun upthru Blau;
   Treffer_insgesamt += min(sum(Tipp = F), sum(Code = F));
   end;
Weisse_Treffer = Treffer_insgesamt - Schwarze_Treffer;

end Bewerten;
```

In diesem Programm geht es nach der gleichen Methode weiter: Tipp = Code ist eine bit-Matrix mit 4 Elementen. Ein Element ist genau dann '1'b, wenn die entsprechenden Elemente von Tipp und Code gleich sind. Die spracheigene Funktion sum erlaubt dann ('1'b wird nach Konvertierung als 1 gezählt), die Anzahl der Treffer ins Schwarze zu zählen.

Die Anzahl der weißen Treffer ist nicht so einfach hinzuschreiben, da die schwarzen Treffer im Prinzip erst recht weiße sind. Also zählen wir zunächst alle Treffer und ziehen dann zur Ermittlung der weißen Treffer die schwarzen ab. Für jede mögliche Farbe wird geschaut, wie oft sie im Code und wie oft sie im Tipp vorkommen. Natürlich kann nur der kleinere Wert gewertet werden, deshalb die spracheigene Funktion min. Dies ist die präzise Definition eines weißen Treffers.

In der folgenden Aufgabe haben Sie wieder die Gelegenheit, ein Beispielprogramm zu verbessern:

A39: Erweitern Sie Beispiel B63 so, dass das Programm auch moniert, wenn Sie mehr als vier Tipps eingeben.

6.1.2 Verallgemeinert – Matrix-Funktionswerte

Waren sum, prod, any, all und string auf der einen Seite spracheigene Funktionen, die eine Matrix als Argument verlangen (string erlaubt auch eine Struktur) und einen skalaren Wert zurückgeben, so gilt in PL/I auf der anderen Seite die Regel, dass man alle spracheigenen Funktionen außer addr, allocation, currentsize, size und den eben erwähnten ebenfalls mit Matrixargumenten aufrufen kann, nur erhält man dann eine Matrix als Funktionswert! (Schon erwähnte Ausnahme: unspec liefert im ANSI-Standard immer einen Skalar.) Dies ist nur bei spracheigenen Funktionen möglich, benutzerdefinierte Funktionen können leider nur skalare Werte zurückgeben! (Man kann natürlich in einem Strukturtyp eine Matrix verstecken und dann auch von einer eigenen Prozedur zurückgeben.)

Das folgende Beispielprogramm ist in der Lage, einen deutschen Satz ins Englische zu übersetzen:

```
B64: /* Dolmetscher (Matrixargumente) */
procedure options (main);

dcl English   char (100) var
              init ('CATS   MICE   LIONS  HUNTED ');
dcl Deutsch   char (100) var
              init ('KATZEN MAEUSE LOEWEN JAGTEN ');
dcl Satz      dim (3) char (20) var;
dcl Sentence  dim (3) char (20) var
              init ('MICE',  'HUNTED', 'LIONS');

Satz = substr(Deutsch, index(English, Sentence), 7);

put (string(Satz));

end B64;
```

Allerdings nur Sätze, die aus Wörtern bestehen, die im Deutschen nur 6 Buchstaben haben, sonst wird es komplizierter. Dieses exotische Programm soll nicht etwa zur Nachahmung empfohlen werden, es soll nur demonstrieren, was in PL/I möglich ist.

Nun zum Verständnis der Zuweisung, denn in dieser passiert fast alles! Deutsch und English sind zwei Zeichenfolgen, die das Vokabular darstellen. Sentence und Satz sind zwei Matrizen, die den englischen Satz bzw. seine deutsche Übersetzung enthalten. Die Zuweisung ist eine Matrixzuweisung: Links vom Gleichheitszeichen ist eine Matrix.

Man kann sich klarmachen, dass auch rechts vom Gleichheitszeichen eine Matrix steht: Als Argumente von index fungieren eine Zeichenfolge und eine Matrix. Dies kann man so interpretieren, dass als Ergebnis eine Matrix herauskommt, deren Elemente die Position des entsprechenden Wortes aus Sentence in der Zeichenfolge English sind, mit anderen Worten eine Matrix von Zahlen.

Die Übersetzung kommt nun dadurch zustande, dass in der Zeichenfolge Deutsch der als Übersetzung vorgesehene Text an derselben Position steht. Auch die spracheigene Funktion substr hat also jetzt ein Matrixargument, da index eine Matrix geliefert hat. Folglich liefert auch substr eine Matrix, und zwar besteht sie aus den deutschen Wörtern. Dies klappt natürlich nur deshalb so einfach, weil wir als Länge für substr einfach 7 hinschreiben konnten (Wortlänge plus ein Leerzeichen). Für eine zusammenhängende Ausgabe sorgt dann noch die spracheigene Funktion string.

Zum Abschluss noch eine weitere Denksportaufgabe, die zwar nichts mit spracheigenen Funktionen, aber mit Matrixausdrücken allgemein zu tun hat:

A40: Die Elemente einer Matrix beliebiger Größe und Dimension mögen Werte zwischen 1 und 3 haben. Erhöhen Sie diese Matrix um 1 mit der Ausnahme, dass ein Element auf 0 gesetzt wird, wenn es den Wert 4 bekäme. Lösen Sie dieses Problem ohne Verwendung einer do-Schleife oder spracheigenen Funktion, nur mit einem Matrixausdruck!

6.2 Variablendefinition

In Abschnitt 4.2 hatten wir die Möglichkeit kennengelernt, Variablen unterschiedlichen Namens und unterschiedlicher Attribute denselben Speicherplatz zuzuordnen. Als Beispiel sei hier eine float-Variable aufgeführt, die denselben Speicherplatz wie eine char- und eine fixed-bin-(31)-Variable hat:

```
dcl F float;
dcl C char (4) based (addr (F));
dcl B fixed bin (31) based (addr (F));
```

Das based-Attribut drückt hier aus, dass die Variablen im Hauptspeicher an derselben Stelle liegen. Anhängern solcher Schreibweisen möchte ich die Compileroption rules(nolaxstg) nahe legen. Dann warnt einen der Compiler, wenn die deklarierte Variable mehr Speicherplatz benötigt als die Basisvariable – und das, wenn die Basisvariable automatic, based, static oder ein Parameter ist.

Besser ist das sogenannte union-Attribut, das man auch mit cell „abkürzen" kann. Mit dieser Art der Überlagerung nicht zu verwechseln ist das defined-Attribut, das ebenfalls besprochen werden soll. Bei letzterem geht es darum, Variablen durch andere Variablen mit weitgehend identischen Attributen zu definieren, wobei aber auch Speicherplatzgleichheit erzielt wird.

6.2.1 Gemeinsam in der Zelle – das UNION-Attribut

Eine Form, die deutlich übersichtlicher ist als die eben erwähnte Methode mit based (addr(F)) bringt das union- oder cell-Attribut. Wer von der Programmiersprache C her kommt, wird wahrscheinlich die Bezeichnung union besser finden. Ich werde in diesem Buch vor allem die Form cell verwenden, zum einen, weil das Ganze mit Mengenlehre nichts zu tun hat (engl. *union* heißt Vereinigung), und zum zweiten, weil cell schon in einer PL/I-Sprachdefinition der Fa. IBM aus dem Jahre 1969 erwähnt wird – aber erst beim neuen IBM-Compiler implementiert wurde. Auf obiges Beispiel angewandt, kann man schreiben:

```
dcl 1 * cell,
      2 F float,
      2 C char (4),
      2 B fixed bin (31);
```

Hiermit bedeutet man dem Compiler, dass die Variablen F, C und B zusammen eine Zelle bilden, d. h. denselben Speicherplatz belegen sollen. Man beachte, dass die Variablen nicht wie bei einer Struktur hintereinander, sondern sozusagen aufeinander liegen! Wenn man keinen Zellennamen braucht, so sollte man ruhig * als Namen verwenden.

Im Gegensatz zur based-Methode ist es egal, ob die Variablen unterschiedlich viel Speicherplatz benötigen – PL/I reserviert einfach so viel, wie der längsten Variablen entspricht. Im folgenden Beispiel ist eine Zelle in eine Struktur eingebaut worden:

```
dcl 1 Satz,
      2 Kennung char (5),
      2 * cell,
        3 *
          4 Vorname char (20) var,
          4 Nachname char (50) var,
        3 Firmenname char (100) var;
```

Es ist jetzt in das Belieben des Programmierers gestellt, ob Vor- und Nachname oder ein Firmenname in der Zelle gespeichert ist, PL/I kontrolliert da nichts. Theoretisch wäre es möglich, auf `Firmenname` etwas zuzuweisen und danach `Nachname` auszudrucken – wegen der Längenpräfixe gäbe es wahrscheinlich ein Desaster!

Mit einer Zelle und mit einer Struktur, die eine Zelle enthält, kann man ansonsten nicht viel anfangen: Eine Zuweisung darf nur über den Namen eines Zellenelements erfolgen. Allerdings ist es erlaubt, eine Zelle bzw. eine Struktur mit Zelle an ein Unterprogramm zu übergeben.

Der Vorteil der Zellkonstruktion ist, dass Variablen, die gleichen Speicherplatz belegen, im Programmtext auch nahe beieinander liegen. Bei allen anderen Methoden kann solches der Aufmerksamkeit des Programmierers leicht entgehen.

Etwas unübersichtlich ist das PL/I-Regelwerk bei der Verbindung von `cell` und dem `initial`-Attribut: Gilt die Speicherklasse `static`, so darf nur jeweils eins der Elemente mit einem Anfangswert versehen werden, bei `automatic` werden alle in der Reihenfolge ihres Autretens ausgeführt, dürfen sich also durchaus gegenseitig überschreiben. Aufpassen muss man auch, wenn man sich mit `like` auf eine Zelle bezieht: Das `cell`-Attribut wird genauso mit kopiert wie das `structure`-Attribut (was man ja meistens weglässt).

6.2.2 Neue Namen – Korrenspondenzdefinition

Der Name „*simple defining*" für Korrespondenzdefinition in englischen Handbüchern wurde wohl gewählt, weil die beiden anderen möglichen Arten komplizierter sind. Das folgende Beispiel ist wirklich sehr einfach:

```
dcl Zahl float;
dcl Nummer float defined Zahl;
```

Die beiden Variablen `Nummer` und `Zahl` okkupieren denselben Speicherplatz. So einfach diese Art der Definition ist, so verwirrend kann es in einem Programm sein, wenn man die Variable `Nummer` ändert, dass damit gleichzeitig auch die Variable `Zahl` geändert wurde. Die `cell`-Methode ist einfach besser, da sie die direkte Nachbarschaft der Deklarationen im Programmtext erzwingt – bei `defined` dürfen durchaus Seiten dazwischen liegen.

Der Name Korrespondenzdefinition wird klar, wenn man Matrizen oder Strukturen aufeinander definiert. So kann man z. B. der Untermatrix einer Matrix einen eigenen Namen geben. Ist dies in der Problembeschreibung üblich (z. B. bei Transformationsmatrizen), so kann man dieses auch in PL/I vorsehen:

```
dcl Matrix_3D dim (3,3) float;
dcl Matrix_2D dim (2,2) float defined Matrix_3D;
```

Hiermit ist nicht Speicherplatzüberlagerung gemeint, sondern Identität bei Verwendung gleicher Indizes: Das Element `Matrix_3D(1,3)` hat denselben Speicherplatz wie `Matrix_2D(1,3)`. „Korrespondierende" Elemente belegen denselben Speicherplatz. Die Matrixgröße der definierten Variablen darf nicht größer als die Matrixgröße der Grundvariablen sein. Die gleichen Regeln gelten für die Länge von Zeichen- und Bitfolgen. Um auch ein Beispiel mit Strukturen zu zeigen:

```
dcl 1 Name,
        2 Vorname   char (10) init ('Albrecht'),
        2 Nachname  char (10) init ('Dürer');
```

```
dcl 1 Initialen defined (Name),
      2 Erste   char (1),
      2 Zweite  char (1);

put (Erste || '. ' || Zweite || '.');
```

Ohne weitere Speicherplätze zu benötigen, kann man auf die Original-Anfangsbuchstaben zugreifen und erhält 'A. D.'. Auch dieses Beispiel kann man übersichtlicher mit cell programmieren.

Ebenfalls zu unübersichtlichen Programmen führt möglicherweise die Methode, variable Indizes oder sogar Ausdrücke bei der Grundvariablen zu spezifizieren:

```
dcl X    dim (10,10) float;
dcl Wert float defined X(I,I+J);

I = 1;
J = 2;
X(1,3) = 999;
put (Wert);
```

Immer wenn man die Variable Wert benutzt, rechnet PL/I mit Hilfe der Indizes I und J aus, wo X(I,I+J) liegt, denn dieser Speicherplatz ist ja gemeint (nämlich X(1,3)). So variabel ist cell nicht, trotzdem sollte man diese Methode nur verwenden, wenn sich das Problem genau so darstellt.

6.2.3 Eine Frage der Position – Überlagerungsdefinition

Da man bei Zeichen- und Bitfolgen genau weiß, wie viele Zeichen bzw. Bits eine Folge und eine Matrix haben, ist es bei diesen Datentypen erlaubt, mit Hilfe des defined-Attributs Variablen speicherplatzmäßig zu überlagern, bei denen die Attribute von Grund- und definierter Variable nicht völlig übereinstimmen, die eine z. B. eine Matrix ist und die andere eine Folge. In jedem Fall müssen aber beide entweder bit- oder char-Variablen sein:

```
dcl A char (100);
dcl B dim (10,10) char (1) defined A position (1);
dcl X bit (20);
dcl Y dim (2) bit (1) defined X position (1);
```

Wie man sieht, stimmen A und B nur darin überein, dass beide vom Typ char sind. Ansonsten ist A eine Zeichenfolge und B eine Matrix von Zeichenfolgen. In unserem Beispiel hat B(5,5) denselben Speicherplatz wie substr(A, 45, 1). Bei X und Y handelt es sich sogar um Variablen, die unterschiedlich viel Speicherplatz besitzen.

Das Zusatz-Attribut position erzwingt also „Überlagerungsdefinition" (engl. *string overlay defining*):

```
dcl dim (100) char (10);
dcl S dim (10) char (2) defined C;
dcl T dim (10) char (2) defined C position (1);
```

Bei S handelt es sich um Korrespondenzdefinition, z. B. ist S(2) gleich substr(C(2), 1, 2), die Matrix S ist elementweise auf C definiert. Da bei T das position-Attribut angegeben ist, ist T(2) gleich substr(C(1), 3, 2), denn im Hauptspeicher liegen T(1) und T(2) direkt hintereinander, S(1) und S(2) dagegen nicht! Die position-Angabe darf auch einen beschränkten Ausdruck enthalten (einen, den der Compiler schon auswerten kann).

Früher war es üblich, das `defined`-Attribut auch bei nicht zueinander passenden Variablen zu verwenden. Wenn Sie also ein altes PL/I-Programm neu übersetzen, bekommen Sie dafür eine Fehlermeldung. Diese können Sie aber abschalten, wenn Sie dem Compiler die Option `rules(laxdef)` mitgeben.

6.2.4 Überwältigend – iSUB-Definition

Dass es noch allgemeiner geht, zeigt PL/I mit der dritten Art der Variablendefinition, der sogenannten `isub`-Definition. Diese Art kennen „normale" Programmierer höchstens aus Fehlermeldungen, in denen es heißt, dass ein Scheinargument erstellt worden sei, weil die Attribute von Argument und Parameter nicht passten oder das Argument `isub`-definiert sei. Meistens gilt der erste Fall, wer macht sich dann schon die Mühe, im Handbuch nachzuschlagen, was wohl der andere bedeuten könnte? Dadurch entgeht einem aber eine der reizvollsten Möglichkeiten von PL/I! Mit Begeisterung kann ich vermelden, dass der neue IBM-Compiler jetzt iSUB-Definition für Matrizen aus Skalaren unterstützt, alle folgenden Beispiele sind also funktionsfähig!

Was fehlt also noch für eine Variablendefinition? Bei der Korrespondenzdefinition müssen Grund- und definierte Variable die gleiche Anzahl an Dimensionen besitzen, z. B. beides zweidimensionale Matrizen sein. Diese Einschränkung entfällt bei der `isub`-Definition. Es ist möglich, eine Variable so auf einer Matrix zu definieren, dass sie z. B. die Hauptdiagonale oder eine Nebendiagonale darstellt:

```
dcl Matrix         dim (10,10) float;
dcl Hauptdiagonale dim (10) float
                   defined Matrix (1sub, 1sub);
dcl Nebendiagonale dim (9) float
                   defined Matrix (1sub+1, 1sub);
```

Mit `1sub` ist der erste Index (engl. *subscript*) einer Matrix gemeint. Um also festzustellen, wo die Variable `Nebendiagonale(K)` liegt, schaut PL/I bei `Matrix(K+1,K)` nach. Die `isub`-Formel wird also jedesmal neu ausgewertet, wenn die `isub`-definierte Variable angesprochen wird. Sehr einfach lässt sich auch eine transponierte Matrix definieren, wie das folgende Beispiel zeigt:

```
B65: /* Matrix-Transposition (iSUB-DEFINED) */
procedure options (main);

dcl Matrix dim (10,10) float;
dcl Matrix_Transponiert dim (10,10) float
                     defined Matrix(2sub,1sub);
get list (Matrix);
put list (Matrix_Transponiert);

end B65;
```

Die transponierte Matrix hat genau dasselbe Dimensionsattribut wie die Grundmatrix, nur die Indizes sind beim Zugriff zu vertauschen, wie die `isub`-Angabe vorschreibt: erst der zweite Index (`2sub`), dann der erste (`1sub`).

Übrigens ist es möglich, eine Matrix mit 1,6 Mrd. Byte zu deklarieren, dabei aber nur 1 Byte Speicherplatz zu verbrauchen:

```
dcl X dim (1) char;
dcl M dim (40000,40000) char defined X(1sub/1sub);
```

Hier sollte einem die oben erwähnte Fehlermeldung wieder in den Sinn kommen! Übergäbe man jetzt die Matrix M, deren jedes Element auf dem Zeichen X definiert ist, als Argument an ein Unterprogramm, so würde ein Scheinargument erstellt werden. Das heißt, die Matrix müsste jetzt auf einmal vollständig existieren, was bei über 1 Gbyte dem Betriebssystem ziemliche Schwierigkeiten bereiten dürfte. Wahrscheinlich würde der Auslagerungsplatz auf der Festplatte nicht ausreichen. Dieses idiotische Beispiel sollte natürlich nur dazu dienen, beim Leser die Regel zu festigen, dass bei isub-definierten Variablen stets ein Scheinargument übergeben wird.

Von dieser Art ist auch das letzte Beispiel für isub-Definition. Man kann es allerdings auch als Denksportaufgabe auffassen, und deshalb habe ich als Variablennamen nur A und B verwendet:

```
B66: /* Denksportaufgabe (iSUB-DEFINED) */
procedure options (main);

dcl A dim (48,80) char;
dcl B dim (48,40) char defined A
    (1sub, 2sub + (1 - mod (trunc (1sub-1)/6, 2)) * 10
       + trunc ((2sub-1)/10) * 10);

A = ' ';
B = '*';
put edit (A) (col(1), 80 a);

end B66;
```

Wer es sich zutraut, lese erst einmal nicht weiter, sondern versuche herauszubekommen, was ausgegeben wird!

A und B sind eine char-Matrix und B ist mit einer obskuren Formel auf A definiert, wobei auffallen sollte, dass B halb so groß ist wie A. Zunächst werden alle Elemente von A mit einem Leerzeichen belegt, dann werden die Elemente aus A, die zu B gehören, mit einem Sternchen versehen. Mit anderen Worten, es wird etwas sein, was aus weißen und schwarzen Feldern besteht! Gibt man es auf einem Drucker aus, der 10 Zeichen und 6 Zeilen pro Zoll druckt, so erhält man – ein Schachbrett!

Wo wir gerade bei Spielen sind, passt folgende Aufgabe gut:

A41: Wenn ich Ihnen verrate, dass folgende Deklarationen nützlich sind bei der Lösung von Sudoku-Aufgaben:

```
define alias bits bit (9) aligned;
dcl Alles  dim (81) type bits;
dcl Matrix dim (9, 9) type bits based (addr(Alles));
dcl Kasten dim (9, 3, 3) type bits
         defined (Alles(trunc((1sub-1)/3)*27
                  + mod(1sub-1, 3)*3
     + (2sub-1)*9 + 3sub));
```

dann sollen Sie herausbekommen, ob die gespeicherten Zahlen eine gültige Lösung sind! Eine Zahl sei dargestellt durch '1'b an der dieser Zahl entsprechenden Position. Bei der Umwandlung einer Zahl in die Bitfolge kann folgende Deklaration helfen:

```
dcl Posbit dim (0:9) type bits
          init ('000000000'b, '100000000'b,
                '010000000'b, '001000000'b,
                '000100000'b, '000010000'b,
                '000001000'b, '000000100'b,
                '000000010'b, '000000001'b);
```

6.3 Parallelverarbeitung

In PL/I gibt es Sprachmittel, mit denen man es erreichen kann, Prozeduren nicht nacheinander, sondern parallel auszuführen. Je nach Betriebssystem heißt so etwas Multitasking oder Multithreading (engl. *task* könnte man hier mit Prozess übersetzen, *thread* heißt auf deutsch Faden, hier im Sinne von Gesprächsfaden), ich werde von Mehrfädigkeit sprechen.

Das heißt entweder gleichzeitig auf einem Rechner mit mehreren Prozessoren oder quasi-gleichzeitig auf nur einem Prozessor. Letzteres kann durchaus sinnvoll sein! Stellt man sich eine Prozedur vor, die nur Ein- und Ausgabe macht, so ist wegen der vielen Wartezeiten, z. B. auf Grund der Plattenumdrehung, noch viel Rechenzeit übrig, die eine andere Prozedur ausnutzen kann. Beide Prozeduren brauchen bei paralleler Ausführung weniger Gesamtzeit, als wenn sie nacheinander abliefen! Ein weiteres Beispiel sind grafische Bedienoberflächen, wo der Benutzer jederzeit in den Ablauf eingreifen können muss, auch wenn gerade intensive Rechnungen stattfinden.

Mehrere rechenintensive Prozeduren sind allerdings nur dann im Parallelbetrieb schneller, wenn mehrere Prozessoren auf demselben Hauptspeicher arbeiten können. Das Betriebssystem muss in der Lage sein, mehrere Prozesse oder Fäden zu verwalten, z. B. bei Bedarf in ihrer Ausführung zu unterbrechen.

Beim Übergang vom alten IBM-Compiler zum neuen hat sich an dieser Stelle sehr viel geändert. Gab es beim alten Compiler ein EVENT-Attribut und sehr allgemeine Anweisungen zur Parallelverarbeitung, so sind es jetzt sehr eingeschränkte Möglichkeiten, die von PC und Workstation den Weg zu z/OS und z/OS UNIX gefunden haben. Auch controlled-Variablen haben leider ihre Eigenschaft verloren, Task-eigener Speicher zu sein.

6.3.1 Zum Wiederbetreten – das TASK-Attribut

Ein Attribut hat überlebt: task. Hiermit ist nicht, wie bisher, ein Prozess gemeint, sondern eben ein Faden. Auch attach-, wait- und detach-Anweisung kommen mit einer neuen Syntax daher. Hinter dem Schlüsselwort thread hat man eine Variable vom Typ task anzugeben.

Vergleichen wir die folgenden beiden Programmrümpfe:

```
A: /* seriell */          A: /* parallel */
procedure;                procedure;
 ...                      dcl T task;
                           ...
 ...
call B;                   attach B thread (T);
                           ...
 ...
 ...                      wait thread (T);
                          detach thread (T);
 ...                       ...
end;                      end;
```

In jedem Fall ruft die Prozedur A die Prozedur B auf. Links geht es in A erst dann weiter, wenn B abgearbeitet ist. Rechts sehen wir statt der `call`- eine `attach`-Anweisung (engl. *to attach* heißt „anschließen", man redet aber besser von „starten"). Dies veranlasst PL/I, den Faden B zu starten und parallel zum Faden A rechnen zu lassen. Es wird also nicht hinter der `attach`-Anweisung gewartet, bis B fertig ist, sondern es geht sofort in A weiter.

Da ein von A gestarteter Faden nicht ohne A existieren darf, muss A auf jeden Fall irgendwann warten, bis B fertig ist. Dies geschieht mit Hilfe der `wait`-Anweisung. Hier muss genau *die* `task`-Variable angegeben werden, die auch in der `attach`-Anweisung spezifiziert wurde. Hinter der `wait`-Anweisung sollte man sofort den Faden abmelden, und zwar mittels der `detach`-Anweisung. Deshalb soll die Syntax beider Anweisungen gemeinsam vorgestellt werden:

```
wait thread (Variable);
detach thread (Variable);
```
Abbildung 73. Syntax WAIT- und DETACH-Anweisung

Zwischen der `attach`- und der `wait`-Anweisung können also A und B gleichzeitig rechnen. Ist der Faden A eher fertig, wird seine Ausführung solange suspendiert, bis auch B fertig ist. Ist der Faden B eher fertig, so wird in A nicht mehr gewartet. Nebenbei bemerkt: Nur eine Routineprozedur kann als Faden fungieren, bei einer Funktionsprozedur könnte es im startenden Faden ja gar nicht weitergehen, weil zunächst der Funktionswert benötigt wird!

So weit die Äußerlichkeiten eines Mehrfadenprogramms. Was hat es nun mit einer `task`-Variablen auf sich? Die Unterscheidung zwischen Task-Name und Prozedur-Name scheint auf den ersten Blick unnötig. Hier eröffnet sich aber die verblüffende Möglichkeit, ein und dieselbe Prozedur zweimal mit jeweils anderem Task-Namen aufzurufen!

Man stelle sich vor, ein Raytracing-Programm (engl. für: Strahlverfolgung) solle dadurch beschleunigt werden, dass mehrere Prozessoren gleichzeitig an der 2-dimensionalen Darstellung einer 3D-Szene arbeiten. (Beim Strahlverfolgungsverfahren geht man von einem Bildpunkt aus und rechnet den Sehstrahl zurück, bis man auf einen Gegenstand trifft.) Es bietet sich an, eine Prozedur zu schreiben, die für alle Bildpunkte einer Bildzeile die Farbe berechnet. Diese Prozedur kann man dann als Faden so oft starten, wie Prozessoren vorhanden sind (mehr würde nur die Verwaltung aufblähen). Auf diese Weise lässt sich das Bild schneller zusammensetzen, als wenn man nur einen Faden rechnen ließe. Ein weiterer Vorteil dieser Vorgehensweise ist, dass der Programmcode nur einmal im Hauptspeicher steht. Bloß: `task`-Variablen braucht man so viel, wie Fäden gleichzeitig laufen − eine `task`-Matrix hilft bei Namensknappheit!

Als Parameter übergibt man einen Zeiger auf die zur Berechnung nötigen Angaben. Hier unterscheidet sich die `call`- von der `attach`-Anweisung: Bei `attach` ist maximal ein Parameter erlaubt, dieser hat die Attribute `byvalue` und `pointer` zu besitzen:

```
attach entry-Ausdruck [(byvalue-pointer-Parameter)]
       thread (task-Ausdruck)
       [environment (tstack(Wert))];
```
Abbildung 74. Syntax ATTACH-Anweisung

Wieso gibt es eigentlich kein Durcheinander bei den Variablen, wenn eine Prozedur gleichzeitig mehrfach benutzt wird? Jeder der Fäden holt sich unabhängig voneinander `automatic`-Speicherplatz. Die `environment`-Angabe `tstack` bietet die Möglichkeit, die Größe des zu benutzenden `automatic`-Speicherplatzes anzugeben (bei z/OS ohne Wirkung, das „Language Environment" (LE) kümmert sich darum).

Probleme gibt es nur bei den Speicherklassen `static` und `controlled`. `static`-Variablen dürfen nicht verändert werden, da sie ja sonst einen zufallsabhängigen Wert haben würden: Man stelle sich vor, die eine „Inkarnation" der Prozedur verändert die `static`-Variable gerade zwischen zwei Zugriffen einer anderen. Auch der Stapel einer `controlled`-Variablen ist im Prinzip an einem `static`-Zeiger verankert – also nur einmal vorhanden.

Man muss sorgfältig vorgehen:

Jeder Faden muss den Speicher wieder freigeben, den er sich besorgt hat.

Ansonsten geschieht dies erst mit Programmbeendigung. Für die Handhabung von Bedingungen ist festgelegt:

`on`-Einheiten gelten nur für den Faden, in denen die `on`-Anweisung ausgeführt wurden.

Für Dateien gilt:

Alle Dateien werden von allen Fäden gemeinsam benutzt.

Schreiben mehrere Fäden in eine gemeinsame Datei, so muss der Zugriff vom Benutzer synchronisiert werden, etwa durch die im nächsten Unterabschnitt definierten „`event`"-Variablen. Im Falle von Fehlermeldungen macht PL/I das allerdings schon selbst, damit diese auf jeden Fall in der richtigen Reihenfolge ausgegeben werden. Auch für die `display`-Anweisung sorgt PL/I.

Zum Schluss dieses Abschnitts soll noch genau definiert werden, wie ein Faden enden kann. Es gibt folgende Möglichkeiten:

1. Im Faden wird eine `return`- oder die letzte `end`-Anweisung ausgeführt,

2. im Faden wird eine `exit`-Anweisung ausgeführt,

3. in irgendeinem Faden wird eine `stop`-Anweisung ausgeführt,

4. der Hauptfaden endet,

5. die `error`-Bedingung ist ausgelöst worden und es war entweder keine `on`-Einheit aktiv oder sie wurde normal verlassen (ohne `goto`).

Nur Punkt 1 gilt als normales Ende, alle weiteren bedeuten abnormale Beendigung des Fadens. Bei der `exit`-Anweisung wird nur der eigene Faden abgebrochen, bei `stop` noch zusätzlich alle anderen – einschließlich des Hauptfadens. Man sollte sich also überlegen, was man will: Ein Programm, das nicht für Mehrfädigkeit geschrieben wurde, sollte grundsätzlich höchstens die `exit`-Anweisung verwenden, um die eigene Ausführung abzubrechen. Vielleicht wird es ja in einer späteren Verwendung als Faden geführt und dann wäre es ärgerlich, wenn bei `stop` der Hauptfaden mit abgebrochen würde, obwohl er vielleicht einem interaktiven Benutzer das Weitermachen ermöglichen könnte! Die Syntax ist nicht allzu kompliziert:

```
    exit;
    stop;
```

Abbildung 75. Syntax EXIT- und STOP-Anweisung

Einer Prozedur sieht man es übrigens nicht an, dass sie mehrfädig laufen soll. Allerdings darf man der procedure-Anweisung die Angabe options (reentrant) mitgeben. Aber auch ohne diesen Hinweis ist jede PL/I-Prozedur „wiederbetretbar", sofern man dies nicht z. B. mit static-Variablen verhindert hat. (Deutlicher wäre aber die Übersetzung „jederzeit gleichzeitig mehrfach benutzbar".) Oft ist es notwendig, beim Binden des Programms spezielle Bibliotheken für Mehrfädigkeit anzugeben, beim IBM-Compiler muss man etwa libs (multi) spezifizieren. Ein einfädiges Programm ist mit der normalen Bibliothek geringfügig schneller, da PL/I nicht auf Synchronisation zu achten braucht.

Nachzutragen bleibt noch eine spracheigene Funktion. Möchte man die Möglichkeiten des Betriebssystem zur Prioritätssteuerung nutzen, so braucht man z. B. in OS/2 den sogenannten *Thread-Identifier*. Die Adresse desselben liefert die Funktion threadid. Man kann ihn etwa benutzen in der OS/2-Prozedur DosSetPriority:

```
    call DosSetPriority (PRTYS_THREAD,
                         PRTYC_TIMECRITICAL,
                         15,
                         threadid(T);
```

Hiermit würde die Priorität für Faden T um 15 erhöht. Selbstverständlich darf man nicht den Prozedurnamen verwenden, die Prozedur kann ja mehrfach als Faden gestartet worden sein. Die Taskvariable hingegen ist eindeutig.

6.3.2 Zug um Zug – Synchronisation von Fäden

Im einfachen Beispiel oben existieren zwei Zeitpunkte, wo beide Fäden synchronisiert sind: beim Start des zweiten Fadens und beim Warten auf dessen Ende. Fällt eine Aufgabe häufiger an, so ist der Aufwand geringer, wenn man den zuständigen Faden nicht zu Ende gehen lässt, sondern immer nur anstößt, wenn etwas von ihm verlangt wird. Hierzu braucht man weitere Synchronisationspunkte.

Im folgenden Beispiel wartet ein zweiter Faden darauf, für den Hauptfaden eine Wurzel zu ziehen. Da das Attribut event nicht mehr implementiert ist, basteln wir es uns selbst:

```
    B67: /* Paralleles Wurzelziehen (Mehrfädigkeit) */
    package;

    define alias event fixed bin (32) unsigned;

    dcl Aufhören     bit init ('0'b);
    dcl Faden        task;
    dcl X            float;
    dcl X_gesetzt    type event;
    dcl Y            float;
    dcl Y_berechnet  type event;
```

```
Haupt:  /*******************************************************/
Main:
procedure options (main);

call Create_event (X_gesetzt);
call Create_event (Y_berechnet);
attach Ziehen thread (Faden);

do X = 1 to 100;
    call Post_event (X_gesetzt);
    /*                                                   */
    /* an dieser Stelle könnte parallel zu ZIEHEN */
    /* irgendetwas anderes getan werden!          */
    /*                                                   */
    call Wait_event (Y_berechnet);
    call Reset_event (Y_berechnet);
    put skip list (X, 'hat die Wurzel', Y);
    end;

Aufhören = '1'b;
call Post_event (X_gesetzt);

/* delay (1000); */

put skip list (Completion(X_gesetzt));
wait thread (Faden);
detach thread (Faden);
call Drop_event (X_gesetzt);
call Drop_event (Y_berechnet);

end Haupt;

Ziehen: /*******************************************************/
procedure options (linkage (system));

do loop;
    call Wait_event (X_gesetzt);
    /* delay (1000); */
    call Reset_event (X_gesetzt);
    if Aufhören then leave;
    Y = sqrt (X);
    call Post_event (Y_berechnet);
    end;

end Ziehen;

/* An dieser Stelle mögen die fehlenden */
/* Unterprogramme eingefügt werden!     */

end B67;
```

Ereignisvariablen können einen von zwei Zuständen einnehmen: Eingetreten und Nichtein-getreten. Das erinnert zwar an bit-Variablen, aber man hat noch die zusätzliche Funktiona-lität, dass man auf das Eintreten eines Ereignisses warten kann. Das Betriebssystem „weckt" einen, wenn es so weit ist. Im obigen Beispiel wird die Routine Post_event aufgerufen, wenn das Ereignis als eingetreten und Reset_event, wenn es als nicht-eingetreten gelten soll. Mit Wait_event kann man auf das Eintreten warten. Mit Create_event macht man Ereignisvariablen dem Betriebssystem bekannt, mit `Drop_event` meldet man sie wieder ab. Die Funktion `Completion` ist einer alten spracheigenen PL/I-Funktion nachempfunden: sie liefert `'1'b`, wenn das Ereignis eingetreten ist und `'0'b` sonst – ohne zu warten.

Der Ablauf dieses aus Haupt- und Unterfaden bestehenden Programms geht in gewisser Weise Zug um Zug vor sich. Das Unterprogramm `Ziehen` wartet, bis der Hauptfaden mitteilt, dass X gesetzt wurde, weil dann erst das Argument zur Wurzelberechnung zur Verfügung steht. Hierzu dient die Ereignisvariable `X_gesetzt`. Daraufhin berechnet `Ziehen` die Wurzel und gibt den Erfolg bekannt, indem es die Ereignisvariable `Y_berechnet` auf „Eingetreten" setzt.

Hierauf wartete wiederum der Hauptfaden (nachdem er parallel etwas erledigt hat), um wiederum X auf einen neuen Wert zu setzen und auf die Wurzel zu warten. Man merke sich:

Der Faden, der auf ein Ereignis gewartet hat, muss die Ereignisvariable wieder zurücksetzen, am besten direkt hinter der `wait`-Anweisung!

Man beachte, dass es eine Vereinbarung zwischen den Tasks geben muss, wann die Arbeit beendet werden soll. In diesem Fall reicht es, die `bit`-Variable `Aufhören` auf `'1'b` zu setzen und zu behaupten, das Ereignis `X_gesetzt` sei eingetreten.

In diesem Zusammenhang ist eine weitere Anweisung zu erwähnen: `delay`. Sie ermöglicht es einem Faden, eine bestimmte Zeit zu warten, z. B. eine Sekunde:

```
delay (1000);
```

Die Angabe versteht sich also in Millisekunden. Im Multitasking-Betrieb eines modernen Rechners ist es nicht sinnvoll, z. B. eine Zählschleife zum Warten zu benutzen, da andere Prozesse ja auch Rechenzeit abbekommen wollen. Eine Zählschleife würde außerdem auf einem anderen Rechnertyp wahrscheinlich nicht dieselbe Rechenzeit verbrauchen. Die `delay`-Anweisung hingegen wendet sich an das Betriebssystem: Es wird keine Rechenzeit verbraucht, sondern auch hier nur eine Art „Wecker" gestellt.

Interessant ist die letzte `put`-Anweisung, sie liefert ein zufälliges Ergebnis – je nachdem ob der Hauptfaden beim Aufhören die Kontrolle hat oder der Unterfaden. Setzt man die `delay`-Anweisung nur in den Hauptfaden, so bekommt man `'1'b`, setzt man sie nur in den Unterfaden, `'0'b`. Dieses Phänomen nennt man Wettlaufsituation (engl. race condition) und kann in größeren Programmen zu Fehlern führen, die man nur sehr schwer finden kann.

Zu beachten ist eine Besonderheit der Speicherung von Bits: Befinden sich zwei Bits in demselben Byte, so muss man die Änderung des einen mit der Änderung des anderen Bits synchronisieren. Warum? Nun – Soll z. B. ein Bit auf `'1'b` gesetzt werden, so wird zunächst das zugehörige Byte in ein Prozessorregister geladen, in diesem Register das betreffende Bit mit `'1'b` geodert und dann das Byte zurück in den Hauptspeicher befördert. Wenn jetzt ein anderer Faden das andere Bit ändern will, könnte es ja geschehen, dass ein Fadenwechsel genau nach dem Laden des Bytes passiert. Der endgültige Wert wäre zufällig. Abhilfe würde hier auch das Attribut `aligned` verschaffen, wenn Synchronisation zu aufwendig wäre. `bit`-Variablen mit diesem Attribut belegen mindestens ein Byte.

Außerdem kann es passieren, dass eine Variable aus Optimierungsgründen meistens in einem Register gehalten wird. Da kann ein anderer Faden lange warten, wenn er nur im Hauptspeicher nachschaut. Für diesen Fall gibt es das Attribut `abnormal`, das dafür sorgt, dass die Variable immer nur kurzzeitig in einem Register gehalten wird. Ansonsten geht PL/I davon aus, dass eine Variable das Attribut <u>normal</u> besitzt.

Bleibt noch das Problem der fehlenden Unterprogramme. Leider gehören diese nicht zum Sprachumfang von PL/I. Um den Leser hier nicht allein zu lassen, möchte ich sie beispielhaft für das Betriebssystem OS/2 vorstellen:

```
Create_event: /* zu Beispiel B67 ******************************/
procedure options (inline);

dcl E                  type event parm asgn;
dcl DosCreateEventSem entry (ptr, ptr, fixed bin (31),
                             fixed bin (31))
                       options (byvalue linkage (system)
                                nodescriptor);

call DosCreateEventSem (null(), addr(E), 0, 0);

end Create_event;

Post_event: /************************************************/
procedure options (inline);

dcl E                  type event parm asgn;
dcl DosPostEventSem entry (type event)
                       options (byvalue linkage (system)
                                nodescriptor);

call DosPostEventSem;

end Post_event;

Reset_event: /***********************************************/
procedure options (inline);

dcl E                  type event parm asgn;
dcl DosResetEventSem entry (type event, ptr)
                       options (byvalue linkage (system)
                                nodescriptor);
dcl Zähler             fixed bin (31);

call DosResetEventSem (E, addr(Zähler));

end Reset_event;

Wait_event: /************************************************/
procedure options (inline);

dcl E                  type event parm asgn;
dcl DosWaitEventSem entry (type event, fixed bin (31))
                       options (byvalue linkage (system)
                                nodescriptor);

call DosWaitEventSem (E, -1);

end Wait_event;
```

```
Completion: /*******************************************************/
procedure returns (bit) options (inline);

dcl E                      type event parm nonasgn;
dcl DosQueryEventSem entry (type event, ptr)
                           options (byvalue linkage (system)
                                    nodescriptor);
dcl Zähler                 fixed bin (31);
call DosQueryEventSem(E, addr(Zähler));
return (Zähler > 0);

end Completion;

Drop_event: /*************************************************/
procedure options (inline);

dcl E                      type event parm asgn;
dcl DosCloseEventSem entry (type event)
                           options (byvalue linkage (system)
                                    nodescriptor);

call DosCloseEventSem;

end Drop_event;
```

Um Zeit zu sparen, sollte man unbedingt die Angabe options (inline) in jeder procedure-Anweisung vorsehen (siehe Abschnitt 3.2.7). Die entry-Deklarationen sind nötig, da die Betriebssystemprozeduren es erfordern. Näheres im nächsten Kapitel, Abschnitt 7.1, Systemnahes Programmieren.

Konkurrieren mehrere Fäden um eine Ressource, so kann man die beiden spracheigenen Funktionen cs und cds nutzbringend verwenden. Die Namen sind identisch mit denen von Maschineninstruktionen der z/Architecture von IBM (*compare and swap* bzw. *compare double and swap*) – die Funktion auch. Stellen wir uns vor, eine beliebige Anzahl von Fäden möchte einen gemeinsamen Zähler hochzählen. Das Problem ist nun, dass ein Faden, der gerade den Zähler in ein Register lädt, durch einen anderen unterbrochen werden kann, bevor er das Register um 1 erhöhen und dann den Wert wieder in eine Variable speichern kann. Der andere Faden holt sich jetzt denselben Wert, erhöht um 1 und speichert ab. Dann möge wieder der erste Faden kommen, seinen alten Wert erhöhen und abspeichern. Man merkt, ein Zählvorgang ist unter den Tisch gefallen.

Die folgende Prozedur demonstriert die Lösung:

```
Plus1: procedure;

dcl Zähler     fixed bin (31) static init (0);
dcl (Alt, Neu) fixed bin (31) auto abnormal;

do loop;
   Alt = Zähler;
   Neu = Zähler + 1;
   if cs(addr(Alt), addr(Zähler), Neu) = 0 then return;
   end;

end Plus1;
```

Es dürfen jetzt durchaus mehrere Fäden gleichzeitig in die Prozedur eintreten. Das Laden, Erhöhen und Abspeichern geht allerdings in der spracheigenen Funktion cs vor sich – nicht unterbrechbar! Das erste Argument zeigt auf den alten Wert des Zählers, das zweite direkt auf den Zähler. Die Funktion vergleicht jetzt, ob der alte Wert noch gleich dem aktuellen ist. Nur wenn das der Fall ist – wir sind also im Schleifendurchgang noch nicht unterbrochen worden – speichert cs den neuen Wert auf den Zähler und gibt 0 zurück (fixed bin (31)), sonst versuchen wir es noch einmal. In diesem Beispiel ist es nicht von Bedeutung, dass cs sonst den neuen Wert auf den alten speichert und 1 zurückgibt. Die Funktion cds unterscheidet sich von cs nur darin, dass Parameter mit dem Attribut fixed bin (63) im Spiel sind – falls Sie einen größeren Zähler benötigen ...

6.4 Programmgenerierung zur Übersetzungszeit

Der PL/I-Compiler hat eine Vorstufe, die nur auf Wunsch durchlaufen wird, den sogenannten Präprozessor (engl. *preprocessor*). Dieser erlaubt es, vor der eigentlichen Übersetzung den Programmtext zu bearbeiten. Zur Definition dieser Bearbeitung gibt es eine eigene Sprache, die sogenannte PL/I-Makro-Sprache, eine Art Untermenge des vollen PL/I. Rein äußerlich ergeben sich Präprozessor-Anweisungen aus den normalen PL/I-Anweisungen durch Vorsetzen eines Prozentzeichens (%). Folgende Aktivitäten sind möglich:

1. Einfügen von Programmtext aus Dateien oder Bibliotheken,

2. bedingte Umwandlung bestimmter Programmabschnitte,

3. Ersetzung von Namen durch beliebige Zeichenfolgen.

Beim Aufruf des Compilers wird durch Angabe der Option pp(macro) festgelegt, dass die Präprozessorphase durchlaufen werden soll. Die insource-Option bewirkt die Ausgabe des für den Präprozessor bestimmten Programmtexts, die source-Option wie üblich die Ausgabe dessen, was der Compiler selbst übersetzt. In der pp-Option kann man sogar mehrere Präprozessornamen angeben, etwa Präprozessoren für die IBM-Produkte DB2 und CICS.

6.4.1 Wie gehabt – Grundlagen der Makro-Sprache

Die Vielfalt der Datentypen in PL/I bringt es mit sich, dass für Unterprogrammaufrufe praktisch immer entry-Deklarationen geschrieben werden müssen. Schon die übliche Verwendung von decimal-Konstanten (aus Lesbarkeitsgründen) in Verbindung mit binary-Variablen (aus Effizienzgründen) erzwingt eine längere Schreibarbeit. Sollen nun Unterprogrammbibliotheken benutzt werden, die Hunderte von Unterprogrammen umfassen, verlöre man schnell die Lust an PL/I. Abhilfe schafft hier – wie erwähnt – die Möglichkeit, die notwendigen declare-Anweisungen in Dateien oder Bibliotheken vorzuhalten, so dass der Programmierer sie mit Hilfe der %include-Anweisung in sein Programm integrieren kann. Zum Beispiel kann man die Deklarationen für OS/2-Systemaufrufe durch

```
%include OS2;
```

in sein Programm einfügen. Allgemein hat die %include-Anweisung folgendes Aussehen:

```
    %include DD-Name (Datei)[, ...];
oder
    %include Datei[, ...];
```
Abbildung 76. Syntax %INCLUDE-Anweisung (in gleicher Weise: %XINCLUDE)

Erlaubt ist die Angabe des Namens einer Umgebungsvariablen und eines Dateinamens oder die Angabe nur eines Dateinamens, wobei mehrere Angaben durch Komma abzutrennen sind. Fehlt der DD-Name, so wird in Verzeichnissen gesucht, die in der Umgebungsvariablen `ibm.syslib` aufgeführt sind. Beim Dateinamen ist die Endung wegzulassen, unter AIX gilt dann die Endung `.inc`, unter OS/2 und Windows kann man durch die Compiler-option `include` festlegen, welchen Endungen erlaubt ist. Als Alternative kann man auch einen vollständigen Dateinamen in Apostrophen angeben.

Bedenkt man, dass in einer eingefügten Datei durchaus wieder `%include`-Anweisungen vorkommen können, so findet man Gefallen an der `%xinclude`-Anweisung: Diese fügt eine Datei nicht ein, wenn sie schon eingefügt ist und vermeidet dadurch etwa die Fehlermeldung, eine Variable sei mehrfach deklariert. Die beiden Anweisungen zum Einfügen von Dateien gibt es übrigens auch ohne explizite Anforderung der Präprozessorphase. Dann erledigt der Compiler das nebenbei.

Kommen wir nun zu den weiteren Möglichkeiten der Präprozessorphase. Zur Vorverarbeitung des Programmtexts dient eine Makro-Sprache, die im Prinzip wie PL/I selbst aussieht. Von der vollen Sprache übriggeblieben sind Variablen und Konstanten der Datentypen `char` und `fixed`. Sie können mit der `%declare`-Anweisung deklariert werden:

```
%dcl X char, Y fixed;
```

Hierdurch wird vereinbart, dass X das Attribut `char` (*) `var` (mit unbegrenzter Länge) und Y das Attribut `fixed` `dec` (5) erhalten. Längenangabe, der Zusatz `var` oder ein Genauigkeitsattribut sind nicht zulässig und für die Präprozessor-Aufgaben auch nicht notwendig.

Das `init`-Attribut ist in der Präprozessorsprache nicht erlaubt, allerdings bekommen `fixed`-Variablen automatisch den Anfangswert 0 und Zeichenfolgenvariablen als Anfangswert die leere Folge (`' '`). Kurioserweise sind auch Bitkonstanten erlaubt, Vergleichsausdrücke liefern auch einen Bitwert als Ergebnis, Bitvariablen aber gibt es nicht.

Umwandlungen von `fixed` nach `char` resultieren immer in einer Zeichenfolge der Länge 8, ggf. mit führenden Leerzeichen. Dies kann man ändern durch Angabe der Compiler-Option `pp(macro('fixed(binary)'))`. Dann rechnet der Präprozessor intern mit `fixed` `bin` (31) und schneidet führende Leerzeichen bei der Umwandlung ab. Empfehlenswert ist auf jeden Fall die Option `pp(macro('case(asis)'))`, weil sonst der Präprozessor „nebenbei" alle Kleinbuchstaben in Großbuchstaben umsetzt.

Nimmt man jetzt noch die Präprozessor-Zuweisung hinzu, so kann man schon erste Effekte erzielen:

```
%dcl X char;
%X = 'ABC';
```

Auf die Präprozessorvariable X wird die Zeichenfolge `'ABC'` zugewiesen. Was kann man nun mit einer solchen Variablen machen? Eine einfache Anwendung ist die Möglichkeit, für längere Texte eine Abkürzung einführen zu können. Dies wird in den `include`-Dateien für Betriebssystemaufrufe exzessiv getan. Hat man z. B. vereinbart:

```
%dcl (APIRESULT, APIENTRY) char;
%APIRESULT = 'byvalue optional fixed bin (32) unsigned';
%APIENTRY = 'options (linkage (system) byvalue nodescriptor)';
```

dann braucht man im weiteren Text nur noch zu deklarieren:

```
dcl DosScanEnv entry (char (*) varz byaddr, ptr)
            returns (APIRESULT) APIENTRY;
```

Der Präprozessor ersetzt nun, immer wenn der Name einer Präprozessorvariablen auftaucht, diesen durch den Wert der Variablen.

Man kann auch die %declare-Anweisung und die Zuweisung in einer %replace-Anweisung zusammenfassen:

```
%replace Alfabet by 'ABC';
%replace Faktor with 100;
```

Die Variable Alfabet[60] bekommt das Attribut char und Faktor das Attribut fixed. Ob man nun by oder with sagt, ist egal.

Zur Steuerung der Ersetzungsaktivitäten gibt es zwei Anweisungen, die naturgemäß nicht in der normalen PL/I-Sprache vorkommen: %activate und %deactivate. Mit ihrer Hilfe kann man festlegen, in welchen Programmabschnitten Präprozessorvariablen ersetzt werden sollen und in welchen nicht:

```
%dcl X char;
%X = 'ABC';
/* ab jetzt wird X ersetzt durch ABC */
...
%deactivate X;
/* ab jetzt nicht mehr */
...
%X = 'XYZ';
%activate X;
/* ab jetzt wird X durch XYZ ersetzt */
...
```

Der Präprozessor durchsucht (engl. *to scan*) also einmal den gesamten Eingabetext, interpretiert die %-Anweisungen und ersetzt dort, wo es zugelassen wurde, die Variablennamen durch ihren aktuellen Wert. Von Wichtigkeit ist die Tatsache, dass der Präprozessor die PL/I-Syntax insofern kennt, dass er z. B. weiß, dass in der Zeichenfolge Var_X nicht das X ersetzt werden soll, da ein Variablenname auch einen Unterstrich enthalten kann. Ebenso sind Zeichen- und Bitfolgen sowie Kommentare und „Klammergebirge" bekannt.

Zweifel auslösen dürfte der folgende Präprozessortext:

```
%dcl A char, B fixed;
%A = 'B + C';
%B = 2;
...
X = A;
```

Was passiert? In der Anweisung X = A; ist A zu ersetzen, da es als Präprozessorvariable deklariert (und damit aktiviert) ist. Man erhält so:

```
X = B + C;
```

Das Problem ist jetzt: Wird nun auch noch B durch 2 ersetzt oder nicht? Die Antwort ist: in diesem Fall ja! Man erhält endgültig:

```
X = 2 + C;
```

---

60 Als Variablenname darf ich endlich Alphabet mit f schreiben. Ich hoffe, der Duden beobachtet mich.

Hätte man allerdings A mit der Anweisung

```
%activate A scan;
```

aktiviert, so würde der Ersatztext von A nur einmal abgesucht. Implizit gilt die Angabe rescan. Weiter kann man auch in der %declare-Anweisung scan, rescan oder noscan angeben, implizit gilt auch hier rescan.

Präprozessorvariablen sind nicht nur für Ersetzungsaktivitäten da, man kann auch mit ihnen rechnen. Außer der Exponentiation (**) stehen einem alle Operatoren zur Verfügung, ebenso die spracheigenen Funktionen collate, copy, index, length, lowercase, max, min, repeat, substr, translate, trim, uppercase und verify.

Auch eine Matrix kann man deklarieren und benutzen:

```
%dcl A dim (2, 5, 4) char; /* DIM vielleicht nicht erlaubt */
%A(1, 1, 1) = 'Wie gehabt';
```

wobei man z. Z. der Drucklegung dieses Buches das Wörtchen dim weglassen musste. Die spracheigenen Funktionen dimension, lbound und hbound stehen ebenfalls zur Verfügung. Strukturen sind hingegen nicht erlaubt.

Außer %declare und %Zuweisung gibt es noch die %if-Anweisung, eine vereinfachte %do-Gruppe sowie die Null-Anweisung (%;), %goto (nicht) zu vergessen. An einem Beispiel soll erläutert werden, was diese Anweisungen bewirken. So kann man z. B. folgende do-Schleife mit Präprozessormitteln in einzelne Anweisungen auflösen:

```
do I = 1 to 5;
    Z(I) = X(I) + Y(I);
    end;
```

Man möchte also erhalten:

```
Z(1) = X(1) + Y(1);
Z(2) = X(2) + Y(2);
Z(3) = X(3) + Y(3);
Z(4) = X(4) + Y(4);
Z(5) = X(5) + Y(5);
```

Die erste Möglichkeit ist eine sehr niedere, sie zeigt aber, was der Präprozessor eigentlich macht:

```
%dcl I fixed;
%I = 1;
%Label:;
Z(S) = X(S) + Y(S);
%I += 1;
%if I <= 5 %then %goto Label;
```

Die %goto-Anweisung veranlasst also den Präprozessor, die Suche an einer anderen Stelle des Eingabetexts wiederaufzunehmen. Wie man sieht, ist die Präprozessorvariable I sowohl zum Rechnen da (in %-Anweisungen), als auch für Ersetzungsaktivitäten (im normalen Programmtext). Natürlich kann man auch ohne %goto auskommen:

```
%dcl I fixed;
%do I = 1 to 5;
Z(I) = X(I) + Y(I);
%end;
```

Die %do-Schleife ist exakt so zu verstehen wie die %goto-Version. Es ist fast die gleiche Komplexität erlaubt wie bei normalen do-Anweisungen: verboten sind nur upthru und downthru sowie mehrfache durch Komma getrennte Spezifikationen. Auch iterate- und leave-Anweisung dürfen benutzt werden. Vervollständigt wird die Palette durch eine select-Gruppe ohne Einschränkungen, also mit oder ohne Ausdruck hinter select und ggf. mit other- bzw. otherwise-Klausel.

Interessant ist eine spracheigene Funktion, die es nur für den Präprozessor gibt, compiledate, die man mit dem Attribut builtin deklarieren kann:

```
%dcl (compiledate, quote) builtin, S char;
%S = quote(compiledate);
put list (S);
```

Man erhält dank der spracheigenen Funktion quote Datum und Uhrzeit in der Standardform 'YYYYMMDDHHMISS999' einschließlich Apostrophen (engl. *quotes*). Dieser Wert würde also in die put-Anweisung eingesetzt, bevor die Compile-Phase beginnt, so dass zur Ausführungszeit automatisch Datum und Uhrzeit der Kompilation ausgegeben werden können. Die Funktion compiletime ist ähnlich, sie liefert eine Zeichenfolge der Länge 18 in der Art:

```
30.OCT.06 16.30.51
```

wobei die Jahreszahl nur zweistellig und der Monatsname auf englisch ist.

Oftmals wird man die Makro-Sprache benutzen, um auf Abhängigkeiten, z. B. von Betriebssystem und Compiler reagieren zu können. Fragt man die spracheigene Funktion system, so erhält man die erste Angabe, die in der Compiler-Option system gemacht wurde, etwa OS2, WIN oder AIX, aber auch MVS, TSO, CICS oder IMS. Will man die benutzte Compilerversion wissen, so frage man sysversion. Eine beliebige Zeichenfolge kann man der Compiler-Option sysparm mitgeben und mit Hilfe der spracheigenen Funktion sysparm benutzen.

Weitere spracheigene Funktionen werden in den nächsten Abschnitten hinzukommen.

Sehr interessant ist eine neue Version der %include-Anweisung, die es natürlich wieder in einer Version ohne und einer Version mit x gibt: %inscan und %xinscan. Sie erlaubt, den Namen der einzufügenden Datei mit Hilfe von Präprozessoranweisungen zu berechnen:

```
%dcl Name char;
%Name ='ABC123';
%if substr(Name, 1, 3) = 'ABC' %then %inscan Name;
```

Die Version mit x wird wie bei %xinclude nur wirksam, wenn die Datei nicht schon eingefügt wurde, um Fehlermeldungen zu vermeiden.

6.4.2 Wie gerufen – die Präprozessorprozedur

In diesem Abschnitt soll einführend auf die sogenannte Präprozessorprozedur (engl. *preprocessor procedure*) eingegangen werden. Eine Präprozessorprozedur wird auch als Makro bezeichnet. Durch sie werden die Möglichkeiten sowohl in Präprozessoranweisungen als auch für Ersetzungsaktivitäten erheblich erweitert. Zwei Beispiele sollen dies verdeutlichen. Im ersten wird die – nicht in der Makro-Sprache vorhandene – Search-Funktion definiert:

```
%dcl Search entry;
%deact Search;

%Search: procedure (S, T) returns (fixed);

dcl (S, T) char, I fixed;
do I = 1 to length(S);
   if index(T, substr(S, I, 1)) ^= 0 then return (I);
   end;
return (0);

%end;
```

Jetzt sind alle möglichen Deklarationen vorgekommen, als letztes entry (bisher schon char, fixed und builtin). Da unser Search nur in Präprozessoranweisungen benutzt werden soll, wurde es zunächst deaktiviert (%deact ist die Abkürzung von %deactivate).

An der Prozedur fällt auf, dass nur der %procedure- und der %end-Anweisung ein Prozentzeichen vorangestellt ist, innerhalb fehlen sie völlig. Glücklicherweise ist dies so festgelegt, anderenfalls vergäße man auch höchstens eins. Die inneren Anweisungen sehen aus wie in einem normalen PL/I-Programm und bewirken auch das gleiche. Diese Art Präprozessorprozedur ist eine Funktionsprozedur, die returns-Option und die return-Anweisung deuten es an.

Aufgerufen werden könnte unsere Search-Funktion in Präprozessoranweisungen im Programmtext oder in Anweisungen einer Präprozessorprozedur – genauso wie z. B. index.

Das zweite Beispiel ist nur dafür gedacht, Ersatz in einem normalen Programmtext zu liefern. Rein äußerlich kann man beide Typen von Präprozessorprozeduren nicht unterscheiden, ja, es ist sogar möglich, eine Prozedur für beide Zwecke zu verwenden. Unterschiedlich ist nur die Parameterübergabe: Bei Textersetzung wird immer ein Scheinargument erzeugt, beim Aufruf aus Präprozessor-Anweisungen heraus gelten die üblichen Regeln – bei nicht zueinander passenden Attributen wird also ein Scheinargument erzeugt. Hier nun das Beispiel:

```
%Uppercase: /* zu Beispiel B68 */
procedure (S) returns (char);
dcl (S, R) char;
R = 'translate (' || S;
R = R || ', "ABCDEFGHIJKLMNOPQRSTUVWXYZÄÖÜ"';
R = R || ', "abcdefghijklmnopqrstuvwxyzäöü")';
return (R);
%end;
```

Man stelle sich etwa folgenden Aufruf von Uppercase in normalem PL/I-Text vor:

```
*process pp (macro);
 B68: /* Benutzung von Uppercase */
 procedure options (main);

%dcl Uppercase entry;
%include Uppercase;

 dcl S char (*) value ('Gänseblümchen');
```

```
    put list (Uppercase(S));

    end B68;
```

Die %include-Anweisung muss vor der ersten Benutzung von Uppercase vom Präprozessor angetroffen werden. Auch wenn man die Prozedur direkt einbaut, muss sie vor dem ersten Aufruf liegen. Statt der %declare-Anweisung hätte man auch ein nachträgliches %activate zur Aktivierung nehmen können. Wird Uppercase angetroffen, so wird der Klammerausdruck dahinter als Argumentliste betrachtet, die Argumente ggf. durch Komma getrennt. Für die Argumente werden Scheinargumente erzeugt und mit diesen die Prozedur aufgerufen. Der Funktionswert wird dann in den Programmtext eingefügt, als Ersatz für Funktionsnamen und Argumentliste.

Nun zum Inhalt der Uppercase-Funktion. Sie kann als Ersatz der spracheigenen Funktion uppercase dienen, die sich ja um Umlaute nicht kümmert. Sie erzeugt den Aufruf der translate-Funktion mit den richtigen Argumenten, um später beim Programmlauf das Argument in Großbuchstaben umzuwandeln. Der Vorteil liegt auf der Hand: Man muss das Alphabet nicht jedesmal in doppelter Ausfertigung abtippen, sondern nur einmal bei der Definition des Makros. (Variablen durfte man ja aus Effizienzgründen nicht nehmen, wenn Sie sich erinnern.[61]) Natürlich hätte man auch alle Ausdrücke in die return-Anweisung schreiben können, ich wollte aber zeigen, wie man's macht, wenn der Rückgabewert nach und nach zusammengestellt wird.

Wer schon einmal eine Präprozessorausgabe gesehen hat, der wird sich gern der folgenden Aufgabe widmen:

A42: Schreiben Sie eine Präprozessorprozedur namens Line *mit einem* char*-Argument, die dafür sorgt, dass die Präprozessorausgabe nicht wüst über die Zeilen verteilt ist. Dies kann man erreichen, indem man so viele Leerzeichen an das Argument anhängt, dass ein Vielfaches von 71 Zeichen zurückgegeben wird.*

Wenn Sie eine allgemeine Lösung suchen, werden Sie die spracheigenen Funktion maclmar und macrmar benutzen können, die Ihnen die Spalten angeben, zwischen denen sich der Programmtext befindet, also normalerweise 2 und 72.

Für diejenigen Leser, die Denksportaufgaben lieben und für die rekursive Prozeduren eine alltägliche Angelegenheit sind, ist die folgende Aufgabe gedacht:

A43: Verwenden Sie nur den PL/I-Präprozessor, um das Problem der Türme von Hanoi zu lösen! Die rescan*-Option ermöglicht die Rekursivität. Gefragt ist also eine Präprozessorprozedur, die im Endeffekt Weisungen zum Umstapeln erzeugt, z. B. in Form von Kommentaren.*

Wem das Zusammensetzen des Rückgabewertes in einer Variablen nicht zusagt, der kann eine Präprozessorprozedur auch als Routine schreiben. Dies heißt nun nicht, dass es eine call-Anweisung gäbe, aber es geht auch ohne return-Anweisung innerhalb der Prozedur. Unsere Prozedur Uppercase können wir auch folgendermaßen schreiben:

```
%Uppercase:
procedure (S);

    dcl S char;
```

---

61 Eine Alternative zu solch einer Makrodefinition wäre eine Prozedur mit der Option inline.

```
answer ('translate (') skip noscan;
answer (', "ABCDEFGHIJKLMNOPQRSTUVWXYZÄÖÜ"') skip noscan;
answer (', "abcdefghijklmnopqrstuvwxyzäöü")') skip noscan;

%end;
```

Die Rolle der <u>return</u>-Anweisung übernimmt jetzt die <u>answer</u>-Anweisung, die <u>returns</u>-Angabe ist nicht erlaubt. Der eine Vorteil dieser Schreibweise ist, dass man nicht dauernd an die Resultatvariable ketten muss. Der andere liegt in den Optionen der <u>answer</u>-Anweisung. Die <u>skip</u>-Option bewirkt den Beginn einer neuen Zeile, die <u>noscan</u>-Option beschleunigt alles etwas, wenn man nicht will, dass Ersetzungsaktivitäten stattfinden sollen. Letzteres ist sowieso etwas undurchschaubar, da im Gegensatz zum Aufruf als Funktion nicht im Aufruf-Kontext ersetzt wird, sondern im Kontext, wo die Prozedur steht. Ich kann nur empfehlen, die <u>answer</u>-Anweisung immer mit <u>skip</u> und <u>noscan</u>-Angabe zu versehen.

6.4.3 Selbst gebaut – Definition eigener Anweisungen

Bisher habe ich bei der Besprechung der Präprozessorprozedur eine Option unterschlagen, nämlich die <u>statement</u>-Angabe der <u>%procedure</u>-Anweisung. Es gibt eine zweite Möglichkeit, eine Präprozessor-Prozedur im Programmtext aufzurufen, nämlich in der Form einer PL/I-Anweisung. Abgesehen von der Zuweisung haben PL/I-Anweisungen in allgemeiner Form die folgende Syntax:

```
keyword (...) keyword (...) ... ;
```

also das Anweisungsschlüsselwort gefolgt von einer Klammerliste und weiteren Schlüsselwörtern, ggf. mit Klammerangabe dahinter. Durch die <u>statement</u>-Option ist es nun möglich, genau solche Anweisungen selbst zu definieren und sie von einer Präprozessor-Prozedur durch andere PL/I-Anweisungen ersetzen zu lassen.

Will man z. B. die PARSE-Anweisung der Programmiersprache REXX[62] in PL/I nachempfinden, so könnte man für den Anfang folgende Syntax definieren:

```
parse value (S) with (X '.' Y);
```

Die Aufgabe der <tt>Parse</tt>-Anweisung wäre, die Variable S aufzugliedern (engl. *to parse*), und zwar in den Teil vor einer Zeichenkonstanten (hier ein „Punkt"), der X zugewiesen wird, und in einen Teil dahinter, der Y zugewiesen wird. Kommt die Zeichenkonstante in S nicht vor, so ist S auf X und auf Y der Nullstring zuzuweisen. Die echte PARSE-Anweisung leistet natürlich sehr viel mehr. Zuerst das Hauptprogramm, das die Präprozessorprozedur per <u>%include</u> in den Programmtext einschließt (sie könnte auch direkt dort stehen!):

```
*process pp (macro) insource;
B69: /* Test der Parse-Anweisung */
procedure options (main);

%declare parse entry;
%include parse;
dcl V char (20) var;
dcl X char (8) var;
dcl Y char (3) var;
```

---

62 REXX dient in Mainframe-Betriebssystemen und OS/2 als Interpreter-Sprache für alle Zwecke und ist sehr PL/I-ähnlich.

```
V = 'CONFIG.SYS';
parse value (V) with (X '.' Y);
put (X, Y);

end B69;
```

Der Teil vor dem Punkt soll der Variablen X, der Teil hinter dem Punkt der Variablen Y zugewiesen werden. Wesentlich ist nun die Gleichsetzung von Parameternamen der Präprozessor-Prozedur mit Schlüsselwörtern der selbstdefinierten Anweisung. So finden wir also die Schlüsselwörter value und with in der folgenden Prozedur als Variablennamen wieder. Diesen Schlüsselwort-Parametern wird dann durch den PL/I-Präprozessor die jeweilige Zeichenfolge innerhalb der Klammern zugewiesen. Bei einer statement-Prozedur verschwindet bei der Ersetzung auch das die Anweisung begrenzende Semikolon. Hier nun das Makro, das als Routine gestaltet ist:

```
%Parse: /* zu B69 */
procedure (Value, With) statement;

dcl (Value, With) char;
dcl (A, B, C, Name) char;
dcl K fixed;

if ^parmset(Value) | ^parmset(With) then do;
    note ('Option fehlt in Parse-Anweisung.', 12);
    return ('/*?*/');
    end;
K = index(With, "'");
A = substr(With, 1, K-1);
B = substr(With, K, 3);
C = substr(With, K+3);
Name = '$' || counter();
ans ('do;') skip noscan;
ans (comment('parse value (' || Value || ') with ('
    || With || ');')) skip noscan;
ans ('dcl ' || Name || ' fixed bin;') skip noscan;
ans (Name || ' = index(' || Value || ', ' || B || ');')
    skip noscan;
ans (A || ' = substr(' || Value || ', 1, ' || Name || '-1);')
    skip noscan;
ans (C || ' = substr(' || Value || ', ' || Name || '+1);')
    skip noscan;
ans ('end;') skip noscan;

%end Parse;
```

Die spracheigene Funktion parmset kann zwar auch bei normalen Präprozessor-Prozeduren verwendet werden, bei den statement-Prozeduren sollte ihr Einsatz aber unbedingt vorgesehen werden. Beim Aufruf eines Makros darf man nämlich Schlüsselwörter mitsamt deren Klammerangabe weglassen. Des Weiteren darf man auch die Klammerangabe weglassen, dann gilt der Nullstring als übergeben. parmset gibt entweder '1'b oder '0'b zurück, je nachdem, ob das Schlüsselwort angegeben wurde oder nicht. Es gibt in der Makro-Sprache also durchaus bit-Werte, ja sogar bit-Konstanten sind erlaubt, allerdings keine `bit`-Variablen. Dass man `answer` mit `ans` abkürzen kann, fällt kaum ins Gewicht, wo man doch immer `skip noscan` schreiben sollte!

Werden fehlerhafte Argumente angegeben, so dient die `%note`-Anweisung (in einer Prozedur natürlich ohne Prozentzeichen) dazu, Fehlermeldungen in der normalen Ausgabeliste des Präprozessors zu platzieren. Im zweiten Parameter spezifiziert man die Schwere des Fehlers, 0 erscheint als I (*informational message*), 4 als W (*warning*), 8 als E (*error*), 12 als S (*severe error*) und 16 als T (*terminating error*). Letzteres hat den sofortigen Abbruch zur Folge, die anderen Schweregrade gehen in die üblichen Bewertungen des Compilers ein, ob er weitermachen soll (`proceed`-Option bei `*process` oder beim Compiler-Aufruf).

In einer Präprozessor-Prozedur muss man genau darauf achten, ob man die Parameter mit Hilfe der Präprozessor-Funktion `index` untersucht oder ob man in den Ersetzungstext einen Aufruf der PL/I-Funktion `index` einbaut. In der `Parse`-Prozedur tritt der letztere Fall auf: Es wird ein `index`-Aufruf abgesetzt, der zur Laufzeit in der `value`-Variablen die Konstante zu suchen hat.

Hier soll noch auf eine Besonderheit hingewiesen werden. Um nicht zur Laufzeit zweimal `index` aufrufen zu müssen (ein schlechter Compiler würde nicht „merken", dass es sich um denselben Aufruf handelte), benötigen wir eine Variable! Da der Benutzer der PARSE-Anweisung davon natürlich nichts wissen soll (das wäre benutzerunfreundlich), müssen wir an der Stelle der PARSE-Anweisung selbst eine Variable deklarieren. Wählten wir einen festen Namen, so würde der Compiler bei der zweiten Verwendung von PARSE protestieren: Mehrfachdeklaration einer Variablen ist verboten. Mit Hilfe der spracheigenen Präprozessorfunktion `counter` kann man sich nun nach Bedarf verschiedene Variablennamen erzeugen. Mit jedem Aufruf gibt `counter` eine um 1 größere Zahl zurück (als 5 Zeichen lange Folge), beginnend mit '00001'. Wenn man dann z. B. ein Dollarzeichen davorsetzt, hat man einen Variablennamen.

An dieser Stelle ist offenkundig geworden, warum man in PL/I die `declare`-Anweisungen irgendwo hinschreiben kann, ja können muss: einfach aus dem Grunde, dass in der Präprozessorphase Variablen-Deklarationen irgendwo anfallen können.

Bei selbstdefinierten Anweisungen darf man nie vergessen, alle erzeugten Anweisungen in eine `do`-Gruppe einzuschließen. Anderenfalls kann man sie nie z. B. als `then`-Teil einer `if`-Anweisung verwenden. Will man Ärger mit gleichen Variablennamen von vornherein ausschließen, so nehme man einen `begin`-Block mit der `inline`-Option.

Die spracheigene Funktion `comment` wurde dazu verwendet, den Makro-Aufruf, der ja bei der Ersetzung verschwindet, in der Programmliste trotzdem als Kommentar erscheinen zu lassen. Im Argument vorkommende Kommentarzeichen werden dabei durch /> bzw. </ ersetzt. Als letzte spracheigene Funktionen sind noch `maccol` und `macname` zu erwähnen. Vielleicht wissen Sie eine Anwendung: `maccol` gibt die Spalte zurück, wo der Beginn des Makro-Aufrufs im Quelltext stand, `macname` gibt den Namen des Makros zurück, in dem es aufgerufen wurde.

Die folgenden Zeilen demonstrieren, was aus obigem Makro-Aufruf geworden ist:

```
do;
/* parse value (V) with (X '.' Y) */
dcl $00001 fixed bin;
$00001 = index(V, '.');
X = substr(V, 1, $00001-1);
Y = substr(V, $00001+1);
end;
```

Eine vollständige Adaption des PARSE-Makros kostet etwa 300 Präprozessor-Anweisungen.[63]

---

7. Schnittstellen zur Welt

Die Programmiersprache PL/I ist nicht die einzige auf der Welt. Weite Verbreitung fand auch C und findet auch Java. Als PL/I-Programmierer möchte man einerseits nicht auf die Übersichtlichkeit und die Annehmlichkeiten von PL/I verzichten, andererseits aber auch aus neuen Entwicklungen Nutzen ziehen. PL/I bietet auch hier alles, was man braucht, um Anschluss an andere Programmiersprachen zu finden – zur Unterstützung von Internet-Diensten bietet PL/I sogar spracheigene Funktionen.

7.1 Systemnahes Programmieren

Heutige Betriebssysteme für Workstations und PCs sind meist in der Programmiersprache C geschrieben. Will man Dienste eines solchen Systems in Anspruch nehmen, so muss man auch als PL/I-Programmierer in den sauren Apfel beißen und zumindest C-Unterprogramme aufrufen. Dies bringt Probleme mit sich wegen unterschiedlicher Datentypen und unterschiedlicher Parameterübergabe.

Der neue PL/I-Compiler hat aber die Tradition der Anfänge fortgeführt und wiederum Teile anderer Programmiersprachen integriert. Es ist jetzt relativ einfach möglich, ein C-Programm in ein PL/I-Programm umzuwandeln – umgekehrt wäre der Aufwand allerdings beträchtlich. C ist nämlich eine Sprache, wo der Programmierer alles selbst machen muss, wohingegen PL/I einem die Wahl lässt, ob der Compiler einem umständliche Arbeiten abnehmen soll oder nicht.

7.1.1 C-Bits – Bitmanipulationen auf Zahlen

Die erste Unsitte, der man bei C-Betriebssystemaufrufen begegnet, ist der Missbrauch von ganzen Zahlen zur Bitmanipulation. Im Betriebssystem OS/2 kann man z. B. bei der Erzeugung eines Fensters angeben, ob es sofort sichtbar sein und ob es den gesamten Bildschirm einnehmen soll. Dazu dient ein fixed-bin-(31)-Schalter, bei dem bestimmte Bits eingeschaltet sein müssen:

```
dcl WS_VISIBLE   fixed bin (31) value ('80_00_00_00'xn);
dcl WS_MAXIMIZED fixed bin (31) value ('00_80_00_00'xn);
dcl Schalter     fixed bin (31)
                 value (ior(WS_VISIBLE, WS_MAXIMIZED));
```

Wir sehen hier die Möglichkeit, auch für eine fixed-bin-Zahl einen Wert hexadezimal numerisch (deshalb xn) angeben zu können (Unterstriche dienen wieder der Lesbarkeit). Will man dann beide Bits einschalten können, so geht dies über das logische Oder. Natürlich darf man in PL/I nicht einfach Zahlen mit dem Operator | verknüpfen (der ist ja nur für Bits definiert), hierzu gibt es wieder spracheigene Funktionen. ior odert alle ihre Argumente, iand undet sie und ieor ist für das exklusive Odern zuständig. Gemeint ist damit immer eine Operation, die alle 32 Bits der Zahl betreffen, ohne Rücksicht auf das Vorzeichen. inot ist etwas allgemeiner, es gibt die Verneinung des Arguments in der gleichen Genauigkeit zurück, wie sie das Argument besitzt.

Will man unsigned-Zahlen als numerische Konstanten darstellen, so braucht man nur das n durch ein u zu ersetzen:

```
dcl Wert fixed bin (32) unsigned init ('80808080'xu);
```

Will man nur die Attribute einer fixed-bin-Zahl „umschalten", so kann man die spracheigenen Funktionen `isigned` und `iunsigned` benutzen. Sie lassen die Bitfolge unverändert, machen aus `fixed bin` (7) z. B. `fixed bin` (8) `unsigned` und umgekehrt. Sinnvoll ist das nur bei den „magischen" Zahlen 8, 16, 32 und 64.

Komplizierter wird es, wenn verlangt wird, dass Bits verschoben (engl. *to shift*) werden sollen. Während in C nicht definiert ist, ob beim „Rechts-Shiften" Nullen oder etwa das Vorzeichen nachgefüllt werden sollen, muss man sich in PL/I (natürlich) festlegen und unterschiedliche Funktionen benutzen. Ein netter Effekt beim „Shiften" ist die Multiplikation mit 2er-Potenzen. Das folgende Fragment zeigt die im Kommentar aufgeführten Ergebnisse:

```
dcl Pos fixed bin (31) init (8);
put list (isll(Pos, 2));          /* 32 */
put list (isrl(Pos, 2));          /*  2 */
put list (raise2(Pos, 2));        /* 32 */
put list (lower2(Pos, 2));        /*  2 */

dcl Neg fixed bin (31) init (-8);
put list (isll(Neg, 2));          /* -32 */
put list (isrl(Neg, 2));          /* 1073741822 */
put list (raise2(Neg, 2));        /* -32 */
put list (lower2(Neg, 2));        /*  -2 */
```

Die Namen `isll` und `isrl` kommen von engl. *integer shift left* (*right*) *logical*. Das erste Argument wird notfalls in eine 32-Bit-Zahl umgewandelt und um die Anzahl Stellen, die das zweite Argument angibt, verschoben. Nachgefüllt werden Nullen. Anders ist es bei `raise2` und `lower2` (engl. *to raise* heißt erheben, *to lower* heißt erniedrigen). Bei `raise2` geht es tatsächlich um das Erheben in eine Zweierpotenz, bei `lower2` um das Dividieren durch eine Zweierpotenz. Beim Verschieben der Bits nach rechts werden nämlich bei `isrl` links Nullen, bei `lower2` Vorzeichenbits aufgefüllt.

7.1.2 Anonym – Speichermanipulationen

Normalerweise geht es bei der Speicherreservierung in PL/I um die Zuordnung von Speicher zu Objekten. Man kann allerdings auch anonym Speicherplatz besorgen und dessen Adresse auf eine Zeigervariable zuweisen lassen. Die spracheigene Funktion `allocate` besorgt Speicherplatz, der beliebig verwendet werden kann, z. B. auch wieder für eine `float`-Matrix:

```
dcl A dim (100) float based (P);
P = allocate(100 * 4);
```

Die Funktion `allocate` ist der Musterfall, wie eine Funktion nicht sein sollte: Die Rückgabe eines Wertes ist nebensächlich, Haupteffekt ist die Reservierung von Speicherplatz. Gut, dass wenigstens die Freigabe desselben über eine spracheigene Routine und nicht über eine Funktion läuft:

```
call plifree (P);
```

Woher weiß nun `plifree`, wie viel Speicherplatz es freigeben soll? Wenn man es selbst wissen will, kann man sich eine entsprechende Funktion selbst basteln:

```
Allocatesize:
procedure (P) returns (fixed bin (31));

dcl P ptr parm nonasgn;
dcl Größe fixed bin (31) based (ptrsubstract(P, 4));
return (Größe);

end Allocatesize;
```

Mit anderen Worten: Der Zeiger, der von allocate geliefert wird, zeigt auf den reservierten Speicherbereich, und direkt davor liegt ein 4 Byte langes Größenfeld. Es kann aber
durchaus sein, dass in der nächsten Compiler-Version der Abstand nicht 4, sondern 8 Byte
beträgt.

Die schon erwähnte spracheigene Funktion allocsize ist nur gültig, wenn man die in
Abschnitt 4.2.3 erklärte Compiler-Option check (storage) angegeben hat. Nur dann stehen bei allen Speicherplatzzuordnungen an based-Variablen (also auch bei denen mit der
allocate-Anweisung) die Zusatzinformationen zur Verfügung.

Wo wir gerade bei anonymen Speicherbereichen sind, auch Kopieren und Füllen mit einem
Zeichen kann man auf diese Weise bewerkstelligen:

```
dcl 1 A,
      2 B    fixed bin (31),
      2 C    float,
      3 *  char (0)
            init call plifill (addr(A), '00'x, size(A));
```

Die spracheigene Routine plifill füllt einen anonymen Speicherbereich, der dort liegt,
wo das erste Argument hinzeigt, mit einem Zeichen, das als zweites Argument zu übergeben
ist, auf einer Länge, die das dritte Argument angibt. Wie man an der declare-Anweisung
sieht, kann man es auch für nicht-anonyme Variablen verwenden, z. B. wenn man eine komplexe Struktur in einem Rutsch auf Null setzen will. Jede Variable einzeln zu initialisieren
dauert üblicherweise länger.

Auch nur Optimierungszwecken dienen die spracheigenen Routinen plimove und pliover. Sie unterscheiden sich nur dadurch, dass man selbst wissen muss, ob Ursprung und
Ziel des Kopiervorgangs einander überlappen. Ein Beispiel:

```
dcl S char (10) init ('1234567890');
call pliover (addr(S)+3, addr(S), 5);
put list (S);
```

Ausgegeben würde die Zeichenfolge '1231234590'. Sie werden merken, wie schwierig es
ist, die call-Zeile nachzuvollziehen: Wie bei der Zuweisung ist links das Ziel, rechts der
Ursprung des Kopiervorgangs. Man sollte diese Art der Programmierung vermeiden, wenn
es nicht unbedingt notwendig ist zu optimieren. plimove wird genauso aufgerufen, der
Compiler geht dann aber davon aus, dass die Bereiche einander nicht überlappen, und opti-
miert entsprechend. Wer in diesem Beispiel plimove statt pliover verwendet, sollte
sich nicht wundern, wenn '1231231290' herauskommt, weil ein Byte nach dem anderen
übertragen wurde.

Auf ähnliche Weise kann man auch anonym Speicherplatz vergleichen:

```
if compare(addr(X), addr(Y), size(Y)) > 0 then
   put ('X ist größer als Y!');
```

Kommt 0 heraus, so sind beide Speicherbereiche gleich, bei einer negativen Zahl wäre X kleiner als Y.

Wer sich mit der Konvertierung zwischen EBCDIC und ASCII herumschlagen muss, wird sich über die beiden spracheigenen Routinen pliascii und pliebcdic freuen, deren Parameterliste genauso aussieht:

```
dcl Asciizeichen   char (100) var;
dcl Ebcdiczeichen  char (100) var init ('ABC'e);

call pliascii (addrdata(Asciizeichen),
               addrdata(Ebcdiczeichen),
               length(Ebcdiczeichen));
```

Man beachte bei varying-Folgen das 2-Byte-Längenfeld (siehe den nächsten Abschnitt) und benutze deshalb nicht addr, sondern addrdata, das die Datenadresse und nicht die Adresse des Längenfeldes zurückgibt. Wie man sieht, kann man bei Konstanten sogar angeben, ob es sich um ASCII oder um EBCDIC handelt, man hängt den Buchstaben a bzw. e hinter den abschließenden Apostroph. Auch wenn man das Programm unter AIX übersetzt, handelt es sich oben um die Zeichen 'ABC' im EBCDIC-Zeichensatz. Wer jetzt die Stirn runzelt, weil er eigene Vorstellungen hat, was ASCII ist, darf beim IBM-Workstation-Compiler das Laufzeitmodul IBMRTAB.DLL seinen Wünschen entsprechend anpassen.

Neu in der Palette der spracheigenen Speicherfunktionen sind memindex, memsearch und memverify sowie die rückwärts laufenden Versionen memsearchr und memverifyr. Diese wirken im Prinzip wie ihre Pendants ohne die Vorsilbe mem. Sie haben als Vorteil, dass sie mit längeren Bytefolgen arbeiten können. Dies ergibt sich aus ihrem Nachteil, dass sie nämlich mit Zeigern arbeiten und also nicht an die 32K-Grenze gebunden sind.

memindex gibt es sogar in zwei Versionen: Die eine (mit drei Argumenten) ist in der Lage, innerhalb von 2 GB nach einer maximal 32KB großen Zeichenfolge zu suchen:

```
dcl Heuhaufen dim (100_000) char init ((100_000)(' '));
dcl Kleine_nadel char (100) var init ('ABC');
call plimove (addr(Heuhaufen)+50_000,
              addrdata(Kleine_nadel),
              size(Kleine_nadel));
put (memindex(addr(Heuhaufen),
              size(Heuhaufen),
              Kleine_nadel));
```

Gesucht wird je nach Typ des dritten Arguments nicht nur nach Zeichenfolgen vom Typ char, sondern auch nach solchen vom Typ graphic oder widechar, die wir erst in Abschnitt 7.2 kennenlernen werden.

Die andere Version (mit vier Argumenten) sucht nach einer bis zu 2 GB langen Bytefolge:

```
dcl Heuhaufen dim (100_000) char init ((100_000)(' '));
dcl Große_nadel dim (40_000) char init ((40_000)('X'));
call plimove (addr(Heuhaufen)+50_000,
              addrdata(Große_nadel),
              size(Große_nadel));
put (memindex(addr(Heuhaufen),
              size(Heuhaufen),
              Große_nadel,
              size(Große_nadel)));
```

Hier geht es, wie könnte es anders sein, nur um Bytefolgen. In beiden Fällen wird 50001 ausgegeben. Die anderen vier Funktionen besitzen eine identische Argumentliste, so dass ich hier nur ein Beispiel vorstellen möchte. Im folgenden Codefragment wird innerhalb von 100_000 Byte nach der ersten Zahl gesucht:

```
dcl (K, L) fixed bin (31);
dcl Heuhaufen dim (100_000) char init ((100_000)(' '));
dcl Zahl char (5) init ('1684');

call plimove (addr(Heuhaufen)+50_000,
              addr(Zahl),
              size(Zahl));
K = memsearch(addr(Heuhaufen),
              size(Heuhaufen),
              '0123456788');
L = memverify(addr(Heuhaufen)+K,
              size(Heuhaufen),
              '0123456788');
put data (K, L);
```

Man verzeihe mir die Addition von Zahlen zu Zeigern, aber die mem-Funktionen sind nun einmal sehr Hardware-nah. (Da wünscht man sich doch lieber einen weiteren Datentyp: Zeichenfolgen mit einer maximalen Länge von 2 GB, die dann bei den normalen Zeichenfolgenfunktionen zugelassen sein müssten.)

Ein weiteres Mitglied in der mem-Familie ist memconvert. Es konvertiert Daten aus einem Speicherbereich (genannt Quellpuffer) in einen anderen (den sog. Zielpuffer). Dies geht wieder über Startadresse und Längenparameter. Zwei weitere Parameter kommen noch hinzu: die Angaben, welche „Codepage" Quell- bzw. Zielpuffer haben sollen. Die so genannte Codepage bestimmt, welche Zeichen mit welchem Bytecode assoziiert werden sollen.

Zum Beispiel hat zwar das €-Zeichen in der amerikanischen Codepage 1140 dieselbe Codierung wie in der deutschen Codepage 1141, aber das @-Zeichen ist in der amerikanischen codiert als '7c'x und in der deutschen als 'b5'x. Eine Umsetzung zwischen diesen beiden Zeichensatztabellen sähe z. B. so aus:

```
dcl Klammeraffe char (1) init ('b5'x);
dcl At_sign     char (1);
call memconvert (addr(At_sign), size(At_sign), 1140,
                 addr(Klammeraffe), size(Klammeraffe), 1141);
```

Die Parameterreihenfolge ist also wieder dieselbe wie bei der Zuweisung.

7.1.3 Interna – fremde Datenformate

In PL/I sind Zeichenfolgen variabler Länge so aufgebaut, dass ein Längenfeld dem eigentlichen Datenfeld vorausgeht. In diesen zwei Byte wird die aktuelle Länge festgehalten. In C programmierte Betriebssystemschnittstellen erfordern manchmal eine Zeichenfolge, deren Länge dadurch definiert ist, dass ein sogenanntes Nullbyte angehängt ist. Der Wert der Zeichenfolge besteht aus allen Bytes ohne dieses Nullbyte. Nachteilig daran ist zum einen, dass ein Nullbyte niemals als Datenbyte vorkommen darf und zum anderen, dass man, will man die Länge der Folge erfahren, erst mal alle Bytes „abklappern" muss.

Damit sich der PL/I-Programmierer nicht mit solchen Dingen herumärgern muss, gibt es den Datentyp varyingz oder kurz varz. (Der Buchstabe z ist wegen der englischen Bezeichnung für Null, nämlich *zero*, gewählt worden). Deklariert man z. B.

```
dcl S char (100) varz;
S = 'ABC';
```

so werden 101 Byte reserviert und PL/I fügt das Nullbyte automatisch hinter der aktuellen Datenfolge 'ABC' ein. Alle Operatoren und spracheigenen Funktionen sind in gleicher Weise gültig.[64]

Der Typ varyingz kann bei Betriebssystemaufrufen immer dort benutzt werden, wo auch in C ein String erwartet wird.

Wo wir gerade bei Betriebssystemaufrufen sind – häufig benötigt man Zeiger oder eine Matrix von Zeigern auf konstante Zeichenfolgen. Es ist zwar in PL/I kein Problem, so etwas zu konstruieren, aber einfacher ist dann die initial-to-Angabe:

```
dcl Wochentag dim (7) static ptr init to (varyingz)
        ('Montag', Dienstag', 'Mittwoch', 'Donnerstag',
        'Freitag', 'Samstag', 'Sonntag');
```

Zu beachten ist, dass eine solche Konstruktion nur bei static-Variablen gültig ist. Weiterhin darf man die Zeichenfolgen (über den Zeiger) nicht ändern, sie sind ja Konstanten! Die Zeiger dürfen selbstverständlich geändert werden. Direkt hinter dem Wort to muss man sagen, ob die Folgen varying, varyingz oder nonvarying sein sollen.

Wenn man über Interna bei Datenformaten spricht, wird man ein großes Thema nicht auslassen: Wie sind ganze Zahlen intern gespeichert? Da gibt es mindestens zwei Welten: Auf z/OS und AIX liegen die Bits hintereinander. Die Reihenfolge ist so, dass zuerst das Vorzeichenbit kommt, '0'b heißt positiv, '1'b heißt negativ. Dann geht es weiter mit dem höchstwertigen Bit bis hinunter zum niederstwertigen in Stellenwertsystem der Mathematik. Alle Bits auf '0'b ist die Darstellung der Null.

Etwas chaotisch ist dagegen die Darstellung auf Intel-Prozessoren (also bei den Betriebssystemen OS/2 und Windows): Nicht die Bits, aber die Bytes sind in ihrer Reihenfolge vertauscht. Zuerst kommt also das Byte mit den niederwertigsten Bits und am Schluss das Byte mit den höchstwertigen Bits und dem Vorzeichenbit.

Von solchen Interna merkt man normalerweise nichts. In der Deklaration

```
dcl Null       fixed bin (31) init ('00_00_00_00'xn);
dcl Eins       fixed bin (31) init ('00_00_00_01'xn);
dcl Minus_eins fixed bin (31) init ('FF_FF_FF_FF'xn);
dcl Minizahl   fixed bin (31) init ('80_00_00_00'xn);
```

spiegelt sich die (für z/OS und AIX) „normale" Bytefolge wider – unabhängig von der Plattform! Benutzt man jetzt allerdings auf einem Rechner mit Intel-Prozessor die spracheigene Funktion unspec, so wird das Programm nicht-portabel und man erhält bei

```
put list (unspec(Eins));
```

die Antwort '00000001_00000000_00000000_00000000'b – das letzte Byte ist auf einmal am Anfang! (Die Unterstriche wurden von mir eingefügt.)

---

64   Von diesen Möglichkeiten können C-Programmierer nur träumen!

Problematisch wird alles nur, wenn man Daten von einem Rechner der einen zu einem Rechner der anderen Art überträgt. Damit ein PL/I-Programmierer es auch hier einfacher hat, gibt es die beiden Attribute native und nonnative. Möchte man z. B. eine native (also rechnereigene) Zahl in eine fremde umwandeln, so ist nichts leichter als das:

```
dcl Eigen fixed bin (31) native;
dcl Fremd fixed bin (31) nonnative;

read file into (Eigen);
Fremd = Eigen;
write file (F) from (Fremd);
```

Leider ist wegen der unglücklichen Namenswahl dieses Programm nicht portabel. Sinnvoller als diese, für einen Deutschsprachigen aber ziemlich unverständlich, sind die eindeutigen Attribute bigendian und littleendian. Auf AIX und z/OS ist die Hardware *bigendian* („das große Ende vorne"), auf einem PC *littleendian* („das kleine Ende vorne"), Eselsbrücke ist: *big* wie Großrechner.

Passend zur Darstellung '00_00_00_01'xn gibt es die spracheigene Funktion hex. Bei der Ausgabe

```
put list (hex(Eins));
```

erhält man maschinenunabhängig die hexadezimale Darstellung in normaler Bytefolge. Dies ist übrigens auch die Darstellung, die die spracheigene Funktion bit liefert (siehe Abschnitt 2.7.1). Möchte man – analog zu unspec – die tatsächliche Bytefolge hexadezimal ausgeben, so nehme man die Funktion heximage:

```
put list (heximage(addr(Eins), size(Eins)));
```

Hier werden die Bytes wirklich einzeln angefasst, beginnend bei der Adresse, die durch das erste Argument gesetzt wird, in der Länge gemäß dem zweiten Argument.

Aufpassen muss man auch bei float-Variablen mit der Byte-Reihenfolge: Es gibt hier zwar keine Attribute bigendian und littleendian, nichtsdestotrotz sind auf einem Intel-kompatiblen PC die Bytes vertauscht! Da muss man sich ggf. selbst helfen und die Bytes in die für die Bearbeitung richtige Reihenfolge bringen.

7.1.4 Mit System – API-Programmierung

Die einfachste Methode, sich an das Betriebssystem zu wenden, ist die Benutzung der spracheigenen Funktion system. Als Parameter übergibt man ein Kommando, als Ergebnis erhält man den sogenannten Rückkehrcode. Das folgende Beispiel kopiert ein OS/2-Objekt, das man auf dem Symbol des PL/I-Programms „abgeworfen" hat, in das Stammverzeichnis der d:-Platte:

```
B70: /* Datei kopieren (SYSTEM-Funktion) */
procedure (Parm) options (main noexecops);

dcl Parm char (*) var parm nonasgn;
dcl Rc   fixed bin (31);

Rc = system('xcopy ' || Parm || ' d:');
```

```
select (Rc);
   when (0) put list ('Normale Beendigung');
   when (1) put list ('Keine Daten für XCOPY gefunden');
   when (2) put list ('Auf Grund von Dateifehlern wurden '
                   || 'einige Dateien/Verzeichnisse nicht kopiert');
   when (3) put list ('Verarbeitung vom Benutzer abgebrochen');
   when (4) put list ('Verarbeitung auf Grund '
                   || 'eines Fehlers abgebrochen');
   other    put list ('Unbekannter Fehlercode: ' || trim(Rc));
   end;

end B70;
```

Besonders geeignet zum Aufruf über system sind Kommandos, deren Rückkehrcode genau über das Ergebnis Aufschluss gibt.

Mehr Möglichkeiten hat man natürlich, wenn man die Systemfunktionen (API: *application programming interface*, d. h. Schnittstelle für die Anwendungsprogrammierung) direkt aufruft. Als Beispiel sei hier das Auffinden des Wertes einer Systemvariablen unter OS/2 vorgestellt:

```
B71: /* Umgebungsvariablen (APIs) */
procedure options (main);

dcl Antwort         char (20) varz;
dcl Variable_holen external ('DosScanEnv')
                    entry (char (*) varz byaddr, ptr)
                    returns (byvalue optional
                          fixed bin (32) unsigned)
                    options (linkage (system)
                          byvalue nodescriptor);
dcl Rc              fixed bin (32) unsigned;
dcl P               ptr;
dcl Wert            char (32767) varz based (P);

open file (Sysprint) linesize (79);
do loop;
   put skip list ('Welche Systemvariable?');
   get edit (Antwort) (l);
   if Antwort = '' then leave;
   Antwort = trim(Antwort);
   Rc = Variable_holen(Antwort, addr(P));
   if Rc = 0
      then
         put list (Antwort || '=' || Wert);
      else
         put list ('Rc: ' || trim(Rc));
   end;

end B71;
```

Hier sieht man, dass man dem PL/I-Compiler genau sagen kann, wie die Parameter übergeben werden sollen. Im Zentrum steht die Prozedur DosScanEnv, die als erstes Argument den Namen der Systemvariablen erwartet und über das zweite Argument die Adresse des Wertes zurückgibt, es handelt sich jeweils um einen nullterminierten String. Dies geschieht leider auf die C-typische Weise, nämlich als Übergabe der Adresse der Adresse (sic!) der

Zeichenfolge. Mit Hilfe der external-Angabe kann man auch für kryptische Programme verständliche Namen benutzen.

In PL/I haben wir das meiste in der declare-Anweisung spezifiziert: Eine char-Variable mit variierender Länge, die auf P basiert. Als maximale Länge kann man ruhig 32767 schreiben, based-Variablen existieren ja nicht wirklich! Die entry-Deklaration hat es in sich, beginnen wir beim Schlüsselwort options:

- Die Angabe linkage (system) legt fest, dass nicht eine optimierte Parameterübergabe stattfinden soll wie sonst in PL/I, sondern die systemtypische.

- Die Angabe byvalue sagt, dass nicht die Adresse eines Arguments übergeben werden soll (also byaddr), sondern sein Wert (wie es in C üblich ist).

- Die Angabe nodescriptor gibt an, dass nicht, wie sonst in PL/I üblich, bei Aggregaten und Folgen Deskriptoren übergeben werden sollen, da das C-Programm eh nichts damit anzufangen weiß.

All diese Angaben sollte man standardmäßig vorsehen, wenn man eine API-Prozedur aufruft. In diesem Zusammenhang empfehle ich dringend die Compiler-Option rules (nolaxlink), damit man gewarnt wird, wenn man bei entry-Zuweisungen unterschiedliche Angaben gemacht hat.

Die returns-Angabe sieht ebenfalls anders aus als sonst: Auch der Rückgabewert soll nicht per Adresse, sondern als Wert zurückgeliefert werden. Die Angabe optional legt fest, dass die Prozedur nicht nur als Funktion, sondern auch als Routine aufgerufen werden kann, wenn man sich für den Rückgabewert nicht interessiert.

Allgemein ist es in PL/I möglich, auch Parameter wegzulassen, wenn sie in einem bestimmten Zusammenhang irrelevant sind. Hat man im Unterprogramm z. B. definiert:

```
U: proc (A, B);
dcl A float parm optional;
dcl B float;
```

so kann der Aufruf z. B. aussehen:

```
call U (*, 7);
```

Im Unterprogramm selbst darf man natürlich nur dann auf den optionalen Parameter zugreifen, wenn er auch mitgekommen ist. Dies erfährt man mit Hilfe der spracheigenen Funktionen omitted und present, die von gegenteiliger Bedeutung sind:

```
if present(A) then put list (A);
```

Man wird immer die Funktion nehmen, die das Nicht-Zeichen ^ vermeidet.

Übrigens leistet die spracheigene Funktion getenv dasselbe wie unser Beispiel:

```
put ('Wert von PATH:', getenv('PATH'));
```

Auch den umgekehrten Weg, das Setzen einer Umgebungsvariablen, gibt es:

```
if putenv('VAR=WERT')
    then
        put ('Setzen erfolgreich!');
    else
        put ('Setzen fehlgeschlagen!');
```

Sollte es nötig sein, dass ein PL/I-Unterprogramm von einer C-Prozedur aus aufgerufen wird, so kann man PL/I dazu veranlassen, dass die PL/I-Laufzeitumgebung gestartet wird, indem man in der <u>procedure</u>-Anweisung die entsprechende Angabe macht:

```
VonC: procedure options (fromalien);
```

Manchmal ist es erforderlich, an ein Systemprogramm die Adresse einer solchen PL/I-Prozedur zu übergeben. Mit der Adresse einer Prozedur hat man als PL/I-Programmierer aber nie etwas zu tun. Hier hilft einem die spracheigene Funktion <u>entryaddr</u>, der man als Argument z. B. eine Prozedurkonstante übergibt, deren Adresse man sucht. Erlaubt sind nur Prozeduren, die nicht in anderen Prozeduren geschachtelt sind (in einem Paket zusammengefasste dürfen es also durchaus sein) – hierfür kennen wir schon das Schlüsselwort <u>limited</u>.

Und was macht man, wenn einem das System die Adresse einer C-Prozedur übergibt, die man dann selbst aufrufen möchte? In diesem Fall benutzt man <u>entryaddr</u> einfach als Pseudovariable:

```
dcl Cprog entry variable limited;
dcl P      ptr;
entryaddr(Cprog) = P;
call Cprog;
```

Wenn man annimmt, dass P die Adresse der C-Prozedur enthält, dann weist man auf diese Art der <u>entry</u>-Variablen den entsprechenden Wert zu.

Wer jetzt auch noch die C-Unart einer variabel langen Argumentliste (etwa der C-Funktion printf) nachahmen will, findet auch in PL/I eine Entsprechung (der Einfachheit halber habe ich natürlich die C-Formate weggelassen):

```
printf:
procedure (X) options (nodescriptor byvalue);

dcl X list byaddr nonasgn varz char (*) parm;
dcl P ptr;
dcl Parameter2 fixed bin (31) based;
dcl Parameter3 float based;

P = varglist();
put list (P->Parameter2);
P += vargsize(Parameter2);
put list (P->Parameter3);

end printf;
```

Um so etwas zu verstehen, braucht man einige Zeit! Der letzte Parameter, der nicht wegfallen darf, bekommt das Attribut <u>list</u>. Die spracheigene Funktion <u>varglist</u> liefert die Adresse des ersten Parameters danach. Mit Hilfe von <u>vargsize</u> zählt man diese Adresse höher, sofern die Übergabe <u>byvalue</u> war, sonst nimmt man <u>size</u>(P) als Inkrement. In jedem Fall muss man selbst wissen, wie viele Argumente übergeben wurden und welchen Typ sie hatten. Weit und breit ist von Sicherheitsgurten nichts zu sehen!

Generell gilt, dass man für Dinge, die man mit PL/I-Mitteln erreichen kann, keine Systemaufrufe benutzen darf. Sollte z. B. doch ein Systemaufruf nötig sein, für den man den internen Wert einer Dateikonstanten oder -variablen kennen muss, so liefert einem diesen die spracheigene Funktion <u>fileid</u>.

7.1.5 Für Langläufer – Checkpoint/Restart

Die spracheigenen Funktionen dieses Abschnitts sind nur für Großrechner gedacht. Es geht nämlich um die Checkpoint/Restart-Einrichtung des Betriebssystems z/OS. Bei sehr lange laufenden Jobs in der Stapelverarbeitung kann es nämlich sinnvoll sein, im Falle eines Abbruchs (und sei es durch den Operateur) das Programm nicht wieder von vorne, sondern an der Stelle zu starten, an der es unterbrochen wurde. Diesem Wunsche kann man nahe kommen, wenn man in regelmäßigen Abständen den Zustand des Programms in einem Checkpoint-Record festhält, das auf Magnetplatte geschrieben wird. Der Neustart des Programms kann automatisch erfolgen (dann muss der Operateur zustimmen) oder auf später verschoben (engl. *deferred*) werden.

Zunächst muss man Checkpoint/Restart JCL-mäßig vorbereiten, also mit Angaben der *Job Control Language*. Man muss das Schreiben der Checkpoint-Sätze zulassen, indem man in der JOB- oder EXEC-Anweisung die RD-Angabe (engl. *restart definition*) spezifiziert, etwa

```
//STEPNAME EXEC PGM=PROG,RD=R
```

Mit RD=R hat man automatischen Neustart (engl. *restart*) erlaubt, RD=NR verbietet diesen. RD=RNC oder RD=NC sollte man nicht angeben, da dies das Schreiben der Checkpoint-Sätze verhindern würde (RD=NC verbietet auch den automatischen Neustart). Des Weiteren muss man eine Festplattendatei angeben, die einen oder mehrere Sätze aufnehmen kann, etwa

```
//SYSCHK DD DSN=CPUNKT,SPACE=(...),DISP=(NEW,KEEP)
```

Der Platz muss ausreichen, um den gesamten Hauptspeicher des Jobsteps plus 5000 Byte aufzunehmen. Für alle geöffneten Dateien muss ja ggf. vermerkt werden, welches die aktuelle Position der sequentiellen Verarbeitung ist.

Gibt man im DISP-Parameter MOD an, so können mehrere Checkpoint-Sätze gespeichert werden, bei OLD oder NEW wird der bisherige immer durch den neuen ersetzt. Man kann auch einen PDS angeben, dann werden Member erzeugt.

Zum Schreiben eines Checkpoint-Satzes ruft man an geeigneten Stellen die spracheigene Routine plickpt auf:

```
dcl Rc fixed bin (31);
call plickpt ('SYSCHK', 'P1', 'PS', Rc);
```

Will man die Voreinstellungen nutzen, so gebe man Nullstrings an. Das erste Argument bezeichnet den DD-Namen ('SYSCHK' ist auch voreingestellt), das zweite vergibt an diesen Checkpoint eine Kennung, das dritte sagt PL/I, ob die Checkpoint-Datei eine sequentielle Datei ('PS') oder ein PDS ist ('PO'), im vierten Argument gibt PL/I zurück, wie es ausgegangen ist (0 heißt erfolgreich).

Damit ist der erste Teil von Checkpoint/Restart erledigt. Wie kommen wir jetzt zu einem Neustart? Wenn er automatisch unter Zustimmung des Operateurs erfolgt, ist nichts weiter zu unternehmen: Bei einem Jobabbruch wird der betroffene Step, wenn ein Checkpoint-Satz existiert, mit diesem fortgesetzt; wenn die Checkpoint-Datei noch leer ist, am Anfang des Steps.

Man kann aber auch zu einem späteren Zeitpunkt den Job noch einmal laufen lassen und erzwingen, dass er in einem bestimmten Step mit einem bestimmten Checkpoint-Satz fortfährt. Dazu muss man diese Informationen in der JOB-Anweisung spezifizieren und außerdem die Checkpoint-DD-Anweisung vor der EXEC-Anweisung:

```
//JOBNAME JOB (...),Name,RESTART=(STEPNAME,P1)
//SYSCHK DD DSN=..., DISP=OLD
//STEPNAME EXEC PGM=PROG
```

Wollte man in diesem Job auch wieder Checkpoint-Sätze schreiben, so müsste man natürlich auch wieder den RD-Parameter angeben.

Mit PL/I-Mitteln kann man aber auch während des normalen Laufs einen sofortigen Neustart erzwingen. Wenn man im PL/I-Programm einfach schreibt

```
call plirest;
```

so bricht PL/I das Programm mit dem Code 4092 ab und das System startet den Step mit dem letzten Checkpoint-Satz neu. Für den Fall, dass man nicht dort, sondern am Stepanfang neustarten möchte, kann man alle bisher geschriebenen Checkpoint-Sätze mit der spracheigenen Routine plicanc annullieren (engl. *to cancel*):

```
call plicanc;
```

Eine Bemerkung darf natürlich nicht vergessen werden: Nicht jedes Programm ist dafür geeignet, an einer bestimmten Stelle ohne weitere eigene Maßnahmen wieder aufgesetzt zu werden. Ggf. muss man vor dem Aufruf von plickpt noch relevante Daten in eine eigene Datei speichern, die man nach dem Aufruf von plickpt zunächst wieder einliest.

7.2 Manipulation von breiten Zeichen

Amerikaner kommen wirklich mit 26 verschiedenen Zeichen aus, egal ob sie nun eigene oder Fremdwörter wie *fahrvergnugen* (sic!) schreiben wollen. Europäer haben schon mehr Probleme, besonders bei mehrsprachigen Texten. Im Prinzip muss man immer mitführen, welcher Zeichensatz gerade gültig ist. Vollends zum Scheitern verurteilt sind Benutzer von asiatischen Schriftzeichen, wenn sie mit Zeichen arbeiten sollen, die nur 256 Möglichkeiten bieten. Gefragt sind nämlich über 20 000! In diesem Abschnitt soll gezeigt werden, wie PL/I auf diese Herausforderung reagiert hat.

7.2.1 Der erste Versuch – das Attribut GRAPHIC

Im Jahre 1981 zierte ein seltames Programm den Einband des PL/I-Handbuchs der Fa. IBM: Neben bekannten Wörtern wie IF und THEN sah man chinesische Schriftzeichen dort, wo an sich Variablennamen hingehören. Dies war die Einführung des Attributs graphic, und das nicht nur als Datentyp für die Ausführungsphase, sondern auch gleich zur Verwendung für Namen im Programm. DBCS war das Schlagwort: *double byte character set*.

Da Speicherplatz teuer war, hatte man sich eine Methode ausgedacht, wie man möglichst platzsparend mehr als die bisher möglichen 256 Zeichen in einer Zeichenfolge unterbringen kann. Im Wesentlichen übernahm man die ersten 128 Zeichen direkt und benutzte die anderen 128 dazu, in Verbindung mit dem folgenden Zeichen ein Ideogramm aus der chinesichen, japanischen und koreanischen Schrift darzustellen. Stellt man sich jetzt eine japanische Zeitungsseite vor, die durchaus eine Mischung aus westlichen und fernöstlichen Schriftzeichen ist, so erkennt man die Nachteile der DBCS-Codierung:

• Wenn man wissen will, wie viele Zeichen eine Zeichenfolge hat, so muss man die Zeichenfolge von Anfang bis Ende durcharbeiten.

- Will man innerhalb eine Zeichenfolge die scheinbar triviale Operation durchführen, die Position ein Zeichen zurückzusetzen, so läuft dies darauf hinaus, die Folge wieder von vorn an durchzusehen.

Die Definition von graphic in PL/I ist allerdings geschickter: Alle Zeichen sind zwei Byte lang, zur Umwandlung von gemischten DBCS-Folgen nach graphic werden spracheigene Funktionen zur Verfügung gestellt. Gemischte DBCS-Folgen werden in Variablen vom Typ character gespeichert. Die Funktion graphic wandelt gemischte DBCS-Folgen um in reine graphic-Folgen, die Funktion chargraphic wandelt von graphic in gemischte DBCS-Folgen. Eine Sonderrolle spielt die Funktion mpstr: Sie dient zum Aufteilen einer gemischten DBCS-Folge an einer erlaubten Stelle, also nicht zwischen zwei zusammen gehörenden Bytes. In Europa wurden DBCS-Folgen nie benutzt und so soll dies auch schon alles sein, was ich über das Attribut graphic berichten möchte.

7.2.2 Der zweite Versuch – das Attribut WIDECHAR

Da die Handhabung von DBCS-Folgen (vor allem in Verbindung mit Dateien) sehr umständlich ist und außerdem Speicher um Größenordnungen billiger geworden ist, hat man sich etwas Neues ausgedacht: Unicode, genormt in ISO 10641-1. Von Bedeutung ist die Ausprägung UTF-16, d. h. 16 Bit werden für ein Zeichen verwendet – immer! Fasst man diese 16 Bits als eine ganze Zahl auf, so kann man sagen, dass die ersten 128 Zeichen den üblichen ASCII-Zeichen entsprechen (wenn die ersten 9 Bits also auf 0 gesetzt sind). Euro-päische Alphabete sind zusammenhängend definiert, z. B. das kyrillische von '0400'xu bis '04FF'xu.

Von besonderer Bedeutung ist Unicode, weil es zwei bedeutende Produkte gibt, die sich auf Unicode stützen: Windows NT (und seine Nachfolger) sowie Java. Intern rechnen beide nur mit UTF-16-Zeichenfolgen. Zu diesem Zweck gibt es für jeden Windows-Systemaufruf, der Zeichenfolgen als Parameter hat, zwei Versionen, einen mit der Endung A (wie ASCII) und einen mit der Endung W (für *wide*). So gibt es z. B. MessageBoxA und MessageBoxW. Intern wird der ASCII-Text erst nach Unicode übersetzt, die eigentliche Funktion arbeitet immer mit Unicode. In Java sind Zeichen und String-Objekte ebenfalls Unicode, es gibt keine anderen Zeichen in Java.

Auch PL/I kennt jetzt Unicode, das entsprechende Attribut heißt widechar, bzw. abgekürzt wchar. Wie man widechar-Daten mit Java-Methoden austauscht, wird in Abschnitt 7.4 erläutert, hier soll schon mal ein Beispiel für Windows vorgestellt werden, natürlich mit dem eben erwähnten MessageBoxW:

```
B72: /* Message-Box mit kyrillischen Zeichen (WIDECHAR) */
procedure options (main);

dcl MessageBoxW
    entry (ptr,
           wchar (*) varz byaddr nonasgn,
           wchar (*) varz byaddr nonasgn optional,
           fixed bin (32) unsigned)
    returns (optional fixed bin (31) byvalue)
    options (byvalue linkage (stdcall) nodescriptor)
    external ('MessageBoxW');
```

```
dcl K       fixed bin (16) unsigned;
dcl Text    widechar (16) varz init ('');
dcl Titel   widechar (4) varz
            init ('0422_0415_0421_0422'wx); /* TECT */

do K = '0410'xu to '041F'xu;
   Text ||= wcharval(K);
   end;
call MessageBoxW (null(), Text, Titel, 64);

end B72;
```

Die Deklaration von `MessageBoxW` wird man nach dem Studium des letzten Abschnitts verstehen. Sie sorgt dafür, dass die Parameter-Übergabe klappt. Interessant in unserem Zusammenhang sind die Deklarationen von `Text` und `Titel` als <u>widechar</u>: `Titel` ist der Text, der in der Titelleiste des Nachrichtenfensters erscheint, codiert als hexadezimale Ziffernfolge: das Wort TEST heißt auf russisch TECT. Ausgegeben werden die ersten 16 Zeichen des kyrillischen Alphabets, die wir in der Schleife in der Variablen `Text` aneinanderhängen. Die spracheigene Funktion <u>wcharval</u> gibt das <u>widechar</u>-Zeichen zurück, das der Zahl des Arguments entspricht. Man muss also nur wissen, wie das kyrillische A codiert ist.

Das MessageBox-Fenster sieht dann folgendermaßen aus:

Abbildung 77. Kyrillische MessageBox (Unicode)

Die Implementierung von Unicode im PL/I-Compiler ist schon ziemlich umfangreich, einige Dinge fehlen aber noch. Zur Zeit gelten folgende Regeln:

- Das PL/I-Quellprogramm kann nicht (wie bei <u>graphic</u>) in Unicode verfasst werden,

- daraus folgend gibt es auch keine <u>widechar</u>-Konstanten, etwa in der Art `'TECT'w`, allerdings kann man hexadezimale Konstanten schreiben, z. B. `'0422'wx` oder länger, wie in Beispiel B72 zu sehen.

- Wie auch bei <u>character</u> gibt es <u>widechar</u> in den drei Arten <u>nonvarying</u>, <u>varying</u> und <u>varyingz</u>. Das Endzeichen bei <u>varyingz</u> ist `'0000'wx`, also auch 2 Byte groß.

- Der Datentyp <u>widechar</u> ist in andere Datentypen konvertierbar und umgekehrt. Hierbei ist zu beachten, dass nur die ersten 128 <u>widechar</u>-Zeichen Entsprechungen bei <u>character</u> besitzen, anderenfalls wird die <u>conversion</u>-Bedingung ausgelöst.

- Die spracheigenen Funktionen zur Zeichenfolgenverarbeitung können auch mit wide-char-Argumenten benutzt werden (Ausnahme: translate). Hinzu kommen onwchar und onwsource, die man in einer conversion-on-Einheit benutzen kann, wcharval (siehe B72), widechar zur Umwandlung nach widechar sowie wlow und whigh. Da die Bedeutung der Zeichen stark von der verwendeten Codepage abhängt, kann man mit der Compileroption codepage die Nummer der Zeichensatztabelle angeben, die zur Interpretation der Zeichen verwendet werden soll.

- Bei der Ein- und Ausgabe ist widechar nicht direkt zugelassen, man muss immer eine Umwandlung von bzw. nach character selbst vornehmen.

Üblicherweise beginnen Unicode-Dateien mit einem besonderen Unicode-Zeichen, nämlich 'FEFF'wx. Dieses zeigt an, wie die Zahlendarstellung des erzeugenden Rechners ist. Näheres kann man in Abschnitt 7.1.3 nachlesen. Hier soll nur wichtig sein, dass man auch dieses Zeichen selbst erzeugen muss, PL/I unterstützt einen hier nicht. Eine von vielen Möglichkeiten, eine Unicode-Datci zu erstellen, ist die folgende:

```
dcl Breit  wchar (10) var init ('0422_0415_0421_0422'wx);
dcl Schmal char (2);
dcl I      fixed bin;
put edit ('fffe'x) (a); /* character, auf INTEL-Maschinen! */
do I = 1 to length(Breit);
   unspec(Schmal) = unspec(substr(Breit, I, 1));
   put edit (Schmal) (a);
   end;
```

Andere Möglichkeiten wären natürlich Ausgabe mit write oder der filewrite-Funktion.

Mit Hilfe der Compileroption widechar kann man angeben, welche Byte-Reihenfolge bei der Speicherung von widechar-Daten benutzt werden soll, wenn man mit der für die Plattform gültigen nicht einverstanden ist. Nimmt man etwa das Unicode-Zeichen für '1', hexadezimal ausgedrückt als '0031'wx, so wird dies bei widechar(bigdendian) auch so gespeichert, wie das die wx-Konstante per definitionem zeigt, bei widechar(littleendian) allerdings als '3100'x, selbst auf einem Großrechner.

7.3 REXX-Komponenten nutzen

REXX ist eine Programmiersprache, die auf IBM-Betriebssystemen als Skriptsprache dient und auch zum Lieferumfang des IBM-PL/I-Compilers für Windows gehört. Der eine Zweck in Verbindung mit PL/I ist also die Vorbereitung einer Umgebung zum Aufruf von PL/I-Programmen, sei es das Setzen einen aktuellen Verzeichnisses oder die Zusammenstellung von Parametern und schließlich der Aufruf von Programmen. Weitgehend unbekannt (und ungenutzt) scheint aber der Aufruf von REXX-Programmen von PL/I aus zu sein. Dem soll hier abgeholfen werden. Auch wer als PL/I-Programmierer noch nie von REXX gehört hat, fühlt sich in REXX wegen der syntaktischen Ähnlichkeit schnell zu Hause.

7.3.1 Verwandtschaft – REXX-Aufrufkonventionen

Fragen wir also, was die Programmiersprache REXX für einen PL/I-Programmierer zu bieten hat. Interessant ist es zunächst zu wissen, wie man ein REXX-Unterprogramm von PL/I aus aufruft. Es gibt da z. B. eine Unterprogrammsammlung namens REXXUTIL, die man gerne benutzen möchte. Dies ist tatsächlich in einfacher Weise möglich, man muss nur wis-

sen, dass es in REXX nur einen einzigen Datentyp gibt, nämlich den Datentyp Zeichenfolge. Ähnlich wie bei _varying_-Folgen in PL/I ist die Länge durch die letzte Zuweisung
bestimmt, allerdings gibt es keine festgelegte Maximallänge.

Nehmen wir also aus der Bibliothek REXXUTIL das Unterprogramm SysGetChar: Schon
immer wollten wir von PL/I aus ein Passwort abfragen können, ohne dass dieses dabei
sichtbar wird, PL/I-stream-I/O leistet das leider nicht! Hier ist also ein Demonstrationspro-
gramm, das im Kommandofenster ein Passwort erfragt und dann (das sollte man natürlich
nie tun!) wieder ausgibt:

```
B73: /* Passworteingabe (REXXUTIL) */
procedure options(main);

dcl SysGetKey entry (char (*) varz byaddr,
                     fixed bin (31) byvalue,
                     pointer byvalue,
                     char (*) varz byaddr,
                     pointer byvalue)
            options (linkage (system) nodescriptor)
            ext ('REXXUTIL');

dcl 1 Ergebnis,
    2 *      fixed bin (31),
    2 *      ptr init (addr(Zeichen));
dcl 1 Parameter static,
    2 *      fixed bin (31) init (length('noecho')),
    2 *      ptr init to (varz) ('noecho');
dcl Passwort  char (100) var;
dcl Zeichen   char;

/* Zunächst die DLL laden: */
fetch SysGetKey title ('REXXUTIL/SYSGETKEY');

/* Passwort abfragen: */
Passwort = '';
do loop;
    call SysGetKey('xxx', 1, addr(Parameter),
                   'yyy', addr(Ergebnis));
    if Zeichen = '0D'x then leave;
    if Zeichen ^= '08'x
        then
            Passwort ||= Zeichen;
        else if length(Passwort) > 0 then
            Passwort = left(Passwort, length(Passwort) - 1);
    end;

/* Passwort anzeigen: */
display ('***' || Passwort || '***');

end B73;
```

Die Strukturen Ergebnis und Parameter zeigen, wie ein REXX-String aussieht: erst ein
Längenfeld und dann die Adresse der Zeichenfolge. An der Deklaration von SysGetChar
sieht man, dass an ein REXX-Unterprogramm immer fünf PL/I-Parameter übergeben werden:

1. Name der Funktion (in unserem Beispiel irrelevant),

2. Anzahl der tatsächlichen REXX-String-Parameter (bei uns nur 1),

3. Adresse der Liste der Adressen der tatsächlichen REXX-String-Parameter,

4. Name der aktuellen Warteschlange (im Beispiel irrelevant) und schließlich

5. Adresse des Rückgabe-REXX-Strings.

Den Aufruf hat man sich jetzt so vorzustellen, dass genau ein Zeichen zurückkommt. Dieses wurde aber wegen der Angabe `'noecho'` nicht im Kommandofenster dargestellt. Was in der Schleife sonst noch passiert, ist die Berücksichtigung des Falls, dass Eingabefehler mit Hilfe der Rückschritttaste (Code `'08'x`) korrigiert wurden. Fertig ist die Zeichenfolge, wenn die Eingabetaste gedrückt wurde (`'0D'x`).

7.3.2 Einfach riesig – REXX-Programme in PL/I-Variablen

Eine viel größere Herausforderung ist es, wenn man sich ein REXX-Programm in einer PL/I-Variablen zusammenbastelt und dann den REXX-Interpreter startet, um dieses Programm ausführen zu lassen. Sinnvoll könnte dies z. B. sein, wenn man für seine Anwendung auch eine Skript-Möglichkeit zur Verfügung stellen will. Wenn man also etwa ein E-Mail-Programm geschrieben hat und dem Benutzer die Möglichkeit bieten will, aus Absender und Betreff-Zeile zu entscheiden, ob es sich um SPAM-Mail handelt. Wenn der Benutzer der REXX-Sprache mächtig ist, könnte er vielleicht schreiben:

```
if Adresse = '' | pos('YOU', uppercase(Subject)) > 0
    then return 0;
    else return 1;
```

und hätte schon einen großen Teil der lästigen Reklame ausgesondert.

Ein anderer Zweck ist natürlich, etwas auszunutzen, das es nur in REXX, aber nicht in PL/I gibt. Die `parse`-Anweisung wäre kein Grund, die gibt es ja, wie erwähnt, schon als PL/I-Makro. Ich möchte hier als Beispiel ein Programm vorstellen, das mit beliebig langen Zahlen rechnen kann. Beliebig im REXX-Sinne: so groß, dass alles noch in den Hauptspeicher passt. Garantiert wird vom REXX-Standard, dass es auf jeden Fall 1000 Stellen sein können. Wie in PL/I üblich, spielt sich das meiste im Deklarationsteil des Programms ab. Gleich am Anfang finden Sie in s das REXX-Programm, das wir ausführen möchten:

```
B74: /* Multiplikation großer Zahlen (REXX-Interpreter) */
procedure options(main);

dcl S char (*) value ('parse arg x, y;'     ||
                      'numeric digits 100;' ||
                      'return x * y;');
dcl Anweisungen char(length(S)) init (S);
dcl A1 char (30) varz init ('123456789012345678901234567890');
dcl A2 char (30) varz init ('123456789012345678901234567890');
dcl 1 Parameter dim (2),
      2 * fixed bin (31) init (length(A1), length(A2)),
      2 * ptr init (addr(A1), addr(A2));
dcl Name char (6) varz init ('RIESIG');
```

```
dcl 1 Programm,
      2 Klartext,
        3 * fixed bin (31) init (length(Anweisungen)),
        3 * ptr init (addr(Anweisungen)),
      2 Codetext,
        3 * fixed bin (31) init (*),
        3 * ptr init (null());
dcl Umgebung char (5) varz init ('MEINS');
dcl 1 Ergebnis,
      2 Laenge  fixed bin (31) init (*),
      2 Adresse ptr init (addr(Standardergebnis));
dcl Standardergebnis char (256);
dcl Sonderergebnis char (32767) based (Ergebnis.Adresse);
dcl Rc    fixed bin (31);
dcl Rc15 fixed bin (15);
dcl RexxStart entry
        (fixed bin (31), /* Anzahl Argumente        */
         ptr,            /* Argument-Matrix         */
         ptr,            /* Name des REXX-Programms  */
         ptr,            /* Adresse der REXX-Programms */
         ptr,            /* Anfangsumgebung         */
         fixed bin (31), /* Typ                     */
         ptr,            /* SysExit                 */
         ptr,            /* Rückgabezahl            */
         ptr)            /* Rückgabe-String         */
      returns (byvalue fixed bin (31))
      options (linkage (system) byvalue nodescriptor);

%if system() = 'OS2'
%then %do;
dcl DosFreeMem entry (ptr)
      returns (byvalue fixed bin (31))
      options (linkage (system) byvalue nodescriptor);
      %end;
%else %do;
dcl GlobalFree entry (ptr)
      ext ('GlobalFree')
      returns (byvalue fixed bin (31))
      options (linkage (system) byvalue nodescriptor);
      %end;

/* Starten des REXX-Interpreters: */
fetch RexxStart title ('REXX/RexxStart');
Rc = RexxStart(2,
               addr(Parameter),
               addr(Name),
               addr(Programm),
               addr(Umgebung),
               2, /* RXFUNCTION */
               null(),
               addr(Rc15),
               addr(Ergebnis));
display ('***Ergebnis: '
      || substr(Sonderergebnis, 1, Ergebnis.Laenge)
      || '***');
```

```
/* Evtl. Freigeben Sonderergebnis: */
if Ergebnis.Adresse ¬= addr(Standardergebnis) then
%if system() = 'OS2'
%then %do;
   Rc = DosFreeMem(Ergebnis.Adresse);
   %end;
%else %do;
   Rc = GlobalFree(Ergebnis.Adresse);
   %end;
end B74;
```

An RexxStart wird die Adresse einer Parameter-Matrix mit zwei sehr langen Zahlen und die Adresse eines REXX-Programms (in der Variablen S) übergeben. Da es sich um eine Funktion handelt, muss man noch an das Ergebnis kommen. Dies ist nicht ganz trivial: Ist das Ergebnis eine Zahl im Bereich ±32 000, so kann man es der Variablen Rc15 entnehmen. Ist dies nicht der Fall (wie in diesem Beispiel), so kommt es als REXX-String zurück. Für diesen Fall muss man 256 Byte bereitgestellt haben. Passt das Ergebnis wiederum nicht in diese Variable (Standardergebnis), so fordert der REXX-Interpreter entsprechend Speicherplatz vom Betriebssystem an und ersetzt die Adresse in Ergebnis. Man ist verpflichtet, das Sonderergebnis auch wieder mit Betriebssystemmitteln freizugeben – deshalb der ganze Aufwand mit Präprozessor-Anweisungen. Für OS/2 heißt die entsprechende Funktion DosFreeMem und für Windows GlobalFree, auf anderen Plattformen müsste man entsprechende Prozeduren aufrufen. Interessanterweise wird unter OS/2 das Sonderergebnis tatsächlich angelegt, unter Windows nicht (bei den oben angegebenen Zahlen).

Die verschiedenen Adressverweise nachzuvollziehen, überlasse ich dem Leser, Grundlagen für eigene Versuche sollten hiermit gelegt sein.

7.4 Java-Komponenten nutzen

Die Programmiersprache Java wird heute allgemein als die modernste Programmiersprache dargestellt, objektorientierte Programmierung als das Non-plus-ultra. Warum empfinde ich trotzdem PL/I als die angenehmere Programmiersprache? Das Hauptproblem von Java ist in meinen Augen die Erblast von C. C-Programmierern sollte ein Umstieg einfach gemacht werden. Das bedeutet zum ersten, es dauert länger, bis man ein Java-Programm syntaktisch korrekt hinbekommen hat: Groß- und Kleinbuchstaben werden unterschieden, man verwechselt geschweifte Klammern und sucht mühsam die Stelle, wo es passiert ist. Weiterhin ist die Zuweisung nicht eine eigene Anweisung, sondern ein Operator; keiner mahnt einen, wenn in einer if-Anweisung nur ein einzelnes Gleichheitszeichen steht. Der nächste Nachteil ist die maßlose Schreibarbeit, wenn man nur mal Testdaten ausgeben möchte.

Viel schwerer wiegt aber das grundsätzliche Dilemma der objektorientierten Programmierung: Wenn man den Namen einer Methode hinschreibt, weiß man im Grunde nicht, welches Programm aufgerufen wird. Es ist üblicherweise in irgendeiner höheren Klasse versteckt und noch dazu (wegen des sogenannten Polymorphismus) abhängig von der Klasse des gerade gespeicherten Objekts. Vermeidet man Polymorphismen, so begibt man sich einer der größten „Errungenschaften" der objektorientierten Programmierung.

Schreibt man die Klasse, der die Methode angehört, hingegen immer explizit hin, so wird das Programm resistent gegen Änderungen der Klassenhierarchie. Fehler in der Festlegung der Hierachie sind ganz normale Programmierfehler, kommen also öfters vor – vor allem, wenn man sich klarmacht, dass keine Hierarchie die „einzig richtige" ist, sondern nur eine von mehreren Möglichkeiten, von denen man erst hinterher weiß, welche denn nun die „beste" ist.

Es gibt also gute Gründe, in PL/I und nicht in Java zu programmieren. Die beiden folgenden Abschnitte zeigen, wie man aber die Fähigkeiten, die Java bietet, auch als PL/I-Programmierer nutzen kann. Basis ist das sogenannte *Java Native Interface* (JNI).

7.4.1 Mit Vorderende – PL/I-Unterprogramme für Java

Die erste Möglichkeit der Zusammenarbeit von PL/I- und Java-Komponenten ist die, ein PL/I-Unterprogramm als Java-Methode aufzurufen. Hat man z. B. umfangreiche PL/I-Programme, die mit Datenbanken arbeiten, so kann man mit Hilfe des Swing-Pakets eine grafische Benutzeroberfläche (ein *frontend*) in Java programmieren, die dann PL/I-Unterprogramme aufruft.

Nun möchte ich als Beispiel weder ein riesiges Java-Programm noch ein mit Datenbanken kommunizierendes PL/I-Programm vorstellen. Stattdessen nehme ich etwas, was Java nicht kann, nämlich mit römischen Zahlen umgehen, und ein Java-Programm, das eine Ausgabe in einem Kommandofenster (also nicht mit Swing) vornimmt. Zunächst das einfache Java-Hauptprogramm:

```
public class Umwandlung {
    String roemisch;
    int     arabisch;
    public native void nachArabisch ();
    static {System.loadLibrary("javarom");}
    public static void main (String [] parm) {
        Umwandlung zahl = new Umwandlung();
        zahl.roemisch = "XXXIV";
        zahl.nachArabisch();
        System.out.println ("Die römische Zahl "
                            + zahl.roemisch
                            + " hat den Wert "
                            + zahl.arabisch);
    }
}
```

Nun ist dieses Buch kein Lehrbuch über Java. Deshalb hier nur so viel: Durch das Schlüsselwort `native` deklariert man die Methode `nachArabisch` als eine Nicht-Java-Methode der Klasse `Umwandlung`. Diese Methode wird gefunden, wenn man die Datei `javarom.dll` lädt. Das neu erzeugte Objekt `zahl` der Klasse `Umwandlung` besitzt außer der `native`-Methode (und der `main`-Methode) zwei Daten-Elemente: `zahl.roemisch` und `zahl.arabisch`. Zunächst wird dem ersten Element `"XXXIV"` zugewiesen, danach wird die PL/I-Prozedur `nachArabisch` aufgerufen, die den Zahlenwert berechnet und auf das zweite Element des Objekts `zahl` zuweist. Der abschließende Aufruf von `System.out.println` entspricht put in PL/I, das Pluszeichen in diesem Zusammenhang dem Verkettungsoperator | |.

Wie muss nun ein PL/I-Programm aussehen, das als Java-Methode fungieren kann? Zum Beispiel so:

```
B75: /* Römische Zahlen (Java ruft PL/I) */
package;

nachArabisch: toArabic:
procedure (JNIEnvptr, Objekt)
   external ('_Java_Umwandlung_nachArabisch')
   options (byvalue nodescriptor linkage (system));

%include java;

dcl Objekt         type jObject parm nonasgn;
dcl Bool           type jBoolean;
dcl Intkennung     type jFieldID;
dcl Intname        char(9) varz static init ('arabisch');
dcl Javastring     type jString;
dcl Klasse         type jClass;
dcl Plizeiger      ptr;
dcl Plifolge       char (100) varz based (Plizeiger);
dcl Stringkennung  type jFieldID;
dcl Stringname     char(9) varz static init ('roemisch');
dcl Wert           fixed bin (31);

/* Klasse des übergebenen Objekts holen: */
Klasse = Env.GetObjectClass(JNIEnv, Objekt);

/* Kennung des String-Elements holen: */
Stringkennung = Env.GetFieldID(JNIEnv, Klasse, Stringname,
                               'Ljava/lang/String;');
/* Java-String holen: */
Javastring = Env.GetObjectField(JNIEnv, Objekt, Stringkennung);

/* Java-String in PL/I-Zeichenfolge umwandeln: */
Plizeiger = Env.GetStringUTFChars(JNIEnv, Javastring, Bool);

/* Wert der Zahl ermitteln: */
Wert = Arabisch(Plifolge);

/* Zeichenfolge des Java-Strings freigeben: */
call Env.ReleaseStringUTFChars (JNIEnv, Javastring, Plizeiger);

/* Kennung des Int-Elements holen: */
Intkennung = Env.GetFieldID(JNIEnv, Klasse, Intname, 'I');

/* Wert eintragen: */
call Env.SetIntField (JNIEnv, Objekt, Intkennung, Wert);

end nachArabisch;

Arabisch: /*****************************************************/
procedure (S) returns (fixed bin (31));

dcl S char (*) nonasgn;
dcl I      fixed bin;
dcl K      fixed bin;
dcl Limit  fixed bin;
dcl Ungültig bit init ('0'b);
dcl W      dim (7) fixed bin static nonasgn
           init (1,5,10,50,100,500,1000);
```

```
dcl Z          dim (7) char static nonasgn
               init ('I','V','X','L','C','D','M');

Wert, Limit = 0;
do I = length(S) to 1 by -1 until (Ungültig);
   Ungültig = '1'b;
   do K = 1 to 7 while (Ungültig);
      if substr(S, I, 1) = Z(K) then do;
         if K >= Limit
            then do;
               Wert += W(K);
               Limit = K;
               end;
            else
               Wert -= W(K);
         Ungültig = '0'b;
         end;
      end;
   end;
if Ungültig then return (-1);
            else return (Wert);

end Arabisch;
end B75;
```

Dies ist die Version für Windows. Das sieht man an der `external`-Option der `procedure`-Anweisung. Prinzipiell gilt: Der externe Name muss zusammengesetzt sein aus der Zeichenfolge `Java`, dem Namen der Klasse, in der die PL/I-Prozedur Java-Methode spielt sowie dem Namen der `native`-Methode, jeweils getrennt durch einen Unterstrich. Nur bei Windows muss wegen der Linker-Konventionen noch ein Zeichen davorgehängt werden, das später weggeworfen wird. Man beachte, dass der PL/I-Name der Prozedur sich deutlich (also in mehr als Groß/Kleinschreibung) vom externen Namen unterscheiden muss! Ansonsten würde es schiefgehen.

Als Parameter werden an die „PL/I-Methode" übergeben: ein Zeiger auf eine Struktur `env` mit allen im JNI benötigten Funktionen sowie ein Zeiger auf das Objekt, das durch den Methodenaufruf betroffen sein soll. Alle benötigten Deklarationen sind in der Datei `java.cpy` enthalten, die etwa 1000 Zeilen enthält und per `%include` eingefügt wird. Alle im Folgenden aufgerufenen Funktionsaufrufe beginnen also mit `Env.`, z. B. `Env.GetObjectClass`.

Im Prinzip passiert jetzt genau das, was der Java-Interpreter auch machen muss, allerdings ohne jede Optimierung:

1. Man besorgt sich die Kennung der Klasse des betroffenen Objekts,

2. man besorgt sich die Kennung des Elements mit dem Namen `roemisch`,

3. man besorgt sich die Kennung des Strings `roemisch`,

4. man besorgt sich einen Zeiger auf die Zeichenfolge des Strings `roemisch`,

5. man ruft die Prozedur `Arabisch` auf,

6. man gibt die Zeichenfolge wieder frei,

7. man besorgt sich die Kennung des Elements mit dem Namen `arabisch` und

8. weist schließlich den von `Arabisch` erhaltenen Wert auf das Element zu.

Mit Kennung ist hier etwas gemeint, das Java zum Auffinden der Sache befähigt, etwa ein Zeiger oder eine andere Zahl. Ein Fallstrick ist die Vorschrift, in der Signatur des String-Elements Schrägstriche zu verwenden, also für ein Element der Klasse `java.lang.String` unerwarteterweise `java/lang/String` schreiben zu müssen. Die Aufrufe zur Bereitstellung und Freigabe der für PL/I lesbaren Zeichenfolge braucht ein echtes Java-Programm natürlich nicht auszuführen – Java kennt ja, wie erwähnt, nur Unicode!

Das Unterprogramm zur Ermittlung des Werts einer römischen Zahl ist schon in Abschnitt 3.3.2 besprochen worden, die Modifikationen sind nur gering.

7.4.2 Ohne Java – Java-Klassen für PL/I

In den Anfangszeiten von PL/I wurde jede neue Errungenschaft, die das damalige IBM-Betriebssystem OS/360 brachte, auch als Anweisung in PL/I eingebaut, man denke etwa an Multitasking. Als das aber überhand nahm, beschränkte man sich auf die Möglichkeit, Neues per Assembler-Unterprogramm von PL/I aus zu nutzen. In der heutigen Zeit haben nun die Erbauer von Java den Ehrgeiz, alles, was die Programmierszene bietet, als Paket mit Klassen und Methoden dem Java-Programmierer zur Verfügung zu stellen, sei es Internet-Anschluss oder Verschlüsselung, um nur zwei zu nennen. Durch das sogenannte *Invocation Interface* des JNI kann man dies alles auch von PL/I aus nutzen.

Im folgenden Beispiel zeige ich, wie man von einem PL/I-Hauptprogramm aus die sogenannte *Java Virtual Machine* (JVM) startet, mit Hilfe von Java-Klassen Verbindung zum Internet aufnimmt, einen Zeit-Server nach dessen Datum und Uhrzeit fragt und dann die JVM wieder stoppt. Ehe ein PL/I-Programmierer `call`-Anweisungen mit obskuren Parameterlisten hinschreibt, erfindet er lieber ein paar PL/I-Makros und durchdenkt die Abhängigkeiten nur einmal. Deshalb sei hier also ein sehr übersichtliches Programm vorgestellt, das den Eindruck erweckt, der Umgang mit Objekten sei in PL/I eingebaut. Die Makros sind rein äußerlich so definiert, dass der Positionsparameter direkt hinter dem Makro-Namen einen Wert erhält, die anderen Parameter werden nur „zur Kenntnis genommen“:

```
B76: /* Timeserver nach Zeit fragen (PLI ruft Java) */
package;

%include java;

Hauptprogramm:
procedure options (main);

dcl Timeserver char (*) value ('time.uni-muenster.de');
put ('Timeserver ' || Timeserver || ' behauptet, es sei '
    || Datum_und_uhrzeit(TimeServer) || ' GMT.');

end Hauptprogramm;

Datum_und_uhrzeit:
procedure (Timeserver) returns (char (17));

dcl Timeserver          widechar (*) varz parm nonasgn;
dcl DataInputStream     type jclass;
dcl Dateneingabestrom   type jobject init (null());
dcl Eingabestrom        type jobject;
```

```
dcl Port                  fixed bin (31) init (37);
dcl Sek_seit_1900         fixed bin (32) unsigned;
dcl Socket                type jclass;
dcl Steckdose             type jobject init (null());
dcl Strom_holen           type jmethodID;
dcl Timeserverstring      type jstring;
dcl Zahl_lesen            type jmethodID;

/*1*/ on condition (Java_exception) begin;
          java_handle_exception describe clear;
          goto Return_datetime;
          end;

/*2*/ java_start options ('-Djava.compiler=NONE');

/*3*/ java_find_class (Socket)
          classname ('java.net.Socket');

/*4*/ java_create_string (Timeserverstring)
          widechar (Timeserver);

/*5*/ java_create_object (Steckdose)
          class (Socket)
          parameter (Timeserverstring, Port)
          signature ('(Ljava.lang.String;I)V');

/*6*/ java_find_method (Strom_holen)
          class (Socket)
          methodname ('getInputStream')
          signature ('()Ljava.io.InputStream;');

/*7*/ java_call_result (Eingabestrom)
          object (Steckdose)
          method (Strom_holen)
          returns (jobject);

/*8*/ java_find_class (DataInputStream)
          classname ('java.io.DataInputStream');

/*9*/ java_create_object (Dateneingabestrom)
          class (DataInputStream)
          parameter (Eingabestrom)
          signature ('(Ljava.io.InputStream;)V');

/*10*/java_find_method (Zahl_lesen)
          class (DataInputStream)
          methodname ('readInt')
          signature ('()I');

/*11*/java_call_result (Sek_seit_1900)
          object (Dateneingabestrom)
          method (Zahl_lesen)
          returns (jint);

/*11*/java_stop;

return (secstodate(Sek_seit_1900
          + secs('19000101000000000')));
```

```
Return_datetime: return (datetime());

end Datum_und_uhrzeit;

end B76;
```

Das Hauptprogramm ruft die Funktion `Datum_und_uhrzeit` auf, in der Erwartung, diese von dem Timeserver `time.uni-muenster.de` zu erfahren. Für den Fall, dass etwas nicht klappt, haben wir eine selbst definierte Bedingung vorgesehen, deren on-Einheit `/*1*/` dafür sorgt, dass die eigene Systemzeit zurückgegeben wird. In `/*2*/` starten wir die JVM und geben als Option mit, dass wir den Compiler nicht brauchen – Java-Code kommt ja nicht vor. In `/*3*/` holen wir uns mit `Socket` (zu deutsch: Steckdose) Zugriff auf die Klasse `java.net.socket`. Damit wir Verbindung mit dem Timeserver aufnehmen können, müssen wir zunächst in `/*4*/` mit der `widechar`-Zeichenfolge ein Java-String-Objekt erzeugen. Dieses übergeben wir dann in `/*5*/` zusammen mit der Port-Nummer an die Konstruktor-Methode der Klasse `Socket` und haben damit das Objekt `Steckdose` erzeugt – gleichbedeutend mit der Verbindungsaufnahme mit dem Timeserver.

Um von einem Timeserver Datum und Uhrzeit erfahren zu können, braucht man nur die ersten vier Byte zu lesen, sie geben die Anzahl Sekunden an seit dem 1.1.1900. Damit man etwas aus der Steckdose lesen kann, muss man sich den sogenannten Eingabestrom der Steckdose besorgen. Dies geschieht in `/*7*/` mit einer entsprechenden Methode, die wir uns in `/*6*/` holen. Da wir die vier Byte als ganze Zahl (`fixed bin (32) unsigned`) lesen wollen, ist es zunächst wieder erforderlich, einen Dateneingabestrom zu erzeugen, und zwar mit Hilfe des eben ermittelten Eingabestroms (`/*8*/` und `/*9*/`). Nachdem wir die Methode `readInt` gefunden haben (`/*10*/`), können wir sie aufrufen (`/*11*/`) und haben tatsächlich einen Wert in `Sek_seit_1900`! Danach können wir die JVM stoppen.

Der Rest geschieht mit PL/I-Mitteln: Wir addieren die Sekunden vom Anfang der PL/I-Zeitrechnung bis zum 1.1.1900 und verwandeln das Ergebnis mit Hilfe der spracheigenen Funktion `secstodate` in das in PL/I übliche Datumsformat.

Die benötigten Java-Datentypen `jint`, `jobject`, `jmethodID` usw. werden von der eingefügten Datei `java.cpy` bereitgestellt. Den erforderlichen Datentyp `fixed bin (32) unsigned` gibt es pikanterweise in Java gar nicht; die Datumsumrechnung sieht, in Java programmiert, ziemlich verrückt aus.

Zur Methodensuche möchte ich noch einige Erläuterungen geben. Da es in einer Java-Klasse durchaus mehrere Methoden mit demselben Namen geben kann (vergleichlich mit dem `generic`-Attribut in PL/I), möglicherweise von Oberklassen geerbt, braucht man zur Unterscheidung die sogenannte Signatur. In `/*5*/` sehen wir etwa die Zeichenfolge `'(Ljava.lang.String;I)V'`. Gesucht wird hier nach einer Methode mit zwei Parametern, eine aus der Klasse `java.lang.String`, der andere vom Java-Typ int, es gibt keinen Rückgabewert (`void`).

Mit den tatsächlich ausgeführten `call`-Anweisungen möchte ich den Leser hier nicht langweilen.[65] Es dürfte, glaube ich, klar geworden sein, dass man doch etwas Java können muss, um von PL/I aus Java-Dinge tun zu können. Mit Makros sieht aber alles irgendwie vertraut aus.

---

65 Wenn Sie sich die entsprechenden Dateien von meiner Web-Seite herunterladen, können Sie darüber den Kopf schütteln.

Man kann jetzt nahezu beliebige Java-Klassen benutzen, Objekte erzeugen und deren Methoden aufrufen – und wenn es aus dem Java2D-Paket ist und die Dodekaeder aus Abbildung 1 auf dem Bildschirm dargestellt werden!

7.5 CGI und XML

Das *Common Gateway Interface* (CGI) ist ein Standard, der festlegt, wie der Informationsaustausch z. B. mit einem Web-Server zu geschehen hat. Der Klient ist dann ein Browser, etwa Firefox oder MS Internet Explorer. Hier soll beschrieben werden, wie ein PL/I-Programm zum einen direkt auf die Wünsche des Browsers reagieren kann oder zum anderen durchaus komplexe XML-Dokumente in eine Antwort an den Klienten umsetzen kann.

7.5.1 Klassisch – CGI in PL/I

Gehen wir einmal davon aus, dass ein Benutzer eine Web-Adresse (URL) in das entsprechende Feld seines Browsers eingetragen und die Eingabetaste gedrückt hat. Der angesprochene Web-Server ruft dann das angegebene Programm, unser PL/I-Programm auf. In diesem einfachen Fall reagieren wir in der Weise, dass wir ein HTTP-Dokument in die Standard-Ausgabedatei schreiben, also nach `Sysprint`:

```
Content-type: text/html

<html><head>
<title>Umwandlung r&ouml;mischer Zahlen</title>
</head><body>
<h1>Umwandlung r&ouml;mischer Zahlen</h1>
<form action="http://www.irgendwo.de/unser_pli_programm">
<p>Bitte geben Sie eine r&ouml;mische Zahl ein:
<input type='text' name='X'>
<input type='submit' name='Y' value='Los'></p>
</form>
</body></html>
```

Wichtig ist die Leerzeile hinter der `Content-Type`-Zeile. Außerdem sehen wir die Definition eines Formulars. Unser Browser interpretiert diese Daten und zeigt das folgende Bild:

Abbildung 78. Browser-Bild von Beispiel B77 beim ersten Aufruf.

Trägt der Benutzer nun eine römische Zahl in das Eingabefeld ein und klickt auf den Los-Knopf, so werden auch Eingabedaten an unser Programm übertragen, nämlich Name und Inhalt des Eingabefeldes sowie Name und Inhalt des gedrückten Knopfes. Wie kommt ein Programm nun an diese Daten? Das folgende Beispielprogramm zeigt es:

```
B77: /* Umwandlung römischer Zahlen (CGI - GET) */
package;

Hauptprogramm:
procedure options (main);

dcl (K, L)        fixed bin (31);
dcl Römischzahl char (100) var;
dcl S             char (100) var;

S = getenv('QUERY_STRING'); /* 'X=XXXIV&Y=Los' */
if S = ''
   then call Schreiben_seite ('', '');
   else do;
      K = index(S, '=');
      L = index(S, '&');
      if L = 0 then L = length(S) + 1;
                  /* wg. Eingabetaste */
      if K ^= 0
         then Römischzahl = substr(S, K+1, L-K-1);
         else Römischzahl = '';
      call Schreiben_seite (Römischzahl,
                      Arabisch(Römischzahl));
      end;

end Hauptprogramm;

Schreiben_seite:
procedure (Rom, Wert);

dcl Rom  char (*) var;
dcl Wert fixed bin (31);
dcl CRLF char (2) value ('0D0A'x);

open file (Sysprint) title ('/stdout:,type(crlf),recsize(1000)');
put ('Content-type: text/html');
put skip;
put ('<html><head>') skip;
put ('<title>Umwandlung r&ouml;mischer Zahlen</title>') skip;
put ('</head><body>') skip;
put ('<h1>Umwandlung r&ouml;mischer Zahlen</h1>') skip;
put ('<form action="http://www.irgendwo.de/'|| 'gettest">') skip;

select;
   when (Wert > 0)
      put ('<p>Der Wert von ' || Rom || ' ist '
          || trim(Wert) || '.</p>') skip;
   when (Wert < 0)
      put ('<p>' || Rom || ' ist keine g&uuml;ltige '
          || 'r&ouml;mische Zahl!</p>') skip;
   otherwise;
   end;
```

```
put ('<p>Bitte geben Sie eine r&ouml;mische Zahl ein:'
    || "<input type='text' name='X'>") skip;
put ("<input type=submit name='Y' value='Los'></p>") skip;
put ('</form>') skip;
put ('</body></html>') skip;
close file (Sysprint);

end Schreiben_seite;

Arabisch: /***************************************************/
procedure (S) returns (fixed bin (31));
...
end Arabisch;

end B77;
```

Im Hauptprogramm sehen wir, dass die Umgebungsvariable QUERY_STRING die erwarteten Daten enthält, und zwar als "Name=Wert"-Paare, jeweils durch & getrennt. War die Umgebungsvariable leer, so handelt es sich um den ersten Aufruf. Bei allen weiteren Aufrufen suchen wir uns die römische Zahl heraus, lassen sie durch das bekannte Umwandlungsprogramm laufen und übertragen dann eine weitere Zeile mit dem Wert der Zahl nach Sysprint. Wir erzeugen also dynamisch je nach Eingabedaten eine andere Web-Seite, im zweiten Fall zeigt unser Browser z. B. das folgende Bild:

Abbildung 79. Browserbild von B77 bei weiteren Aufrufen

Übrigens handelte es sich um die sogenannte GET-Methode, wie die Eingabedaten zum Server übertragen wurden. Die andere Methode heißt POST. Letztere wird z. B. benutzt, wenn ganze Dateien hochgeladen werden sollen. Nun kann eine Datei, etwa eine darzustellende Bilddatei, durchaus 100 MB groß sein; diese in eine Umgebungsvariable zu packen, scheint etwas abartig zu sein. Und tatsächlich ist für die POST-Methode festgelegt, dass die Eingabedaten von der Standard-Eingabedatei zu lesen sind, also von Sysin. Die Länge der zu lesenden Daten verrät uns die Umgebungsvariable CONTENT_LENGTH. Auch hier möchte ich ein kleines Beispiel bringen, dass die „wichtige" Aufgabe erfüllt, eine Datei zum Server hochzuladen und die Anzahl der mit CRLF getrennten Zeilen zu zählen und zurückzugeben.

Da allgemein nichts über die hochzuladende Datei bekannt ist, es könnte ja auch eine irgendwie geartete Binärdatei sein, fällt das Einlesen über get oder read aus, bleibt nur die spracheigene Funktion fileread:

```
B78: /* Mit dem Browser Zeilen zählen (CGI - POST) */
package;

Hauptprogramm: /***********************************************/
procedure options (main);

if getenv('REQUEST_METHOD') = 'GET'
   then call Schreiben_seite ('0'b, 0);
   else call Schreiben_seite ('1'b,
                              Zeilenzahl(getenv('CONTENT_LENGTH')));
end Hauptprogramm;

Schreiben_seite: /***********************************************/
procedure (Ergebnis_zeigen, Zeilenzahl);

dcl Ergebnis_zeigen bit            parm nonasgn;
dcl Zeilenzahl       fixed bin (31) parm nonasgn;

open file (Sysprint)
     title ('/stdout:,type(crlf),recsize(1000)');
put ('Content-type: text/html');
put skip;
put ('<html><head>') skip;
put ('<title>Zeilen z&auml;hlen</title>') skip;
put ('</head><body>') skip;
put ('<h1>Zeilen z&auml;hlen</h1>') skip;
put ('<form method="post" '
     || 'action="http://cgi.uni-muenster.de:428/exec/test/'
     || 'zivtest" '
     || 'enctype="multipart/form-data">') skip;
if Ergebnis_zeigen then do;
   put ('<p>') skip;
   put ('Die angegebene Datei hat '
        || trim(Zeilenzahl) || ' Zeilen.') skip;
   put ('</p>') skip;
   end;
put ('<p>Bitte geben Sie den Namen der hochzuladenden '
     || 'Datei ein:<input type=file name=X>') skip;
put ("<input type='submit' name='Y' value='Los'></p>")
   skip;
put ('</form>') skip;
put ('</body></html>') skip;
close file (Sysprint);

end Schreiben_seite;

Zeilenzahl: /***********************************************/
procedure (Dateilänge) returns (fixed bin (31));

dcl Dateilänge fixed bin (31) parm nonasgn;
```

```
dcl CR           char value ('0d'x);
dcl LF           char value ('0a'x);
dcl CRLF         char (2) value (CR || LF);

dcl Anzahl       fixed bin (31);
dcl Boundary     char (100) var;
dcl Erstes_mal   bit init ('1'b);
dcl K            fixed bin (15) based (addr(S));
                 /* Präfix */
dcl L            fixed bin (31);
dcl Länge        fixed bin (31);
dcl Pufferlänge  fixed bin (31) init ((
                 Dateilänge / ((Dateilänge / 10000) + 1)
                 ));
dcl S            char (Pufferlänge) var;
dcl Sysin        file input record;
dcl Zuletzt_CR   bit;


open file (Sysin) title ('/stdin:,type(u)');
Anzahl = 0;
Länge = Dateilänge;
Zuletzt_CR = '0'b;
do while (Länge > 0);
   K = fileread(Sysin, addrdata(S),
                min(Pufferlänge, Länge));
   if Erstes_mal then do;
      Erstes_mal = '0'b;
      Boundary = left(S, index(S, CRLF) - 1);
      L = index(S, CRLF || CRLF);
      S = substr(S, L+4);
      end;
   L = index(S, Boundary);
   if L ¬= 0 then K = L - 3;
   Anzahl += tally(S, CRLF);
   Anzahl += Zuletzt_CR & left(S, 1) = LF;
   Zuletzt_CR = right(S, 1) = CR;
   Länge -= Pufferlänge;
   end;
close file (Sysin);
return (Anzahl);

end Zeilenzahl;

end B78;
```

Im HTTP-Teil sind also im `form`-Element die Angaben `method="post"` und `enctype="html/forms-encoded"` neu sowie die Angabe `input type="file"`, die dafür sorgen, dass die gewünschte Datei von `Sysin` gelesen werden kann. Natürlich müssen die Dateien nicht unbedingt `Sysin` und `Sysprint` heißen, entscheidend sind die Angaben `stdin:` und `stdout:` in der `title`-Option.

Im Unterprogramm `Zeilenzahl` gehen wir einfach davon aus, dass jede Zeile mit CRLF abgeschlossen wird. Mit Hilfe der spracheigenen Funktion `tally` zählen wir deren Vorkommen, müssen aber darauf achten, dass an den Übergängen zwischen den 10 000 Byte langen Blöcken auch noch CRLFs stehen können. Man verzeihe mir die Tricks mit der auf das Längenfeld von `S` gelegten Variablen `K` und der Addition eines Bits, aber das Programm sollte möglichst kurz sein. Damit Sie sich vorstellen können, wie die hochgeladene Datei aussieht, sei hier ein Beispiel vorgestellt:

```
-----------------------------7d232a3a02c2##
Content-Disposition: form-data; name="X";
    filename="C:\Ordner\Datei.txt"##
Content-Type: application/octet-stream##
##
Zeile1##
Zeile2##
Zeile3##
Zeile4##
##-----------------------------7d232a3a02c2##
Content-Disposition: form-data; name="Y"##
##
Los
##-----------------------------7d232a3a02c2--##
```

Die Zeilenendezeichen CR und LF habe ich der Deutlichkeit halber als `##` dargestellt. Sie sehen also, dass man relativ mühsam die sogenannte *boundary* ermitteln und berücksichtigen muss. Für das Dateieingabefeld wird die Datei einschließlich ihres Namens zum Server hochgeladen, für den Druckknopf der Beschriftungstext.

7.5.2 Dienst nach Vorschrift – XML interpretieren

Mit der im letzten Abschnitt gezeigten Methode kann man beliebige Web-Seiten dynamisch erzeugen, allerdings fällt bei jeder Design-Änderung auch eine Änderung des PL/I-Programms an. Wie kann man diesen Punkt übersichtlicher gestalten? Nun – natürlich mit einer Trennung von Funktion und Design. Hierzu verhilft die Beschreibungssprache XML (*Extended Markup Language*), die eine allgemeine Definition von Dokumenten ermöglicht.

Rein äußerlich sehen sich HTML und XML sehr ähnlich, nur ist bei XML nicht festgelegt, was die Elemente bedeuten. Das wiederum kann im PL/I-Programm festgelegt werden – unter Benutzung der neuen spracheigenen Routinen `plisaxa` und `plisaxb`. Ersterer bekommt ein XML-Dokument im Arbeitsspeicher übergeben, bei letzterem befindet sich das Dokument in einer Datei, deren Name übergeben wird. SAX kommt von *Simple API for XML*, einer verbreiteten Programmierschnittstelle zur Aufgliederung (engl. *parsing*) von XML-Dokumenten. Gehen wir einmal von folgendem XML-Dokument aus:

```
<dokument>
<ueberschrift>Was gibt's?</ueberschrift>
<menue>
<?rexx if date('W') = 'Sunday' then do?>
<gang>Suppe</gang>
<?rexx end ?>
<gang>Hauptgang</gang>
<gang>Dessert</gang>
</menue>
</dokument)
```

Von einem HTML-Dokument unterscheidet es sich zunächst durch die Verwendung deutscher Begriffe. Und dann sind da noch die seltsamen Zeilen, die mit "`<?rexx`" beginnen. Dargestellt werden soll offenbar ein Menü, wobei je nach Wochentag die Suppe wegfällt oder auch nicht.

Üblicherweise werden solche XML-Dokumente mit Hilfe von *XSL style sheets* in andere Dokumentarten, etwa XHTML umgewandelt. Dass es auch in PL/I geht, zeigt das folgende Beispiel. Wo wir schon den Aufruf von REXX-Programmen von PL/I aus kennengelernt haben, wollen wir dies auch einmal anwenden. Wir erzeugen also auf übersichtliche Weise – denn darauf kommt es an – aus dem obigen XML-Dokument ein REXX-Programm, das dann wiederum XHTML-Code erzeugt, den moderne Browser darzustellen in der Lage sind. XHTML sieht im Prinzip wie HTML aus, gehorcht aber der strengeren Syntax von XML-Dokumenten. Der Code `<hr>` für eine waagerechte Linie (*horzontal rule*) muss z. B. in XHTML als `<hr />` geschrieben werden, jedes `<p>` erfordert ein `</p>` und jede Parameterangabe muss in Gänsefüßchen eingeschlossen werden.

Der Übersicht halber möchte ich zunächst nur die Struktur des Pakets vorstellen:

```
B79: /* Menü im Browser (XML und REXX) */
package;

%include sax;

dcl Crlf char (2) value ('0d0a'x);
dcl XML_daten char (*) value ("<dokument>"
    || Crlf || "<ueberschrift>Was gibt's?</ueberschrift>"
    || Crlf || "<menue>"
    || Crlf || "<?rexx if date('W') = 'Sunday' then do?>"
    || Crlf || "<gang>Suppe</gang>"
    || Crlf || "<?rexx end ?>"
    || Crlf || "<gang>Hauptgang</gang>"
    || Crlf || "<gang>Dessert</gang>"
    || Crlf || "</menue>"
    || Crlf || "</dokument>");
dcl Dokument char (length(XML_daten)) init (XML_daten);

Hauptprogramm: /*************************************************/
procedure options (main);

dcl Ergebnis char (1000) var init ('');

SAX.Start_of_document      = Erzeugen_startkommentar;
SAX.End_of_document        = Erzeugen_endekommentar;
SAX.Start_of_element       = Erzeugen_say_start;
SAX.End_of_element         = Erzeugen_say_ende;
SAX.Content_characters     = Erzeugen_say_zeichenfolge;
SAX.Processing_instruction = Erzeugen_rexx;

on condition (SAX_exception) begin;
    Ergebnis ||= '/*' || trim(SAX_errorID) || '*/';
    SAX_rc = 0;
    end;

call plisaxa (SAX,
              addr(Ergebnis),
              addr(Dokument),
              length(Dokument));
open file (Sysprint) output linesize (32000);
put (Ergebnis);

end Hauptprogramm;
```

```
Erzeugen_startkommentar: /**************************************/
procedure
...
end Erzeugen_startkommentar;
Erzeugen_endekommentar: /***************************************/
procedure
...
end Erzeugen_endekommentar;

Erzeugen_say_start: /*******************************************/
procedure
...
end Erzeugen_say_start;

Erzeugen_say_ende: /********************************************/
procedure
...
end Erzeugen_say_ende;

Erzeugen_say_zeichenfolge: /********************************/
procedure
...
end Erzeugen_say_zeichenfolge;

Erzeugen_rexx: /************************************************/
procedure
...
end Erzeugen_rexx;

end B79;
```

Die entscheidende Anweisung ist natürlich der Aufruf der spracheigenen Routine namens
plisaxa. Der erste Parameter ist eine Struktur mit entry-Variablen, die in der Datei
sax.cpy deklariert wird, ebenfalls nur ausschnittweise gezeigt:

```
define alias Event
    limited entry (pointer, pointer, fixed bin (31))
    returns (byvalue fixed bin (31))
    options (byvalue);
...
dcl 1 SAX static,
    2 Start_of_document   type Event init (SAX_event),
    2 Version_information type Event init (SAX_event),
    ...
    2 Start_of_element type Event init (SAX_event),
    ...
    2 End_of_element type Event init (SAX_event),
    ... ;

SAX_event: /*************************************************/
procedure (Usertoken, Xmltoken, Tokenlength)
    returns (byvalue fixed bin(31))
    options (byvalue);

dcl Usertoken   ptr;
dcl Xmltoken    ptr;
dcl Tokenlength fixed bin(31);
```

```
return (0);

end;
...
```

Alle <u>entry</u>-Variablen sind mit den ebenfalls in `sax.cpy` enthaltenen Prozeduren initialisiert. Es handelt sich um 24 Funktionsprozeduren, die beim Abarbeiten der XML-Datei immer dann aufgerufen werden, wenn der entsprechende Code angetroffen wird – `Start_of_element` etwa, wenn der Code `<gang>` angetroffen wird und `End_of_element` bei `</gang>`. <u>plisaxa</u> untersucht also die übergebene XML-Datei eine Zeile nach der anderen und ruft die entsprechenden Prozeduren, die ja im ersten <u>plisaxa</u>-Parameter übergeben wurden, mit den passenden Parametern auf.

Für den Programmierer bleibt also nur, die Prozedurvariablen, die von Interesse sind, mit eigenen Prozeduren zu überschreiben, die anderen geben einfach 0 zurück.[66] Der zweite Parameter von <u>plisaxa</u> ist ein Zeiger, der an sich beliebig verwendet werden kann, in unserem Beispiel aber dazu dient, eine Ergebniszeichenfolge zu übergeben, wo jede Prozedur ihre Daten anhängen kann. Damit wir auch sehen können, was wir angestellt haben, wird `Ergebnis` nach dem Aufruf von <u>plisaxa</u> mit <u>put</u> ausgegeben. Der dritte und vierte Parameter von <u>plisaxa</u> schließlich bezeichnet Ort und Länge (in Byte) des XML-Dokuments.

Bei <u>plisaxb</u> übergibt man als Zeichenfolge den Namen einer Datei. Leider muss man sich dabei an eine besondere Syntax halten, die auch noch bei den vom PL/I-Compiler unterstützen Betriebssystemen unterschiedlich ist. Bei z/OS bezieht man sich auf den von der JCL her bekannten DD-Namen, z. B.:

```
call plisaxb (SAX,
              addr(Ergebnis),
              'file://DD:MEINDD');
```

Bei allen anderen Betriebssystemen gibt man den Namen der Datei direkt an, allerdings ebenfalls in der URL-Schreibweise:

```
call plisaxb (SAX,
              addr(Ergebnis),
              'file://Meine_datei');
```

Interessanterweise kann das XML-Dokument in normalen oder in Unicode-Zeichen geschrieben sein. Kann die Codierung nicht aus dem Dokument entnommen werden, kann man sowohl bei <u>plisaxa</u> als auch bei <u>plisaxb</u> einen weiteres Argument anfügen, das die sogenannte Codepage bezeichnet, für Europäer etwa `'ISO-8859-1'` für normale Zeichen oder `'UTF-16'` für Unicode-Zeichen.

Am Anfang des Hauptprogramms überschreiben wir alle SAX-Variablen, für die wir eigene Prozeduren vorgesehen haben. Als Beispiel sei hier noch unser Ersatz für `Start_of_element` vorgestellt:

```
Erzeugen_say_start: /*******************************************/
procedure (Usertoken, Xmltoken, Tokenlength)
    returns (byvalue fixed bin(31))
    options (byvalue);

dcl Usertoken    ptr;
```

---

66 Dies sieht ähnlich aus, wie wenn in Java eine Klasse mit eigenen Methoden überschrieben wird.

```
dcl Xmltoken     ptr;
dcl Tokenlength fixed bin(31);
dcl Chars      char (32000)     based (Xmltoken);
dcl Ergebnis char (1000) var based (Usertoken);
select (trim(substr(Chars, 1, Tokenlength), Crlf, Crlf));
    when ('dokument') Ergebnis ||= 'say "<html>"';
    when ('menue')    Ergebnis ||= 'say "<ol>"';
    when ('gang')     Ergebnis ||= 'say "<li>"';
    other;
    end;
Ergebnis ||= Crlf;
return (0);

end Erzeugen_say_start;
```

Der Parameter Usertoken liefert uns die Adresse der Ergebniszeichenfolge, Xmltoken ist der Anfang eines Bereichs, der den Namen des XML-Codes enthält, Tokenlength übergibt dessen Länge. Wir entfernen alle Zeilenendezeichen (CR und LF) und hängen an Ergebnis die REXX-Anweisung zum Erzeugen des XHTML-Codes. Die anderen Prozeduren enthalten Ähnliches. Der Clou ist die Prozedur, die den in <?rexx und ?> eingeschlossenen Code interpretiert:

```
Erzeugen_rexx: /***********************************************/
procedure (Usertoken, Pitarget, Pitargetlength,
           Pidata, Pidatalength)
   returns (byvalue fixed bin(31)) options (byvalue);
dcl Usertoken     ptr;
dcl Pitarget      ptr;
dcl PitargetLength fixed bin(31);
dcl Pidata        ptr;
dcl Pidatalength  fixed bin(31);
dcl Chars         char (32000)     based (Pidata);
dcl Ergebnis      char (1000) var based (Usertoken);

Ergebnis ||= substr(Chars, 1, Pidatalength) || Crlf;
return (0);

end Erzeugen_rexx;
```

Da der Code schon REXX-Anweisungen enthält, kann er unverändert übernommen werden. Lassen wir unser Programm laufen, sieht die Ausgabe folgendermaßen aus.

```
/* Start */
say "<html>"
say "<h3>"
say "Was gibt's?"
say "</h3>"
say "<ol>"
if date('W') = 'Sunday' then do
say "<li>"
say "Suppe"
say "</li>"
end
say "<li>"
say "Hauptgang"
say "</li>"
say "<li>"
say "Dessert"
```

```
say "</li>"
say "</ol>"
say "</html>"
/* Ende */
```

Und lassen wir das REXX-Programm laufen (was natürlich automatisch geschehen sollte), so erhalten wir an allen Tagen außer Sonntag folgendes XHTML-Dokument:

```
<html>
<h3>
Was gibt's?
</h3>
<ol>
<li>
Hauptgang
</li>
<li>
Dessert
</li>
</ol>
</html>
```

was dann wiederum – wenn es etwa an Firefox geschickt wird – folgendes Bild ergibt (sonntags gäbe es noch zusätzlich Suppe):

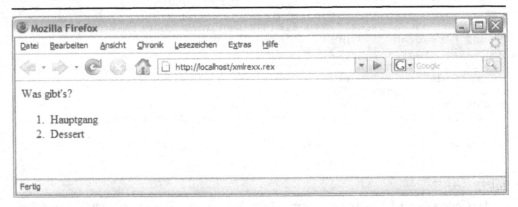

Abbildung 80. Darstellung des XML-Dokuments

Neueren Datums ist die spracheigene Funktion xmlchar. Sie hat nichts mit SAX zu tun, kann aber dazu genutzt werden, eine PL/I-Struktur als eine Schachtelung von XML-Elementen darzustellen. Nehmen wir wieder unsere Speisekarte, entfernen das rexx-Element, definieren zwei Gänge und fügen Preise hinzu:

```
dcl 1 Speisekarte dim (2),
      2 Ueberschrift char (50) init ((*)("Was gibt's?")),
      2 Menue,
        3 *     char (50) init ((*)('Suppe')),
        3 Gang dim (2),
          4 Name char (50)
            init ('Pizza', 'Nasi Goreng',
                  'Cevapcici', 'Eisbein'),
          4 Preis fixed dec (5,2)
            init (10.5, 11.5, 12.5, 13.5);
```

Jetzt können wir dies als eine XML-Zeichenfolge ausgeben:

```
dcl Puffer char (1000) var;
dcl Anzahl fixed bin (31);

Anzahl = xmlchar(Speisekarte(2),
                 addrdata(Puffer),
                 maxlength(Puffer));
put (substr(Puffer, 1, Anzahl));
```

Das erste Argument von <u>xmlchar</u> muss eine Struktur sein, keine Matrix, also musste ich die Speisekarte indizieren (mit 2). Das zweite Argument ist die Adresse eines Puffers, das dritte die Größe des Puffers. Bei der Größe muss man aufpassen, hier gibt es keine Kontrolle durch den Compiler! Der Rückgabewert ist die tatsächlich erzeugte Länge der XML-Folge im Puffer. Da <u>xmlchar</u> sich nicht darum kümmert, dass Puffer eine PL/I-Zeichenfolge ist, also nicht den Längenpräfix von Puffer setzt, darf der Zugriff darauf auch nur mit der spracheigenen Funktion <u>substr</u> erfolgen. Im Prinzip könnte es sich aber auch um ein Dokument handeln, das größer als 32 Kbyte ist. Dann klappte allerdings auch <u>substr</u> nicht mehr.

Man wird verstehen, dass in einer mit <u>xmlchar</u> zu bearbeitenden Struktur nur solche Datentypen vorkommen dürfen, die sich in Zeichenfolgen umwandeln lassen – Zeiger also z. B. nicht.

Hier nun noch das Ergebnis des Aufruf, wobei Zeilenumbrüche von mir einfügt wurden:

```
<SPEISEKARTE>
<UEBERSCHRIFT>Was gibt&apos;s?</UEBERSCHRIFT>
<MENUE>
<GANG><NAME>Cevapcici</NAME><PREIS>12.50</PREIS></GANG>
<GANG><NAME>Eisbein</NAME><PREIS>13.50</PREIS></GANG>
</MENUE>
</SPEISEKARTE>
```

Man sieht, wie die Gang-Matrix zu zwei gleichen GANG-Elementen führt, dass der Apostroph in sein HTML-Pendant und die Kleinbuchstaben der Elementnamen in große umgewandelt wurden. Ist Ihnen auch aufgefallen, dass die Zeichenfolgen der Struktur gar nicht als <u>varying</u> deklariert sind? <u>xmlchar</u> trimmt alle Inhalte vor dem Einfügen in den Puffer. Anonyme Elemente (* statt Name) dürfen nur in den jeweils untersten Hierarchiestufen vorkommen (also denen, die Daten beschreiben), werden dann aber nicht berücksichtigt. Die Suppe fällt also aus.

Auch hier gibt es eine Compileroption, mit der man sich wünschen kann, dass die Namen nicht automatisch in Großbuchstaben umgewandelt werden: xml(case(asis)). Implizit gilt auf dem Großrechner xml(case(upper)).

Hiermit sind wir am Schluss des Buches angelangt. Ich hoffe, ich habe den Leser davon überzeugt, dass Übersichtlichkeit das Wichtigste beim Programmieren ist. Kreativität braucht darunter nicht zu leiden. Auch das glaube ich mit vielen ausgefallenen Beispielen belegt zu haben!

Anhang A: Lösungsideen

Dieser Anhang ist zum einen für die gedacht, die ihre Lösung überprüfen wollen, und zum anderen für jene, denen partout keine Lösung einfällt. Auf jeden Fall lernt man nur dann etwas, wenn man versucht, selbst die Lösung zu finden. Da eine ausführliche Sammlung von Musterlösungen den Rahmen dieses Buches sprengen würde, seien hier nur die Lösungsideen vorgestellt:

A1:   Wer sich mit der Notlösung (alle 100 Zahlen abtippen), nicht befreunden kann, der sei auf die mathematische Formel

$$\sum_{i=1}^{n} i = \frac{n(n+1)}{2}$$

hingewiesen. Wer auch Karl Friedrich Gauß nicht kennt, kann auf Seite 19 nachlesen, wie der es gemacht hat.

A2:   Mindestens eine Konstante sollte als _float_-Wert geschrieben werden:

```
V = A**3/4 * (15 + 7*5e0**.5)
```

A3:   Beim jetzigen Stand unseres Wissens muss man 8 Variablen mit den gewünschten Längen deklarieren. Bei der Zuweisung der Tonleiter-Variablen wird dann entsprechend abgeschnitten.

A4:   Sowohl A als auch B sind entweder `'0'b` oder `'1'b`. Zum Beweis sind also vier _put_-Anweisungen der folgenden Art zu schreiben:

```
put (A | B, ^(^A & ^B));
```

A5:   Es kommt `'0'b` heraus (`7e-1 < 7e-2` ist falsch, und `&` kommt vor `|`)!

A6:   Zum Vertauschen benötigt man eine dritte Variable, die als Zwischenspeicher dient!

A7:   Beim jetzigen Stand unseres Wissens muss man 5 Variablen benutzen:

```
get (A, B, C, D, E);
put ((A + B + C + D + E) / 5);
```

A8:   Im Prinzip kann man jede der bereits vorgestellten _do_-Schleifen benutzen, z. B.:

```
Anzahl = 0;
do until (C = 'Z');
   get (C);
   Anzahl = Anzahl + 1;
   end;
```

A9:   Man nehme die gerade vorgestellte Einleseschleife mit _while_ und platziere im Inneren die beiden Anweisungen

```
get (Farbe1, Farbe2);
put (Farbe1 || Farbe2);
```

A10:   Relevant sind nach dem Einlesen Anweisungen der Art:

```
if Zahl < Bisher_kleinste_Zahl then
Bisher_kleinste_Zahl = Zahl;
```

Vorher ist es aber notwendig, die erste Zahl auf `Bisher_kleinste_Zahl` zuzuweisen. Auch beim Aufsummieren muss auf die Anfangswertzuweisung geachtet werden!

A11: Nach dem Einlesen von Wort geht es mit einer <u>select</u>-Anweisung weiter:

```
select (Wort);
    when ('der') Der_Anzahl = Der_Anzahl + 1;
    when ('die') Die_Anzahl = Die_Anzahl + 1;
    when ('das') Das_Anzahl = Das_Anzahl + 1;
    other;
    end;
```

Der <u>other</u>-Fall darf nicht vergessen werden!

A12: Wenn man fehlerfreie Eingabe voraussetzt, so ist Folgendes die kürzeste Methode:

```
get edit (Tag, Monat, Jahr)  (a(2), x(1));
Datum = Jahr || Monat || Tag;
if Datum >= '20001224' & Datum <= '20001231' then ...
```

Im täglichen Leben sollte man aber nicht auf Eingabekontrolle verzichten!

A13: Man schachtele <u>do</u>-Schleifen ineinander:

```
do Doppelreihe = 1 to 4;
    do Zeile = 1 to 10;
        do I = 1 to 4;
            put edit ('          **********') (a);
            end;
    . . .
```

und vergesse nicht, rechtzeitig eine neue Zeile anzufangen!

A14: Lassen Sie zwei Variablen in einer <u>do-loop</u>-Schleife laufen: eine zählt immer um 7 herunter, die andere zählt, wie oft dies innerhalb des Monats möglich war.

A15: Man benutze eine Matrix `Monat` mit 12 Elementen und dem Attribut <u>char</u> (9) <u>var</u>.

A16: Man nehme eine Matrix mit 100 Elementen zur Speicherung von Wörtern und eine weitere zur Speicherung der jeweiligen Anzahl. Innerhalb der Einleseschleife läuft eine weitere zum Vergleich mit allen bisher schon bekannten Wörtern.

A17: Innerhalb einer Schleife über alle Zeilen läuft eine weitere ab Spalte `Zeilennummer+1`. Der Austausch erfolgt dann über eine Hilfsvariable (keine Matrix), wobei Zeilen- und Spaltenindex der betroffenen Matrix-Elemente vertauscht sind.

A18: Man spart Variablen mit der folgenden <u>do</u>-Schleife:

```
do Perfekt = 'ich habe', 'du hast', ... ;
    put (Perfekt || ' ge' ||
        substr(Verb, 1, length(Verb)-2) || 't');
    end;
```

A19: Zum Zählen der Pärchen verwende man eine zweidimensionale Matrix:

```
I1 = index('abcdefghijklmnopqrstuvwxyz', Z1);
I2 = index('abcdefghijklmnopqrstuvwxyz', Z2);
Anzahl(I1,I2) += 1;
```

A20: Jedes eingelesene Zeichen verschlüssele man folgendermaßen:

```
Zeichen = translate(Zeichen,
            'bcdefghijklmnopqrstuvwxyza',
            'abcdefghijklmnopqrstuvwxyz');
```

A21: Die geistige Barriere ist, dass auch das erste Argument von <u>translate</u> eine Konstante sein kann! Für ein fünfbuchstabiges Wort gilt:

```
Trow = translate('abcde', Wort, 'edcba');
```

Gefragt ist aber nach beliebigen Wörtern mit bis zu 20 Buchstaben!

A22: Man verwende Bruchstücke aus Beispiel B26!

A23: Nach der Umrechnung der Zeiten in Sekunden seit Mitternacht muss man, falls die zweite Zahl kleiner als die erste ist, noch 24*60*60 hinzuzählen, bevor man die Differenz bildet.

A24: Eine Lösung ist: <u>substr</u>(S,<u>floor</u>((L-K)/2)+1,K), die andere geht mit <u>ceil</u>.

A25: Die günstigste Reihenfolge ist, wenn man hinten beginnt!

A26: Die gesuchte Funktion ist <u>tally</u>!

A27: Wenn Wochentag eine Matrix ist, sieht die wesentliche Anweisung so aus:

```
put (Wochentag(weekday(days(Datum)+100)));
```

A28: Die wesentlichen Anweisungen sind:

```
K = index(Text, Wort);
Text = substr(Text, 1, K-1) || '...' ||
         substr(Text, K+length(Wort));
```

A29: Von vorne sucht man mit <u>verify</u> und von hinten mit <u>verifyr</u>.

A30: Im Grunde geht es in der <u>return</u>-Anweisung:

```
return (substr(Wort, length(Wort), 1) ||
   Umkehr(substr(Wort, 1, length(Wort)-1)));
```

Man darf natürlich nicht vergessen, bei einem Wort der Länge 1 aufzuhören!

A31: Über diese Aufgabe dürfen Sie allein nachdenken!

A32: Man packe jedes Zeichen auf den Stapel. Die Freigabe erfolgt in umgekehrter Reihenfolge!

A33: Auch hier sollen Sie Ihr Erfolgserlebnis allein erarbeiten!

A34: Die entscheidende Anweisung ist die direkte Formulierung der Aufgabe:

```
if abs(Blatt_anzahl(Links)-Blatt_anzahl(Rechts))
   <= 1 then...
```

Auch hier hat man sich zu überlegen, wann man mit den rekursiven Aufrufen aufhören muss!

A35: Man suche mit einer <u>repeat</u>-Schleife und vergesse nicht, die Vorherig-Variable mitzuführen.

A36: Drei Anweisungen sind der wesentliche Teil:

```
read file (F) into (S);
if index(S, 'declare') ^= 0 then
    S = ... || (4)' ';
rewrite file (F) from (S);
```

A37: Mit Hilfe der key-Angabe bei read- und rewrite-Anweisung kann man beliebig hin und her springen und ggf. die end-Anweisung verschieben.

A38: Eine besondere Idee ist bei dieser Aufgabe nicht vonnöten, es ging nur um die Zusammenstellung des Pakets. Die Matrix SRV sollte dann nicht mehr als Parameter auftauchen!

A39: Die einfachste Möglichkeit ist eine erweiterte get-Anweisung:

```
get string (Antwort || ' '''' ')
    list (Tipp, Überlauf);
if Überlauf ^= '' then signal error;
```

A40: Die Lösung heißt Multiplikation mit bit-Werten:

```
M = (M < 3) * (M + 1);
```

A41: Damit Sie es auch glauben, hier der Code:

```
Ok = '1'b;
do I = 1 to 9;
    if any(Matrix(I, *)) ^= '111111111'b |
        any(Matrix(*, I)) ^= '111111111'b |
        any(Kasten(I, *, *)) ^= '111111111'b then Ok = '0'b;
    end;
if Ok then put ('OK!');
    else put ('Nicht OK!');
```

A42: Da es die mod-Funktion in der Makro-Sprache nicht gibt, muss man eine %do-Schleife mit dem Inkrement −71 laufen lassen:

```
do K = length(S) to 1 by -71; end;
return (S || substr(Blanks, 1, -k));
```

wobei Blanks eine Präprozessor-Variable mit 71 Leerzeichen sein soll.

A43: Auch bei der letzten Aufgabe möchte ich nichts verraten!

Anhang B: Spracheigene Funktionen/Routinen

Acht mit * gekennzeichnete Funktionen sind neu oder geändert in der 7. Auflage.

Arithmetik

abs(x)	Absolutwert von x (also > 0)
ceil(x)	kleinste ganze Zahl, die größer oder gleich x ist
complex(x,y)	komplexe Zahl aus Real- und Imaginärteil
conjg(x)	konjugiert komplexe Zahl
floor(x)	größte ganze Zahl, die kleiner oder gleich x ist
imag(x)	Imaginärteil von x
max(x[, ...])	Maximum der Argumente
min(x[, ...])	Minimum der Argumente
mod(x,y)	nicht-negativer Rest bei Division von x durch y
random([x])	Zufallszahl zwischen 0 und 1 (jeweils ausschließlich) [Startwert ist FIXED BIN (31)]
real(x)	Realteil von x
rem(x,y)	(möglicherweise negativer) Rest bei Division von x durch y
round(x,n)	Runden an der Stelle n; 0 ist Einerstelle, −1 Zehnerstelle
sign(x)	Vorzeichenermittlung von x (Ergebnis ist −1, 0 oder +1)
trunc(x)	Abschneiden der Nachkommastellen von x

Bedingungen

datafield()	ungültiger Name bei GET DATA
onchar()	ungültiges Zeichen bei CONVERSION
oncode()	Bedingungscode
oncondcond()	Name der benutzerdefinierten Bedingung in Großbuchstaben
oncondid()	Nummer der Bedingung in alphabetischer Liste
oncount()	Anzahl der noch zu bearbeitenden Bedingungen
onfile()	Name der Dateikonstanten, bei der die Bedingung ausgelöst wurde
ongsource()	GRAPHIC-Folge, bei dem CONVERSION passierte
onkey()	ungültiger Schlüssel
onloc()	Eingangsname, wo die Bedingung ausgelöst wurde
onoffset()	* Stelle im Programm, wo eine Bedingung ausgelöst wurde
onsource()	ungültiges Feld bei CONVERSION
onsubcode()	weitere Informationen zu Ein/Ausgabe-Bedingungen
onwchar()	ungültiges WIDECHAR-Zeichen bei CONVERSION

| onwsource() | ungültiges WIDECHAR-Feld bei CONVERSION |

Ein/Ausgabe

count(x)	Anzahl der beim letzten GET aus Datei x gelesenen Werte
endfile(x)	'1'b, wenn Ende von Datei x erreicht
fileddint(x, c)	gibt FIXED-BIN-(31)-Wert für Datei x und Attribut c zurück
fileddtest(x, c)	gibt 1 oder 0 für Datei x und Attribut c zurück
fileddword(x, c)	gibt Zeichenfolge zurück für Datei x und Attribut c
fileid(x)	betriebssysteminterne Kennung für Datei x
fileopen(x)	'1'b, wenn Datei x geöffnet
fileread(x,y,z)	Lesen von z Bytes aus Datei x nach Adresse y
fileseek(x, y, z)	setzt die aktuelle Position in Datei x auf y (bei z = -1 ab Dateianfang, bei z = 0 relativ, bei z = 1 ab Dateiende)
filetell(x)	gibt die aktuelle Position in Datei x zurück (ab Dateianfang)
filewrite(x,y,z)	Schreiben von z Bytes von Adresse y nach Datei x
lineno(x)	aktuelle Zeilennummer in PRINT-Datei x
pageno(x)	aktuelle Seitennummer in PRINT-Datei x
samekey(x)	'1'b, wenn es in Datei x nach einem READ noch einen weiteren Satz desselben Schlüssels gibt (nicht auf jeder Plattform)

Folgen

bit(x[,n])	Umwandlung von x in eine BIT-Folge [der Länge n]
bool(x,y,z)	BIT-Verknüpfung von x und y gemäß BIT(4)-Folge z
centerleft(x,y[,z])	x links zentriert in Folge der Länge y [aufgefüllt mit z]
centerright(x,y[,z])	x rechts zentriert in Folge der Länge y [aufgefüllt mit z]
character(x[,y])	Umwandlung von x nach CHAR [der Länge y]
chargraphic(x[,y])	Interpretation von GRAPHIC x als CHAR [der Länge y]
copy(x,y)	Verkettung von y Exemplaren der Folge x
edit(x,y)	Aufbereitung von x gemäß Muster y
graphic(x[,y])	Umwandlung von x nach GRAPHIC (ggf. über CHAR)
high(x)	Verkettung von x Exemplaren des Zeichens 'FF'x
index(x,y[,z])	Position von y in x [Suche ab Position z]
left(x,y[,z])	Unterfolge von x der Länge y ab Position 1 [aufgefüllt mit z]
length(x)	Länge der Folge x
low(x)	Verkettung von x Exemplaren des Zeichens '00'x
lowercase(x)	26 Großbuchstaben in Kleinbuchstaben umgewandelt

maxlength(x)	maximale Länge der Folge x
mpstr(x,y[,z])	Abschneiden von x bei der Länge z (y gibt Verarbritungsregeln)
picspec(x, y)	interpretiert x gemäß Muster y
repeat(x,y)	Verkettung von y+1 Exemplaren der Folge x (besser: COPY)
replace2(x, y, z)	ersetzt in x für ein Zeichen aus z das entsprechende Paar aus y
reverse(x)	Umkehrung der Folge x
right(x,y[,z])	Unterfolge von x der Länge y von rechts [aufgefüllt mit z]
search(x,y[,z])	Position des ersten Zeichens aus y in x, sonst 0 [ab Position z]
searchr(x,y[,z])	Position bei Suche von rechts des ersten Zeichens aus y in x, sonst 0 [ab Position z rückwärts]
substr(x,y[,z])	Unterfolge von x, beginnend bei y, der Länge z [oder bis Ende]
tally(x,y)	Anzahl von y in x (geschaut wird an jeder Position!)
translate(x,y[,z])	Übersetzung von x, wobei ein Zeichen in z durch das entsprechende Zeichen in y ersetzt wird [fehlt z, so ist y Tabelle]
trim(x[,y[,z]])	Stutzen von x um Zeichen aus y von links und um Zeichen aus z von rechts [implizit Leerzeichen]
uppercase(x)	26 Kleinbuchstaben in Großbuchstaben umgewandelt
verify(x,y[,z])	Position des ersten Zeichens in x, das nicht in y; sonst 0 [ab Position z]
verifyr(x,y[,z])	Position bei Suche von rechts des ersten Zeichens x, das nicht in y; sonst 0 [ab Position z rückwärts]
whigh(x)	Verkettung von x Exemplaren des WIDECHAR-Zeichens 'FFFF'x
widechar(x[,y])	Umwandlung von x nach WIDECHAR [der Länge y]
wlow(x)	Verkettung von x Exemplaren des WIDECHAR-Zeichens '0000'x

Ganzzahl-Manipulation

iand(x,y[, ...])	log. Und der FIXED-BIN-(31)-Argumente
ieor(x,y)	log. exklusives Oder der FIXED-BIN-(31)-Argumente
inot(x)	*log. Verneinung des FIXED-BIN-Arguments*
ior(x,y[, ...])	log. Oder der FIXED-BIN-(31)-Argumente
isigned(x)	Interpretation von x als ganze Zahl ohne Vorzeichen
isll(x,y)	log. Linksverschiebung (FIXED-BIN-(31)-Argument)
isrl(x,y)	log. Rechtsverschiebung (FIXED-BIN-(31)-Argument)
iunsigned(x)	Interpretation von x als ganze Zahl ohne Vorzeichen
lower2(x,y)	arithm. Linksverschiebung (FIXED-BIN-(31)-Argument)
raise2(x,y)	arithm. Rechtsverschiebung (FIXED-BIN-(31)-Argument)

Genauigkeit

add(x,y,p[,q])	Addition von x und y mit der dezimalen Genauigkeit (p[,q])
binary (x[,p[,q]])	Umwandlung von x in Binärdarstellung mit Genauigkeit (p,q)
decimal(x[,p[,q]])	Umwandlung in Dezimaldarstellung mit Genauigkeit (p,q)
divide(x,y,p[,q])	Division von x und y mit der dezimalen Genauigkeit (p[,q])
fixed (x[,p],q]])	Umwandlung in eine Festkommazahl mit Genauigkeit (p,q)
float (x[,p])	Umwandlung in eine Gleitkommazahl mit Genauigkeit (p)
multiply(x,y,p[,q])	Multiplikation von x und y mit der dezimalen Genauigkeit (p[,q])
precision(x,p[,q])	Umwandlung von x in die Genauigkeit (p[,q])
signed(x,p[,q])	Umwandlung von x in eine vorzeichenbehaftete Zahl der Genauigkeit (p[,q])
subtract(x,y,p[,q])	Subtraktion von x und y mit der dezimalen Genauigkeit (p[,q])
unsigned(x,p[,q])	Umwandlung von x in eine vorzeichenlose Zahl der Genauigkeit (p[,q])

Gleitkomma-Abfrage (Konstanten)

epsilon(x)	Abstand zwischen x = 1 und der nächst größeren Zahl
huge(x)	größte Zahl des Typs von x
isfinite(x)	* '1'b, wenn x weder plus oder minus unendlich, noch NaN ist
isinf(x)	* '1'b, wenn x plus oder minus unendlich ist
isnan(x)	* '1'b, wenn x keine gültige Zahl ist (*Not a Number*)
isnormal(x)	* '1'b, wenn x weder 0, unendlich oder NaN, noch außerhalb des zulässigen Bereichs, d. h. subnormal ist (subnormal bedeutet, dass die erste gespeicherte Ziffer 0 ist)
iszero(x)	* '1'b, wenn x gleich 0 ist (ohne Fehlermeldung, wenn x NaN ist)
maxexp(x)	größter Wert des Exponenten einer Zahl vom Typ von x
minexp(x)	kleinster Wert des Exponenten einer Zahl vom Typ von x
places(x)	Hardwarestellenzahl (gemäß RADIX) einer Zahl vom Typ von x
radix(x)	Basis für PLACES einer Zahl vom Typ von x (ist 2, 10 oder 16)
tiny(x)	kleinste positive Zahl des Typs von x

Gleitkomma-Manipulation

exponent(x)	Anzahl signifikanter RADIX-Stellen (*z. B. 3 bei 100b*)
pred(x)	größte Zahl kleiner x
scale(x,n)	Multiplikation von x mit RADIX**n (also z. B. 2**n)
succ(x)	kleinste Zahl größer x

Mathematik

acos(x)	Arcus Cosinus (im Bogenmaß)
asin(x)	Arcus Sinus (im Bogenmaß)
atan(x[,y])	Arcus Tangens von x [bzw. x/y] (im Bogenmaß)
atand(x[,y])	Arcus Tangens in Grad (engl. *degree*) von x [bzw. x/y]
atanh(x)	Arcus Tangens hyperbolicus
cos(x)	Cosinus im Bogenmaß
cosd(x)	Cosinus in Grad (engl. *degree*)
cosh(x)	Cosinus hyperbolicus
erf (x)	Fehlerfunktion (Errorfunction)
erfc(x)	komplementäre Fehlerfunktion
exp(x)	Exponentiation zur Basis e
gamma(x)	Gamma-Funktion
log(x)	Logarithmus zur Basis e
log2(x)	Logarithmus zur Basis 2
log10(x)	Logarithmus zur Basis 10
loggamma(x)	Logarithmus der Gammafunktion
sin(x)	Sinus im Bogenmaß
sind(x)	Sinus in Grad (engl. *degree*)
sinh(x)	Sinus hyperbolicus
sqrt(x)	Quadratwurzel (engl. *square root*)
sqrtf(x)	Quadratwurzel (Hardware)
tan(x)	Tangens im Bogenmaß
tand(x)	Tangens in Grad (engl. *degree*)
tanh(x)	Tangens hyperbolicus

Matrix

all(x)	logisches Und aller Matrixelemente
any(x)	logisches Oder aller Matrixelemente
dimension(x[,y])	Anzahl Elemente der Matrix x [bei Dimension y]
hbound(x[,y])	Obergrenze der Matrix x [bei Dimension y]
lbound(x[,y])	Untergrenze der Matrix x [bei Dimension y]
poly(x,y)	Polynom mit Koeffizientenmatrix x und Funktionswert y
prod(x)	Produkt aller Matrixelemente
sum(x)	Summe aller Matrixelemente

Ordinalzahlen

ordinalname(x)	Name des Elements x des Aufzählungstyps (in Großbuchstaben)
ordinalpred(x)	Ordinalwert des Vorgängers von x
ordinalsucc(x)	Ordinalwert des Nachfolgers von x

Pseudovariablen

entryaddr(x)	gibt der ENTRY-Variablen x einen Wert (über die Adresse)
imag(x)	gibt dem Imaginärteil von x einen Wert
onchar(x)	ändert das fehlerhafte Zeichen bei CONVERSION
ongsource()	ändert das fehlerhafte GRAPHIC-Feld bei CONVERSION
onsource()	ändert das fehlerhafte Feld bei CONVERSION
real(x)	gibt dem Realteil von x einen Wert
string(x)	weist dem Folgen-Aggregat x einen Wert zu, als ob dieses eine skalare Folge wäre
substr(x,y[,z])	weist der Unterfolge von x, beginnend bei y [,der Länge z], einen Wert zu
onwchar()	ändert das fehlerhafte WIDECHAR-Zeichen bei CONVERSION
onwsource()	ändert das fehlerhafte WIDECHAR-Feld bei CONVERSION
type(x)	weist der Typstruktur, an der der Henkel x hängt, einen Wert zu
unspec(x)	interpretiert x als Bitfolge und weist x einen Wert zu

Speicherbereichsverwaltung

compare(x,y,z)	Vergleich von jeweils z Bytes an den Adressen x und y (0, wenn gleich; negativ, wenn x < y; positiv, wenn x > y)
heximage(x,y[,z])	hexadezimale Schreibweise der tatsächlichen y Bytes an der Adresse x [z kann alle 8 Zeichen eingefügt werden]
memconvert()	* Umwandlung von beliebig langen Bytefolgen zwischen verschiedenen Zeichensatztabellen (code pages)
memindex(p, n, x)	Bestimmen der Position von Zeichenfolge x in Speicherbereich ab p der Länge n
memindex(p, n, q, m)	Bestimmen der Position der Bytefolge ab q der Länge n in Speicherbereich ab p der Länge n
memsearch(p, n, x)	Bestimmen der Position in Speicherbereich ab p der Länge n des ersten Zeichens aus x
memsearchr(p, n, x)	Bestimmen der Position in Speicherbereich ab p der Länge n des ersten Zeichens aus x von hinten
memverify(p, n, x)	Bestimmen der Position in Speicherbereich ab p der Länge n nach Überspringen aller Zeichen aus x

| memverifyr(p, n, x) | Bestimmen der Position in Speicherbereich ab p der Länge n nach Überspringen aller Zeichen aus x von rechts |
| xmlchar(x, p, n) | Übertragen einer Struktur x nach p der Länge n im XML-Format |

Routinen

pliascii (x,y,z)	Umwandlung von z EBCDIC-Bytes bei Adresse y in ASCII-Bytes bei Adresse x
plicanc()	Streichen aller seit Step-Beginn geschriebenen Checkpoint-Sätze
plickpt(dd, id, org, rc)	Schreiben eines Checkpoint-Satzes id nach dd mit der Organisation org, gibt zurück rc
plidelete(x)	Freigabe der Typstruktur, an der Henkel x hängt
plidump (x[,y])	Erzeugen eines Hauptspeicherauszugs
pliebcdic (x,y,z)	Umwandlung von z ASCII-Bytes bei Adresse y in EBCDIC-Bytes bei Adresse x
plifill (x,y,z)	Kopieren von z Exemplaren des Zeichens y nach Adresse x
plifree (x)	Freigabe des bei Adresse x mit Hilfe der ALLOCATE-Funktion angelegten Speichers
plimove (x,y,z)	Kopieren von z Bytes von Adresse y nach Adresse x (Speicher darf nicht überlappen)
pliover (x,y,z)	Kopieren von z Bytes von Adresse y nach Adresse x (Speicher darf überlappen)
plirest()	Neustart des Programms mit dem letzten Checkpoint-Satz
pliretc (x)	Setzen des PL/I-Rückkehr-Codes (für PLIRETV)
plisaxa (...)	Aufgliedern eines XML-Dokuments in einem Hauptspeicherbereich
plisaxb (...)	Aufgliedern eines XML-Dokuments aus einer Datei
plisrta (...)	Sortieren von Sätzen aus Datei in Datei
plisrtb (...)	Sortieren von Sätzen von Programm in Datei
plisrtc (...)	Sortieren von Sätzen aus Datei in Programm
plisrtd (...)	Sortieren von Sätzen von Programm in Programm
plitest	Aufruf der interaktiven Testhilfe (nur OS/2)

Speicherverwaltung

addr(x)	Adresse der Variablen x
addrdata(x)	Adresse des Datenteils einer Folge oder eines Gebiets
allocate(n)	reserviert n Byte Speicherplatz und gibt Adresse zurück (Freigabe durch Aufruf von PLIFREE)
allocation(x)	gibt die Anzahl Generationen der CTL-Variablen x zurück

allocsize(p)	Größe des mit Zeiger p angelegten Speichers (Compiler-Option CHECK (STG) erforderlich)
automatic(n)	reserviert n Byte AUTOMATIC-Speicherplatz und gibt Adresse zurück (Freigabe bei Verlassen des Blocks)
availablearea(x)	größter zusammenhängender freier Speicher in Gebiet x
binaryvalue(x)	Umwandlung von PTR, OFFSET und ORDINAL nach BIN FIXED (31)
bitlocation(x)	Abstand der BIT-Variablen x vom Anfang des Byte (0 bis 7)
checkstg(p)	'1'b, wenn der mit Zeiger p angelegte Speicherplatz unversehrt ist (Compiler-Option check (stg) erforderlich)
currentsize(x)	aktuelle Größe der Variablen x in Byte
currentstorage(x)	Synonym für CURRENTSIZE
empty()	leeres Gebiet
entryaddr(x)	Adresse des Eingangs x
handle(x)	Henkel zur Typstruktur x
location(x)	Abstand der Variablen x zum Anfang ihrer Struktur (0 bis ...), auch wenn der Variablen noch kein Speicher zugeordnet wurde
null()	Nullzeiger, auch für Abstands- und Henkel-Variablen
offset(x,y)	Umwandlung von Zeiger x und Gebiet y in Abstandswert
offsetadd(x,y)	Addition von y zur Abstandsvariablen x
offsetdiff(x,y)	Differenz der Abstandsvariablen x und y
offsetsubstract(x,y)	Subtraktion von y von der Abstandsvariablen x
offsetvalue(x)	Umwandlung der Zahl x in einen Abstandswert
pointer(x, y)	Umwandlung der Abstandsvariablen x innerhalb des Gebiets y in einen Zeigerwert
pointeradd(x,y)	Addition von y zum Zeiger x
pointerdiff(x,y)	Differenz der Zeiger x und y
pointersubstract(x,y)	Subtraktion von y vom Zeiger x
pointervalue(x)	Umwandlung der Zahl x in einen Zeiger
size(x)	deklarierte Größe von x in Byte
storage(x)	Synonym für SIZE
sysnull()	Adresse des Anfangs des Hauptspeichers
type(x)	Typstruktur, an der der Henkel x hängt
unallocated(p)	'1'b, wenn mit Zeiger p kein Speicherplatz angelegt wurde (Compiler-Option CHECK (STG) erforderlich)
varglist()	Adresse des Parameters mit dem Attribut LIST
vargsize(x)	Größe eines BYVALUE-Parameters wie x (mind. 4 Byte)

Vermischtes

byte(n)	Synonym für CHARVAL
cds(p,q,x)	wenn Zahl bei p gleich Zahl bei q, dann 0 (und Zahl bei p wird x), sonst 1 (und Zahl bei p wird Zahl bei q); FIXED BIN (63)
charval(n)	Zeichen mit der internen Codierung n

collate()	sortierte Zeichenfolge aller möglichen 256 Bytes
cs(p,q,x)	wenn Zahl bei p gleich Zahl bei q, dann 0 (und Zahl bei p wird x), sonst 1 (und Zahl bei p wird Zahl bei q); FIXED BIN (31)
getenv(x)	gibt den Wert der Umgebungsvariablen x zurück
hex(x[,y])	hexadezimale Schreibweise der Bitrepräsentation von x [y ist ein Zeichen, das alle 8 Zeichen eingefügt werden soll]
ismain()	'1'b, wenn in MAIN-Prozedur aufgerufen, sonst '0'b
omitted(x)	'1'b, wenn das Argument für Parameter x ein * war
packagename()	Name des Pakets bzw. der externen Prozedur
pliretv()	PL/I-Rückkehr-Code, der mit PLIRETC gesetzt wurde
present(x)	'1'b, wenn das Argument für Parameter x kein * war
procedurename()	Name der Prozedur
putenv('x=y')	gibt '1'b zurück, wenn Umgebungsvariable x erfolgreich auf y gesetzt wurde
rank(x)	interne Codierung des Zeichens x
sourcefile()	Name der Programmdatei, in der der Aufruf steht
sourceline()	Nummer der Programmzeile, in der der Aufruf steht
stackaddr()	* gibt die Adresse des aktuellen Registerverwahrbereichs (*save area*) zurück (Register 13 in z/OS)
string(x)	Verkettung aller Aggregatelemente von x
system(x)	Ausführung des Kommandos x und Rückgabe des Codes
tid(x)	Adresse der betriebssysteminternen Kennung für Faden x
unspec(x)	Interpretation von x als Bitwert
valid(x)	'1'b, wenn x ein gültiger PIC- oder FIXED-DEC-Wert ist
wcharval(x)	WIDECHAR(1)-Wert von x (FIXED BIN (16) UNSIGNED)

Zeit

date()	veraltet: Datum nach dem Muster YYMMDD
datetime([x])	Datum und Uhrzeit [nach dem Muster x, sonst nach dem Muster YYYYMMDDHHMISS999]
days([x[,y]])	Tagesanzahl bis Zeitpunkt x [nach dem Muster y]

daystodate([x[,y]])	Umwandlung von Tagesanzahl in Zeitpunkt [nach dem Muster y]
daystosecs(x)	Umwandlung von Tagesanzahl in Sekundenanzahl
repattern(d,p,q,[w])	gibt ein Datum nach dem Muster p zurück, berechnet aus dem Datum d mit Muster q, ggf. unter Berücksichtigung von Jahrhundertfenster w
secs([x[,y]])	Sekundenanzahl bis Zeitpunkt x [nach dem Muster y]
secstodate(x[,y])	Umwandlung von Sekundenanzahl in Zeitpunkt [nach Muster y]
secstodays(x)	Umwandlung von Sekundenanzahl in Tagesanzahl
time()	Uhrzeit nach dem Muster HHMISS999
validdate(x[,y])	'1'b, wenn x ein gültiges Datum ist [nach dem Muster y]
weekday([x])	Nummer des Wochentages, wenn x eine Tagesanzahl [bis heute] ist, wobei Sonntag als 1 gilt
y4date(d[,w])	erweitert das 2-stellige Datum d (Muster YYMMDD) in ein 4-stelliges, ggf. unter Berücksichtigung von Jahrhundertfenster w
y4julian(d[,w])	erweitert das 2-stellige Datum d (Muster YYDDD) in ein 4-stelliges, ggf. unter Berücksichtigung von Jahrhundertfenster w
y4year(d[,w])	erweitert das 2-stellige Datum d (Muster YY) in ein 4-stelliges, ggf. unter Berücksichtigung von Jahrhundertfenster w

Typfunktionen

bind(:x,y:)	Umwandlung des Zeigers y in einen Henkel für Strukturtyp x
cast(:x,y:)	konvertiert y in den Datentyp x nach C-Konventionen
first(:x:)	erster Wert des Aufzählungstyps x
last(:x:)	letzter Wert des Aufzählungstyps x
new(:x:)	reserviert Speicherplatz für Strukturtyp x und gibt Henkel darauf zurück
respec(:x,y:)	interpretiert y als habe es Datentyp x
size(:x:)	Größe des Speicherplatzes für einen Strukturtyp x

Makrofunktionen

collate()	sortierte Zeichenfolge aller möglichen 256 Bytes
comment(x)	schließt x in /* und */ ein, wandelt diese innen in /> und </ um
compiledate()	Übersetzungszeit nach dem Muster YYYYMMDDHHMISS999
compiletime()	englisches Datum und Uhrzeit in der Form DD.MMM.YY HH.MM.SS
copy(x,y)	Verkettung von y Exemplaren der Folge x
counter()	Zähler ab '0001', der mit jedem Aufruf um 1 erhöht wird
dimension(x[,y])	Anzahl der Matrixelemente von x [bei Dimension y]

hbound(x[,y])	Obergrenze der Matrix x [bei Dimension y]
index(x,y[,z])	Position von y in x [Suche ab Position z]
lbound(x[,y])	Untergrenze der Matrix x [bei Dimension y]
length(x)	Länge der Folge x
lowercase(x)	26 Großbuchstaben in Kleinbuchstaben umgewandelt
maccol()	Spalte, in der der ursprüngliche Makro-Aufruf begann
maclmar()	linke Randspalte des Quelltexts
macname()	Name der Präprozessorprozedur, in der Aufruf steht
macrmar()	rechte Randspalte des Quelltexts
max(x[, ...])	Maximum der Argumente
min(x[, ...])	Minimum der Argumente
parmset(x)	'1'b, wenn Makro-Parameter gesetzt, '0'b sonst
quote(x)	schließt x in Apostrophe ein, verdoppelt innere Apostrophe
repeat(x,y)	Verkettung von y+1 Exemplaren der Folge x
substr(x,y[,z])	Unterfolge von x, beginnend bei y, der Länge z [oder bis Ende]
sysparm()	Zeichenfolge, die von der Compiler-Option gleichen Namens übergeben wurde
system()	Zeichenfolge, die von der Compiler-Option gleichen Namens übergeben wurde
sysversion()	Zeichenfolge in der Form 'PL/I~~~~~V3R7M0'
translate(x,y[,z])	Übersetzung von x, wobei ein Zeichen in z durch das entsprechende Zeichen in y ersetzt wird [fehlt z, so ist y Tabelle]
trim(x[,y[,z]])	Stutzen von x um Zeichen aus y von links und um Zeichen aus z von rechts [implizit Leerzeichen]
uppercase(x)	26 Kleinbuchstaben in Großbuchstaben umgewandelt
verify(x,y[,z])	Position des ersten Zeichens in x, das nicht in y; sonst 0 [ab Position z]

Index

IT erfolgreich gestalten

Patrick Theobald
Profikurs ABAP®
Konkrete, praxisorientierte Lösungen - Tipps, Tricks
und jede Menge Erfahrung
2., erw. Aufl. 2007. XII, 316 S. mit 196 Abb. mit Online Service.
Br. EUR 49,90   ISBN 978-3-8348-0143-2

Andreas Luszczak
Grundkurs Microsoft Dynamics AX
Die Business-Lösung von Microsoft für mittelständische Unternehmen: Axapta
Grundlagen und neue Funktionen in Version 4.0
2007. XIV, 297 S. mit 165 Abb. mit Online Service.
Br. EUR 32,90   ISBN 978-3-8348-0252-1

Gottfried Wolmeringer/Thorsten Klein
Profikurs Eclipse 3
Mit Eclipse 3.2 und Plugins professionell Java-Anwendungen entwickeln -
Von UML bis JUnit
2., verb. u. erw. Aufl. 2006. XIV, 218 S. mit 81 Abb. mit Online-Service.
Br. EUR 29,90   ISBN 978-3-8348-0007-7

Volker Gruhn / Vincent Wolff-Marting / André Köhler / Christian Haase /
Torsten Kresse
Elektronische Signaturen in modernen Geschäftsprozessen
Schlanke und effiziente Prozesse mit der eigenhändigen elektronischen
Unterschrift realisieren
2007. X, 170 S. mit 25 Abb. Br. EUR 34,90   ISBN 978-3-8348-0268-2

VIEWEG+ TEUBNER

Abraham-Lincoln-Straße 46
65189 Wiesbaden
Fax 0611.7878-400
www.viewegteubner.de

Stand Januar 2008.
Änderungen vorbehalten.
Erhältlich im Buchhandel oder im Verlag.